高等院校经济与管理核心课
经典系列教材

现代企业战略管理

XIANDAI QIYE ZHANLÜE GUANLI

（第四版）

吴彬　顾天辉　主编

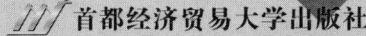

首都经济贸易大学出版社

Capital University of Economics and Business Press

·北京·

图书在版编目(CIP)数据

现代企业战略管理/吴彬,顾天辉主编.—4版.
—北京:首都经济贸易大学出版社,2023.3
ISBN 978-7-5638-3453-2

Ⅰ.①现… Ⅱ.①吴… ②顾… Ⅲ.①企业战略—战略管理 Ⅳ.①F272.1

中国版本图书馆 CIP 数据核字(2022)第 222455 号

现代企业战略管理(第四版)
吴 彬 顾天辉 主编

责任编辑	王 猛
封面设计	风得信·阿东 FondesyDesign
出版发行	首都经济贸易大学出版社
地　　址	北京市朝阳区红庙（邮编100026）
电　　话	(010)65976483　65065761　65071505(传真)
网　　址	http://www.sjmcb.com
E-mail	publish@cueb.edu.cn
经　　销	全国新华书店
照　　排	北京砚祥志远激光照排技术有限公司
印　　刷	唐山玺诚印务有限公司
开　　本	185毫米×260毫米　1/16
字　　数	473千字
印　　张	21
版　　次	2004年1月第1版　2012年1月第2版　2016年6月第3版 2023年3月第4版　2023年3月总第14次印刷
书　　号	ISBN 978-7-5638-3453-2
定　　价	48.00元

图书印装若有质量问题,本社负责调换
版权所有　侵权必究

目 录

第一章　企业战略管理概论 ·· 1
　第一节　企业战略的基本概念 ·· 1
　第二节　企业战略的构成要素和层次 ·· 13
　第三节　企业战略管理 ·· 16
　第四节　企业战略管理理论的演变 ··· 22
　　案例分析 ··· 30

第二章　企业外部环境分析 ·· 35
　第一节　企业外部环境分析概述 ·· 35
　第二节　行业环境分析(一) ··· 38
　第三节　行业环境分析(二) ··· 53
　　案例分析 ··· 61

第三章　企业资源和能力分析 ··· 66
　第一节　企业资源分析 ·· 66
　第二节　企业能力分析 ·· 70
　第三节　核心竞争力分析 ··· 78
　第四节　外部环境与内部条件的综合分析 ·· 86
　　案例分析 ··· 89

第四章　企业总体战略 ·· 93
　第一节　加强型战略 ··· 93
　第二节　稳定战略与紧缩战略 ··· 97
　第三节　一体化战略 ·· 101
　第四节　多元化战略 ·· 106
　第五节　企业的发展方式 ·· 116
　　案例分析 ·· 126

第五章　基本竞争战略 ··· 134
　第一节　成本领先战略 ··· 134
　第二节　差异化战略 ·· 139
　第三节　集中化战略 ·· 143
　第四节　基本竞争战略的综合分析 ·· 145
　　案例分析 ·· 152

第六章　经营单位投资战略 ... 157
第一节　基本形式和投资组合分析 ... 157
第二节　扩张战略 ... 166
第三节　市场集中和资产减少战略 ... 173
第四节　转变战略和撤退战略 ... 174
案例分析 ... 177

第七章　行业环境与企业战略 ... 182
第一节　零散型行业中的企业经营战略 ... 182
第二节　集中型行业中的企业经营战略 ... 186
第三节　新兴行业中的企业战略选择 ... 192
第四节　成熟行业中的企业战略转变 ... 196
第五节　衰退行业的企业战略运用 ... 199
案例分析 ... 203

第八章　企业战略的制定与实施 ... 207
第一节　企业战略的形成 ... 207
第二节　企业战略的选择 ... 213
第三节　企业战略的实施 ... 220
案例分析 ... 229

第九章　战略控制 ... 231
第一节　战略控制的性质 ... 231
第二节　战略控制的类型及方式设计 ... 236
第三节　战略控制的过程 ... 241
第四节　战略控制方法与系统 ... 244
案例分析 ... 248

第十章　组织结构与企业战略 ... 251
第一节　企业组织设计 ... 251
第二节　纵向分工结构 ... 259
第三节　横向分工结构 ... 262
第四节　企业战略与组织结构的关系 ... 267
案例分析 ... 273

第十一章　企业文化与企业战略 ... 278
第一节　基本概念 ... 278

第二节　企业文化的构成要素 …………………………………………… 281
　　第三节　企业文化与企业战略的关系 …………………………………… 284
　　第四节　企业文化的再造 ………………………………………………… 290
　　案例分析 …………………………………………………………………… 297

第十二章　国际化经营战略 ………………………………………………… 300
　　第一节　国际化经营的战略分析 ………………………………………… 300
　　第二节　企业进入国际市场的方式 ……………………………………… 305
　　第三节　国际化经营战略 ………………………………………………… 313
　　案例分析 …………………………………………………………………… 319

参考文献 …………………………………………………………………………… 327

第一章 企业战略管理概论

学习要点与要求：

1. 明确企业宗旨、愿景、目标和战略的含义，以及它们之间的关系。
2. 理解确定企业宗旨和愿景的意义，掌握企业宗旨的内容。
3. 熟悉企业目标体系，理解确定战略目标的意义。
4. 区分总体战略、经营单位战略、职能战略。
5. 熟悉企业战略管理的全过程。
6. 明确战略问题的概念及其判定标准。
7. 了解企业战略理论的发展过程，了解各主要学派的基本观点。

第一节 企业战略的基本概念

在制定企业战略的过程中，企业宗旨、愿景、目标和战略等紧密相连、相互制约。战略方案为实现目标服务，而目标又体现了企业宗旨的要求和对愿景的追求。所以，我们的学习是从理解这些基本概念入手的。

一、企业宗旨和愿景

（一）企业宗旨的含义

任何企业都有其特定的宗旨（Purpose）。企业宗旨是企业生产经营的总目的、总方向、总特征和总的指导思想。它反映了企业管理者为组织将要经营的业务规定的价值观、信念和指导原则；描述了企业力图为自己树立的形象；揭示了本企业与同行其他企业在目标上的差异；界定了企业的主要产品和服务范围，以及企业试图满足的顾客基本需求。

关于企业宗旨的思想主要是以彼得·德鲁克于20世纪50年代中期创立的一整套理论为基础的。德鲁克认为，确定企业的宗旨就是要明确这样的问题："我们的企业是什么以及它应该是什么？"定义企业宗旨就是阐明企业的根本性质与存在的目的或理由，说明企业的经营领域、经营思想，为企业目标的确定和战略的制定提供依据。

企业宗旨有多方面的内容，往往是下列概念的不同组合，包括战略展望、战略意图、使命、战略纲领、目的和任务陈述、经营哲学、核心理念等。尽管提法不同，甚至企业对其的叫法也不尽相同，但都是表明企业存在的理由和追求，回答"我们的企业是什么、它应该是什么？"这一关键问题。这个听起来很简单的问题，正是企业必须作出明确答复的最大难题。在企业结构简单的情况下，它的所有者与经营者将各种职能集于一身，其信念、愿望、抱负决定着企业的宗旨，决定着整个企业的生产经营方向和运作，这时的宗旨还比较清晰。但经营一段时间后，企业规模逐渐扩大，增加了新的产品和新的市场，这时企业宗旨就容易变得模糊起来。特别是在复杂多变的环境中，企业需要面对各种新的变化，如转产、多元化经营、并购、合资等。此时，企业如何选择自身存在的基础，如何确立自身存在的价值和意义，如何树立企业生存和发展的理念，是企业面临的最重要课题。

（二）企业宗旨的内容

企业宗旨包括企业使命（Mission）和经营哲学两部分内容。

1. 企业使命

企业使命旨在阐述企业长期的战略意向，其具体内容主要是规定企业目前和未来所要从事的经营业务范围。使命是企业存在的根本目的和理由。可能有人会说企业是为了盈利存在的，但利润仅是企业成功经营的结果。企业以某种技术，在某些地区，以某种可获利的价格，向某些顾客提供了某种产品或服务，满足了他们的某种需求，才能实现盈利。集中考察刚刚起步的企业可帮助我们更好地理解企业使命。开办一个新企业，首要的是明确要满足的需求、顾客和所采用的技术。要想从战略的高度上明晰业务界定，必须搞清下面三个要素：

（1）顾客的需求，即企业需要满足的需求是什么。仅仅知道企业所提供的产品和服务是远远不够的。顾客需要的不是产品和服务本身，而是产品或服务提供的功能和效用，而这种功能和效用能够满足他们的某种需求。没有需求或需要，企业也就没有业务可言。现在人们使用的智能手机与过去的功能手机区别明显，智能手机极大地拓展了自身的功能，这种创新引发更多新的需求，颠覆了一个行业的竞争格局。

（2）顾客，即企业需要满足的对象是谁，企业定位的顾客群是什么。顾客群这个因素之所以重要，是因为他们代表了一个需要提供服务的市场，即企业打算在哪些地理区域内展开竞争以及企业追逐的购买者类型，如美国的开市客（Costco）定位于喜欢每次都大量采购的群体，同时这些人注重价格和质量。

（3）技术和活动，即企业在满足目标市场时所采用的技术和开展的活动。这个因素主要表明企业是如何满足顾客需求的，以及企业所覆盖的活动是行业的生产—分销价值链的哪些部分。例如，大型的跨国石油公司（如埃克森石油公司）所做的业务包括：租赁采油场、钻油井，实地采油，用自有的油轮和管道将原油输送到自己的炼油厂，通过自己的品牌分销商和服务分店网络销售石油和其他精炼产品。这些业务覆盖了整个行业生产—分销价值链的各个阶段。而有些公司则是专业厂商，它们只集中经营行业整个生产—分销价值链的某一个阶段。如在芯片的生产中，设计、制造、封测是三块分开的业务，这三个环节中，制造是公认最难的，台积电只参与制造，并占有近半数的市场份额。

如何更好地界定企业所服务的需求、目标市场以及所开展的活动是一个挑战，请看下面两个例子。麦当劳用来界定公司业务的理念是：一张有限的菜谱，质量一致的美味快餐食品，快速到位的服务，超值定价，卓越的顾客关怀，便利的定位和选址，全球的覆盖。麦当劳确定的使命的核心是：在全球范围内向一个广泛的快餐食品顾客群"在气氛友好、卫生清洁的饭店里以很好的价值提供有限系列的、美味的快餐食品"。海底捞是一家大型跨区域直营火锅店餐饮品牌，它这样界定自己的使命：始终秉承服务至上、顾客至上的理念，以创新为核心，改变传统的标准化、单一化的服务，提倡个性化的特色服务，致力于为顾客提供愉悦的用餐体验。

确定企业使命往往是一个反复认识和实践的过程。例如，美国施乐复印机公司原先将其经营业务定义为"我们生产复印机"，这是一种生产者导向的经营宗旨。后来，又将经营业务更改为"我们帮助提高办公效率"。这一经营宗旨的改变使施乐公司连上两个台阶。首先，施乐公司从一个"箱子"公司变成了一个系统提供者，不仅经营复印机，而且与其他办公用品的生产企业合作，经营其他办公用品；其次，施乐公司成立了专业文件服务公司，利用信息工具的协同效果，为一些大公司提供信息的收集、处理、储存等专业文件服务。

企业使命阐明了企业的前进方向和对未来的业务展望，应当适时对它进行修改。正如德鲁克所说："关于一个企业的宗旨和使命的定义，很少有维持到30年的，更不用说50年了，一般的只能维持10年。"所以，他认为企业要经常分析外部环境和内部条件，审视自己的使命，问一问："我们的企业将会成为什么样子？""我们的企业应该是什么？"惠普公司以前是这样描述自己的使命的：设计、制造、销售和支持高精密电子产品和系统，以收集、计算、分析资料，提供信息作为决策的依据，帮助全球的用户提高其个人和企业的效能。多年来，在这个使命的指引下，惠普公司主要在六个领域内经营，即计算机系统，信息产品（计算机、打印机、扫描仪），测量、测试仪器，医疗仪器，化学分析仪器，电子元器件。面对信息时代的到来，惠普公司重新修订了自己的宗旨：创造信息产品以便加速人类知识进步，并且从本质上改善个人及组织的效能。读一读本章最后的有关万科公司的案例，会加深你对这个问题的理解。

2. 经营哲学

经营哲学是一个组织为其经营活动方式所确定的价值观、信念和行为准则，是企业文化的高度概括。经营哲学主要通过以下两方面表现出来：

（1）企业提倡的共同价值观。国际商业机器公司（IBM）前董事长华森认识到了共同价值观念的重要性。他说："我的论点是，首先，我坚信任何组织为了生存并获得成功，必须树立一套正确的信念，作为它们一切方针和行动的前提。其次，我相信一个公司成功的最主要因素是其成员忠诚地坚持那些信念。最后，我认为如果一个组织在不断变动的世界中遇到挑战，它必须在整个寿命期内随时准备变革它的一切，唯有信念却永远不变。"华森接着阐述了国际商业机器公司的哲学：①尊重个人；②希望在世界上的所有公司中，给予顾客最好的服务；③所有的工作都能以卓越的方式去完成。这几条价值观念在之后的几十年内指引着IBM前进。但是，华森关于经营哲学永远不变的观点却有些僵化，20世纪90年代初，IBM的经营陷入低谷，1994年底，新任CEO郭士纳上任满一年时，公司累计亏损额达150亿美元，IBM市值也从1 050亿美元暴跌到320亿美元。郭士纳意识到旧有的文化理念有一些已在长期的演化过程中变形，有一些已不适应新的环境和战略要求，IBM曾引以为傲的价值观念却成了公司发展的桎梏。而文化不变，IBM就难以改变，为此郭士纳在1994年的下半年提出了"力争取胜、快速执行和团队精神"，以此作为IBM新的核心价值观念。在郭士纳的带领下，IBM重新打造了公司的文化，之后成功地实现了战略转型，蓝色巨人又焕发出新的生机并再现辉煌。

经营哲学同样制约着企业的经营范围和经营效果。例如，我国的海尔公司提出的是"出口创牌"而不是"出口创汇"的经营理念，所以其出口产品首先选择欧洲市场，力求打造世界级名牌。又如，海信公司总经理明确提出，不把进入世界500强作为该公司的主要目标。他认为，为了进入世界500强，企业对销售额的追求不亚于在计划经济体制下对产值的追求。在这样的经营哲学的指导下，海信公司实施"稳健的财务制度"，实行更为注重创新和效益的扩张战略。

(2) 企业对利益相关者的态度。企业应该有效地反映其内外部利益群体和个人的合理要求。企业内部利益群体包括企业的股东、董事会、管理人员和员工。企业外部利益群体包括企业的顾客、供应商、销售商、竞争者、政府和一般公众等。这些利益群体希望企业能够按照使他们满意的方式进行生产经营活动，例如，职工要求在经济收入、社会地位和心理状态上得到满足；股东要求从他们的投资中得到满意的回报；顾客要求购买到物美价廉、符合他们利益的商品；供应者希望企业能够长期地使用他们的产品或服务；竞争者要求能够公平竞争；政府机构要求企业遵纪守法；社区公众则希望企业在当地的存在，可使他们的生活水平能够有所提高；更进一步讲，一般公众希望企业保护环境，促进社会公正和进步，支持社会活动和文化活动等。企业应当在其宗旨中明确地阐述自己对这一问题的态度，即企业除承担遵守法律和创造利润的基本责任外，还愿意承担多少社会责任。

国内外的许多企业在制定自己的宗旨时，常常将使命和经营哲学放在一起，统称为使命。例如，美国的本-杰瑞公司这样陈述自己的使命：本-杰瑞公司的使命是生产和分销高质量、全天然、多品种、新风味，用佛蒙特奶场生产的各种新原料制成的冰激凌及相关产品。要不断增加盈利，在良好的财务基础上进行经营。要为我们的股东增加价值，为我们的雇员创造职业机会和经济回报。要充分发挥企业在社会结构中应起到的中心作用。要以创新的方式改进当地、国家及全球人民的生活质量。

许多著名企业的宗旨都具有鲜明的个性，但它们大多均强调以下九方面的内容：顾客、产品或服务、地域市场、技术、财务、价值观念、自我认知、公众形象、对员工的态度与责任等。表1-1摘录了不同公司的宗旨陈述，借以说明企业宗旨常用的九大要素。

(三) 企业愿景 (远景)

宗旨是企业对其存在目的进行的深刻认识，它回答的问题是：我们的企业是什么？而愿景 (Vision) 则是企业对其前景所进行的广泛的、综合的和前瞻性的设想，其回答的问题是：我们想成为什么样的企业？愿景是企业为自己制定的长期为之奋斗

表 1-1　企业宗旨九大要素

要素	陈述	公司
顾客：企业的顾客是谁？	我们相信，我们的首要责任是对医生、护士、患者，以及对母亲和所有使用我们产品和服务的人负责	强生公司
产品和服务：企业的主要产品和服务是什么？	华美公司的主要产品是：钼、煤炭、铁矿石、铜、铅、锌、石油和天然气、钾、磷酸盐、镍、钨、银、金和镁	华美公司
市场：从地域角度考虑，企业在哪些地区具有竞争力？	我们致力于康宁玻璃公司作为一个全球强有力竞争者的整体成功	康宁玻璃公司
	尽管我们不放弃开拓全球市场，但我们的工作重点在北美	布朗克维公司
技术：企业的技术状况如何？	不连续颗粒涂敷技术是我们各个领域的共用技术	纳舒尔公司
	数据控制公司置身于微电子和计算机技术应用的两个重要领域：计算机硬件和计算机升级服务，具体包括计算、信息、教育和金融	数据控制公司
对生存、成长和盈利的关注	这方面，公司将谨慎经营，通过盈利和成长确保胡佛环球公司的最终成功	胡佛环球公司
经营哲学：企业的基本信念、价值观、伦理道德倾向是什么？	公司的全部经营基于下述信条：分享和关怀人们快乐地倾注其时光、知识和体验的地方	玫琳凯化妆品
	我们坚信，人的发展是文明进步最有价值的目标，而独立自主是滋养人们能力增长最重要的前提条件	太阳公司
定位：企业的主要竞争优势和核心能力是什么？	克朗·泽勒巴克公司将致力于通过释放每一位员工的创造力、创新力和能量使公司在 1 000 天内竞争实力发生质的飞跃	克朗·泽勒巴克公司
对公众形象的关注：企业对社会、社区和环境事项承担责任吗？	分担全球范围内保护环境的责任	道氏化学公司
	为社会经济发展作贡献，在业务所在的每一个国家的地方、州和国家范围内做优秀的公司法人	辉瑞公司
对员工的关注：企业把员工看作最有价值的资产吗？	向员工提供比本地区其他就业机会更高的报酬、更多的额外福利，并保证其与员工为公司高效经营作出的贡献相符	公共服务电力天然气公司

的目标，它是用文字描绘的企业未来图景。愿景只描述对未来的展望，而不包括实现这些展望的具体途径和方法。愿景一般包括 10 年到 30 年可见的目标，以及对这个目标实现时情景的生动描述。有四类愿景的陈述方式可供借鉴，见表 1-2。

表 1-2　企业愿景的陈述方式

陈述的维度	陈述	组织
从质和量的角度陈述	到 2000 年成为销售额 1 250 亿美元的公司	沃尔玛，1990 年
	成为在世界范围内改变人们认为日本产品质量差的看法的最知名的公司	索尼，20 世纪 50 年代

续表

陈述的维度	陈述	组织
从质和量的角度陈述	和用户交朋友，做用户心中最酷的公司	小米，21世纪10年代
	建立一家持续发展102年的公司；成为世界十大网站之一；只要是商人就一定要用阿里巴巴	阿里巴巴，21世纪初
从战胜竞争者的角度陈述	击败RJR，成为世界第一烟草公司	菲利普，20世纪50年代
	粉碎阿迪达斯	耐克，20世纪60年代
	摧毁雅马哈	本田，20世纪70年代
从相关角色的角度陈述	用20年的时间成为像今天的惠普公司一样受人尊敬的公司	一家办公设备公司
	成为西部的哈佛	斯坦福大学，20世纪40年代
从内部改造的角度陈述	通过把大公司的优势与小公司的精干与灵敏结合起来，使公司成为所服务的市场中第一或第二位的公司	通用电气，20世纪80年代
	将我们的公司由国防领域转变为世界上最好的多样化的高科技公司	罗可维尔，1995年

许多公司的愿景在刚提出来时会招来非议，人们认为这是异想天开。但是，优秀的企业家总是怀着这些梦想，用它来给企业指明方向，使人们产生对未来的向往，从而使人们团结在这个伟大的理想之下，集中他们的力量和智慧来共同奋斗。

愿景不一定要实现，只要有50%到70%的可能性就可以了，关键是要能使大家逐步认可，并随着一次次成功的战略行动，让全体员工坚信这个愿景，让他们愿意为此贡献聪明才智，激励人们前进。有些企业家在一个愿景尚未完全实现（但实现已只是时间问题了）时，就又提出新的愿景了。当然，愿景总是在企业家审时度势的基础上提出的，是深思熟虑的结果，表现出他们的战略追求，必须付诸行动，表1-2中的例子都说明了这一点。例如，沃尔玛在提出上述愿景时，1989年的销售额仅为259.21亿美元，但在以后的10年里，年均20%以上的增长使它成为美国最大的零售商，它展示出的核心竞争力在商业领域里无可匹敌，这才提出了这个雄心勃勃的10年愿景。之后沃尔玛开始了国际化扩张，到2000年底，沃尔玛成为当时全球最大的企业。而沃尔玛的这个10年愿景又是一个更大愿景中的阶段性愿景，这个大愿景是：使平民大众有机会购买富人购买的商品。通用电气提出表1-2中的愿景时，正值它的传奇领导人杰克·韦尔奇接手通用电气，并决心开始他的变革，愿景反映出他对改造通用电气的官僚主义和过度多元化的设想。为了这一愿景，他进行了大刀阔斧的变革，大幅度削减了管理层次，撤换了部分高层管理人员，砍掉了25%的企业，削减了10万多份工作，将350个经营单位裁减合并成13个主要的业务部门，卖掉了价值近100亿美元的资产，并新添置了180亿美元的资产。韦尔奇初掌通用电气之时，公司的销售额为250亿美元，盈利15亿美元，市场价值在全美国上市公司中排名第十，而到1999年，通用电气实现了1 110亿美元的销售收入（世界第五）和107亿美元的盈利（世界第一），市值已位居世界第二。1981年通用旗下仅有照明、发动机和电力三个事业部在市场上保持领先地位，而到了 1999 年，如果单独排名，通用电气有九个事业部能入选《财富》500 强。

（四）确定企业宗旨和愿景的意义

尽管各种研究结果不尽相同，宗旨和愿景陈述对于有效战略管理的重要性在相关文献中仍然得到了充分的体现。拉里克（Rarick）和维顿（Vitton）发现，拥有正式宗旨的企业给予股东的回报是那些没有正式宗旨的企业的三倍；巴特（Bart）和贝伊茨（Baetz）发现，宗旨陈述和企业业绩之间存在着正相关关系；《商业周刊》报道，按照同一财务评价尺度，有宗旨陈述的企业获得的回报比没有宗旨陈述的企业高出 30%。不过，也有一些研究认为，企业拥有宗旨陈述并不直接产生财务效果。企业的宗旨和愿景可以不用文字陈述出来，只为企业高层领导人所掌握。但是我们认为，精心策划、措辞恰当的企业宗旨和愿景对管理者来说具有真正的价值，其具体意义表现为以下几点：

（1）使公司的高层管理者对公司的长期发展方向和未来业务结构有一个清晰的认识。

（2）可以降低公司管理部门在缺少企业宗旨和愿景指导的情况下制定决策时的风险。

（3）它传递着公司的目标，激励企业员工作出承诺，激励员工竭尽全力为实现企业的宗旨和愿景作出自己的贡献。

（4）低层的管理部门可以依照它来制定部门的使命，设置部门愿景和目标体系，制定与公司的发展方向和总体战略协同一致的职能部门战略。

（5）它有助于为公司规划未来做好充分的准备。

二、企业目标

（一）企业目标的概念和作用

企业目标是企业愿景和使命的具体化。对此，德鲁克曾有过精辟的阐述："有关企业及其宗旨和使命的基本定义必须转化成各种目标。否则，它们仍旧是永远不会产生成果的构想、良好的愿望和漂亮的警句。"

一般来讲，制定企业的目标要考虑四部分内容：①目的，这是企业期望实现的标志；②衡量实现目的的指标；③企业应该实现的指标水平；④企业实现指标的时间表。

企业的目标是一个体系。从时间上可分为战略目标和年度目标，从空间上可分为总体目标、经营单位目标和职能目标。建立目标体系的目的是将企业的愿景和使命转换成明确具体的业绩目标，从而使得企业发展有一个可以测度的指标，为管理活动指明方向，并为考核提供标准。同时，目标还能起到激励员工和凝聚员工的作用。

（二）企业战略目标

战略目标是企业在战略管理过程中所要达到的结果。

1. 战略目标的指标

战略目标的目的实际就是实现企业的愿景。企业战略目标往往是企业各利益相关者利益平衡的产物,为了全面反映企业各利益相关者的利益,企业的战略决策者一般从两个大方面考虑建立自己的战略目标。

第一方面是财务目标,这是指与财务业绩有关领域的指标。获得满意的财务业绩至关重要。如果没有足够的盈利和发展,那么企业追求的愿景、企业的长期健康发展,以至企业的生存,都将受到威胁。无论是股东还是企业的经营者,都不会对一个不能带来满意财务结果的事业继续投入资本。具有代表性的财务目标是:收益增长率,满意的投资回报率(或者经济附加值——MVA),股利增长率,股票价格评价(或者市场附加值),良好的现金流,企业的信任度(强大的证券和信用评价,公认的"蓝带公司"),提高公司收入的多元化程度,在经济萧条期间稳定的公司收益等。

第二方面是战略地位目标,这是反映企业竞争力和市场地位的指标。如果企业的经营业绩不能反映企业不断提高的竞争力和市场地位,那么企业的发展就不能鼓舞人心,企业继续产生良好财务业绩的能力也将受到怀疑。具有代表性的战略地位目标是:提高企业的市场份额,如何在行业中占据领先地位(如拥有更短的从设计到市场的周期、比竞争对手更高的产品质量、更低的公司总成本、更宽或者更有吸引力的产品线、更卓越的顾客服务、更好的企业形象与顾客忠实度、更广的地理覆盖面、更高顾客满意度水平),做技术和产品革新方面的领导者,以及更好地承担社会责任方面的目标等。

下面是几家著名公司的战略目标:

通用电气公司:在公司进入的每一项业务上,占有第一或第二的市场份额,成为全球最具竞争力的公司。

3M 公司:每股收益平均年增长率 10% 或以上,股东权益回报率 20%~25%,营运资金回报率 27% 或以上,至少有 30% 的销售额来自最近四年推出的产品。

波音公司:尽我们所能来获得高利润,保持股东的年平均收益率为 20%。

Anheuser-Busch 公司:使我们所有大公司的领导者在他们所在的行业中拥有很高的素质,同时超越顾客的期望;获得美国啤酒市场 50% 的市场份额;在国际啤酒市场上建立和维持统治地位;为我们所有的职员提供富于挑战性和有益的工作,令人满意的工作环境,个人发展和提高的机会,竞争性的工资补偿;获得两位数的年度每股收益率,提高与收益增长相一致的红利分配,在时机合适的时候回购股票,追求有利可图的国际啤酒业的扩张,获得高质量的公司收益和现金流回报,通过达到这些目标为股东提供卓越的回报。

2. 制定战略目标的程序

战略目标是选择战略方案的依据,战略方案是为实现战略目标而采取的行动,两者的时间跨度应该是一致的。为与战略方案有机地结合起来,制定战略目标时必须遵循以下程序:

（1）根据环境预测和内部评估，确定战略目标的期望水平。

（2）预测企业未来的绩效水平，并找出目标期望水平和未来预测水平的差距。

（3）探讨弥补差距的战略方案。

（4）综合调整各项战略，并修改对企业未来绩效水平的预测。经过调整和修订，如果期望水平与预测水平之间的差距可以得到弥补，期望目标即成为战略目标。否则，就必须重新确定目标的期望水平。

3. 衡量战略目标的质量标准

企业在确定战略目标时，不仅要考虑上述内容，而且要考虑目标内涵的质量。衡量战略目标的质量一般有以下标准：

（1）适合性。企业中的每一个战略目标都应该是企业宗旨的具体体现，违背企业宗旨的目标往往只会损害企业自身的利益。

（2）可度量性。企业在制定战略目标时，要尽可能明确具体地规定目标的内容及实现目标的时间进度。含糊不清的目标既容易引起误解，又无法衡量。正如惠普的联合创始人比尔·休利特所说："对于您测量不了的事情，您是管理不了的……那些能够被测量的东西才能被完成。"对于某些社会责任目标，也应当作出明确的定性解释。

（3）合意性。企业所制定的目标要适合管理人员的期望和偏好，使他们便于接受和完成。此外，有的战略目标还要使企业外部的利益群体能够接受。

（4）易懂性。企业各层次的战略管理人员都必须清楚地理解他们所要实现的目标，必须理解评价目标效益的主要标准。为此，企业在阐述战略目标时，要准确、详细，使其容易为人们所理解。

（5）激励性。企业战略目标要有一定的挑战性，激励人们去完成。在实践中，不同的个人或群体对目标的挑战性可能有着不同的认识。在这种情况下，企业要针对不同群体的情况提出不同的目标，以达到更好的激励效果。

（6）灵活性。当经营环境出现意外的变化时，企业应能适时调整其目标。有时，企业调整目标会产生一定的副作用，如影响员工的积极性等。为了避免或减少这种副作用，企业在调整目标时，最好只是改变目标的实现程度，而不改变目标的性质，以保证其可行性。

4. 制定战略目标时的关键点

（1）把握好战略地位目标与财务目标的关系。为建立一个更加有利的战略竞争地位，相对改善短期的盈利能力能够更长期地为股东带来利益。许多企业为了实现短期的财务利益而不断放弃那种能够加强公司长期竞争地位的机会，这样的企业就可能面临以下危险：竞争力降低，失去在市场上的锐气，损害企业能够抵挡来自那些雄心勃勃的挑战者的能力。所以，财务目标也要更关注长期目标。企业的繁荣几乎总是来自这样一种管理行为：先考虑提高长期的经营业绩，而后再考虑改善短期的经营业绩。

（2）战略目标应具有挑战性。关于这个问题是有争论的，有人认为企业的战略目标既不要高不可攀，又不能唾手可得；而有人则认为，企业战略目标应该大胆、积极，有相当难度，这样就可以挖掘出更多的组织创造力和能量。通用电气公司的杰克·韦尔奇持的是后一种观点，他深信制定那种看起来"不可能的"目标可以给公司提出挑战，使其为完成这种目标而努力。在20世纪60—80年代，通用电气的营业利润率一直在10%左右，而平均存货周转率大约为每年5次。1991年，杰克·韦尔奇为公司制定了1995年营业利润率16%和存货周转率10次的目标。他在1995年的年度报告中给股东的信里提到：1995年又过去了，虽然我们的22万名职员作出了巨大的努力，我们还是没有如期完成这两个目标，营业利润率为14.4%，存货周转率为7次。但是，在过去的五年中，在我们竭尽全力完成这两个"不可能的"目标时，我们学会了如何以更快的速度做事，而不是追随那种"能够做到"的目标。我们现在很有信心为1998年制定至少18%的营业利润率目标和高于10次的存货周转率目标。

5. 企业战略目标的空间体系

如果要使战略性思维和战略驱动性的决策渗透到整个组织的行为之中，那么战略目标的对象就不能只限于组织整体，还应当为公司的每个战略经营单位、事业部、职能部门建立自己的战略目标。

战略目标体系的建立自上而下的比例要比自下而上更高一些。通常的做法是：首先建立整个公司的战略目标体系，然后在业务单元、分公司、职能部门建立战略目标，并使这些战略目标与公司整体的战略目标直接联系起来。这种自上而下的目标制定方式有两个优势：第一，它有助于在组织内各个部分的目标和战略之间创造协调一致性；第二，它有助于将公司沿着既定战略路径前进所作的努力统一起来。如果公司的高层管理部门偏向于让多个层次的组织成员参与公司整体目标制定工作，而没有首先提出一个全公司范围内的目标体系作为指导，那么低层组织单元就没有一个将自己的业务目标和公司业务目标联系起来的基础。如果一个企业任由低层单位按自己的决策优先点来制定目标，进而形成整个企业的目标体系，就会使各组织单元的目标和战略互不协调，不能形成整体合力，不能推动整个企业沿着既定的战略方向前进。

（三）企业年度目标

年度目标是指实施企业总体战略的年度作业目标，是战略实施中的一种必要手段。它与企业的战略目标有着内在的联系，为监督和控制企业的绩效提供具体的、可衡量的依据，具有较强的可操作性。企业主要从两个方面考察其年度目标：

第一，与战略目标的联系。年度目标是战略目标在时间上的一种分解，它常常表明企业的管理者试图达到战略目标的速度。如果年度目标脱离战略目标，往往会损害企业的长期生存与发展。

第二，职能部门年度目标间的协调。年度目标又是战略目标在空间上的一种分解，即年度目标将战略目标的信息传递到主要职能部门，并将战略目标按职能的需要分解为更具体的年度目标，使之便于操作和落实。在实践中，有的企业职能部门在确定年度目标时，往往只注意本部门的利益，这可能导致各职能部门的年度目标缺乏内在联系，从而影响损害企业的整体利益、整体效益。为了避免这种情况，应反复进行综合平衡，保持各部门年度目标的一致性。此外，前面提到的衡量战略目标质量的六条标准，对年度目标同样适用。

三、企业战略

（一）战略的含义

英文中，战略"Strategy"一词来源于希腊语"Strategos"，其含义是将军。到中世纪，这个词演变为军事术语，指对战争全局的筹划和谋略。它依据敌对双方的军事、政治、经济、地理等因素，照顾战争全局的各方面，规定军事力量的准备和运用。战略要从整个战争的胜利出发考虑问题，为了实现既定的战略目标，围绕战略部署制订具体的作战方案，这就是战术问题。战术（Tactics）是指解决局部问题的原则和方法，是有关特定军事行动的具体方案，考虑的是如何赢得战役或战斗的胜利。战略是战术的灵魂，是战术运用的基础；而战术的运用要体现既定的战略思想，是战略的深化和细化。

除军事领域之外，战略的价值同样适用于政治、经济等领域，后来又演变为泛指重大的、全局性的、左右胜败的谋划，而将战略思想运用于企业经营管理之中，便产生了企业战略这一概念。

（二）企业战略的定义

企业战略的概念来源于企业生产经营活动的实践。不同的管理学家或实际工作者由于自身的管理经历和对管理的不同认识，对企业战略给予了不同的定义。

1. 广义定义

在广义的战略定义中，战略的概念包含企业的目的。例如，美国哈佛大学商学院教授安德鲁斯认为："战略是目标、意图或目的，以及为达到这些目的而制定的主要方针和计划的一种模式。这种模式界定着企业正在从事的或者应该从事的经营业务，以及界定着企业所属的或应该属于的经营类型。"哈佛大学的迈克尔·波特教授也认为："战略是公司为之奋斗的一些终点与公司为达到它们而寻求的途径的结合物。"

2. 狭义定义

在狭义的战略定义中，确定目的过程与战略制定过程虽然互相有联系，但又是两个截然不同的过程。美国著名管理学家安索夫就持这种观点，并且影响了后来的很多研究者。他认为企业战略是贯穿于企业经营与产品和市场之间的一条"共同经营主线"，决定着企业目前所从事的或者计划要从事的经营业务的基本性质。

这条共同经营主线由四个要素构成：

产品和市场范围，是指企业所生产的产品和竞争所在的市场。

增长向量，是指企业计划对其产品和市场范围进行变动的方向。

竞争优势，是指那些可以使企业处于强有力竞争地位的产品和市场的特性。

协同作用，是指企业内部联合协作可以达到的效果，即 1+1>2 的现象。

美国学者霍弗和申德尔进一步认为，企业在制定自己的战略时，应该考虑企业资源配置和外部环境的相互作用。他们为战略下的定义是："战略是企业目前的和计划的资源配置与环境相互作用的基本模式。该模式表明企业将如何实现自己的目标。"

由上可以看出，在战略概念上，广义论者与狭义论者的区别主要有两点：

（1）战略概念的广度。战略概念的广义论者认为企业战略应包括企业希望取得的目标，以及为实现这些目标而采取的手段。同时，他们还认为企业确定目标的过程是整个战略制定过程的一部分。而狭义论者认为战略只包括为达到企业目标而采取的途径和手段。

（2）战略的构成要素。广义论者认为战略本身不存在任何构成要素；而狭义论者认为战略是由一定的要素构成的，只不过构成的要素有所不同而已。

3. 现代定义

上面提到的两类定义尽管有所不同，但都强调企业战略的计划性、全局性和长远性。近年来，由于企业外部环境变化速度加快，以计划为基点的定义受到不少批评，于是有关企业战略的现代概念受到广泛的重视。

加拿大麦吉尔大学教授明茨伯格把战略定义为一系列行为方式的组合。他借鉴市场营销学中营销组合四要素的提法，创立了企业战略的五要素模式，即计划、计策、模式、定位、观念，来对企业战略进行描述。其中，"计划"强调战略作为一种有意识、有组织的行动方案；"计策"强调战略可以作为威慑和战胜竞争对手的一种手段；"模式"强调战略最终体现为一系列具体行动及其实际结果；"定位"强调战略应使企业根据环境的变化进行资源配置，从而获得有利的竞争地位和独特的竞争优势；"观念"强调战略作为经营哲学的范畴体现其对客观世界的价值取向。

明茨伯格的定义与传统定义最大的不同在于，他认为战略作为一系列的决策或行动方式，既包括刻意安排的（或计划性）战略，又包括任何临时出现的（或非计划性）战略，如图1-1所示。事实上，企业大部分战略是事先的计划和突发应变的组合。许多学者开始研究组织的有限理性，并将重点放在组织不可预测的或未知的内外部因素约束下的适应性上。所以，传统定义与现代定义的本质区别在于，现代定义更强调企业战略的应变性、竞争性和风险性。

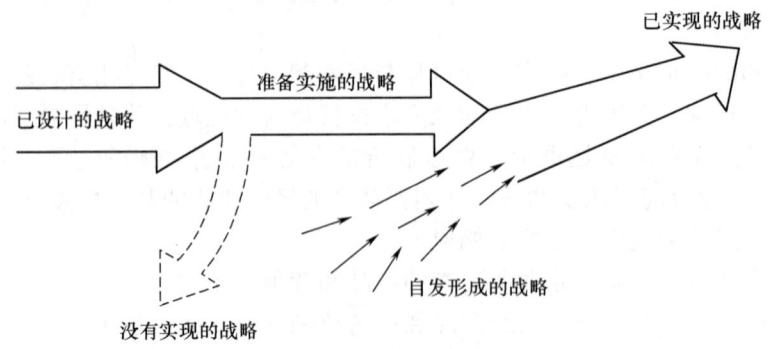

图1-1　明茨伯格的战略形式

4. 企业战略的定义

归纳以上对企业战略的认识，结合我国的具体情况，本书对企业战略作如下表述：企业战略是指企业面对剧烈变化、挑战严峻的经营环境，为求得长期生存和不断发展而进行的总体性谋划。它是企业为实现其宗旨、愿景和目标而确定的经营范围、成长方向、竞争对策和资源配置纲要，是制定各种计划的基础。

具体而言，企业战略是在符合和保证实现企业愿景和宗旨的条件下，在充分利用环境中存在的各种机会和创造新机会的基础上，确定企业同环境的关系，规定企业从事的经营范围、成长方向和竞争对策，合理地调整企业结构和配置企业的资源，从而使企业获得某种竞争优势。

第二节 企业战略的构成要素和层次

一、企业战略的构成要素

从战略狭义的角度来讲，企业战略由以下四个要素组成。

（一）经营范围

经营范围是指企业从事生产经营活动的领域。它反映出企业与其外部环境相互作用的程度，也反映出企业计划与外部环境发生作用的要求。企业应该根据自己所处的行业、自己的产品和市场来确定自己的经营范围。

（二）资源配置

资源配置是指企业过去和目前对资源和技能进行配置、整合的能力与方式。资源配置的优劣极大地影响企业战略的实施能力。企业只有注重对异质战略资源的积累，形成不可模仿的自身特殊能力，才能很好地开展生产经营活动。如果企业的资源匮乏或缺乏有效配置，企业对外部机会的反应能力会大大削弱，企业的经营范围也会受到限制。因而，战略资源学派强调资源配置是企业战略最重要的构成要素。

（三）竞争优势

竞争优势是指企业通过其资源配置模式与经营范围的决策，在市场上所形成的优于其竞争对手的竞争地位。竞争优势既可以来自企业在产品和市场上的地位，也可以来自企业对资源运用的能力，或对特殊资源的占有。

（四）协同作用

协同作用是指企业从资源配置和经营范围的决策中所能寻求到的各种共同努力的效果，即分力之和大于各分力简单相加的结果。协同作用作为战略要素极具抽象性，在广义的角度上，它可被看作资源配置与整合的规模优势。在企业管理中，协同作用主要表现在以下四个方面：

1. 投资协同作用

这种协同作用来源于企业各经营单位联合利用企业的设备、原材料储备、研发投资以及专用工具和专有技术。

2. 作业协同作用

这种作用产生于充分利用现有的人员和设备，共享由经验曲线形成的优势等。

3. 销售协同作用

这种作用产生于企业产品使用的共同的销售渠道、销售机构和促销手段等。

4. 管理协同作用

这种作用来源于管理过程中的经验积累以及规模效益等，如对企业的新业务，管理人员可以利用过去积累的经验降低管理成本。

协同作用的值可以是正值，即 1+1>2 效应；但协同作用也可能会出现负值。从大量的实践可以看到，当一个企业进入全新的行业进行多元化经营时，如果新行业的环境条件与过去的经营环境截然不同，则以往的管理经验发挥不了作用。这种情况下，管理协同作用的值便为负值。

总的来看，衡量企业协同作用的方法有两种：一是在企业收入一定时，评价由于企业内部各经营单位联合经营而使企业成本下降的情况；二是在企业投资一定时，评价由于企业内部各经营单位联合经营而使企业纯收入增加的情况。

二、战略层次

企业的目标是多层次的，它包括企业的总体目标、企业内各个层次的目标以及各经营项目的目标，各层次目标形成一个完整的目标体系。企业的战略，不仅要说明企业整体目标以及实现这些目标的方法，而且要说明企业内每一层次、每一类业务以及每一部门的目标及其实现方法。因此，企业的总部制定总体战略，事业部或经营单位制定经营单位战略，部门制定职能战略。在这三类战略中，战略的四个构成要素又起着不同的作用。

（一）总体战略（公司战略）

总体战略又称公司战略，是企业的战略总纲，是企业最高管理层指导和控制企业一切行为的最高行动纲领。在大型企业，特别是多元化经营的企业里，它需要根据企业的宗旨和目标，选择企业可以竞争的经营领域，合理配置企业经营所必需的资源，决定企业整体的业务组合和核心业务，促使各经营业务相互支持、相互协调。从公司的经营发展方向到公司各经营单位之间的协调以及资源的充分利用，再到整个公司的价值观念、企业文化的建立，可以说都是总体战略的重要内容。

企业的总体战略主要有三种态势：发展型战略、稳定型战略和紧缩型战略。企业可以通过密集型、一体化或多元化战略进行发展，对于各种可选发展战略或可选发展方向而言，每一个都有不同的发展方式，这些方式可以分为三类：内部开发、购并以及联合开发或联盟。对于多元化经营的企业，还要决定企业整体的业务组合和核心业务。

总体战略主要回答企业应该在哪些经营领域内进行生产经营的问题。因此，从战略的四种要素上看，经营范围和资源配置（投资组合问题）是总体战略中主要的构成要素。竞争优势和协同作用两个要素则因企业不同而需要进行具体分析。在生产相关产品的多元化经营企业中,竞争优势和协同作用很重要,它们主要解决企业内部各产品的相关性和在市场上进行竞争的问题。在多种行业联合的大型企业里,竞争优势和协同作用相对来讲不那么重要,因为企业中各经营业务之间存在一定的协调性,可以共同形成整体优势,即使某个经营业务略有不善,其他的经营业务也可以支持整个企业形成优势。

企业总体战略与企业的组织形态有着密切的关系。当企业的组织形态简单,经营业务和目标单一时,企业总体战略就是该项经营业务的战略,即经营单位战略。当企业的组织形态为了适应环境的需要而趋向复杂化,经营业务和目标也多元化时,企业的总体战略也相应地复杂化。不过,战略是根据企业环境变化的需要而提出来的,它对组织形态也有反作用,会要求企业组织形态在一定时期作出相应的变化。

(二) 经营单位战略(事业部战略、经营战略)

经营单位是战略经营单位的简称,是指公司内其产品和服务有别于其他部分的一个单位。一个战略经营单位一般有着自己独立的产品和细分市场。它的战略主要针对不断变化的环境,在各自的经营领域内进行有效竞争。为了保证企业的竞争优势,各经营单位要有效地控制资源的分配和使用。同时,战略经营单位还要协调各职能层的战略,使之成为一个统一的整体。经营单位战略主要有基本竞争战略、投资战略,以及针对不同行业和不同行业地位的经营战略。

从战略构成要素的角度来看,经营单位战略涉及这个企业在它所从事的行业中,或某一个特定的细分市场所提供的产品和服务的竞争定位,以及在战略经营单位里如何有效地利用好分配到的资源。因此,竞争优势与资源配置通常是经营单位战略中最重要的组成部分。但这里的资源配置主要是指产品和市场寿命周期问题。在多数情况下,经营范围与产品和细分市场的选择有关,与产品和市场的发展阶段有关,而与产品和市场的深度与广度的关系甚小。在这个层次上,协同作用是指把经营单位中不同职能领域的活动加以协调。

总体战略是涉及企业全局发展的整体性的、长期的战略计划,对企业的长期发展有着深远影响。而经营单位战略则着眼于企业整体内的有关事业部或子公司,影响着某一类具体的产品和市场,是局部性的战略决策,只能在一定程度上影响总体战略的实现。所以,总体战略主要由企业的最高层参与决策、制定和组织实施;而经营单位战略决策的参与者主要是具体的事业部或子公司的管理层。

(三) 职能战略

职能战略又称职能部门战略,是为了贯彻、实施和支持总体战略与经营单位战略而在企业特定的职能管理领域制定的战略。职能战略一般可分为营销战略、人力资源战略、财务战略、生产战略、研发战略等。

从战略构成要素来看,协同作用和资源配置是职能战略的关键要素,而经营范围则通常不需要职能战略考虑。职能战略要根据经营单位战略的要求,在各职能部门中合理地配置资源,并确定各职能的协调与配合。

前面说过,在军事上习惯用战略和战术(或称之为策略)来区分不同层次和范围的决策。但在战略管理中，通常不用战略和战术的说法处理上述问题，而是将战略分为三个层次，但实际上，职能战略属于战术。与企业总体战略相比，职能战略用于确定和协调企业短期的经营活动，期限较短，一般在一年左右；职能战略是为负责完成年度目标的管理人员提供具体指导的，所以它较总体战略和经营单位战略更为具体；职能战略是由职能部门的管理人员在总部的授权下制定出来的。

对于跨行业多元化经营的大型企业来说，三个战略层次十分清晰，共同构成了企业的战略体系。三个层次战略的制定与实施过程实际上是各管理层充分协商、密切配合的结果。每一个战略层次都构成了其他战略层次赖以发挥作用的环境，任何一个战略层次的失误都会导致企业战略无法达到预期目的。如图1-2所示，当企业战略的各个部分与层次相互配合、密切协调时，就能增强企业的凝聚力，也就能最有效地贯彻实施企业战略。职能层与业务层战略的协调一致能够增强业务层战略的力量。同样，协同业务层战略的各个要素，集中各职能部门专家和员工的建设性意见，也能够极大地改善和强化公司层战略。因此，可将战略的不同部分和层次之间的关系看作将企业的不同活动从观念和行为上统一起来的黏合剂，使战略形成有效发挥作用的合力，这对于有效地实施战略管理是十分有益的。

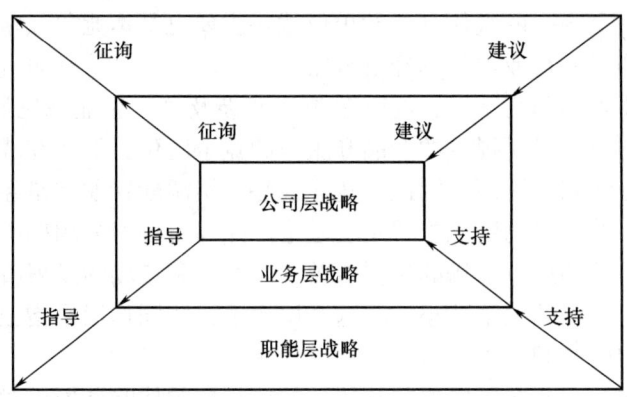

图1-2 战略管理层次互动过程

对于中小型企业而言，它们的战略层次往往不明显，其往往仅相当于大型企业的一个战略经营单位，所以竞争战略对中小型企业来说十分重要。如果它们成功了，就面临着一个发展的关口。对于单一经营的大型企业而言，前两个层次的战略往往是合在一起的。

第三节 企业战略管理

一、企业战略决策的模式

宗旨、愿景、战略目标和战略都是计划的形式，它们都关系到企业的长期表现。战略管理是确立企业的愿景和宗旨（使命），根据企业外部环境和内部条件设立企业的战略目标，通过战略方案的制定和实施来保证目标的落实，并使企业的愿景和使命最终实现的一个动态过程。简单来说，战略管理是决定企业长期表现的一系列重大决策和行动。

战略管理的独特之处是它强调战略决策。随着企业变得更大更复杂，加之环境的不确定性增加，决策变得越来越复杂，也越来越难以作出。根据亨利·明茨伯格的说法，典型的战略决策模式有企业家模式、适应模式、规划模式三种。后来，奎恩（J. B. Quinn）补充了第四种模式——循序渐进模式。

（一）企业家模式

在企业家模式中，战略是由一个铁腕人物制定的。它关注的焦点是机遇，而问题是次要的。由公司创始人自己左右对未来发展的判断，并在一系列大胆的重要决策中展示出来。公司增长是主导目标。由杰夫·贝佐斯（Jeff Bezos）创立的亚马逊网站就是这种战略决策模式的一个例子。公司反映了贝佐斯运用因特网销售图书和其他商品的愿景。虽然亚马逊明确的增长战略确实是这种企业家模式的优点，但贝佐斯独特的管理风格不利于留住高级管理人员。

（二）适应模式

适应模式有时也称为"走一步，看一步"，这种决策模式的特点是响应现有问题，给出解决方案，而不是主动寻求新机会。战略决策中经常争论的焦点是目标的优先次序，战略是零碎和发展的，关键是如何推动公司逐渐往前走。不列颠百科全书公司用这种模式成功运作多年，常年依赖门到门方式销售其久负盛名的百科全书，但最终双职工家庭的增加使这种营销方式变得陈旧，1996年公司被收购之后，公司开始制作全书的电子版，营销策略也转变为电视广告。

（三）规划模式

规划模式下，系统收集用于战略分析的信息，总结出多种可行战略方案，并合理选择最合适的战略。这种模式既主动寻求新机会，也被动响应存在的问题。郭士纳领导下的IBM公司就是采用规划模式的例子。郭士纳担任首席执行官后最初的行动之一是召开了一次为期两天的关于公司战略的会议，与会者均为高级管理人员，在深入分析IBM公司的产品线后，作出了提供完整的系列服务而非计算机硬件的投资战略决策。自1993年作出这种模式的战略决策以来，IBM收入增长的80%来源于服务。

（四）循序渐进模式

由奎恩提出的第四种决策模式由规划模式、适应模式以及较小程度的企业家模式综合而成。在这种模式中，公司高层管理者对公司的使命和目标有合理而明确的想法，但是，在战略制定时，他们选择"交互式过程"。在这一过程中，企业探索未来，进行试验，以及从一系列局部的（渐进的）努力之中学习，而不是一下子确定面向全球的整个战略。虽然使命和目标已确定，但允许经过争论、讨论和试验再提出战略。当环境迅速变化且在整个公司着手实施一个特定战略之时，需要取得共识和开发必要的资源，这种模式似乎很有效。

在某些情况下，企业应该采取什么样的战略决策模式是很值得争论的。本书建议采取规划模式，它包括战略管理的基本模块，较为理性，从而能够得出更好的战略决策。规划模式不仅比其他模式更少涉及政治利益关系，更经得起推敲，而且适合应对复杂多变的环境。

二、企业战略管理的过程

一般认为，战略管理由战略分析、战略选择、战略实施与控制等相互关联的阶段组成，这些阶段有一定的逻辑顺序，包含若干必要的环节，由此形成一个完整的体系。

（一）战略分析

战略分析的主要任务是对为保证组织在现在和未来始终处在良好状态的那些关键性影响因素形成一个概观，即对企业的战略形成有影响的关键因素进行分析，并根据企业目前的"位置"和发展机会来确定未来应该达到的目标。这个阶段的主要工作是：

（1）明确企业当前的宗旨、愿景、目标和战略。首先要明确企业当前的宗旨、愿景、目标和战略，这些指导企业目前行动的纲领性文件是战略分析的起点。

（2）外部环境分析。外部环境分析的目的就是要了解企业所处的战略环境，掌握各环境因素的变化规律和发展趋势，发现环境的变化将给企业的发展带来哪些机会和威胁，为制定战略打下良好的基础。

（3）内部条件分析。战略分析还要了解企业自身所处的相对地位，分析企业的资源和能力，明确企业内部条件的优势和劣势；还需要了解不同的利益相关者对企业的期望，理解企业的文化，为制定战略打下良好的基础。

（4）重新评价企业的宗旨和愿景，确定战略目标。当掌握了环境的机会和威胁，并且识别了自身的优势和劣势之后，需要重新评价企业的宗旨和愿景，必要时要对它们作出修正，以使它们更具导向作用，进而确定下一步的战略目标。

（二）战略选择

战略选择阶段的任务是决定达成战略目标的途径，为实现战略目标确定适当的战略方案。这包括确定总体战略、经营单位战略和国际化战略。企业战略管理人员在战略选择阶段的主要工作是：

（1）产生战略方案。根据外部环境和企业内部条件、企业宗旨、愿景和目标，拟订可供选择的几种战略方案。

（2）评价战略方案。评价战略备选方案通常使用两个标准：一是考虑选择的战略是否发挥了企业的优势、克服了劣势，是否利用了机会，将威胁削弱到最低程度；二是考虑该战略能否被利益相关者所接受。需要指出的是，实际上并不存在最佳的选择标准，经理们和利益相关者的价值观和期望在很大程度上影响着战略的选择。此外，对战略的评估最终还要落实到战略收益、风险和可行性分析的财务指标上。

（3）最终选出供执行的满意战略。

（三）战略实施与控制

战略实施与控制过程就是把战略方案付诸行动，保持经营活动朝着既定战略目标与方向不断前进的过程。这个阶段的主要工作包括计划、组织、领导和控制四种管理职能的活动。

战略实施的关键在于其有效性。要保证战略的有效实施，首先要通过计划活动，将企业的总体战略方案从空间上和时间上进行分解，形成企业各层次、各子系统的具体战略或策略、政策，在企业各部门之间分配资源，制定职能战略和计划，制订年度计划，分阶段、分步骤地贯彻和执行战略。

为了实施新的战略，要设计与战略相一致的组织结构。这个组织结构应能保证战略任务、责任和决策权限在企业中的合理分配。一个新战略的实施对组织而言是一次重大的变革，变革总会有阻力，所以对变革的领导是很重要的。这包括培育支持战略实施的企业文化和激励系统，克服变革阻力等。

战略实施的成功与否取决于管理者激励员工能力的大小和人际技能。战略实施活动会影响到企业中的所有员工和管理者。每个部门都必须回答以下问题：为了实施企业战略中属于我们责任的部分，我们必须做什么？我们如何才能将工作做得更好？战略实施是对企业的一种挑战，它要求激励整个企业的管理者和员工以主人翁精神和热情为实现已明确的目标而努力工作。

战略控制是战略管理过程中一个不可忽视的重要环节，它伴随战略实施的整个过程。建立控制系统是为了将每一阶段、每一层次、每一方面的战略实施结果与预期目标进行比较，以便及时发现偏差，适时采取措施进行调整，以确保战略方案的顺利实施。如果在战略实施过程中，企业外部环境或内部条件发生了重大变化，则控制系统会要求对原战略目标或方案作出相应的调整。

图1-3总结了前面讲的战略管理的过程，本书的结构就是沿着这一过程设置的。战略管理过程是动态的、连续的，上述模型中任何一个组成部分的变化，都会导致其他部分的变化。例如，经济的转型可能带来巨大的发展机会，从而要求企业改变战略目标和战略；没有实现年度目标的企业可能需要调整战略；主要竞争对手战略的变化可能要求企业调整自己的使命。因此，战略分析、战略选择、战略实施与控制应该连续不断地进行，战略管理过程从来都不会停止。

三、战略问题管理

（一）战略问题管理的含义

战略问题是指那些对企业实现战略、达到目标的能力有重大影响的企业内部或外部即将出现的问题。它们可以是企业外部环境中新出现的机会或威胁，也可以是企业内部能够开发的优势或足以危害企业绩效以至生存的劣势。

针对这些战略问题单独制定战略并付诸实施，就是战略问题管理。战略问题管理可以较好地处理企业战略的两重属性——计划性、长期性、全局性与应变性、风险

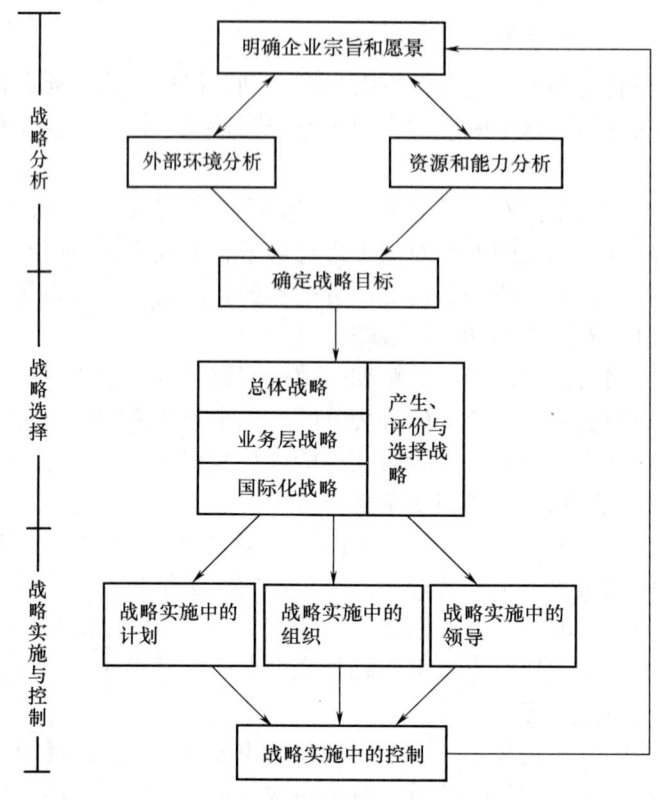

图 1-3 战略管理的过程

性、竞争性的矛盾,将一些应变性的、临时性的重大战略问题从企业的长期战略规划中分离出来,单独进行分析和管理。这样,既可以避免对长期战略规划进行繁杂的、经常性的修订,又可以对战略问题迅速作出反应。

(二)战略问题的判定标准

判定战略问题是战略问题管理的重要组成部分。它要求充分利用各种信息,在众多问题中筛选出战略问题,并在问题还没有完全形成、发展或巩固之前就加以解决,以保证战略管理的顺利进行。判定战略问题可以依次使用以下四条标准:

1. 问题的重要性

如果该问题对企业或社会影响不大,不很重要,就没有必要当作战略问题处理。例如,华为的任正非预见到随着华为逐渐在行业内领先,早晚会面对与美国的矛盾,于是把这当作战略问题,假设了冲突后可能带来的困难,制订了华为的"备胎计划"。

2. 问题与战略相关的程度

如果出现的问题与企业战略不相关,即使它对整个社会很重要,企业也不需要考虑去对它进行管理。例如,对于一些政治事件,如 2001 年"9·11"事件等,即波特称之为"临时性变故"的一些问题，虽然对整个社会影响很大，但是对大多数企业来说，这些问题不是战略相关的，因而不是战略问题。而另一些问题，虽然对整个社会影响不大，但是对具体企业来说却是战略相关的，就应作为战略问题对待。例如，行业购并活动，对于整个社会的影响并不大，但对于行业中的企业而言，就是一个重大的战略问题。

3. 能否对问题采取行动

如果该问题具有战略的相关性，但不能对它采取行动或暂时不能采取行动，则只能关注这一问题的发展，等待解决的时机。例如，2003年美国发动伊拉克战争，对于伊拉克周边国家的旅游业来说，虽然面临着巨大的威胁，但它们无能为力，没有可能作为战略问题加以处理。

4. 问题的紧迫性

在问题性质重要、与战略有关、可采取行动的情况下，企业应优先处理比较紧急的问题。例如，在2020年初，武汉发生了新冠肺炎疫情，国家果断对武汉进行"封城"，并限制了各省间的人员流动。当时春节将至，很多企业员工已经放假，面对疫情对节后员工返回企业和正常复工等问题，一些地区和企业能抓住这个最紧迫的问题，准确研判，积极应对，而一些地区和企业却判断失误，应对不力，造成企业迟迟不能正常开工。

(三) 战略问题管理过程

1. 判定问题

在企业中，即将发生的战略问题会有三种信息来源，即企业外部环境变化趋势、企业内部演变趋势和企业的效益发展趋势。企业可以从相互依存和影响的环境因素与内部各职能领域之间的变化上找出问题，并按前述的判定标准分析问题对整个企业可能的影响。

2. 评估问题的重要性

将所判定的战略问题整理分类，按重要程度加以排序。最重要的战略问题应由企业总部详尽分析；一般重要的战略问题可放在经营单位或事业部层级详细分析；而一般性的问题只需加以关注，不必详加分析。

3. 分析问题

分析的方法有：

(1) 战略问题寿命周期分析。从过去、现在和将来，分析问题的发展趋势，这种方法适合于企业全面综合地描述比较大的问题。

(2) 战略问题分析。将战略问题逐层分解，有针对性地收集有助于作出判断的数据，研究各个层次的问题以及它们对企业战略的影响，系统、翔实地掌握企业的战略问题。

(3) 假设分析。从相关利益群体角度，对战略问题提出正反两方面的假设，然后评估这些假设的重要程度和可靠程度。

4. 提出与战略问题相关的战略

企业对战略问题进行分析后，就应考虑是否需要提出战略。如果这些问题所涉及的面较广，则应考虑制定总体战略；如果问题只涉及局部单位，则可只制定相应的局部战略。

5. 战略的实施

企业提出的战略，要及时付诸实施，从而增进或避免减少企业的效益。

6. 战略控制

对战略的实施结果，企业管理人员要以一定的手段加以衡量，并进行反馈，以改进对战略问题的管理。

第四节 企业战略管理理论的演变

一、企业战略管理的产生

企业战略管理是商品经济发展的产物，是在企业外部环境范围扩大、内容复杂、变化频繁，从而使企业的生存和发展经常面临严峻挑战的情况下产生的。企业战略管理在20世纪50年代首先产生自美国，后来传到其他发达国家，现在已在全球更大范围内传播开来。

美国的企业管理在20世纪上半叶经历了两个时代。

第一个时代是大批量生产时代（前30年）。这个时代从经济发展上看，主要是巩固和发展19世纪工业革命的成果。从企业来看，主要是完成大批量生产的机制，促使单位产品成本降低。当时的企业管理者对企业的发展前景十分满意，认为只要能提供低价的、标准的产品，就能获得盈利和发展，所以企业把主要精力放在提高内部生产效率上，企业实行的是控制性的管理。以泰罗为首的科学管理理论将管理纳入科学的轨道，但古典管理理论将研究的重点主要放在企业内部的管理活动上，很少涉及对环境的研究和企业战略管理理论的研究。

第二个时代是大批量销售的时代（后20年）。从经济发展上看，这个时代基本消费品的需求正逐步趋向饱和，当时工业的主要任务是适应基本消费品以外的更高需求，以及市场进一步国际化的要求。从企业看，应付环境的变化、满足市场多样化的需求，成为最重要的问题。所以，在这个时代，企业不得不面向外部、转向市场，在更广阔的市场上进行更加剧烈的竞争。而且，企业在国际市场上还要经受关税、金融汇率、保护政策、文化差异等的干扰。总之，与过去相比，企业的环境更加复杂，更富有挑战性，竞争更加剧烈，企业仅靠内部控制式管理已无法应付未来的挑战和实现自己发展的愿望。正因如此，在这个时代产生了以销定产和产品差异等新的经营观念。也正是在这种条件下，企业产生了筹谋未来发展的要求和行动，采取了推断式的管理方式，如目标管理、预算管理和长远计划等。那时的长远计划是建立在未来一定会比过去好、未来可以根据历史推断的假设基础上的，完全依靠历史的推断来确定企业未来的目标和行动，并以此来应付环境的变化。

从20世纪50年代起，美国的经济在经过高速发展之后，进入了一个高度竞争的阶段。其主要特点是：需求结构发生变化；科技水平不断提高；全球性竞争日趋激烈；社会、政府和顾客提高了对企业的要求和限制；资源短缺；突发事件不断，等等。这些特点造成企业外部环境庞大复杂、变化频繁、难以预料，使企业经常面临许多生死攸关的挑战。仅靠推断型的管理，企业再也不能保证自己的生存和发展了，而必须对新的环境进行深入分析，作出新的响应，采用新的管理方式，来谋求自己的生存和发展。企业战略管理就是在这种条件下应运而生的。

二、战略管理理论形成期的有关理论

随着企业界对企业战略管理的实践，西方学者日益注重对企业战略管理的研究。1954年，美国管理学家彼得·德鲁克写出了《管理的实践》，提出了使命和战略目标的理论，该理论成为企业战略管理的重要理论基础之一。他的主要观点是：企业的目的只有一个，即创造顾客。围绕这一目的，任何企业都有两项职能：营销和创新。管理企业首先要确定企业使命，即回答三个经典问题：我们的事业是什么？我们的事业将是什么？我们的事业究竟应该是什么？企业的使命要转化成战略目标，他提出了八类目标，即市场地位、创新、生产力、实物和财力资源、获利能力、管理者绩效和培养管理者、员工绩效和工作态度、社会责任。1974年，德鲁克写出了《管理——使命、责任、实务》，进一步丰富了这一理论。

1962年，美国管理学家钱德勒出版了《战略与结构》一书。在这本著作中，钱德勒较为全面地分析了环境、战略及组织结构之间的相互关系，提出了"结构追随战略"的论点。他认为，企业战略应适应环境的不断变化，满足市场的需求，而企业的组织结构又必须适应企业战略，随战略的变化而变化。因此，他被公认为"环境—战略—组织"理论的第一位企业战略专家。

在此基础上，关于战略构造问题的研究，形成了两个相近的学派：设计学派和计划学派。设计学派以哈佛商学院教授安德鲁斯为代表，他1971年出版了《公司战略概念》一书。他认为，企业外部环境对企业战略的形成有重大影响，战略的形成过程实际上是企业内部条件和外部环境匹配的过程，这种匹配能使企业内部的优势和劣势与企业外部的机会和威胁相互协调。在此基础上，设计学派建立了用于战略规划的SWOT（Strengths、Weaknesses、Opportunities、Threats）模型，该模型至今仍被广泛采用。设计学派的主要观点是：战略规划是一个有意识控制的思想过程，战略的规划和控制由企业的高层管理者负责；企业战略应当清晰、简明，易于理解和贯彻；优秀的战略应具有创造性和灵活性，有充足的弹性以适应环境的变化。

计划学派是与设计学派几乎同时产生的，其代表人物是安索夫。安索夫在1965年出版了《公司战略》一书，他在研究多角化经营企业的基础上，提出企业战略可分为总体战略和竞争战略两大类，战略是由四个要素构成的，包括产品与市场范围、增长向量、协同效应和竞争优势。这些观点广为传播，大大推动了企业战略管理理论的发展。计划学派的主要观点是：战略制定是一个有意识控制的规范化过程，战略的制定应当详细、具体，通过目标、项目、预算的层层分解保证战略实施过程的顺利完成。

尽管这一时期学者们的研究方法和具体主张不尽相同，但其核心思想是一致的，共同点在于把企业的本质看作产品或业务的组合；认为战略管理必须通过企业战略的精心规划设计使企业组织适应环境的变化；战略规划与实施要求企业的组织结构必须进行必要的调整；战略管理主要由企业高层经理人员来负责。这些观点为现代战略管理研究的进一步开展奠定了基础。但是，这些理论仅仅提供了一套方法和程序，仅掌握该理论的人可能根本不会制定战略，因为分析企业的优势、劣势、机会及威胁还需要非常专业的知识、丰富的经验、敏锐的洞察力等。此外，这些理论也没有告诉人们如何在 SWOT 分析的基础上确定战略目标和战略步骤。

三、战略管理理论发展期的有关理论

20 世纪 70 年代到 90 年代初，企业的经营环境变得日趋复杂，在市场竞争日益激烈的情况下，企业战略管理理论的研究重点逐步转移到企业竞争方面，特别是企业如何获得和保持竞争优势的研究上。

（一）波特的竞争战略理论

随着产业组织理论的发展，越来越多的研究者将产业分析的范式引入了战略理论。在这些努力中，哈佛大学商学院教授迈克尔·波特贡献卓著。20 世纪 80 年代，波特先后出版了他的两本代表作《竞争战略》（1980 年）和《竞争优势》（1985 年）。在书中，波特提出了战略定位的观点，实现了产业组织理论和企业竞争战略的创新性兼容，促成了战略制定与实施两个过程的有机统一。波特认为，企业战略的核心是获取竞争优势，而影响竞争优势获取的因素有两个：一是企业所在产业的盈利能力，即产业吸引力；二是企业在既定产业中的相对竞争地位。其中，企业所处的产业环境是企业外部环境的关键因素，行业结构对竞争规则的确定和竞争战略的选择影响极大。与此相应的战略管理也有两项明确的任务：首先，企业组织要通过对行业结构的正确分析，选择潜在高利润水平的产业，这是制定成功竞争战略的基石。为此波特建立了著名的五种竞争力量的行业竞争分析模型，作为产业结构分析的工具。该模型旨在说明，目标产业的盈利能力主要受潜在进入者、替代品、供应商、购买者及产业内现有竞争对手五个因素的影响。在此基础上，波特提出了可供选择的基本竞争战略：总成本领先战略、产品差异化战略和目标集中战略。其次，要求企业在既定产业中进行自我定位，力争通过竞争优势的创造与维持，取得高于产业平均利润率的超常收益。为了系统识别和分析企业竞争优势的来源，波特提出了"价值链"的理论概念与分析方法。他认为，每一个企业的价值链都是由九种基本价值活动通过独特方式联结构成的。一个企业与其竞争对手的价值链差异构成竞争优势的潜在来源。"企业正是通过比其竞争对手更廉价或更出色地开展这些重要战略活动来赢得竞争优势的。"

波特的行业结构学派（定位学派）的行业分析思想以及战略定位的观点被称为"由外向内"的思维模式。它提出了制定战略的具体分析方法，指明了获得优势的具体途径，具有良好的可操作性。这些理论受到理论界和企业管理者的普遍认同，并且成为进行外部环境分析和竞争战略选择最为重要和广泛使用的模式。但是，波特理论的缺陷是，缺乏对企业内部条件的深刻剖析，因而不能很好地解释既定产业中不同企业竞争地位的显著差异以及大量选择多元化经营的企业最终落入"多元化陷阱"的现象。

（二）资源学派

1984年，沃纳菲尔特在美国的《战略管理》杂志上发表了公司资源学说，提出了公司内部资源对公司获利并维持竞争优势的重要意义。他认为，公司内部环境同外部环境相比，具有更重要的意义，对企业创造市场优势具有决定性的作用；企业内部的组织能力、资源和知识的积累是解释企业获得超额收益、保持竞争优势的关键。他的观点后来经过柯利斯、蒙哥马利等人的进一步发展，形成了资源学派。

资源学派认为，每个组织都是独特的资源和能力的结合体，这一结合体形成了企业竞争战略的基础。企业战略管理的主要内容就是如何最大限度地培育和发展企业独特的战略资源以及优化配置这种战略资源的独特能力，即核心能力。核心能力的形成需要企业不断地积累战略制定所需的各种资源，需要企业不断地学习、超越和创新。只有核心能力达到一定水平后，企业才能通过一系列组合和整合，形成自己独特的不易被模仿、替代和占有的战略资源，才能获得和保持持续的竞争优势。同时，资源学派也承认产业分析的重要性，认为企业能力只有在产业竞争环境中才能体现出重要性。因此，资源学派的战略思想可以概括为：产业环境分析、企业内部资源分析—制定竞争战略—实施战略—积累战略资源并建立与产业环境相匹配的核心能力—赢得竞争优势—获得业绩。

（三）核心能力学派

随着竞争环境日趋复杂，企业不得不把眼光从外部市场转向内部环境，注重对自身独特的资源和知识（技术）的积累，以形成企业独特的竞争能力（核心竞争力）。1990年，普拉哈拉德和哈默在《哈佛商业评论》上发表了《企业核心能力》一文，关于核心能力的研究热潮开始兴起，并且形成了战略理论中的"核心能力学派"。

核心能力学派认为，现代市场的竞争是基于能力的竞争。企业战略的核心已不在于产品和市场的结构，而在于行动反应能力。战略的目标是识别和开发竞争对手难以模仿的核心能力。核心能力来自组织内的集体学习，来自经验规范和价值观的传递，来自组织成员的相互交流、共同参与、不断创造和超越。核心能力决定了企业的规模和边界，也决定了企业多元化战略和跨国经营战略的广度和深度。核心能力最终决定企业的竞争优势和经营绩效。积累、开发和运用能力以进行产品和服务创新决定了企业的持续竞争优势。企业要想获得和保持竞争优势，就必须在核心能力、核心产品和最终产品三个层面上参与竞争。

核心能力学派的战略管理思想可以归结为：内部环境分析—了解能力结构—制定

竞争战略—实施战略—建立和保持核心能力—赢得竞争优势—获得业绩。

四、战略管理理论深化期的有关理论

(一) 商业生态系统理论

美国学者穆尔（James F. Moore）1996年出版的《竞争的衰亡》标志着战略理论的新探索。作者从生物学中的生态系统这一独特的视角出发来描述当今市场的企业活动，但又避免了将生物学的原理直接运用于商业研究的狭隘观念。后者认为，在市场经济中，达尔文的自然选择似乎仅仅表现为最合适的公司或产品才能生存，经济运行的过程就是驱逐弱者。而穆尔提出了"商业生态系统"这一全新的概念，打破了传统的以行业划分为前提的战略理论的限制，力求"共同进化"。穆尔站在企业生态系统均衡演化的层面上，把商业活动分为开拓、扩展、领导和更新四个阶段。商业生态系统在穆尔理论中的组成部分是非常丰富的，他建议高层经理人员经常从顾客、市场、产品、过程、组织、风险承担者、政府与社会等七个方面来考虑商业生态系统和自身所处的位置；系统内的公司通过竞争可以将毫不相关的贡献者联系起来，创造一种崭新的商业模式。在这种全新的模式下，穆尔认为制定战略应着眼于创造新的微观经济和财富，即发展新的循环以代替狭隘的以行业为基础的战略设计。

(二) 战略联盟理论

战略联盟理论认为，企业之间不仅存在竞争关系，竞争到一定程度会走向合作，企业之间的竞争不一定非要出现你死我活的局面，而是可以形成既竞争又合作的关系，以参与更大范围的竞争。同时，在知识经济时代，很多重大的高技术新产品开发难度很大，需要巨额投资和联合攻关，单靠一个企业的实力难以突破，这就要求企业之间走向合作，结成联盟，实施双赢或多赢战略。美国学者赛蒙因提出了如下几种联盟形式：契约性协议，非正式合作，合资、股权参与，国际联合等。合作或联盟的主要内容有技术联盟、联合生产、联合营销等。通过联盟，各方加强各自的竞争力，以适应经济全球化的要求。既竞争又合作，在合作中形成双赢或多赢，在合作中又各自进一步培育自身竞争优势，这将成为21世纪主要的竞争模式。目前，该理论对战略联盟的过程和有效动态管理正在开展更深入的研究。

(三) 战略再造理论

现在大多数企业的运作模式和管理制度的根本原则都可以追溯到亚当·斯密在《国富论》中提出的劳动分工理论。企业组织越庞大，工人越专业化，工作分解的步骤就越多。在管理领域中，劳动分工理论也得到了充分体现，各种管理职能不断向专业化发展。20世纪90年代以来，企业处在顾客、竞争与变革三大因素不断变化的经营环境中，过分强调专业化和工作细分妨碍了效率，也导致机构臃肿、缺乏活力，丧失竞争力和创造力。1993年，美国管理学家迈克尔·哈默和詹姆斯·钱皮合著的《企业再造》一书，明确地提出了企业再造的战略理论。其主要观点是：①对生产经营流程进行根本改造，由渐进性改良转变为激进式飞跃；②从产品导向转为以顾客为

导向；③从职能导向转向流程导向；④从控制命令式转向横向协作式；⑤员工队伍从劳动专业化分工转向综合技能型。

（四）知识经营战略理论

随着高新技术的发展，尤其是信息技术的迅速发展，知识、智力的作用日益突出，21世纪是以信息为主导的时代，也是知识经济的时代。彼得·德鲁克在《后资本主义社会》一书中强调企业最重要的经营资源就是知识，其中以知识劳动者、脑力劳动者为中心。知识劳动者形成和创造知识生产力，对知识进行经营将是企业战略新的重大课题。知识经营战略理论的主要观点是：①21世纪的企业必须具有产生知识生产力的能力，即获得、创造、积累和利用知识的能力。②知识是企业的经营资源，是新型的资本，即知识资本，要善于利用其进行经营。知识经营的主要内容包括：一是善于将知识资源与其他生产要素有效组合和优化配置，创造附加价值更大的产品和服务，满足市场更加丰富的需要；二是创造积累企业所拥有的知识产权，并转让知识、智力和技术形态的知识产权。③可供选择的知识经营战略主要包括：知识创新战略、人才战略、信息战略、名牌战略、商标战略、专利战略、科技创新战略、管理战略等。

五、企业战略管理理论的演进规律和企业战略管理的发展趋势

（一）企业战略理论演进的基本规律

战略理论的内容主要是从不同的角度来丰富安德鲁斯所提出的SWOT模型，即关注企业内部，强调战略是一个计划、分析的过程；关注企业外部，强调产业结构的分析；关注企业内部，强调核心能力的构建、维护与产业环境分析相结合；关注企业外部和企业内部，资源学派试图在企业外部和企业内部间架起桥梁；关注企业外部，强调企业间的合作，创建优势互补的企业有机群体。

从竞争的性质看，竞争的程度遵循由弱到强，直至对抗，然后再到合作乃至共生的发展脉络。计划学派源于较弱的竞争性，设计学派则建立在竞争性趋强的基础上；到了结构学派、能力学派、资源学派，尽管他们对竞争优势的认识各不相同，但更多地强调对抗性竞争这一点却是相同的；战略联盟理论提倡既竞争又合作，达到双赢和多赢；商业生态系统理论则主张企业间通过合作建立共生系统以求得共同发展。

从竞争优势的持续性来看，从追求有形（产品）、外在、短期的竞争优势逐渐转向对无形（未来）、内在、持久的竞争优势的追求。如结构学派的战略始于对产业结构的分析，形成于对三种基本战略的选择，而这三种战略主要基于产品的差异性做出。能力学派则将战略的核心转向了企业内部的经验和知识的共享与形成，知识经营战略理论将知识提升到资本的高度，这些都是内在、无形的东西，对竞争优势具有长远的影响。

（二）企业战略管理的发展趋势

（1）制定企业战略的竞争空间在扩展。随着行业的界限、企业间的界限日趋模

糊，竞争已不限于在某一特定的区域或行业内进行，企业必须考虑从全球的角度、从跨行业的角度来配置自身的资源，在资金、人力资源、产品研发、生产制造、市场营销等方面进行有机组合，以获得最佳的管理整合效果。

（2）企业的战略具有高度的弹性。企业面临的经营环境快速变化，在不确定的风险下，在要求企业战略与外部变化节奏保持同步的条件下，企业要具备对不确定情况的快速应变能力，必须依赖战略的弹性才能伸缩自如。

（3）不过多考虑战略目标是否与企业所拥有的资源相匹配，而是较多地追求建立扩展性的目标。因为在未来的市场竞争中，制胜的手段正在发生变化，由单纯地寻找稀缺资源过渡到寻找稀缺智力和由此产生的稀缺知识的结合，寻找的范围不再局限于企业内部，而是着眼于对离散的创造价值的活动的识别与整合，通过这种方式为价值增值或扩大稀缺价值的产出。这种战略要求企业不能平均分配资源，而是要创造性地通过各种途径来整合资源，通过与知识的组合来克服资源的限制，从而为顾客创造价值。

（4）由企业或企业联盟组成的商业生态系统成为参与竞争的主要形式。对一个单独的企业来讲，竞争更体现在加入或营造有影响力的、能为自己带来实际价值的企业生态系统，并且在这一系统中寻求一个更为有利的地位，当然也包括争取成为整个群体的领导，在既竞争又合作的和谐环境中，充分发挥优势潜能，降低经营成本和经营风险。

（5）制定战略的主体趋于多元化。由于信息技术的日益发展和普遍应用，组织结构日趋扁平化，整个企业内部拥有信息的权利趋于平等。每一个体在整个网络系统中都是一个信息传播的结点，高层主管不再居于信息传播的中心，各级管理者可以有更多的机会参与企业的战略制定，他们的身份具有决策参与者和决策执行者双重特征。

（6）战略的制定从基于产品或服务的竞争，演变为在此基础之上的标准与规则的竞争。在企业立足于产品或服务的时期，对外部环境采取的是一种规避风险、抓住机遇的做法。对外和对内的行为方式，被动应对的色彩更浓厚一些。而当企业跨入以标准为核心的竞争阶段后，对外部环境的认识则完全变了，企业除了对外界变化会积极主动地作出反应外，还会有意识地制造变革，与行业中具有重要影响的对手或企业结成联盟、共同合作，创造和制定指导整个行业的技术标准或者竞争规则。最终，通过对标准或规则的掌握来获取高额的利润，确定企业的竞争优势地位。

（7）计算机、网络等领域的飞速发展正在提供越来越多的机会，正在再造企业的业务流程，创造一些新兴的产业，也正在使得许多传统行业发生翻天覆地的变革。"互联网+"的概念正在变成现实，互联网与传统行业的结合将创造出新的生产力。

（8）德鲁克有关企业目的的观念日益深入人心，优秀的企业都在从产品导向转向顾客导向。企业要创造顾客，满足顾客的需求，这已成为战略管理的核心内容。

六、我国企业战略管理的兴起

我国在近年来才开始强调企业战略管理，高等院校里普遍开设课程也不过二十几年的时间。这与我国市场经济的发展进程有关，在短时期内走完了美国近百年的企业发展历程。

在改革初期，商品非常短缺，很像美国的大批量生产时代，只要能搞好内部管理，生产出一定质量、成本较低的产品，就能盈利。企业着眼的是上项目、铺摊子。

随着市场经济逐步发展，乡镇企业、民营企业、外资企业等开始成长，市场竞争加剧，此时则类似进入大批量销售时代。最先接受现代营销观念和方法的企业更能获得盈利和发展。

市场经济进一步发展，企业改革深入（如产权改革），更重要的是市场告别了短缺，商品过剩、竞争残酷，许多企业发现，不上项目等死，上项目找死。企业开始意识到，只有在战略决策上领先才能在竞争中获胜。至此，我国企业战略管理的时代到来了。

本章小结：

1. 企业在阐明战略内涵时，需要明确自己的宗旨和愿景。定义企业宗旨就是阐明企业的根本性质与存在的目的或理由，说明企业的经营领域、经营思想，为企业目标的确定和战略的制定提供依据。宗旨包含使命和经营哲学，它要回答"我们的企业为什么要存在"。使命是企业目前和未来将要从事的经营业务范围，界定使命包括三个要素：顾客的需求、顾客、技术和活动。愿景是企业为自己制定的长期为之奋斗的目标，它要回答"我们的企业要成为什么"。

2. 战略目标是企业在战略管理过程中所要达到的结果，是宗旨和愿景的具体化。战略目标是选择战略方案的依据，在制定战略目标时要与战略方案有机地结合起来。企业的战略决策者一般从财务目标和战略地位目标两个大方面考虑建立自己的战略目标，要注意把握好战略地位目标与财务目标的关系，还要保持战略目标的挑战性。企业应该围绕战略目标形成目标体系。

3. 企业战略是指企业面对激烈变化、挑战严峻的经营环境，为求得长期生存和不断发展而进行的总体性谋划。它是企业为实现其宗旨、愿景和目标而确定的经营范围、成长方向、竞争对策和资源配置纲要，是制订各种计划的基础。企业战略具有长期性、整体性和方向性，同时也具有应变性、竞争性和风险性。

4. 企业战略由经营范围、资源配置、竞争优势和协同作用等四个要素构成。企业战略分为三个层次：总体战略、经营单位战略和职能战略。各战略构成要素在三个层次中的作用是不相同的。

5. 战略管理过程可分为"战略分析—战略选择—战略实施"。首先，进行外部环境和内部条件研究，确定存在的机会和威胁，认清企业的优势和劣势，明确企业的宗旨、愿景和战略目标。在此基础上，制定完成宗旨、达到愿景和目标的战略。根据战略的要求，管理人员应通过计划、组织、领导、控制等确保战略的实施。

6. 战略问题是指对企业实现战略、达到目标的能力有重大影响的企业内部或外部即将出现的问题。战略问题管理是一种处理战略二重性矛盾的好方法。

7. 战略管理理论从德鲁克的使命、目标理论和钱德勒的战略组织理论开始,通过设计学派和计划学派完成了早期研究,进而经由结构学派、资源学派和核心能力学派等企业竞争战略理论而发展起来。现在,商业生态系统理论、战略联盟理论、战略再造理论、知识经营战略理论进一步丰富了企业战略管理的理论。

思考与练习题

1. 何谓企业愿景?试着在网上查阅一些知名企业的愿景。
2. 何谓企业宗旨?宗旨包括哪些内容?试着在网上查阅一些知名企业的宗旨(使命和价值观)。
3. 何谓企业使命?如何确定企业使命?
4. 在制定战略目标时要注意哪两点?为什么?
5. 何谓企业战略?企业战略有哪些构成要素?
6. 试述各战略构成要素在不同层次战略中的作用。
7. 试说明企业宗旨、愿景、目标和战略之间的相互关系。
8. 描述企业的战略管理过程。
9. 什么是战略问题?如何判定战略问题?
10. 概述企业战略管理理论的发展过程。

案例分析

案例1:阿里巴巴的愿景、使命和价值观[①]

在成立20周年时,阿里巴巴更新了自己的宗旨和愿景。阿里巴巴表示,面向未来,阿里巴巴坚守使命,即让天下没有难做的生意。愿景升级为:活102年:我们不追求大,不追求强,我们追求成为一家活102年的好公司;到2036年,服务20亿消费者,创造1亿就业机会,帮助1 000万家中小企业盈利。

阿里巴巴还披露,价值观由六句阿里巴巴内部的土话组成。每一句土话背后都有一个发展历史上的小故事,表达了阿里员工与世界相处的态度。新价值观包括:客户第一,员工第二,股东第三;因为信任,所以简单;唯一不变的是变化;今天最好的表现是明天最低的要求;此时此刻,非我莫属;认真工作,快乐生活。

---

① 作者根据阿里巴巴公开的资料编写。

案例讨论：

1. 什么是企业的愿景？请观察本案例中的愿景与表 1-2 中愿景的变化，并评价这些改动。

2. 经营哲学主要通过哪些方面体现？阿里巴巴的价值观就是它的经营哲学吗？

3. 试着在网上查找几个高科技公司的宗旨和愿景，如小米公司、腾讯公司等。

案例 2：万科的发展历程①

1983 年，深圳经济特区发展公司下属的贸易部成立饲料科，王石任科长，主要业务是为现代化养殖业提供饲料生产原料。这项业务，完成了未来万科的原始资本积累。

1984 年 5 月 30 日，"深圳现代科教仪器展销中心"（万科前身）成立。公司为国营性质，法人代表为王石，主营业务为自动化办公设备及专业影视器材的进口销售。该中心是深圳经济特区内最大的摄录像专业器材供应商。

1984 年底，公司与北京市协和医学科学技术开发公司共同投资成立"深圳现代医学技术交流中心"，主要代理进口国内医疗市场需要的诊疗设备。

1985 年，全国进口机电产品市场开始出现萎缩，公司紧抓市场机会，多方拓展销售业务，形成了深圳本部负责调剂外汇、进口货物，广州分部负责仓储与发运货物，北京分部开展国内市场销售的"三点一线"销售模式。公司营业额一度占国家计划外市场的 60%。

1987 年，公司业务模式由整机进口调整为散件引进，在国内组装销售，业务进展顺利。与日本索尼等公司建立了密切联系，并与中国仪器进出口总公司合办了"日本索尼技术服务中心深圳分站"。

1987 年，公司同香港业界广泛开展合作项目：6 月 20 日，公司与香港余丰公司、苏州手表厂共同投资兴办了第一个手表工业项目"深圳精时企业有限公司"；9 月 20 日，公司与香港商人刘元生共同投资兴办了印刷制版工业项目"深圳彩视电分有限公司"；9 月 26 日，公司与香港商人胡良利共同投资兴办了"华意（深圳）首饰制造有限公司"。

1988 年 11 月 18 日，公司以 2 000 万元人民币，通过公开竞标的方式获

---

① 作者根据万科公开的资料编写。

取了威登别墅地块。同年又与当时的深圳市宝安县新安镇合作，投资第一个土地发展项目"深圳市宝安县新安镇固戍村皇岗岭万科工业区"，自此公司进入房地产行业。

1988年11月21日，深圳市政府批准公司的股份化改造方案，公开募集社会资金2 800万元。上市后的公司定名为"深圳万科企业股份有限公司"，股票代码0002。

万科上市后，公司决定向商业连锁零售、电影制片及激光影碟生产等新的领域投资，初步形成了商贸、工业、房地产和文化传播"四大支柱"的经营架构。

1991年，公司以控股方式投资了生产"怡宝"蒸馏水的龙环饮料有限公司；在深圳罗湖区友谊城第四层兴办万佳百货商场；投资拍摄的影片《过年》荣获第四届东京国际电影节评委特别奖。

1991年，公司确立了"综合商社"的发展模式。按照国际综合商社的业务布局调整为十大行业：进出口贸易、零售连锁商业、房地产开发、金融证券投资、文化影视制作、广告设计发布、饮料生产与销售、印刷与制版、机械加工和电气工程。

1993年1月，公司高层在上海召开务虚会，对自1988年底公开发行A股以来的发展进程进行了总结反思，决定放弃以"综合商社"为目标的发展模式，提出了加速资本积累、迅速形成经营规模的发展方针，并确立以城市大众住宅开发为公司主导业务。

1993年到2001年，万科逐渐将除房地产外的业务转让。万科的业务是在盈利状态下被卖掉的。比如，1997年协议转让的扬声器厂，其生产的电话机喇叭占国内市场的40%，生产的电话和电视机配件，市场占有率亦遥遥领先于竞争对手，并拥有TCL、康佳这样的大客户；2001年转让万佳百货股份有限公司股权。至此，公司专业化战略调整全部完成。

公司积极开拓以深圳为中心的珠江三角洲区域、以上海为中心的长江三角洲区域、以沈阳为中心的东北区域，形成深圳、上海和沈阳区域管理中心（后分别演变为广深区域本部、上海区域本部和北京区域本部）。2010年3月，成都区域本部成立。

2007年1月，万科成立"集团装修房推进小组"，自此万科在全国所进入城市开始有节奏地推行"装修房"战略。至2010年底，万科主流住宅已全部实现装修后交房。

2010年12月1日，公司销售额突破1 000亿元，提前实现了2004年制定的千亿目标，成为国内首家年销售额超过千亿的房地产公司。2012年，公司成为世界上首个年销售额超200亿美元的房地产公司。

案例讨论：
1. 企业的使命包含哪几个要素？
2. 万科一直在改变着公司的使命，你认为最重要的改变有哪几次？
3. 万科现在是著名的房地产企业，试着定出它的使命。

案例3：微软公司的战略规划①

人们普遍认为，战略规划不适用于高科技产业。在这些人看来，"技术市场的特点在于快速的、无法预测的变化，为什么要费心去作规划？"然而，作为世界上最成功的高科技公司，微软公司多年来一直执行规范的战略规划过程。在微软，战略规划过程的历史可以追溯到1994年。这家快速发展的公司在那一年里聘请了原宝洁公司的赫伯德（Bob Herbold）担任首席运营官。赫伯德的使命是向微软流动性的、随心所欲的企业文化中注入纪律，同时又不破坏微软赖以成功的企业家价值观和创新激情。当时，微软的最高管理者比尔·盖茨和斯蒂夫·鲍尔默对于公司内部缺乏运营效率和协调的状况越来越不满，他们决心着手解决这一问题。

赫伯德的专长之一是战略规划，而在他加入之前，微软在这一方面几乎是空白。微软当时的情况像个混乱的"老鼠窝"，不同的单位和事业部使用的是完全无法比较的规划方案。比尔·盖茨希望有一个更为规范的规划过程，"除了产品开发部的人所说的了不起的新产品，我对未来两年的情况一无所知"。在盖茨看来，至少应当知道能够向股东交代的未来1~2年里公司的财务展望。

赫伯德、盖茨和鲍尔默知道，一旦商业环境发生变化，计划所依据的假设将立即失效，而这在软件行业中可谓司空见惯。同时，他们也承认微软公司拥有许多非常传统的业务，像Microsoft Office和Windows软件的收入是相当稳定的。微软公司需要一份关于未来的计划来规划这些业务的战略，集中产品开发的力量，为这些业务配置资源。此外，微软公司还需要为其新业务如MSN、游戏机业务（X-box）和手持电脑业务制订计划。

最后达成的是一项三年期战略规划，根据公司的战略与目标，它比较了各事业部和业务单位今后的绩效并据此决定未来的资源配置。这一规划建立在标准规范基础上，从而可以很容易地对不同业务单位和事业部的绩效数据进行比较。规划数据包括了未来3年和以后的市场份额、收入和利润

---

① C.W.L.希尔，G.R.琼斯.战略管理［M］.孙忠，译.北京：中国市场出版社，2005.

的假设，以及一份主要战略和目标的陈述。由于该产业变化速度极快，这些假设每年都要进行更新。

每年，最高层经理（盖茨和鲍尔默）和事业部经理在战略规划评估会议上都会对业务单位的战略进行推敲。通常由业务单位经理们提出战略，盖茨和鲍尔默则"详尽考察"业务经理们的战略思考，要求他们证明自己的假设，然后据此批准、修改或否决这些战略。在盖茨和鲍尔默通常会参加的例行的战略会议中，围绕战略又会发生诸多辩论。

由此制定的战略是最高层经理与业务单位经理密切对话的产物。由于业务单位经理对于计划中所作的承诺了然于心，计划不仅起到资源配置的作用，同时也成为一种控制机制。盖茨和鲍尔默在公司董事会协助下制定公司整体战略。许多新业务、新产品和收购方向的思想并不是来自最高层的管理者，相反，它们来自业务单位内部的雇员，并且在经过审查后得以实施。

规划的过程是规范的、分散的和灵活的。所谓规范是指它是一种例行的过程，运用标准化的信息帮助制定未来资源配置并且对经理们的绩效进行明确的规定。分散指的是业务单位的经理提出的许多战略也会被纳入计划，当然这要经过最高层的审查。灵活指的是最高层经理并不把它看成紧箍咒，而只是一份帮助微软公司认清今后几年道路的文件。所有的经理都认识到计划中的假设可能由于不可预见事件的发生而失效，他们知道自己必须随时对战略进行快速调整，就像他们过去所做的一样。

案例讨论：

1. 微软的公司整体战略和业务层战略是如何制定出来的？
2. 为什么说微软公司的战略规划过程是规范的、分散的和灵活的？这种战略规划过程对其他企业也适用吗？
3. 微软公司的战略规划过程是怎样做到不破坏其赖以成功的企业家价值观和创新激情的？

第二章 企业外部环境分析

学习要点与要求：
1. 熟悉宏观环境分析中各个因素（PEST）的内容。
2. 掌握行业分析的基本思路。
3. 明确行业生命周期中各阶段的特点。
4. 理解经验曲线效应和规模经济的概念。
5. 深入掌握驱动行业竞争的五种竞争力量。
6. 理解战略群体的概念及研究意义。
7. 把握进行竞争对手分析的主要内容。
8. 掌握成功关键因素分析的主要思路。

第一节 企业外部环境分析概述

一、外部环境研究的必要性

现代管理把企业看作一个开放的系统，我们将对企业产生影响的各种外部因素和力量统称为外部环境。任何企业都是在一定环境中从事经营活动的，环境的特点及其变化必然会影响组织活动的方向、内容以及方式的选择。

外部环境是企业生存发展的土壤，它既为企业的生产经营活动提供必要的条件，同时也对其生产经营活动存在着制约作用。企业生产经营所需要的各种资源都需要从属于外部环境的原料市场、能源市场、资金市场和人力资源市场等去获取。离开这些市场，企业经营就会成为无源之水、无本之木。任何企业，无论生产什么产品或提供什么服务，它们都只能根据外部环境能够提供的资源种类、数量和质量来决定其生产经营活动的具体内容和方向。与此同时，企业利用上述资源经过自身的转换生产出的产品和提供的劳务，也要在外部市场上进行销售。那么，在生产之前和生产过程中，企业就必须考虑到这些产品能否被用户所接受，是否受市场欢迎。

对企业经营活动有着重要作用的环境本身是处于不断的变化之中的。如果外部环境是静态不变的，即使影响再大，通过研究也可以把握它的特点，且一旦把握就可以一劳永逸。然而，处在不断的变化之中的外部环境可能会给企业带来两种性质不同的影响：一是为企业的生存和发展提供新的机会；二是对企业生存造成威胁。企业要谋求持续的生存和发展，就必须研究和认识外部环境。外部环境研究，不仅可以帮助企业决策者了解今天外部环境的特点，而且可以使其认识到外部环境是如何演变的，并从中掌握外部环境变化的一般规律，以便在此基础上估计和预测其在未来一段时间内发展变化的趋势。这样，企业就可以敏锐地发现、预见到机会和威胁，进而扬长避短，利用机会，主动地适应环境的变化，还可以发挥企业的影响力，选择对自己有利的环境，或促使环境向对自己有利的方向发展。

二、外部环境的构成

对企业经营活动有着重要影响的因素，可能来源于不同的层面。按照环境因素是对所有相关企业都产生影响还是仅对特定企业具有影响，通常将企业的外部环境分为宏观环境、行业环境和微观环境。本章将着重分析影响企业战略的宏观环境和行业环境。

宏观环境也就是企业经营活动所处的大环境，主要由政治（Political）、经济（Economic）、社会（Social）、技术（Technological）等环境因素构成，即 PEST 分析。宏观环境对处在该环境中的所有相关组织都会产生影响，而且这种影响通常间接、潜在地影响企业的生产经营活动，但其作用却是根本的、深远的。需要指出的是，对于这四个方面，并不是不分重点地全部研究，而是紧扣与企业的生存和发展相关的因素进行深入分析。

行业是影响企业生产经营活动最直接的外部因素，是企业赖以生存和发展的空间。行业是由一些企业构成的群体，它们的产品有着众多相同的属性，以至于它们为了争取同样的一个买方群体而展开激烈的竞争。行业之间在经济特性和竞争环境上有着很大的区别。例如，有的行业已经存在了很多年，而有的行业才刚刚兴起，它们的当前规模、将来的总容量和市场增长率都十分不同；在一个行业中，各种竞争力量可能比较"温柔"，而在另一个行业中，竞争却是你死我活的。而且，行业中的差别还体现在对价格、产品质量、性能特色、服务、广告和促销、新产品开发等方面的重视程度不同。

一个行业的经济特性和竞争环境以及它们的变化趋势往往决定了该行业未来的利润和发展前景。企业的行业环境分析总的来说要回答以下六个问题：

（1）行业中最主要的特征是什么？
（2）行业中发挥作用的竞争力量有哪些？它们各有多强大？
（3）行业中的变革驱动因素有哪些？它们有何影响？
（4）行业中的企业如何进行分类？竞争地位最强和最弱的公司分别有哪些？
（5）企业的主要竞争对手是谁？它们在做什么、能做什么和想做什么？
（6）在行业中决定成败的关键因素是什么？

三、企业宏观环境分析

（一）政治环境

政治环境泛指一个国家的社会制度，执政党的性质，政府的方针、政策，以及国家制定的有关法律、法规等。不同的国家有着不同的社会制度，对企业生产经营活动有着不同的限制和要求。即使在社会制度没有发生变化的同一个国家，政府在不同时期的基本路线、方针、政策也是在不断变化的。对于这些变化，企业必须进行分析研究。另外，随着社会法律体系的建立和完善，企业必须了解与其活动相关的法制系统及其运行状态。通过政治环境研究，组织可以明确其所在的国家和政府目前禁止企业干些什么，允许企业干什么以及鼓励企业干什么，以便使企业活动符合社会利益，并受到有关方面的保护和支持。

(二) 经济环境

对于企业来说，经济环境是影响行业诸多因素中最关键、最基本的因素。经济环境主要指构成企业生存和发展的社会经济状况和国家的经济政策，包括社会经济结构、经济体制、宏观经济发展水平、宏观经济政策等要素。其中影响最大的是宏观经济的发展状况和政府所采取的宏观经济政策。

衡量宏观经济发展的指标主要有国内生产总值（GDP）、工业增加值、城镇失业率、消费者物价指数、生产者物价指数、采购经理指数、全社会货运量、全社会用电量、全社会固定资产投资额、社会消费品零售总额、货币存量、外汇储备、外商直接投资、进出口额等及其变化情况，以及通过这些指标能够反映的国民经济发展水平和发展速度。宏观经济的发展和繁荣显然会为企业的生存与发展提供有利机会，而萧条、衰退的形势则可能导致所有企业生存困难。宏观经济的发展又会产生引发企业所在区域和所服务市场区域的消费者收入水平、消费偏好、储蓄情况和就业程度等因素的变化，这些因素直接决定着企业目前及未来的市场规模。

政府的宏观经济政策主要指国家经济发展战略、产业政策、国民收入分配政策、金融货币政策、财政政策、对外贸易政策等，往往从政府支出总额和投资结构、利率、汇率、税率、货币供应量等方面反映出来。例如，国家实施信贷紧缩会导致企业流动资金紧张，周转困难，投资难以实施；而政府支出的增加则可能给许多企业创造更多的销售机会。

(三) 社会环境

社会环境包含的内容十分广泛，如人口的数量、结构及地理分布、教育文化水平、信仰和价值观念、行为规范、生活方式、文化传统、风俗习惯等。其中，人口因素是一个极为重要的因素。人口数量制约着个人或家庭消费品的市场规模，如我国的移动电话虽起步较晚，但现在的用户规模为世界第一。人口的地理分布决定消费者的地区分布，消费者的地区分布范围越广，消费者的偏好也越多样化，这就意味着会出现多种多样的市场机会。年龄分布决定以某年龄层为对象的产品的市场规模，如我国有大量的独生子女和老年人，他们分别形成了独特的消费市场。中国乳制品业在近年来发展十分迅速，生产规模不断扩大，这有多方面的原因——人们的可支配收入增多、人口结构的变化、消费观念和习惯的改变等都在起着作用。

社会环境中另一个重要的因素是企业所处地理位置的自然资源与生态环境，包括土地、森林、河流、海洋、生物、矿产、能源、水源等自然资源以及环境保护、生态平衡等方面的发展变化对企业的影响。

(四) 技术环境

技术环境是指与企业生产经营活动相关的科学技术要素的总和，它既包括导致社会巨大发展的、革命性的产业技术进步，也包括与企业生产直接相关的新技术、新工艺、新材料的发明情况、应用程度和发展趋势，还包括国家和社会的科技体制、科技政策和科技水平。当前，一场以电子技术和信息处理技术为中心的新技术革命正在迅猛发展，它既促使一些新兴产业高速发展，推动了老产业的革新，同时也对企业管理产生了重要影响。科学技术是第一生产力，它可以创造新的产品、新的市场，降低成本、缩短生产周期，改变企业的竞争地位和盈利能力，世界上成功的企业无一不极为重视新技术的应用。

第二节 行业环境分析（一）

一、行业总体分析

(一) 行业的主要经济特性

各个行业之间在其特性和结构方面有着很大的差别，所以行业环境分析应从整体上把握行业中主要的经济特性，分析这些经济特性，并回答与战略相关的问题。

(1) 市场规模和增长率。该行业是否足够大或增长是否足够快，以至于能吸引寻找机会的新进入者的注意？

(2) 在行业生命周期中的位置。该行业处于生命周期的什么阶段？增长的前景如何？快速增长的市场鼓励公司进入该市场；增长缓慢的市场使市场竞争加剧，并使弱小的竞争者退出。

(3) 市场竞争的地理区域。该行业的市场是当地性的、区域性的、全国性的、国际性的，还是全球性的？例如，水泥的销售主要是区域性的，由于长距离运输成本很高，所以生产商很少将其产品销往离生产工厂较远的地区。

(4) 竞争厂商的数量及其相对规模。行业是被众多的小公司所细分还是被几家大公司所垄断？

(5) 购买者的需求与条件。购买者在寻求什么？购买者选择不同品牌的依据是什么？购买者的需求与条件是否发生变化？如果发生变化，是什么导致这些变化？

(6) 纵向一体化的普遍程度。完全一体化、部分一体化和没有进行一体化的企业之间在成本上是否存在重大不同？

(7) 生产能力。该行业是否生产能力过剩？过剩的生产能力是否降低了价格和边际利润？

(8) 技术更新速度。先进技术在该行业中起什么作用？由于技术的快速发展，是否需要设备升级？是不是行业中的大多数成员都拥有或需要强大的技术能力？技术变革迅速会使风险提高，因为投资的技术设施或设备往往尚未陈旧之前就已经过时。

(9) 产品创新。是否有机会通过第一个销售下一代产品来战胜关键竞争对手？

该行业是否具有快速的产品创新和产品生命周期较短的特征？产品创新速度快会使风险和机会增加，因为存在交替"执牛耳"的机会。

（10）产品差异化程度。产品是标准化的还是差别化的？竞争对手的产品的日益同质化是否导致价格战的可能性上升？

（11）规模经济。大规模运作的企业是否比小规模的企业具有成本优势？行业中的公司能否实现采购、制造、运输、营销或广告等方面的规模经济？

（12）经验曲线效应。行业中的某些活动是否有学习及经验效应方面的特色，从而使单位成本会随累积产量的增长而降低？

（13）整体盈利水平。高利润的行业往往吸引新进入者；行业盈利水平差会使部分竞争者退出。

（二）行业生命周期

行业的很多经济特性都与该行业处于行业生命周期的哪个阶段有关，在此要重点讨论一下行业生命周期的概念。行业生命周期是一个行业从出现直至完全退出社会经济领域所经历的时间。一般来说，它可以分为开发期、成长期、成熟期、衰退期四个阶段。如图2-1所示，行业生命周期曲线的形状是由社会对该行业的产品需求状况决定的。行业是随着社会某种需求的产生而产生，又随着社会对这种需求的发展而发展，最后，当这种需求消失时，整个行业也就随之消失，行业的生命即告终止。

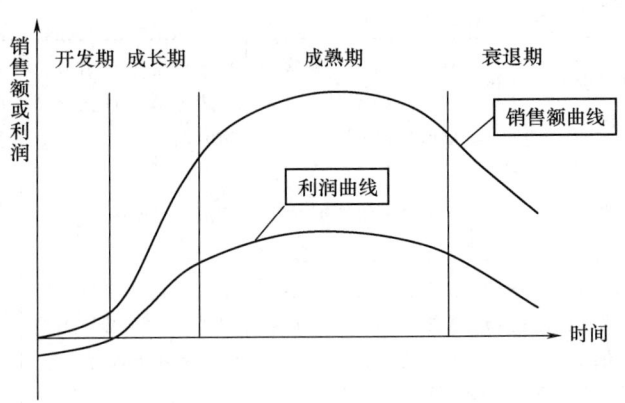

图2-1　行业生命周期

在开发期，产品设计尚未成熟与定型，产品的开发、销售成本很高，销售增长缓慢且不稳定，利润很低甚至亏损，行业内竞争者较少，进入壁垒主要来自产品的设计和开发能力以及投入水平，市场风险很大。处于该阶段的行业领域一般不会成为企业的战略焦点，大多是行业先驱者在做基础性的研究与开发工作。

在成长期，产品的设计工艺与生产方法已初步成熟并被迅速模仿，顾客对产品的认知程度迅速提高，销售额和利润迅速增长，规模的增大使得企业的生产成本不断下降，生产能力出现不足，进入壁垒进一步下降，丰厚的利润空间使得大量企业不断以各种方式加入该行业，企业间的竞争迅速展开和形成，行业内企业应对风险的能力增强。

在成熟期，原来潜在的市场份额已被"瓜分"完毕，产品销售趋于饱和，利润不再增长。顾客的重复购买行为成为支撑企业生存发展的重要特征。经过市场竞争"大浪淘沙"式的选择后，生存下来的企业彼此之间实力相当，竞争激烈，它们往往依靠不同的竞争战略和市场细分在行业领域内占据一席之地。规模效应的存在使得进入壁垒进一步提高，行业内现存企业的风险不大。

在衰退期，由于替代品的出现或生产能力严重过剩等原因，产品销售量和利润水平大幅度下降，原有企业纷纷退出该行业领域，市场竞争程度因企业的退出行为而趋于缓和，但企业面临较多难以预料的风险因素。在这一阶段，成功的退出或转移战略的制定与实施成为企业战略管理活动的主要内容。

为了便于比较分析，可以通过表2-1来反映行业环境的生命周期特征。

表2-1 市场/行业生命周期各阶段的主要特征

因素	开发期	成长期	成熟期	衰退期
市场发展	缓慢	迅速	约与GDP的增长速度相当	需求下降 市场萎缩
增长的可预见性	需求只被现有产品满足一小部分，增长潜力难以预料	需求已被满足一大部分，需求上限开始清晰	增长潜力已很好确定	增长潜力明显有限
顾客的稳定性	顾客以很少的信任试用该产品	有一定信任，顾客试用不同的产品，尚未形成品牌忠诚	已形成品牌购买倾向。新进入者很难获得高额利润	极稳定，顾客很少有寻求其他供应者的动机
产品系列的拓展性	产品品种单一	产品系列迅速扩展	扩展减慢或停止	不盈利产品逐渐退出，产品品种减少
技术的作用	为了生产适合市场需要的产品，技术扮演重要的角色	前期，产品技术至关重要；后期，生产技术更为重要	生产工艺和材料替换是重点。可以利用技术更新延伸该行业	技术完全成熟、稳定、易于掌握
产品技术	高度的产品创新；尚未产生主导性的设计	主导性的产品设计已经出现；强调产品多样性	小的渐进的革新，基本围绕节省成本、提高效益展开	产品很少有改变
生产技术	强调柔性制造，主导产品出现以前，工艺都不固定	随着主导性设计的出现，生产工艺开始专门化	强调效率，尤其是通过自动化手段	很少或没有工艺改变
定价模式	价格高且易变	随着成本下降和竞争加剧，价格迅速下降	价格随生产力允许的成本下降，很慢	价格低且稳定

续表

因素	开发期	成长期	成熟期	衰退期
促销	促销目标是"革新者"和"尝鲜者",主要是唤起消费欲望	侧重建立品牌形象	调整促销策略以适应不同的细分市场	主要依靠惯性维持市场
竞争者的数量	较少	在先入者高边际利润吸引下,竞争者数量迅速增多,成长期后期达到最高	竞争力较强的企业已建立稳定地位,并购和淘汰较弱竞争者,行业进一步集中	新进入者已很少,且不受欢迎。竞争者继续减少
市场份额的分布	不稳定。市场份额反映企业家的眼光和把握机会的能力	稳定性增加。少数竞争者以强有力的态势出现	稳定。少数企业常会控制整个行业的绝大部分份额	或是集中在极少数竞争者手中,或是由于行业细分化或市场地区化而分散
竞争的性质	有限竞争。企业眼光主要在产品改进上而不是竞争上	市场的迅速增长掩盖了竞争	为了生存,竞争达到顶峰	随着新格局的形成,倾向于低度竞争
进入与退出	进入容易。进入障碍主要是技术、资金和对未知的担心	较困难。市场力量已经产生,但不很强。如果没有对立性竞争,是进入的好时机	困难。市场已被瓜分完毕,市场领导者地位已确立,新进入者要从别人那"抢生意"。行业内开始分化,有的发生动摇	因为市场萎缩,很少有新进入者。行业内企业纷纷退出,只留下一些大企业和补缺的小企业
投资需求	逐渐地投资以支持新的产品	为支持增长,资金需求达到高峰	为保持生存能力,仍需再投资	很少投资,甚至变卖部分资产以"榨取"现金
财务状况	起动成本高,需要大量现金投入,回本无保障	销售增长带来利润,但大部分利润用于再投资	稳定的销售带来巨额利润,再投资减少,形成现金来源	利润下降,现金流很少(可能是正,也可能是负)

要注意的是,行业生命周期只是一种归纳。在现实中,行业生命周期未必按照图 2-1 中的模式发展。在有些情况下,行业成长非常快,开发期完全被跳过去。有时,行业一直不能越过开发期。经过长时期的衰退后,在创新和社会变革的作用下,一些行业可能会恢复增长。例如我国共享单车的兴起令自行车行业从长期衰退中恢复活力。不同行业每一阶段的时间长度也很不一样。如果产品已经成为生活中的基本需要,某些行业似乎可以无限停留在成熟阶段,如汽车行业。有些行业跳过成熟阶段直接进入了衰退阶段,如电子管生产行业。还有一些行业在进入成熟期之前要经历反复震荡,电信服务行业目前看来就是这样。

（三）经验曲线效应

1. 经验曲线效应和经验曲线

经验曲线效应是指当某一产品的累积生产量增加时，产品的单位成本趋于下降的现象。这个规律如图 2-2 所示，图中的曲线被称为"经验曲线"。显然，企业制定战略时，需要了解各种业务的经验曲线效应。

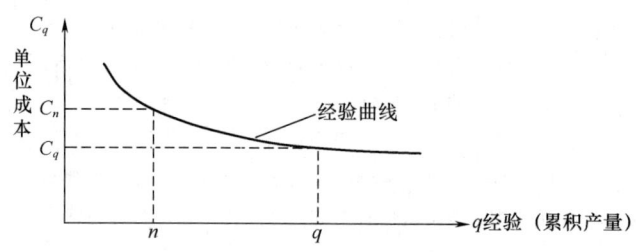

图 2-2 典型的经验曲线

经验曲线的概念产生于第二次世界大战，当时美国军队对飞机的生产效率问题进行了研究。这项研究表明，随着飞机装配的数量增多，单位劳动成本下降。后来，波士顿咨询公司和许多学者对这一问题进行了深入研究，发现每当累积产量翻一番时，单位产品成本总是以一个恒定的百分数下降。比如说每当累积产量翻一番时，产品的单位成本要降到原单位成本的 $x\%$，这个 $x\%$ 称为学习率。例如在半导体等行业中，产品生产中的学习和经验效应非常明显，累积产量增加一倍，单位生产成本往往会降低 20% 左右。这样，如果第一批 100 万件产品的单位成本为 100 元，那么当产品累积达到 200 万件时，单位成本就是 80 元（100 元×80%），当累积产量为 400 万件时，单位成本就是 64 元（80 元×80%），以此类推。

经验曲线的数学公式为：

$$C_q = C_n (q/n)^{-b}$$

式中：q——现时的经验（累积产量）；

n——以前某时的经验（累积产量）；

C_q——第 q 个产品的单位成本（考虑到通货膨胀因素并加以调整）；

C_n——第 n 个产品的单位成本（考虑到通货膨胀因素并加以调整）；

b——常数。

常数 b 取决于学习率 x，不同的学习率对应不同的常数。经过计算，学习率 x 与常数 b 之间有如表 2-2 所示的对应关系。

表 2-2 学习率 $x\%$ 与常数 b 的对应关系

学习率 $x\%$	100	95	90	85	80	75	70	65	60
常数 b	0.000	0.074	0.152	0.235	0.322	0.415	0.515	0.632	0.738

2. 经验曲线效应的来源

研究结果表明,不仅企业的劳动成本可以通过熟练地操作和学习获得下降,而且成本中的其他影响因素也同样会发生变化。随着经验的增加能够形成单位成本下降的趋势,有几个原因:

(1) 劳动效率的提高。随着员工反复地重复某一活动,他们知道如何操作以及如何更好地操作。因此,劳动的效率大大提高。这一点,不仅仅体现在装配生产上,在各个层次的管理职能上也是如此。

(2) 劳动分工与重新设计工作方法。劳动分工可提高作业人员完成某一特定任务的熟练程度,提高工作效率;而重新设计操作方法亦可提高工作效率,节约时间,从而降低成本。

(3) 新的生产工艺。对生产工艺进行革新和改进是降低成本的一条重要措施,这对资金密集型企业(如钢铁企业、石油、冶炼等)来说尤其明显。

(4) 生产设备效率的提高。新设计制造的设备投入生产运行过程中,由于其性能的不完善和操作方法不当,可能会有相对较低的产出量。但随着经验的增加,总能找出对其进行改进或革新的方法,从而提高生产效率。

(5) 产品的标准化和产品的重新设计。产品标准化允许重复操作某项特定的任务,便于作业人员学习与掌握,从而提高作业者的劳动效率。另外,随着对某种产品经验的积累,产品制造者和使用者对产品的性能有了更好的认识和了解。在此基础上,可对产品进行重新设计,以节约材料消耗或使产品便于生产,提高生产效率,降低产品成本。

(6) 有效地利用资源。随着经验的增加,生产厂家可利用不同的或廉价的生产资源(如利用代用品),对生产要素投放进行有效的组合,从而降低产品生产成本。

3. 经验曲线效应的战略意义

由经验曲线公式可以看出,现时的单位成本取决于三点:一是学习率;二是起点成本;三是现时经验 q 与以前经验 n 的比值 q/n。所以,分析经验曲线效应(见图 2-3)对我们有以下启示:

(1) 如果企业与竞争对手在起点成本和学习率上相同,则企业只有靠增加经验,即多生产、多销售,才能使单位产品成本较竞争对手降低得更多。显然,经验曲线效应会给早进入者带来优势。如果某一行业的特点是生产制造过程中的经验能够取得巨大的经济效益,那么,当该行业中的某个公司首先生产某种新产品,然后成功地制定和实施某种战略而获取了最大的市场时,它就可以成为一个低成本生产商,获得由此带来的持久竞争优势。

(2) 在具有与竞争对手相同学习率的情况下,企业除增加经验(累积产量)外,还可以用不同的产品成本起点进入竞争。这个较低的产品成本可来自多个方面,如录用素质较高的员工并加以培训;采用更先进的设备;原材料供应商由于经验增加,降低了原材料的成本,从而使企业获得更廉价的原材料等。

(3) 了解行业及企业自身的学习率。不同的行业具有不同的平均学习率,显然,

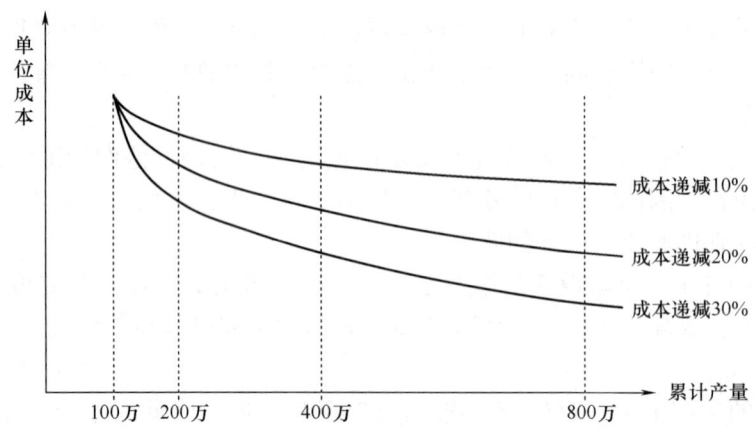

图 2-3 经验曲线效应比较

行业的平均学习率越高,经验曲线效应越大,累积产量最大的公司所获得的成本优势就越大。另外,同一行业企业的学习率也不相同,可以加快学习过程,总结前人生产操作经验,使企业具有较低的学习率来参与竞争。这时即使与竞争对手经验相同,由于学习率的不同,企业的单位产品成本也较竞争对手低。

总之,研究行业和企业的经验曲线效应,对外部环境分析和资源能力分析都十分有用。

4. 经验曲线效应与规模经济

值得注意的是,产品的经验曲线效应与规模经济往往交叉地影响产品成本的下降水平。但是,这两者也有区别。经验曲线效应导致成本下降的主要原因是在一定期间内生产产品的累积数量增加,经过经验的积累使得效率更高。而且经验曲线效应的获得并非与企业规模有必然的联系,任何企业无论规模大小都可以从经验曲线效应中获益。规模经济促使成本下降的主要原因是在某一时间内生产产品的数量大,大规模生产后,分摊到每个产品的固定成本金额减少,有利于人员专业化和精简、产品规格的统一和标准化,大批量采购可以降低采购成本,可以采用更为先进的设备,等等。然而在实践中,由于二者关系紧密,有时候我们很难加以区分。如果企业一直在成长,那么,产品的累积产量在不断地增加,形成经验曲线效应的同时,企业的生产规模也在不断扩大,进一步形成了规模经济效应。这时候要判断哪个因素对降低产品成本的贡献大就比较困难。

企业绘制经验曲线,需要有一定时期内的产品以及以不变价格计算的单位成本。在绘制经验曲线的过程中,最困难的工作是收集数据。首先,企业要确定所要研究的产品对象,是将所研究的企业的所有类型的产品都绘制在同一个经验曲线上,还是每个类型的产品单独绘制出来?或是只将其中的某些部件的曲线绘制出来?关键在于企业所要分析的对象,以及企业所要考虑的竞争战略。其次,要收集一定期限内与产量有关的成本数据。根据绘制经验曲线的要求,产品的现行价格要换算成不变价格。但是，企业有时由于内部变动或会计方法的变革而找不到原始数据。在这种情况下，为了分析进入障碍，还是需要估计某经营业务的经验曲线，企业管理者可用不变价的产品价格代替不变价的成本，假设产品的市场价格与产品的成本有着某种固定的关系。

5. 经验曲线的局限性

企业不应当满足于源自经验曲线的以效率为基础的成本优势。首先，经验曲线效应和规模经济都不是永远有效的，经验曲线会走到尽头。竞争对手只要假以时日，同样可以降低成本结构，接近于成本领导者的水平。在这种情况下，可持续的竞争优势只依赖于（通过技术实现）制造成本最小化之外的战略要素，如更好的客户响应、产品品质或创新。其次，外部环境的变革随时可能破坏企业的商业模式，经验曲线可能由于新技术的发展而失效。技术变革将改变游戏规则，先前的低成本企业需要作出新的努力才能重新建立竞争优势。最后，高产出并不必然带来更低的成本结构，如丰田汽车公司的柔性制造系统就实现了与传统的大规模生产同样低单位成本的产品多样化。

二、行业竞争分析

深入分析行业的竞争过程，从而挖掘出竞争压力的源泉和确定各个竞争力量的强大程度，这是行业竞争分析的一个重要组成部分。一个行业竞争的激烈程度取决于行业内的经济结构，行业的经济结构状况又对竞争战略的制定和实施起制约作用。虽然不同行业中的竞争压力不可能完全一致，但是竞争过程的作用方式是相似的，我们可以用同一个分析框架来分析各个行业中竞争力量的性质和强度。哈佛大学商学院迈克尔·波特教授指出，在一个行业中，存在着五种基本的竞争力量，即行业中现有的竞争者、替代品、潜在进入者、购买者和供应者之间的抗衡。如图 2-4 所示，一个行业中的竞争状态是各个竞争力量共同作用的结果。

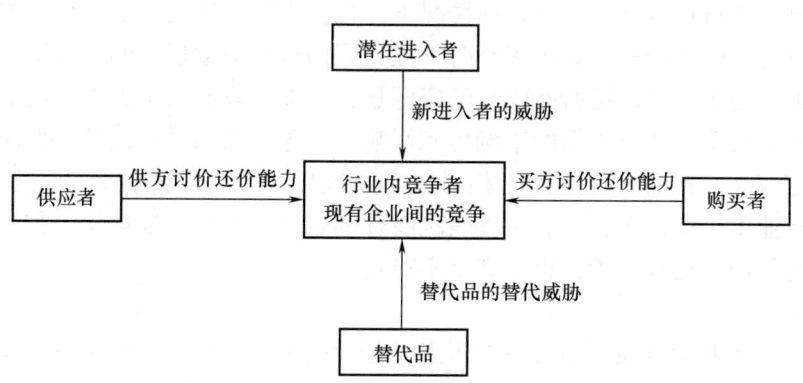

图 2-4 行业分析的五种竞争力量模型

（一）行业内现有竞争者的抗衡

行业内的竞争者往往是五种竞争力量中最强大的竞争力量，为了赢得市场地位和购买者的青睐，它们通常不惜代价，"无所不用"。在有些行业中，竞争的核心是价格，在某些情况下会爆发全面的价格战，致使产品的价格低于单位成本，从而导致绝大多数竞争者亏损。在有些行业中，价格竞争很弱，竞争的核心是如下一些因素：性能特色、新产品革新、质量和耐用度、售后服务、品牌形象等。

在一家或几家竞争厂商看到了一个能更好满足客户要求的机会或处于改善其产品性能的压力之下时，竞争对手之间的竞争就会变得更加激烈。竞争厂商之间的竞争强度是竞争厂商运用如下策略的程度的函数：降低价格、更引人注目的特色、扩大客户服务、延长保修期、采用特殊的促销手段、推出新产品。竞争可能是友好的，也可能是"你死我活"的，这完全取决于行业中公司采取威胁竞争对手的行动的频率和攻击性。一般来说，行业中的竞争厂商都重视在自己的产品上增加新的特色以提高对客户的吸引力，同时毫不松懈地挖掘其他竞争厂商的市场弱点。

当一家公司采取了某一战略行动时，其竞争对手必然会采取相应的行动予以回击或报复。战略行动和反战略行动的这种互动模式实际上使得市场竞争成了一种"战争游戏"，当然这场"战争游戏"遵循的是公平竞争原则。实际上，从战略制定的角度来看，商场就如同战场，竞争之战的沉浮为当局者最近的战略行动所牵制。在实践中，市场态势无一不是由主要竞争对手的战略所确定的。

竞争厂商之间的竞争不光有强弱之分，而且这种公司间竞争的压力也会随时间的不同而有所变化。也就是说，竞争不是静态的，而是会随着各个公司从这种策略组合转向另一种策略组合而不断变化，这种变化有时会迅雷不及掩耳，有时会有条不紊地逐渐发生。

不论在什么行业中，影响行业内现有企业之间竞争强度的因素主要有以下几点。

1. 竞争结构

竞争结构是指一个行业中企业的数量和规模的状况。不同的竞争结构决定了不同的竞争强度。在行业市场容量一定的情况下，行业中同一价值环节上竞争对手的数量较多，而且对手的力量对比差距很小时，在共同的行业活动规律的支配下，各企业在获取的能力、为了争夺市场所能支配的资源量、可能采取的竞争方式、能够利用的行业协作体系，甚至企业对市场的影响力和影响方式等方面都是相近的，此时的行业竞争强度一定较高。特别在行业处于相对成熟阶段后，市场容量扩大的可能性逐渐消失，如果行业中企业较多，会有一些表现特殊的企业，常常引发竞争。如果行业中企业在规模与资源上比较均衡，也会产生不稳定的现象。

2. 需求条件

决定现有企业竞争强度的另一个因素是行业的需求条件。在一个迅速扩张的市场上，每个企业都可以增长，这时企业无须从其他企业手中夺取市场份额，竞争自然趋缓。相反，需求下降的结果是企业间出现更加激烈的竞争。因为，当市场增长缓慢或市场需求下降时，急需扩张的企业或生产能力过剩的企业常常会降低价格，或采用其他提高销售的策略，从而开启一场市场份额争夺战，其结果可能会将那些比较弱小和效率低下的企业淘汰出局。

3. 成本结构

当一个行业固定成本较高时，企业为降低单位产品的固定成本，势必采用增加产销量的措施。企业的这种发展趋势，会使生产能力急剧膨胀，直至过剩，而且还会导致产品价格竞争，从而使现有参与者的竞争激化。这种情况在民用航空、高档宾馆、纸张、铝等行业都会发生。与高固定成本有关的可能情况是，产品一旦生产出来，要加以储存十分困难，或者要花费很大的资金。在这种情况下，为了确保销售，诸厂商容易受到削减价格的压力，在某些行业中，如捕虾业、危险化学品制造业和有些服务性行业中，这种压力会使利润停留在很低的水平。

4. 产品差异和用户转变费用

若用户从购买一个企业的产品转到购买另一个企业产品的转变费用较低，则竞争激烈；相反，如果转变费用高，行业内不同企业的产品各具特色，各企业有不同的用户，则竞争不激烈。

5. 规模经济的要求

在规模经济要求大量增加企业生产能力的行业，新的生产能力不断增加，就必然会经常打破行业的供需平衡，使行业产品供过于求，降价竞争在所难免。这类情况在我国的农用车、玻璃等行业都曾发生过。

6. 退出障碍

退出障碍是指那些迫使投资收益低甚至亏损的企业仍然留在行业中从事生产经营活动的各种因素，主要包括：

（1）固定资产高度专业化。在特定的经营业务或地理位置上，企业拥有高度专业化的资产，但其清算价值低或转让费用高。

（2）退出成本过高。这类成本包括劳动合同、重新安置费、已售出产品的维修等。

（3）战略上的相互关系。企业内的经营单位之间的协同关系是企业战略的重要影响因素。如果其中某一经营单位退出现有行业，就会使原有的协同关系遭到破坏。

（4）感情障碍。企业在制定经济合理的退出决策时，常常面临管理者和员工情绪上的抵制，如对多年所从事业务的感情，担心自己的个人职业生涯，忠诚于企业的心理等。

（5）政府和社会的限制。政府考虑到就业问题或对地区经济的影响，有时会出面反对或劝阻企业合理的退出决策。

退出障碍高时，过剩的生产能力不能及时离开本行业，迫使那些经营不善的企业不得不继续在行业中消耗有限的资源，会使行业的竞争加剧，获利能力停留在较低的水平。

7. 高度的战略性赌注

如果大量企业在某个行业内为了取得成功而下了很高的赌注，那么该行业内的对抗会变得更加反复无常。例如，索尼、松下等公司曾有一种要在美国市场上确立牢固地位的强烈愿望，以树立全球性威望或技术上的信誉。在这种情况下，企业的目标不仅形式多样，而且更加不稳定，这些目标具有扩张性并含有牺牲获利能力的潜在需求。

8. 形形色色的竞争者

在战略、起源、个性以及与其母公司的关系上，不同的竞争者会有各种不同的目标，对竞争也有着不同的战略。他们之间也许要经过一段艰难的时期才能准确地理解彼此的意图，并对该行业的一系列"游戏规则"取得一致意见。某种战略上的抉择对一个竞争者来说是正确的，而对另一个竞争者来说则可能是不正确的，如小企业可以满足于低收益，而大企业往往无法接受。

要确定行业内现有企业之间竞争的激烈程度，其中的关键是准确判断公司的竞争会给盈利带来多大的压力。企业间的竞争行动如果降低了行业利润水平，就可以认为竞争激烈；如果绝大多数企业的利润都保持在可接受的水平，就可以认为竞争一般；如果行业中绝大多数的企业都可以获得超过平均水平的投资回报，就可以认为竞争较弱，这样的行业就具有一定的吸引力。

（二）潜在进入者

行业外有可能并准备进入某行业的企业被称为潜在进入者。事实上，任何一种产品的生产经营，只要有利可图，都会有潜在进入者。行业增长很快以及利润潜力很高时，更会对潜在进入者产生巨大的吸引。这些潜在进入者一旦加入，既可能给行业经营注入新的活力，促进市场的竞争和发展，也势必会给现有厂家造成压力。潜在进入者在进入某一新领域时，会向该行业注入新的生产能力和物质资源，以获取一定的市场份额，其结果可能导致原有企业因与其竞争而面临价格下跌、成本上升、利润下降的局面。这种由于竞争力量的变化而对行业内原有企业产生的威胁称为进入威胁。

新厂家进入特定行业的可能性大小取决于两大因素：一是该行业对潜在进入者设置的进入障碍大小；二是该行业内现有企业对进入者的预期反应。

1. 进入障碍

进入障碍也称进入壁垒，是指那些能起到阻止行业外企业进入的因素。进入障碍的存在使新进入者的进入成本提高，加大了企业进入某行业的难度。进入障碍越大，对欲进入行业的企业来说就会越困难，这时即使该行业的收益较高，也会将许多企业挡在门外，对行业内现有的企业来说，进入威胁就小一些；反之，进入威胁就会增大，这时该行业内企业的好日子很快就会结束。决定进入障碍的因素主要有以下几点：

（1）规模经济。在一个规模经济明显的行业中，新进入者不得不面临两难选择：或者以很大的规模进入该行业，承担巨大的初始投资，更为严重的是致使市场供给大幅度增大，压低了产品价格，招致该行业现有企业的激烈回应；或者以小的生产规模进入该行业，结果是产品成本过高，在竞争中处于劣势。

（2）与规模无关的成本劣势。现有厂家可能拥有潜在进入者不可企及的成本优势：与最好、最便宜的原材料和零部件供应商的伙伴关系；拥有学习及经验曲线效应所带来的利益；拥有关键的专利和专有技术；现有厂家的生产工厂和设备以低成本在多年前就建立；选址有利；较低的固定成本（因为它们的固定资产大部分都已折旧了）。

（3）品牌偏好与客户忠诚。产品的购买者往往忠于某些既有品牌。例如，日本的消费者非常忠诚于日本品牌的交通工具、电子产品和相机等，欧洲消费者一般都忠诚于欧洲品牌的家用器具产品。品牌忠诚度很高意味着：一个潜在进入者必须建立一个分销及特约经销网，然后愿意并有能力花足够的资金用于产品广告和产品促销以克服客户的品牌忠诚，然后才能建立自己的客户群。客户对品牌建立认知和忠诚可能是一个缓慢的、代价高昂的过程。如果一个客户转换品牌的难度较大或成本较高，那么新进入者就必须说服购买者相信它的品牌值得他付出这个成本。要克服、超越转换成本壁垒，新进入者必须给购买者一定的价格折让或者给予额外的质量和服务。所有这一切都意味着，新进入者早期的利润率比较低，这就提高了新进入企业在利润方面所承受的风险。

（4）转换成本。转换成本是指用户从购买一个供应商的产品转为购买另一个供应商的产品所支付的一次性成本。它包括：重新训练业务人员、增加新设备、检测新产品的费用以及产品的再设计等，甚至还包括中断原供应关系造成的心理成本（如企业与供应商长期建立的人际关系）。这是一个与品牌偏好和客户忠诚相似的进入壁垒，也可以用相似的方式来克服，并具有类似的风险。

（5）资源要求。成功进行某一市场所需的总资本投入额和其他资源条件越高，符合条件的进入者就越有限，最明显的资本要求体现在以下方面：制造工厂及设备、分销设施、为存货及用户信用提供资金的营运资本、为新产品建立客户群的支出（新产品推出的广告和促销费用）、为弥补业务起步时产生的亏损而设置的现金储备。其他资源壁垒还有技术、专业技能和诀窍、研发（R&D）要求、劳动力要求、客户服务要求。

（6）分销渠道。企业在进入一个新的行业时，如果没有自己的产品分销渠道，也会面临进入障碍。原有的分销渠道一般都是为已有的企业服务的，他们往往不愿意接受尚未被顾客认知的产品。新加入者必须通过让利、合作、广告津贴等方式让原有的分销渠道接受其产品。这样必然减少新加入企业的利润，并且这种状况将一直持续到其产品赢得分销商和零售商的接受之后才会有所改善。

（7）政府政策。政府的政策、法规、法令等会在某些行业中限制新加入者。例如，在许多国家，有线电视、通信、电气设施、医疗设备、铁路等行业的市场进入常常受政府控制。严格的安全管理条例和环境保护标准都是进入障碍，它们往往提高进入成本。政府通常用关税和贸易限制条款（当地化、贸易额度以及控股比例）来提高外国厂商的进入壁垒。

2. 潜在进入者的资源和能力

一个行业进入壁垒的高低，新进入者在同一层面上展开竞争的难度，都取决于潜在进入者群体所拥有的资源和能力。对于新成立的公司来说，进入壁垒可能是难以逾越的，这些公司不得不寻找办法获取一个市场立足点，然后向现有公司发起竞争。但对一些在其他行业经营得很成功的公司来说，同样的进入障碍可以更容易地克服。在某些产品种类或区域市场上已经确立地位的公司通常拥有资源、能力和竞争力，可以跳过障碍，进入一个新的细分市场或新的区域市场。因此，在评价潜在进入者的威胁时，公司管理层必须清楚：①有不同类型的潜在进入者，每一类型的潜在进入者克服进入障碍的难度各有多大；②对新进入者来说，增长和利润的预期到底有多大吸引力，快速增长的市场需求和高潜在利润会像磁铁一样吸引潜在进入者投入资源克服进入壁垒。

3. 行业内现有企业对进入者的预期反应

潜在进入者即使拥有或获得了进入所需的能力和资源，还是会面临行业内现有企业如何反应的问题。现有公司是进行消极抵抗，还是采取积极的行动保卫其市场地位，比如降低价格、增加广告、改进产品以及所有可以想到的其他方法，以让新进入者陷入艰难的境地？当实力强大的现有公司发出明确的信号，表明它们将坚定地保卫其市场地位，而且能够通过影响分销商和顾客来维持其业务时，潜在进入者可能会放弃进入，或者寻找原有企业忽视的市场缝隙进入。

（三）替代品

还有一种竞争力量是替代品的威胁，即其他行业的产品可以与该行业的产品一样满足消费者的相同需求。例如，我国铁路运输业虽然近乎独家经营，但仍要面对公路运输、水路运输、航空业的竞争；电视、报纸、因特网互相展开竞争。当年，柯达公司在胶卷业无人能敌，但却败于替代品数码相机的竞争，最终宣布破产。来自替代品竞争的强度取决于三个方面的因素：

（1）是否可以获得价格上有吸引力的替代品？容易获得且价格上有吸引力的替代品往往会产生竞争压力，替代品会给行业中的企业定出一个最高限价，超过这一限价，就会面临已有顾客转向替代品的风险。

（2）在质量、性能和其他一些重要属性方面的满意程度如何？替代品的易得性会不可避免地刺激顾客去比较彼此的质量、性能和价格。例如，人们在购买热水器时，往往对电热水器、太阳能热水器和燃气热水器进行全面的比较。

（3）购买者转向替代品的难度。来自替代品竞争强度的另一个决定因素是本行业客户转向替代品的难度和成本。最常见的转换成本有：可能的额外价格、可能的设备成本、测试替代品质量和可靠性的时间和成本、断绝老供应关系建立新供应关系的成本、转换时获得技术帮助的成本、职员培训成本。如果转换成本不高，那么替代品生产商说服购买者转向它们的产品就容易得多。

一般来说，替代品的价格越低，替代品的质量和性能越高，用户的转换成本越低，替代品所带来的竞争压力就越大。测评替代产品竞争优势的指标有销售额及利润的增长速度、所渗透进入的市场以及其产品生产能力的扩大计划等。

（四）供应者

企业生产经营所需的生产要素通常需要从外部获取，提供这些生产要素的企业对生产经营企业具有两方面的影响：一是这些企业能否根据本企业要求按时、按质、按量地提供所需的生产要素,这影响着企业生产经营规模的维持和扩大;二是这些企业提供供应品时要求的价格在相当程度上决定着企业生产成本的高低,从而影响企业的获利水平。一旦供应商能够确定它所提供商品的价格、质量、性能、交货的可靠度,这些供应商就会成为一股强大的力量。来自供应者的压力大小主要取决于以下几个方面的因素:

(1) 供应者的集中程度和本行业的集中程度。如果是集中的少数供应者供给本行业中分散而众多的企业,那么将对本行业构成较大的竞争压力;反之,则竞争压力就小。

(2) 供应品的可替代程度。如果供应品的可替代程度高,即使供应者再强大,对行业也不会构成很大的竞争压力;反之,则会形成较大的竞争压力。

(3) 本行业对供应者的重要程度。如果本行业是供应者的重要用户,供应者对本行业有很大的依赖性,则来自供应者的压力会较小;反之,则会形成较大的压力。

(4) 供应者对本行业的重要程度。如果供应品对本行业的产品起关键作用,则来自供应者的压力大;反之,则小。

(5) 供应品的差异性和转变费用。如果供应品具有特色并且转变费用很大,供应者讨价还价的能力就会增强,会对本行业施加较大压力;反之,如果供应品是标准商品,或容易得到替代品,供应者的压力就较小。

(6) 供应者前向一体化的可能性。如果供应者有可能向前发展而进入本行业,就会增强它们对本行业的压力。

(7) 行业内企业后向一体化的可能性。如果行业内的企业有可能向后发展而自己生产供应品,就会降低他们对供应者的依赖程度,从而减弱供应者对本行业的压力。

(五) 购买者

对行业中的企业来讲,购买者也是一个不可忽视的竞争力量。购买者所采取的手段主要有要求压低价格,要求较高的产品质量或更多的服务,甚至迫使行业中的企业互相竞争,等等。这些都会降低企业的获利能力。来自购买者的压力大小主要取决于以下因素:

(1) 购买者的集中程度。供应商行业只有大量的小企业,而购买者只有少数大企业,这时购买者就比供应商强势。

(2) 购买者购买产品的数量。购买者购买产品的数量很大时,它可以把自己的购买力当作手段,为降低价格讨价还价。在购买者的订单占供应商订单的较大比例时,这种情况更为突出。

(3) 购买者购买的产品对其生产的重要程度。如果企业的产品对购买者的生产影响很大,购买者在价格上一般不太敏感。

(4) 购买者从本行业购买的产品的标准化程度。如果产品标准化程度高,差别小,购买者确信自己总可找到可挑选的供应者,会使供应企业互相竞争而获利。

(5) 购买者的转换费用。购买者转向购买其他行业产品的选择余地越大,则对本行业形成的压力越大。

（6）购买者的盈利能力。如果购买者的盈利能力很低，则这些用户对价格就会很敏感，在购买者所购产品占其成本的比重较大时，这一点更为突出。

（7）购买者采取后向一体化的威胁。如果买方已部分一体化或形成可信的后向一体化的威胁，那么他们会在讨价还价中处于有利的地位，迫使对方让步，增加对本行业的竞争压力。例如，大型汽车生产企业会在自己内部生产所需的一部分零部件，一方面使一体化的威胁更加可信，另一方面会更好地了解有关成本情况，从而使自己处于更有利的谈判地位。

（8）购买者掌握的信息。购买者掌握了有关市场需求、产品成本等方面的充分信息，就会有较强的讨价还价的能力。

如果你注意观察就会发现，决定供应者与购买者的讨价还价能力的因素很相近，因为它们的机理是一致的，主要取决于行业的集中程度，产品的可替代程度和转换费用，产品的重要程度，一体化的可能性等。

（六）研究五种竞争力量的战略意义

五种竞争力量模型深入透彻地阐述了某一给定市场的竞争模式。最无情的竞争情形是：进入障碍很低，每一个新进入者都可以获得一个市场立足点；替代品的竞争很激烈；供应商和顾客都有相当的谈判优势；行业内竞争白热化，但退出障碍又很高。从利润的角度来看，这样的行业是没有吸引力的。

最理想的情况则是：供应商和顾客都处于谈判劣势，没有很好的替代品，进入壁垒相对较高，现有企业间的竞争比较温和。从利润的角度来看，这样的行业就是有吸引力的。但是，对于那些市场和战略地位可以克服竞争压力的企业来说，行业吸引力的评估更为复杂。

企业要想成功地与竞争者展开竞争，管理层制定战略时必须做到：尽可能摆脱这五种竞争力量的影响；影响竞争压力，使其向着有利于本企业的方向转变；建立强大、安全的优势。

（七）对五种竞争力量理论的补充和批评

英特尔公司前总裁格罗夫坚持认为波特的五种力量模型忽略了第六种力量：互补者的能量、活力和能力。互补者指的是销售能够增加（互补）产品价值的产品的企业，两者合在一起可以更好地满足顾客的需求，例如个人计算机产业的互补者是应用软件公司。高质量的应用软件越多，个人计算机的价值越高，对它的需求越大，个人计算机行业的赢利能力越强。格罗夫的观点在经济学理论中有很强的基础。长期以来，经济学理论一直强调替代产品和互补产品影响产业中的需求。此外，近年来的研究发现了许多高技术行业中互补性产品在决定需求和赢利能力上的重要性，格罗夫原来所在的计算机行业就是这样。如果互补产品对行业产品的需求具有重要的影响，则行业的利润特别地取决于互补性产品的充分供应。当互补者数目增加且生产的产品具有吸引力时，将会刺激需求，提高行业利润，提供创造价值的新机会。相反，如果互补者力量薄弱，生产不出具有吸引力的互补产品，就会成为一种威胁性的竞争力量，阻碍行业的发展，限制行业的利润。

波特的五种竞争力量理论提出后也受到了一些批评，主要集中在三点：第一，模型基础是一个静态的环境，而实际的竞争环境却是不断变化的，竞争强度也在不断变化中；第二，它把买方作为竞争力量之一，与其他竞争力量同等看待，而实际上，顾客（即买方）是企业战略中至关重要的因素；第三，它将买方和供应方看作竞争力量，却忽略了他们可能同企业合作，结成联盟，使双方受益。为弥补模型中存在的上述缺陷，相应出现了一些调整模型，如波特在1990年提出的修正模型等。尽管如此，五种竞争力量模型在实践中仍然得到广泛的传播和采用。

三、行业中的变革驱动因素分析

一个行业的经济特征和竞争结构包含了行业及竞争条件的许多信息，但是无法对行业的变革提供足够的信息。行业及竞争环境之所以会发生变化，是因为各种因素的变动会产生某种动力或压力来推动行业变革。所以，我们要辨认出各种驱动因素，并且预测驱动因素可能对行业产生的影响。

（一）常见的驱动因素

最常见的驱动因素是：行业增长率的长期变动，购买者构成结构的变化，产品革新，技术变革和营销革新，大型公司的进入或退出，行业的日益全球化，成本和效率的变动，购买者对产品或服务的偏好在标准化和差别化之间的变动，管理条例的影响和政府政策的变动，社会因素及人们生活方式的变化，不确定性及商业风险的降低，等等。

驱动因素分析是将行业变革的一些重要的因素与不重要的因素分离开来。一般来说，符合驱动因素的条件不过三四个，分析工作就是要仔细评价行业的力量和竞争变革，从而区分重要的因素与不重要的因素。

（二）驱动因素与战略的联系

对一个行业的驱动因素进行科学的分析是制定良好战略的前提条件。如果不能敏锐地洞察1年或3年之后什么样的外部因素将给公司的业务带来最大的潜在变革，那么管理者就无法制定出指导今后行动的有效战略。

第三节 行业环境分析（二）

在上一节中，我们所作的分析主要是对行业进行的整体分析。要想深入地研究环境，还要对行业内的竞争者开展进一步的分析，最后总结出行业成功的关键因素。

一、行业内的战略群体分析

在一个行业中，企业之间在很多方面是不同的，在大多数行业中可以观察到不同的战略群体。所谓战略群体，是指行业内执行同样或类似战略，并具有类似战略特性的一组企业。

（一）战略群体的划分

对于战略群体划分，波特作了细致的研究，根据他的观点，可以考虑用以下特性的组合来划分战略群体：①产品（或服务）的差异化程度；②各地区交叉的程度；③细分市场的数目；④所使用的分销渠道；⑤品牌的数量；⑥营销的力度（如广告覆盖面、销售人员的数目等）；⑦纵向一体化的程度；⑧产品的服务质量；⑨技术领先程度（是技术领先者还是技术追随者）；⑩研究开发能力（生产过程或产品的革新程度）；⑪成本定位（为降低成本所作的投资大小等）；⑫能力的利用率；⑬价格水平；⑭装备水平；⑮所有者结构；⑯与政府、金融界等外部利益相关者的关系；⑰组织的规模。

为了清楚地识别不同的战略群体，通常在上述特性中选择两项有代表性的特性，绘制两维的坐标图，按选定的两个特性把行业内的企业列在这个坐标图上。然后把大致落于相同战略空间的企业归为同一战略群体。最后给每一个战略群体画一个圆，使其半径与各个战略群体占整个行业销售收入的份额成正比。这样就得到了一张战略群体分析图，例如可以选择"地区覆盖"和"价格/质量"两项特性，得到如图2-5所示的战略群体分析图。

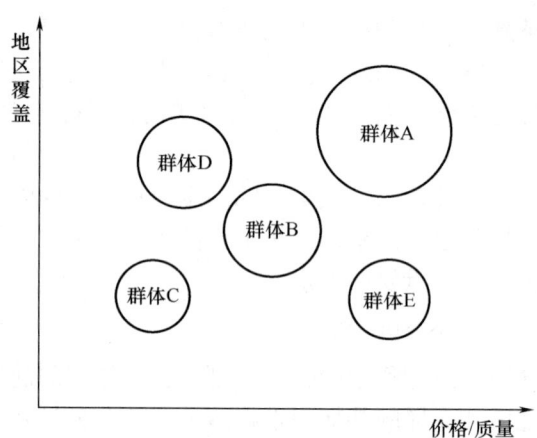

图2-5 战略群体分析示意图

做图时有几点要注意：第一，被选定的两个变量不能具有强相关性；第二，被选定的变量应该能体现各企业之间所定位的竞争目的之间较大的差异；第三，如果比较合适的竞争变量大于两个，那么可以多绘制几张图，从不同角度来反映行业中企业竞争地位的相互关系。

（二）战略群体分析可以给出的战略信息

战略群体的概念对行业分析有多方面的意义，它可以帮助企业确定环境中的机会和威胁。

(1) 可以帮助企业确定主要竞争对手。一般来说，同一战略群体中的企业是最直接的竞争对手，其次是相距最近的两个群体中的企业。通常，在图上相距很远的两个企业间几乎没有多少竞争。

（2）可以研究各个战略群体之间的差异。对每一种竞争力量来说，不同的战略群体处境不同，即各个战略群体之间往往存在利润上的差异。因为各个战略群体内部的竞争程度不同，各个群体所服务的主要客户群的增长率不一样。各个群体的驱动因素和竞争力量并不相同。

（3）可以分析向另一战略群体转移的可能性。如果企业发现另一个战略群体的竞争形势更有利，那么就存在向那个群体转移的机会。但是，这种机会大都有成本，原因在于群体之间的转移存在转移壁垒。转移壁垒是限制企业在一个行业内不同的群体之间转移的主要因素。这些因素包括进入一个群体的进入障碍和从目前经营的群体退出时的退出障碍。例如，在一些国家的制药行业中，生产普通药的群体的利润率较低，而大规模研究和开发新药的群体的利润率较高。但是，基础医药研究的成本很高、风险较大，进入后一战略群体并不容易。转移壁垒也可以用于评估一个特定群体的企业受到其他群体企业进入威胁的大小。如果转移壁垒较低，其他群体企业的进入威胁就大，这在很大程度上限制了企业的价格和利润；如果进入壁垒高，进入威胁就小，在这个受保护的群体中的企业就有机会提高价格，获得更多的利润。

二、行业中主要竞争对手分析

主要竞争对手是指那些对企业现有市场地位构成直接威胁或对企业目标市场地位构成主要挑战的竞争者。如果一个企业不去监测其主要竞争对手的各种行动，不去理解它们的战略，不去预测它们下一步最可能采取的行动，就不可能战胜竞争对手。从这一点上说，更加深刻地理解竞争对手甚至比了解自己更加重要。

（一）识别主要竞争对手

谁是现在的主要竞争对手，这一点通常很明显，但是经过一段时间后，情况可能会有变化，有些企业可能会失去锐气，一些新的竞争者可能会加入进来，有些企业可能会快速成长。所以，要注意下列潜在的竞争对手：可以轻易克服进入壁垒的企业；进入本行业后可产生明显协同效应的企业；其战略延伸必将进入本行业的企业；可能通过一体化进入行业的客户或供应商；可能通过购并而快速成长的企业，等等。

对于主要竞争对手，要进行有效的信息收集和分析活动。企业进行战略决策所需要的信息，有95%都可以从公开渠道得到。这些竞争信息的来源包括行业杂志、招聘广告、报纸、政府文件、行业资料、用户、供应商、分销商和竞争者。

（二）分析主要竞争对手

对主要竞争对手的分析包括四个方面：主要竞争对手的目标、战略假设、现行战略、资源和能力，如图2-6所示。大部分企业对于对手的现行战略、优势和劣势有一定的直观感觉，即能够大致了解竞争对手在做什么和能够做什么，而对图2-6左边内容的关注要少得多。他们对竞争对手的未来目标和战略假设知之甚少，因为对这两个因素的观察要难得多，但它们却是确定竞争对手将来行动的主要因素。

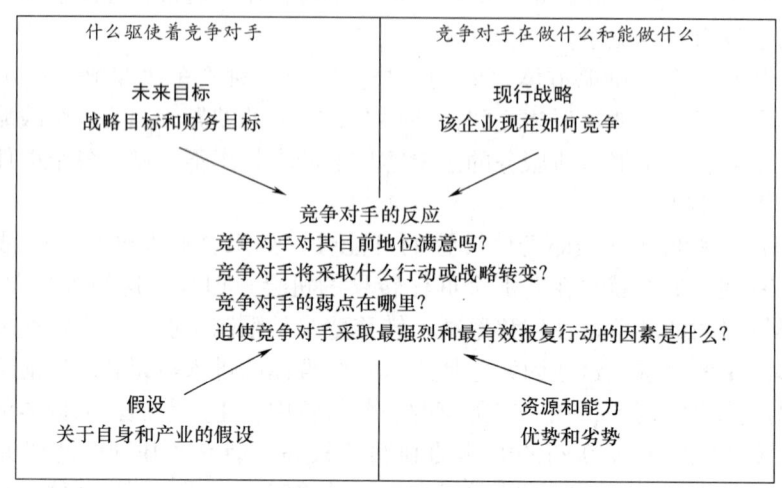

图 2-6 竞争对手分析的主要内容

1. 目标分析

了解竞争对手的目标之后，就可以了解每位竞争对手对其目前的地位和财务状况是否满意，推断出竞争对手的战略发展方向和可能采取的行动，从而在战略管理上，一开始就针对主要竞争对手可能采取的行动设计应付方法。对竞争对手目标的了解也有助于预测它对战略变化的反应，从而帮助企业避免那些会招致激烈竞争的战略行动。竞争对手公开的战略目标可以通过各种渠道获得，如上市公司的公告。难以了解的是竞争者不愿公开的目标以及各种目标的权重。以下信息有助于弄清竞争对手的目标体系：竞争对手的价值观或信念，对待风险的态度，组织结构，控制和激励系统，领导层的构成，该业务单位在母公司中的地位，母公司的业务组合，等等。

2. 假设分析

竞争对手的目标是建立在其对环境和自身的认识之上的，这些认识就是竞争对手假设。竞争对手的战略假设有两类：第一类是竞争对手对自身的力量、市场地位、发展前景等方面的假设，称为竞争对手自我假设。第二类是竞争对手对自己所在行业及行业内其他企业的假设，包括竞争对手对产业构成、产业竞争强度和主要产业威胁、产业发展前景、产业潜在获利能力等方面的认识和判断。

竞争对手的战略假设主要与下列因素有关：企业的历史和文化，最高管理者的职业经历和背景，在市场上成功或失败的经验，行业中的传统思路等。对竞争对手假设的分析不是一件容易的事，但是仍旧可以从其公开宣传、领导层和销售队伍的言论、价值观念、过去的战略行动和现行战略等信息中去体察、感知。

对于竞争对手的战略假设，应进一步分析它是否正确，错误的或过时的假设可使企业找到战略契机。例如，假如某竞争对手相信它的产品拥有极高的顾客忠诚度，而事实并非如此，则刺激性的降价就是抢占其市场的好办法。此时，竞争对手很可能拒绝降价，因为它相信该行动不会影响其市场占有率，只有在发现已丢失大片市场时，它才会认识到假设是错误的。了解竞争对手的战略假设，不但可以理解竞争对手当前的战略，进而推断它可能采取的战略行动，还可以了解它的认识方式，并针对其特定的认识方式选择针对它的竞争方式。

3. 现行战略分析

分析竞争对手现行战略的重点在于通过竞争对手的产品和市场行为来推断，预计目前战略的实施效果，分析竞争对手现行战略对本企业的影响。之后分析该企业当前的业绩，分析它继续实施当前战略的前景和改变目前战略的可能性。对当前业绩及前景持满意态度的企业可能会继续实施现行战略，当然也可能作一些调整，这与它的目标和假设有关。但是，业绩很差的竞争对手一般会推出新的战略行动。

4. 资源和能力分析

最后，要对竞争对手的资源和能力作实事求是的评估，把握它的优势和劣势。竞争对手的目标、假设和现行战略会影响它反击的可能性、时间、性质和强度，而它的优势和劣势将决定它发起战略行动的能力以及处理所处环境中突发事件的能力。

（三）预测主要竞争对手的下一步行动

在对以上四方面因素进行分析的基础上，可对各个竞争对手可能发动的战略行动和防御能力作出判断。

1. 预测竞争对手的下一步行动

预测竞争对手的下一步行动具体内容主要包括：

（1）对现行地位和业绩的满足程度。将竞争对手的目标与其现行地位和业绩相比较，找出谁可能想要实行战略性转变？

（2）可能采取的行动。根据竞争对手的目标、假设、资源和能力，它最有可能作出什么样的战略变化？

（3）行动的强度和严肃性。对某一竞争对手的目标、资源和能力进行分析后，能够评估这类可能采取行动的预期强度。

2. 分析竞争对手的防御能力

分析竞争对手的防御能力主要内容包括：

（1）易受攻击性。竞争对手最易受到攻击的是哪些战略行动和哪些事件？什么事件具有不对称的获利后果，即对某个竞争对手利润的影响比对发起行动企业的影响更大还是较小？哪些行动可能需要过大的代价去报复或仿效，以至于使该竞争对手无法冒险去采取这类行动？

（2）什么行动或事件将会挑起竞争对手间的报复行动？

（3）报复的有效性。报复会不会迅速进行？报复可能以什么形式展开？采取何种行动才能使竞争对手报复的有效性下降？

三、成功关键因素分析

在同一行业中，或同一行业生命周期的不同发展阶段，竞争中胜出的企业往往有着共同的优势。我们把企业在特定行业或特定时期内获得竞争优势和骄人业绩所必须集中精力搞好的一些因素称为成功关键因素（Key Success Factor，KSF）。这些特定因素一般在五个以内。寻找成功关键因素的目的是集中企业的资源投入到这些因素上，以便形成竞争优势。

回答以下三个问题有助于确认行业的成功关键因素：①顾客在各个竞争品牌之间进行选择的基础是什么？②行业中一个卖方厂商要取得竞争成功必须拥有什么样的资源和竞争能力？③行业中的一个卖方厂商获得持久的竞争优势必须采取什么样的措施？

不同产业中企业成功的关键因素各不相同。例如，石油、矿山等资源采掘产业中，资源的保有储量是企业获得持续竞争优势的关键因素；而在计算机网络设计与软件开发行业，稳定的、高素质的技术人才队伍是企业竞争制胜的关键因素。在啤酒行业，其KSF是充分利用酿酒能力（制造成本保持在较低的水平上），强大的批发分销网络（尽可能多地进入零售渠道），有效的广告（形成忠诚的顾客群），以低成本获得高效率。表2-3列出了部分最常见的成功关键因素。

表2-3 行业成功关键因素的几种类型

类型	内容
与技术相关的成功关键因素	（1）科学研究技能（在制药、移动通信以及一些高科技行业尤为重要）； （2）改进生产工艺和流程的能力（在需要通过先进技术来提高生产效率和降低产品成本的行业尤为重要）
与制造相关的成功关键因素	（1）获得规模经济和取得经验曲线效应的能力（对于低成本产品尤其重要）； （2）固定资产利用率高（在资本密集型和高固定成本的行业中尤为重要）； （3）质量控制诀窍（对于客户注重产品可靠性的行业尤为重要）； （4）能够获得充足的技术劳动力； （5）劳动生产率很高（对于劳动力成本很高的商品来说尤其重要）； （6）低成本的产品设计和制造工艺（降低生产成本）； （7）低成本的生产工厂定位； （8）能够灵活地生产一系列类型和规格的产品满足顾客的订单
与分销相关的成功关键因素	（1）强大的批发分销商和特约经销商网络（或者拥有通过因特网建立起来的电子化分销能力）； （2）维持零售货架上较佳陈列位置的能力； （3）通过因特网或专卖店直销的能力； （4）全国或全球的分销能力
与市场营销相关的成功关键因素	（1）广泛传播和形象良好的品牌； （2）产品线和产品选择的嗅觉； （3）快速准确的技术支持； （4）礼貌、个性化的客户服务； （5）准确满足顾客定购的需要；

续表

类 型	内 容
与市场营销相关的成功关键因素	（6）商品推销技巧；
	（7）有吸引力的款式和包装；
	（8）兑现服务承诺的能力（对邮购零售、网上销售、新产品推广等方面尤为重要）；
	（9）明智的广告策略
与专业技能相关的成功关键因素	（1）员工拥有卓越的才能（对于专业型服务，如会计、咨询、投资银行，这一点尤其重要）；
	（2）产品创新能力（对于新产品的特性或性能特点在竞争中起关键作用的行业尤其重要）；
	（3）设计方面的专有技能（在时装行业尤为重要，对于低成本制造也是一个KSF）；
	（4）在某一项具体技术上的专有技能；
	（5）快速运送的能力；
	（6）供应链管理能力；
	（7）卓越的信息系统（对于航空旅游业、汽车出租业、信用卡行业和酒店业来说很重要）；
	（8）能够快速地对变化的市场环境作出反应（简捷的决策过程，将新产品推向市场的时间很短）；
	（9）能够娴熟地运用因特网和电子商务做生意的能力
其他类型的成功关键因素	（1）在购买者中间拥有良好的公司形象和声誉；
	（2）总成本很低（不局限于生产方面）；
	（3）便利的设施选址（对于零售业很重要）；
	（4）很强的收支平衡和融资能力（对有着高商业风险的新兴行业和资本密集型行业来说尤为重要）；
	（5）专利保护

确定行业的成功关键因素具有很高的优先性。一个公司如果能够深刻地洞察行业的KSF，就可以将公司的战略建立在行业的KSF之上，然后竭尽全力在这些因素中的一个或多个之上比竞争对手做得更好，以便获得持久的竞争优势。一个健全的战略应该包括这样一种努力：在所有的行业成功关键因素上有能力，并且在至少一个行业成功关键因素上拥有卓越的能力。

成功关键因素因行业的不同而不同，在相同的行业中也会因行业驱动因素和竞争环境的变化而变化。对于某个特定的行业来说，在一个特定的时期成功关键因素极少超过五个。甚至在这几个成功关键因素中，也仅有一两个占据主要地位。公司管理者应注意，不能将不够重要的因素列为成功关键因素，这会干扰管理层的视线，影响对真正关键因素的注意力。

本章小结：

1. 对企业产生影响的各种外部因素和力量统称为外部环境。企业要谋求持续的生存和发展，就必须研究和认识外部环境。

2. 宏观环境的主要影响因素是政治和法律环境、经济环境、技术环境、社会文化及自然环境四个主要方面（即 PEST）。

3. 企业的行业环境分析总的来说要回答六个问题：

（1）行业中最主要的特征是什么？行业分析首先要从总体上把握行业，各个行业在以下一些因素上往往存在很大的差异：市场规模和增长率，在行业生命周期中的位置，市场竞争的地理区域，竞争厂商的数量及其相对规模，购买者的需求与条件，纵向一体化的普遍程度，生产能力是否过剩，产品创新速度，产品差异化程度，规模经济和经验曲线效应的程度，行业的整体盈利水平。行业生命周期、经验曲线、规模经济等分析方法是行业总体分析中常用的方法。

（2）行业中发挥作用的竞争力量有哪些？它们各有多强？波特的五种竞争力量分析模型是回答这个问题的工具，表明竞争的力量是来自以下五种作用：卖方竞争企业之间的竞争，有吸引力的替代品的压力，潜在进入者所带来的威胁，供应商的讨价还价能力，顾客的讨价还价能力。

（3）行业中的变革驱动因素有哪些？它们有何影响？

（4）行业中的企业如何进行分类？竞争地位最强和最弱的公司分别有哪些？战略群体图是一个很有用的分析工具，它可以分析最直接的竞争对手，可以研究各个战略群体之间的差异，可以分析向另一战略群体转移的可能性。

（5）企业的主要竞争对手是谁？它们在做什么、能做什么和想做什么？要回答这个问题，需要对自己的主要竞争对手进行识别和分析。对主要竞争对手的分析包括四个方面：主要竞争对手的目标、战略假设、现行战略、资源和能力。在对以上四方面因素进行分析的基础上，要对各个竞争对手可能发动的战略行动和防御能力作出判断。

（6）决定成败的关键因素是什么？成功关键因素是指在特定行业或特定时期内获得竞争优势和骄人业绩所必须集中精力搞好的一些因素。企业应该将自己的战略聚焦于行业的成功关键因素上，集中精力超过竞争对手。

思考与练习题

1. 什么是企业的外部环境？企业为什么要进行外部环境研究？
2. 简述宏观环境分析的主要内容。
3. 选一个自己感兴趣的行业，界定该行业的主要经济特征。
4. 什么是行业生命周期？简述行业在生命周期不同阶段的主要特征。
5. 什么是经验曲线效应？它和规模经济形成的成本下降有什么不同？以一家企业的实例，探讨某种产品的经验曲线。
6. 运用五种竞争力量分析方法，分析你所熟悉的某行业的竞争状况。

7. 什么是战略群体？进行战略群体分析可以给出什么信息？
8. 简述主要竞争对手分析的内容。
9. 结合你所熟悉的某一行业的实际情况，分析行业的成功关键因素。

案例分析

案例1：中国烟草业面临的宏观及行业环境分析①

一、宏观环境分析

（一）政治环境分析

政治法律环境对烟草业的影响非常大。由于吸烟影响人类健康、污染环境，我国制定了许多有关控制烟草生产和禁止吸烟的规定。2012年12月24日，原国家质检总局公布的《中国烟草控制规划（2012—2015年）》提出，研究制定全国性公共场所禁烟法律规定，全面推行公共场所禁烟。第十二届全国人大常委会第十次会议8月30日分组审议《中华人民共和国广告法（修订草案）》，草案对发布烟草广告的媒介、形式和场所作了更严格的限制，明确规定不得设置户外烟草广告。中共中央办公厅、国务院办公厅2013年12月29日印发了《关于领导干部带头在公共场所禁烟有关事项的通知》。2015年6月，北京市开始实施被称为"史上最严控烟条例"的《北京市控制吸烟条例》，该条例可以理解为"凡是有屋顶的地方都不能抽烟"，违者将处罚款。总的来看，国家倾向于对吸烟作出越来越多的限制，这势必影响烟草业的发展。

（二）经济环境

总的来说，经济发展的快慢对烟草行业的影响不是太大。一般来说，烟草是一种价格弹性不太大的产品，吸烟族对烟草价格高一点还是低一点不太敏感，即使在经济衰退时期，工薪收入减少也挡不住吸烟族的消费热情。2015年5月，国家提高了烟草消费税，将"卷烟批发环节从价税税率由5%提高至11%，并按0.005元/支加征从量税"。这势必提高产品销售价格，会对卷烟销售量产生影响，但影响不会太大。中国目前仍然是全球最大的烟草市场，烟草制品消费量约占全球总量的1/3。2002—2012年，中国卷烟销量年均增长3.7%，税利贡献平均增长19.6%，占全国财政收入总额的7%左右。

（三）社会环境

社会环境对烟草行业的影响，一方面表现在随着社会的发展和人民教育

---

① 由作者根据相关资料编写。

水平的提高，人们对烟草的危害越来越清楚，对健康的要求越来越强烈。吸烟不仅影响个人健康，还污染环境和影响他人的健康，社会文化要求对烟草加强管制，甚至还有取消烟草生产的呼声。美国骆驼牌香烟曾经采用一个叫乔·骆驼的卡通形象作广告宣传，受到社会公众和政府反对，认为企业是在引诱青少年吸烟。可见，社会文化因素对烟草行业的发展已形成非常负面的影响。另一方面，可以明显看出人口老龄化与吸烟人口的下降对烟草行业的影响。

（四）技术环境

科学技术的发展对烟草行业的影响主要体现在以下两个方面：第一，开发烟草的替代品和戒烟产品。这方面的进展并不太明显，虽然有了一些卷烟的替代品，如近几年在欧美发展较为迅速的电子烟产品，但是替代产品的技术还不成熟。曾经有企业推出了一些号称毒性小或所谓戒烟的香烟，但效果并不理想。此外，生物技术方面也没有突破性进展，仅发明了一些治疗吸烟导致疾病的药物。第二，我国的烟草产业在烟草育种、卷烟特色工艺、高速卷接包设备研制、特色优质烟叶开发、减害降焦等方面不断取得新发展，这对于卷烟的成本和质量都有正向的影响。

二、行业环境分析

从管理体制上看，专卖体制下的高度集中是中国烟草产业的基本特征。从经营模式上看，政企合一的国有专营是中国烟草产业的明显特征，中国烟草行业有极高的进入障碍。但是，行业内的各个企业展开了激烈的竞争，它们都采取了价格化、差异化、品牌化的战略手段促进市场营销。从烟草行业发展趋势来看，中国烟草企业的并购重组将进一步深入推进，烟草市场的集中度还将进一步提高，走聚集式外向扩张道路将是中国烟草生存发展的必然选择。购买者多数购买自己习惯的品牌，但购买者转换购买的成本很小，未来烟草企业的竞争将是大品牌的竞争，能否真正培育并形成具有竞争力的强势品牌，将成为决定烟草企业竞争成败的关键所在。目前，对我国烟草业真正有威胁的替代品尚未出现。

案例讨论：

认真阅读案例，试着为一个你熟悉的行业作出宏观环境和行业环境的分析。

案例 2：我国工程机械行业的主要有利因素和不利因素[①]

一、有利因素

(一) 新型城镇化建设

《国家新型城镇化规划（2014—2020 年）》表明，在基础设施方面，2020 年我国普通铁路网要覆盖 20 万以上人口城市，快速铁路网基本覆盖 50 万以上人口城市；普通国道基本覆盖县城，国家高速公路基本覆盖 20 万以上人口城市；民用航空服务要覆盖全国 90% 左右的人口。公共服务方面，国家对基本公共服务、基础设施领域和资源环保领域的巨大投资将带动交通运输、供水、污水处理、城市生活垃圾处理、信息化基础设施、城市社区综合服务设施的投资需求。在住房建设方面，以农业人口转移、城镇棚户区和城中村改造为主要内容的住房建设投资将保持一定规模。

(二) "一带一路"倡议的发布与实施

习近平主席在出访中亚、东南亚时提出了共同建设"丝绸之路经济带"和"海上丝绸之路"的倡议。"一带一路"的整体框架是通过基础设施建设等方式，形成互联互通的亚洲经济体系，合作重点在政策沟通、设施联通、贸易畅通、资金融通、民心相通等方面。"一带一路"获得了东盟、欧盟、阿盟等多个国际组织的支持，通过与近 60 个国家、40 多亿人口建立广泛的沟通和协作机制，有助于我国获得外部资源，同时有助于我国商品、资本和适用性技术输出。"一带一路"涉及大量设施建设，会对我国工程机械行业产生直接拉动。例如，东南亚方向的铁路、公路、港口、电网、油气管线等建设项目；中亚方向的中吉乌铁路、中塔公路二期以及中亚天然气管道 C 线、D 线；东北亚方向的中俄东线、西线天然气管道；南亚方向的中巴公路、核电厂、工业园区等。这些都有大量的工程机械产品需求，对于我国工程机械行业而言，抓住"一带一路"建设的战略机遇，积极向东南亚、中亚及东北亚方向挺进，有利于打破行业当前低迷状况。

(三) 企业科技投入提高

近年来，工程机械行业受国内外经济环境影响，形势较为低迷。在此背景下，行业内企业普遍通过增加科技投入、提高产品科技含量的方式，提升产品性能和质量，摆脱同质化困境，以期在日益激烈的市场竞争中占据主动。这一情况客观推动了我国工程机械技术水平的提升，自主品牌企业竞争力得到增强。

[①] 资料来源：中国起重机械网，www.chinacrane.net，2015 年 4 月 23 日。

二、不利因素

（一）关键和高端零部件依赖进口成为行业发展瓶颈

目前，我国中高端工程机械产品的关键零部件仍需依赖进口，而国外供货厂家价格较高、供货周期长，甚至有些高端关键部件受到国外厂商的垄断甚至封锁，制约了企业的生产经营。尽管近年来国内配套件研发制造能力提升较快，但是研发投入较大、生产成本较高，技术成熟需要时间，尤其是产品的可靠性被市场认可更是需要一个艰难的过程。

（二）国内经济增速放缓

当前，我国经济正处于增长速度换挡期、结构调整阵痛期和前期政策消化期三期叠加的关键时期，是从高速增长向中高速平稳增长过渡的关键时期。而工程机械行业与经济大环境的关系非常密切，国内经济增速变化情况将对行业发展产生直接影响。

（三）产能过剩，市场保有量增长较快

2012年以前，工程机械销量保持了较长时间的高增长，全国保有量已达到600万台，市场保有量大，各地工程机械闲置率较高。

案例讨论：

进一步补充资料，对我国工程机械行业进行宏观环境分析和行业环境分析。

案例3：社交网站的成功关键因素[1]

Facebook是美国的社交网站。Facebook为什么能够成功？接下来，让我们探索社交网站的成功关键因素。

首先，社交网站要找到一个特定的族群，进而累积使用者，突破使用者的临界点，这样才可能成功。Facebook从哈佛校园起家，一开始就将大学生锁定为服务对象，为大学生提供实体和虚拟交错的互动指南。在大学校园松散的人际关系下，大学生通过Facebook网站上的课程表或社团活动来寻找同伴，增加了彼此交流的机会。学生社区网站的基本功能不外乎照片、个人档案、日志、留言板等，若要让使用者喜欢上网站，便需要针对不同的受众提供特殊的功能。Facebook就根据它的精确定位给学生提供了其需要的功能。

大学生看重与校园里的朋友建立关系，Facebook就从哈佛大学开始，一步步谨慎地增加其他校园的网络，主推封闭式的人脉界面。当其他学校的使

---

[1] 资料来源：谢光萍. Web 2.0必学的精英群经营术［J］. 台湾数位时代，2007，162.

用者想要使用 Facebook 时，必须填写申请表，由它根据申请数量来决定开放顺序。Facebook 不贪量多，其稳健的布局让小圈子得以扎实地扩大，直到拥有了全世界更多大专院校的人脉网络。

其次，社交网站的核心服务是交朋友，要有朋友，你才愿意在上面流连驻足。如果在线的活动可以延伸到现实世界，使用者对网站的喜欢程度将大大增加。对大学生来说，通过 Facebook 可与认识的朋友互动，甚至与朋友的朋友产生交集。

根据最初的产品定位，Facebook 排除了网络的匿名性。一开始，Facebook 规定只有通过带有".edu"的电子邮件认证才可以成为会员，加入好友需要经双方同意，这让使用者感到安心。

再次，Facebook 大胆地开放 API，把网站开放成平台，供外部程序设计师参与设计数千种新功能。该平台战略让第三方厂商不仅可以在 Facebook 开发新程序，而且可以将其他软件和服务整合到 Facebook 平台上。当然，这一举动的基础在于 Facebook 拥有大量的会员，这样才会有人愿意为满足各种需求而开发程序。

最后，简单流畅的使用界面和简洁的页面，让使用者易于阅读。例如，在提醒你的好友生日的同时推荐你可以在线选购单价低的礼品（如看起来很可口的蛋糕）。网站很自然地引入了付费机制，环环相扣的流畅接口，对使用者社交需求的体贴，增加了网站的收益。

案例讨论：

1. 阅读案例，清楚地整理出社交网站的成功关键因素。
2. 你同意本案例提出的社交网站的成功关键因素吗？如同意，请说明理由；如不同意，请提出自己的看法。

第三章　企业资源和能力分析

学习要点与要求：
1. 熟悉企业资源和能力分析的基本步骤。
2. 掌握价值链的构成和分析原理。
3. 理解企业核心竞争力的含义和特征。
4. 全面掌握企业核心竞争力管理的五项关键工作。
5. 了解SWOT分析方法的基本原理。

第一节　企业资源分析

一、企业资源与能力分析的思路

在上一章中，我们讨论了企业的外部环境分析，那是制定企业战略的基础。但是，外部环境中的某些因素及其变化，对不同企业的影响却并不一样。也就是说，某一种环境因素，对某个企业是机会，对其他企业则不一定，甚至还可能是威胁。这是因为不同的企业拥有不同的资源与能力，即使外部环境的变化给每个企业都带来了可以利用的机会，也只有那些具备了与此相适应的资源和能力的企业才能真正抓住机会。每个企业都拥有或可以拥有一定的资源，以及有效地协调这些资源以满足特定市场需求的能力，即每个企业都是资源和能力的结合体，这一结合体形成了制定战略的另一个基础。现有的研究认为，在盈利能力的决定因素中，企业的资源和能力比它所在的行业和战略群体要重要得多。

资源是指企业所控制或拥有的有效要素的总和。能力是指企业配置资源的效率，是整合企业资源并使其价值不断提升的技能。企业的竞争优势，既可以来自对稀缺资源的占有，又可以来自对资源的优异的运用能力。企业资源的差异性和企业利用这些资源的独特方式就成为其竞争优势的最重要的来源，能为企业带来相对于竞争对手的优势的资源和能力即企业的核心竞争力。企业可持续的竞争优势是企业在长期运行中，将具有战略价值的资源和能力进行特殊的整合、升华而形成的核心竞争力。这个过程是企业素质提升的过程，也是一个以资源和能力为基础的战略分析过程，见图3-1。

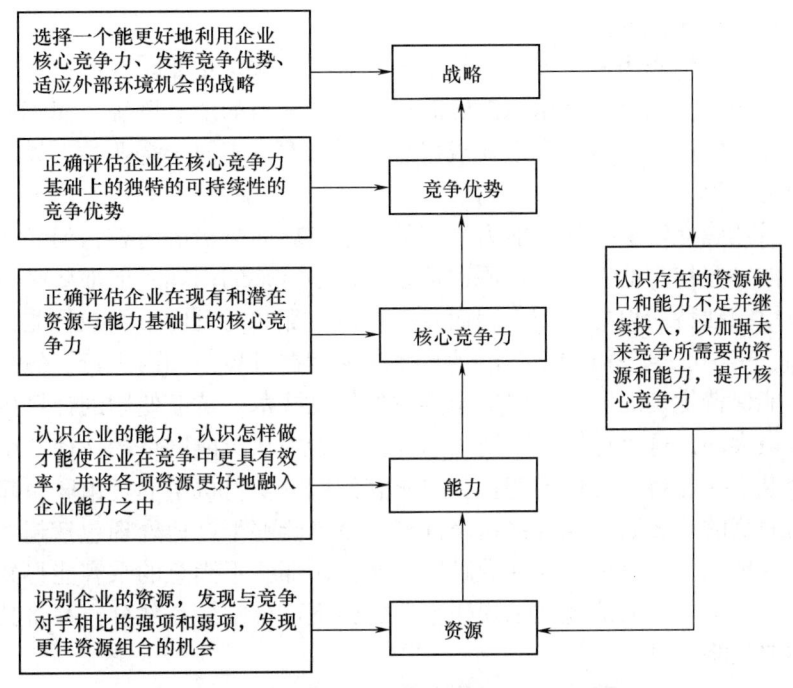

图 3-1 以资源和能力为基础的战略分析

二、企业资源分析

(一) 资源评估

资源评估就是对企业可得资源的数量和质量进行评估与分析，以便确认企业是否拥有战略维持和战略延伸的资源。资源通常分为以下四类：

1. 实物资源

对企业的实物资源进行评估，不仅要列出设备的数量和生产能力，还应对这些资源的自然状况（如寿命、状态、能力和位置等）进行了解。

2. 人力资源

对人力资源进行分析需要调查和研究许多相关问题，既要了解企业中不同技能人员的数目和类型，还要分析人力资源的适应性等各个方面。

3. 财务资源

例如货币的来源和使用，包括资金的获得、现金管理、对债权人和债务人的控制、处理与货币供应者（如股东、银行等）的关系等。

4. 无形资源

无形资源是企业资产重要的组成部分，包括专利、专有技术和商誉等。商誉主要来源于商标、品牌、公司形象等。应该重视无形资源的价值，因为企业出售的商品和服务中的一部分价值就是商誉，尤其是一些服务行业。

现在，也有很多企业将企业的报告系统以及它正式的计划、控制和协调系统放在资源之列，称为组织资源。

如果将资源评估作为进一步分析的基础，有三点非常重要：

第一，资源评估应该包括组织能够获得的支持战略的所有资源，而不应该只限于合法属于企业的资源。许多具有重要战略意义的资源是不属于企业的，如已拥有的顾客基数、交易网等。

第二，虽然建立资源和战略能力之间的关系是后面分析的内容，但是在进行资源评估时也要作一些初步的判断。资源评估涉及很多复杂的内容，但那些必需的资源并不一定构成组织独特能力的基础，因而要特别评估那些对巩固组织独特能力很重要的资源。例如，英国航空公司的主要活动是搭载乘客在世界范围内飞行，但是，要由此获得利润并能保持优良的服务却取决于英航的信息技术。英航使用的计算机系统是除国防工业外最大的，这个计算机系统可以在两秒钟内从英航网络的任何一个地方取得数据，整个航空线能将可提供的座位数与乘客使用的支付机票的货币联系起来，从而控制支付弱通货的乘客数。此外，这个计算机系统能够很好地处理包括超额预定在内的各项复杂管理工作，以保证大多数顾客满意，而那些不满意的乘客能得到慷慨的补偿。所以，公司董事长将信息技术视作企业经营不可分割的一部分，并将其作为竞争性经营的主要战略工具。

第三，评估中要注意确认企业发展和资源之间的缺口，以便企业更好地利用目前的资源和环境，扩大和改变目前的资源存量，创造新的资源，以达到战略目标。根据木桶原理，某种资源的短板常常会抑制其他资源的有效发挥。

（二）资源的使用与控制分析

资源的使用与控制分析是将企业资源和使用这些资源的战略目标联系起来，这对于了解战略能力十分关键，这是从资源的使用过程而不是从资源本身发现经营好或坏的原因。常用的具体分析方法与企业能力的分析是一致的，我们将在下一节中讨论。资源使用与控制分析的基本方法是比较法，这也是能力分析的基本方法，根据比较对象不同，可以分成以下三种：

1. 纵向比较

纵向比较，即将企业的资源状况与以前各年相比，从而找出重大的变化。这种方法可以揭示出其他方法所不能揭示的不太明显的变化趋势。在许多情况下，它都促使企业重新评估其主要的推动力将来应该放在什么地方。

2. 横向比较

横向比较，即将企业的资源状况和竞争力与主要竞争对手进行对比，以找出优势与劣势。横向比较是最重要的比较，因为优势与劣势都是相对于主要竞争对手而言的。有时，还应该将纵向比较和横向比较结合起来，以揭示自己优势和劣势的发展趋势。

3. 与产业成功关键因素比较

如上一章所述，不同的产业在不同的时期有各自的基本要求，不具备这些条件的企业根本不可能在该产业中获得经营成功。将企业的资源和能力与产业成功关键因素进行比较，可以较好地反映企业的优势和劣势，这已成为企业战略管理中普遍采用的方法。

(三) 资源的应变力分析

资源应变力分析的目的是确定一旦战略环境发生变化，企业资源对环境变化的适应程度。特别是对那些处于多变环境的企业来说，更应做好资源的应变力分析，这是建立高度适应环境变化的资源基础的出发点。分析重点要放在那些对环境变化特别敏感的资源上，具体包括四个方面：

(1) 确定企业内部和外部的主要不确定性因素。
(2) 分析目前企业针对这些不确定性因素而投入的资源。
(3) 分析企业相对于这些不确定性因素所需的灵活性。
(4) 提出针对这些不确定性因素的行动方案。

(四) 资源的平衡分析

关于资源的平衡分析存在两种观点：一种观点认为，为了保持资源的稳定平衡，应在企业内设立资源余量，例如，设置一定水准的保险库存，以防止物流供应上的意外；保持一定的备件数量以防止废次品；保持一定的富余生产能力以应付订货量的突然增加，等等。另一种观点却认为，设置资源余量只会在企业内部助长容忍差错和低效率的管理，日本企业采取的准时生产制就是基于这一观点。两种观点都有道理，应有机结合。对于反映管理水平、受企业可控因素影响较大、重置容易的资源，应通过加强管理来逐步降低甚至取消资源余量；对于受企业不可控因素影响较大、重置困难的资源应保持合理的资源余量，以应对环境变化。资源平衡分析主要针对四个方面：

1. 业务平衡分析

业务平衡分析是对企业各项业务的经营现状、发展趋势进行分析，以确定企业在各项业务上的分配是否合理。常用的分析方法有波士顿矩阵、通用矩阵、产品-市场演变矩阵。这些方法也是重要的战略评价的方法，所以将在本书第六章中进行讲述。

2. 现金平衡分析

现金平衡分析主要考察企业是否拥有必要的现金储备和资金来源，以应付战略期内的现金需要。

3. 高级管理者资源平衡分析

其主要分析企业高级管理者资源的数量、质量、管理风格、管理模式等，考察企业高级管理者与制定、实施战略所需人力资源的适应程度。

4. 战略平衡分析

战略平衡分析主要考察企业目前拥有的资源和战略期内可能获得的资源，对企业战略目标、战略方向的保证程度，即要确定企业资源是否符合实现战略目标的要求。若不符合，缺口在哪里？缺口有多大？哪些缺口需要填补？夯实企业未来的资源基础需要采取什么措施？

通过上述步骤进行企业资源分析，关键是要确定企业的资源优势和劣势。资源优势指的是企业所特有的能提高企业竞争力的资源，往往表现为：重要的专门技能（低成本制造诀窍、独特的广告和促销诀窍）、宝贵的有形资产（现代化生产工厂和设备、遍布全球的分销网络）、宝贵的人力资源（经验丰富、能力强的劳动力，积极上进、学习能力强的员工队伍，关键领域中的特殊人才）、宝贵的组织资源（高质量的计划体系和控制体系）、宝贵的无形资源（品牌形象、企业声誉、职员忠诚度、积极的工作环境和强大的企业文化）、宝贵的技术资源（短周期的新产品开发上市、大量的专利和专有技术）。资源优势是形成企业核心竞争力的重要基础。

资源劣势指的是某种企业缺少或做得不好，使企业在竞争中处于弱势的资源，往往表现为：缺乏重要的技能和专门技术；缺乏重要的有形资产、人力资源、组织资源、无形资源。资源劣势制约企业竞争力的形成，限制企业的战略发展空间。

依据现代战略学说，一个企业的资源优势是企业的竞争资产，而资源劣势则是企业的竞争负债。理想的状况是：企业的资源优势或竞争资产大大超过企业资源劣势或竞争负债。进行企业资源分析的主要目的不是列出企业资源的数量、种类和品质清单，而是分析和判定相对于竞争对手企业的资源优势和资源劣势所在，进而确定形成企业核心竞争力和竞争优势的战略性资源。企业应围绕战略性资源进行持续投入，以增加竞争资产，减少竞争负债，全面夯实企业的资源基础。

第二节 企业能力分析

能力是指企业配置资源的效率，是整合企业资源并使其价值不断提升的技能。企业能力分析的方法有很多，这里主要介绍三种方法。

一、价值链分析

价值链分析是从企业内部条件出发，把企业经营活动的价值创造、成本构成同企业自身竞争能力相结合，与竞争对手经营活动相比较，从而发现企业目前及潜在优势与劣势的分析方法，是指导企业战略制定与实施活动的有力分析工具。

(一) 价值链分析的基本原理

价值链分析的关键是认识到企业不是人、资金、设备等资源的随机组合，如果不将这些资源组织进生产经营中来，保证生产出最终顾客认为有价值的产品或服务，那么这些资源将毫无价值。因此，内部资源分析是一个从资源评估到怎样使用这些资源的评估过程。

波特教授认为，企业每项生产经营活动都是其为顾客创造价值的经济活动，企业所有的互不相同但又相互关联的价值创造活动叠加在一起，便构成了创造价值的一个动态过程，即价值链。企业所创造的价值如果超过其成本，就能盈利；如果超过竞争对手所创造的价值，就拥有更多的竞争优势。企业是通过比竞争对手更廉价或更出色地开展价值创造活动来获得竞争优势的。

(二) 价值活动的构成

企业生产经营活动可以分为主体活动和支持活动两大类：

1. 主体活动

主体活动是指生产经营的实质性活动，一般分为进货物流、生产加工、出货物流、市场营销和售后服务等五种活动。这些活动与商品实体的加工流转直接相关，是企业基本的价值增值活动，又称基本活动。每一种活动又可以根据具体的行业和企业的战略再进一步细分为若干项活动。

(1) 进货物流，是指与产品投入有关的进货、仓储和分配等活动，如原材料的装卸、入库、盘存、运输以及退货等。

(2) 生产加工，是指将投入转换成最终产品的活动，如加工、装配、包装、设备维修、质量控制等。

(3) 出货物流，是指与产品的集中、存储、转移给客户有关的活动，包括产成品的收集、入库、保管、客户订单处理、送货等活动。

(4) 市场营销，是指与促进和引导顾客购买企业产品有关的活动，如广告、定价、促销、市场调查、分销商支持和管理等。

(5) 售后服务，是指与保持或提高产品价值有关的活动，如安装、调试、修理、使用人员培训、零部件供应等。

2. 支持活动

支持活动是指用以支持主体活动且内部之间又相互支持的活动，包括企业投入的采购管理、技术开发、人力资源管理和基础管理。企业的基本职能活动支持整个价值链的运行，而不是分别与每项主体活动发生直接的关系。

(1) 采购管理，是指获取各种资源输入的主要活动的过程，而不是输入资源本身。企业的许多部门都会发生采购，改进采购管理活动，对提高采购物资的质量和降低费用有着重要意义。有时，这些活动被视为进货物流的一部分。

(2) 技术开发，是指可以改进价值活动的一系列技术活动，既包括生产技术，也包括非生产技术。企业的每项生产经营活动都包含不同性质、开发程度和应用范围的技术，因此技术开发活动不仅与最终产品直接相关，而且支持着企业的全部活动，成为反映企业竞争实力的重要标志。

(3) 人力资源管理，是指对企业员工的招聘、雇用、培训、考核、激励等各项管理活动。这些活动支持着企业中每项主体活动和支持活动，以及整个价值链。任何一个企业都可以通过人力资源管理对员工的素质、技能和动力以及聘用和培训成本方面发挥作用，提升竞争优势。

(4) 基础管理，是指与企业总体管理相关的活动，包括企业计划、财务、质量管理、组织结构、控制系统、文化建设等活动。

上述价值活动组成的企业价值链可以用图 3-2 表示。

(三) 企业价值链与产业价值链

从图 3-2 中可以看出，企业价值链不是独立价值活动的集合，而是相互依存的

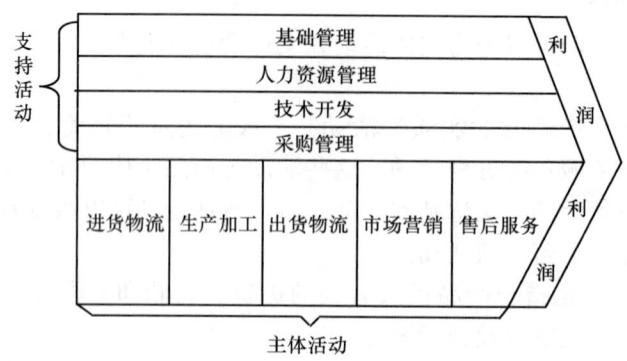

图 3-2 价值链

活动构成的一个系统。在这个系统中，主体活动之间、主体活动与支持活动之间以及支持活动之间相互关联，共同成为企业竞争优势的潜在源泉。

从更广的角度讲，在大多数产业中，很少有企业能单独完成产品设计开发、生产加工、市场销售、售后服务的全过程，除非企业拥有非常充分的资金和十分全面的能力。因此，一个企业价值链往往是产业价值链的一部分，它同供应商价值链、销售渠道价值链、客户价值链一起构成价值链体系，如图 3-3 所示。

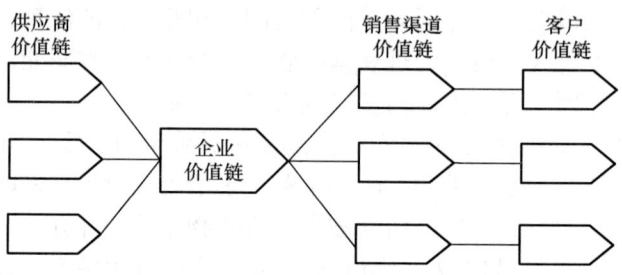

图 3-3 价值链系统

对一个企业而言，向最终顾客提供低价格的产品，可能需要由销售商较低的加价来支持；而向最终顾客提供高质量的产品，也必然离不开供应商提供的高质量零部件。所以，任何企业的价值链分析都应该放在产业价值活动的系统中进行分析。

（四）构造企业价值链

为了诊断分析竞争优势，企业有必要根据价值链的一般模型，构造具有企业自身特色的价值链。企业在构造价值链时，需要根据利用价值链分析的目的以及自身生产经营特点，将每一项活动进行分解。分解的程度取决于以下三点：有不同的经济含义；对差异化有巨大的潜在影响；在成本上表现为一个较大的份额或一个不断增长的份额。企业应该将可以充分说明企业竞争优势或劣势的子活动单独列出来，以供分析使用。对于那些不重要的活动，则可以归纳在一起进行分析。活动的顺序一般按照工艺流程进行，但也可以根据需要进行安排。无论怎样的顺序，企业的管理人员都应从价值链的分类中得到直观的判断。

一旦确定了价值链的主要因素，就可以进行战略成本分析，即将公司的部门成本会计数据分解成各项具体活动的成本。

（五）通过价值链分析提高成本竞争力

考察企业自己的价值链结构并将它同竞争对手的价值链结构进行比较可以发现：谁拥有多大的竞争优势或劣势？哪些成本因素导致了这种状况的出现？这些信息对制定战略以消除成本劣势和创造成本优势起着至关重要的作用。

竞争企业之间的重大成本差异可能主要发生在三个领域：行业价值链的上游（如供应商）部分，企业自身活动部分，行业价值链的下游（如前向渠道）部分。对以上三个领域，可以分别采取下列战略行动：

1. 成本劣势产生于行业价值链的上游部分

（1）通过谈判，从供应商那里获得更有利的价格。

（2）同供应商进行紧密的合作，以帮助它降低成本。

（3）改善供应商价值链和企业价值链之间的联系。

（4）尝试使用成本更低的替代品。

（5）尽力在其他地方压缩成本以补偿在此产生的差异。

世界零售业巨头沃尔玛与其供应商的联系会给很多企业以启示：一方面，它充分利用其规模优势，与供应商进行强有力的讨价还价，尽力获得最低价格。另一方面，它又与供应商结成长期伙伴关系，帮助供应商改善管理。沃尔玛与它的主要供应商宝洁等公司的计算机系统互相连接，从而建立了一个及时订货和传送系统。当沃尔玛的库存到达订货点时，计算机就通过卫星向最近的宝洁工厂发出订单，这些工厂将其商品送到沃尔玛的分销中心或直接运送到商店。通过双方价值链的连接和协调，宝洁公司能够有效制订生产计划，进行直线分销，并降低成本，宝洁公司又可以将节约的一部分成本让利给沃尔玛，形成一种双赢的局面。

2. 成本劣势产生于企业自身活动

（1）简化高成本活动的经营和运作。

（2）再造业务流程和工作惯例，从而提高员工的生产率，提高关键活动的效率，提高企业资产的利用率，或者改善企业对成本驱动因素的管理。

（3）通过改造价值链消除某些产生成本的活动。

（4）对高成本的活动进行重新布置，将其安排至成本更低的区域。如许多发达国家的企业将其制造工厂转移到人力成本较低的发展中国家。

（5）分析自己的价值链，对它进行分解，看一看是否有一些非关键的活动可交由外部的合作商来完成。这种做法在电子、汽车、电信等行业很盛行。

（6）投资于节约成本的技术改善，如机器人、柔性制造技术、计算机控制系统等。

（7）围绕棘手的成本要素进行革新，如对工厂和设备追加投资。

(8) 简化产品设计，使产品的生产更具经济性。

(9) 通过价值链体系的前向和后向部分来补偿企业的内部成本劣势。

3. 成本劣势存在于价值链体系的下游部分

(1) 促使分销商和其他前向渠道减少利润。

(2) 同前向渠道结为联盟或与客户紧密合作，以寻找降低成本的双赢机会。一家巧克力生产商知道，巧克力的装运采用罐装车大批量液态装运，而不是用固态的巧克力条，就可以使其生产糖果的客户节约装卸和熔解的成本，而这样做还可以消除自己巧克力的成型成本和包装成本。

(3) 转向更具经济性的分销战略，包括前向一体化。如种子公司不通过中间商，直接向具有一定生产规模的农户销售种子。

(4) 尝试削减价值链体系中其他阶段的成本以弥补在此产生的差异。

(六) 关键活动的成本标杆学习

价值链分析最重要的应用是揭示具体企业与竞争对手的相对成本地位，需要做的工作就是对每个竞争厂商进行成本比较。其中，该成本是各个竞争厂商为向一个界定清晰的客户群或者细分市场提供产品或服务而产生的。一家企业的成本优势或劣势的规模，可能随产品线中各个产品的不同而不同，可能随客户群的不同而不同（如果分销渠道不同的话），可能随地域市场的不同而不同（如果影响成本的因素随区域的不同而有差异的话）。

当今许多企业都会将自己某项特定活动的成本与竞争对手进行比较定位，或者同其他行业中能够高效地开展相同活动的非竞争对手进行比较定位，这被称为标杆学习。标杆学习的核心是比较各个公司开展其价值链中一些基本的活动和职能的优劣程度，例如，原材料采购，员工培训，分销处理，新产品推出速度，质量控制，客户订单处理，客户服务等。标杆学习的目标是理解开展某项活动的最好做法，学习怎样才能降低成本。一旦发现自己开展某项活动的成本已经同其他公司的同一活动不一致，就应该采取行动，提高公司的成本竞争力。

世界500强企业中，约有80%以上的公司进行了一定形式的标杆学习。进行标杆学习，最难做的是取得比较对象的成本数据。但是，进行标杆学习和寻找最佳业务惯例具有显而易见的好处，这使得各企业千方百计地获得所需的数据。获取数据的渠道包括公开的报告、报表、行业协会研究收集的信息，从咨询公司、行业分析专家那里获得帮助，让客户、供应商、合资伙伴成为自己标杆学习的联盟等。施乐公司是标杆学习的早期开拓者。1979年，日本制造商在美国以每件9 600美元的价格销售其复印机，施乐于是派了一个考察团到日本去学习竞争对手的业务流程和成本。幸运的是，施乐在日本的合资公司（富士-施乐公司）非常了解竞争对手。该考察团发现：施乐的成本太高，其原因是公司的制造过程和业务管理严重低效。后来，施乐公司推出了一个长期的标杆学习计划，将公司多个关键工作流程同那些被认为在这些过程上做得最好的公司进行比较学习。最后，施乐公司的产品恢复了竞争力。

二、财务比率分析

要分析判断一个企业的经营能力，可以通过分析企业的财务状况来进行，因为企业的财务报表和资料记录了企业经营的整个过程和取得的绩效水平。分析企业财务状况广泛使用财务比率分析。财务比率分析通常从两个方面进行：一是计算本企业有关财务比率，并与同行业的竞争对手进行比较或与同行业的平均财务比率进行比较，借以了解本企业同竞争对手相比的财务状况和经营成果。二是将计算得到的财务比率同本企业过去的和预测的未来财务比率相比较，借以测定企业财务状况和经营成果在一个较长时期内的变动趋势。

财务比率分析评价体系主要由五大类指标构成，表3-1列出了五类指标的基本含义和计算公式。分别计算五类指标并画出雷达图，就能够清楚、直接、形象地揭示出企业财务及经营状况的优势和劣势。

表3-1 财务比率分析指标体系

	指标	度量内容	计算公式
收益性比率	1. 资产报酬率	企业总资产的利用效果	（利息+税前利润）÷平均资产总额
	2. 投资收益率	企业总资产的利用效果	净利润÷平均资产总额
	3. 销售利润率	销售收入的获利能力	净利润÷销售额
	4. 销售利税率	销售收入的获利能力	（利息+税前利润）÷销售额
	5. 毛利率	销售收入的获利能力	（销售额-销售成本）÷销售额
	6. 市盈率	企业在资本市场上具有的吸引力	每股市值÷每股利润
成长性比率	7. 销售收入增长率	销售收入变化趋势	本年销售收入增长额÷上年销售额
	8. 净利润增长率	净利润变化趋势	本年净利润增长额÷上年净利润
	9. 总资产增长率	总资产变化趋势	本年总资产增长额÷年初资产总额
	10. 人员增长率	人员变化趋势	本年职工增加数÷上年职工人数
	11. 每股收益增长率	每股收益的变化趋势	本年每股收益增长额÷上年每股收益
安全性比率	12. 流动比率	企业短期偿债能力和信用状况	流动资产÷流动负债
	13. 速动比率	企业立即偿付流动负债的能力	（流动资产-存货）÷流动负债
	14. 资产负债率	企业资产中债权人提供的资金所占比重	负债总额÷资产总额
	15. 所有者权益比率	所有者权益占总资产的比率	所有者权益÷资产总额
	16. 利息负担率	企业经营所得偿付借款利息的能力	税息前利润÷利息费用
流动性比率	17. 固定资产周转率	固定资产的周转能力和利用水平	销售额÷固定资产
	18. 流动资产周转率	流动资产的使用效率（年周转次数）	销售额÷平均流动资产总额
	19. 应收账款周转率	年度内应收账款转为现金的平均次数	年赊销总额÷平均应收账款
	20. 存货周转率	存货的周转速度	销售额÷平均存货
	21. 总资产周转率	全部资产的利用效率	销售额÷资产总额

续表

指　　标		度量内容	计算公式
生产性比率	22. 全员劳动生产率	企业生产效率	工业增加值÷平均职工人数
	23. 人均工资	企业经营成果分配状况	工资总额÷平均职工人数
	24. 人均资产总额	企业生产经营能力	资产总额÷平均职工人数
	25. 人均利润率	企业经营管理水平	净利润÷平均职工人数
	26. 人均销售收入	企业销售能力	销售收入÷平均职工人数

上述财务比率分析的结果可以用雷达图的形式表示出来。雷达图的绘制方法如下：首先，画出三个同心圆，并将其等分成五个扇形区，分别表示生产性、安全性、收益性、成长性和流动性。通常，最小的圆圈代表同行业的最低水平或平均水平的 1/2；中间的圆圈代表同行业的平均水平，又称标准线；最大的圆圈代表同行业的先进水平或平均水平的 1.5 倍。其次，在五个扇形区分别以放射线的形式画出相应的财务指标线，并标明指标名称或标号。最后，将同期的相应指标值用点标在图上，以线段依次连接相邻点形成折线闭环，就构成了雷达图，如图 3-4 所示。这种图形如雷达的放射波，而且具有指引经营"航向"的作用，故而得名。

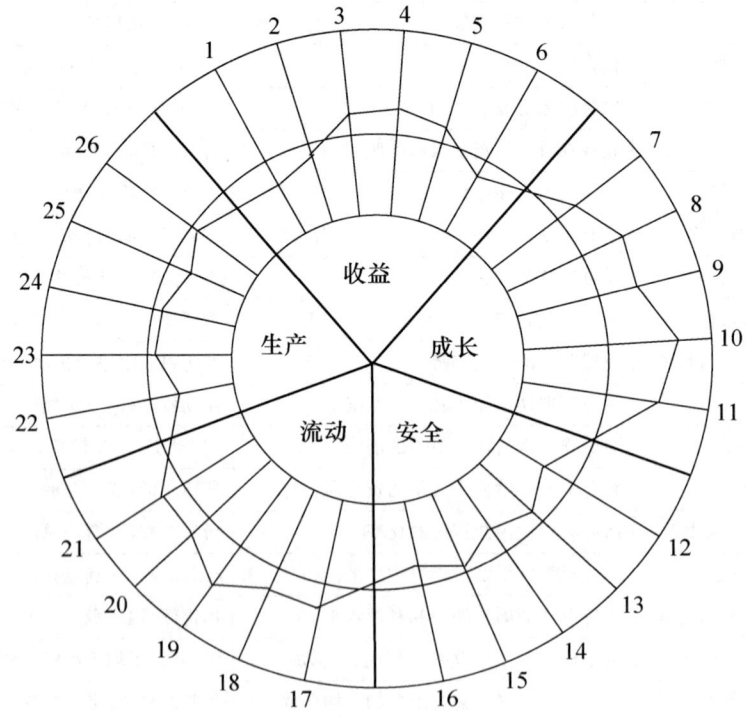

图 3-4　雷达图

注：1、2、3……分别为各个具体指标的代号。

就各项经营指标来看,当指标值处于标准线以内时,说明该指标低于同行业平均水平,需要加以改进;若接近最小的圆圈或处于其内,说明该指标处于极差状态,是企业经营的危险标志,应重点加以改进;若处于标准线外侧,说明该指标处于理想状态,是企业的优势,应采取措施加以巩固和发扬。

三、内部战略要素矩阵评价法

内部战略要素矩阵评价法可以帮助企业的经营战略决策者对企业内部各个职能的主要优势与劣势进行全面综合的评价。

(一) 企业能力的功能性分类

可以根据每个企业生产经营所必需的各项功能来分析其能力,表3-2是某企业能力的功能性分类表。

(二) 内部战略要素矩阵评价法的步骤

(1) 列出在外部环境分析中确认的成功关键因素和获得竞争优势或劣势的最有力的决定变量,一般讲,变量的数目在6到18之间。

(2) 给每个因素赋予权重,其数值从0.0(不重要)到1.0(非常重要)。权重标志着该因素对于企业在行业中取得成功的相对重要性。确定权重的方法包括对成功的竞争者和不成功的竞争者进行比较,以及通过集体讨论而达成共识。所有因素的权重总和必须等于1。

(3) 根据每一个变量对企业及其主要竞争对手进行评分。评分赋值可以从1到10,也可以从1到4。分数大小反映了企业在该项指标上的优劣,它是以企业为基准的,而步骤(2)中的权重是以行业为基准的。

(4) 用每个因素的权重乘以它的评分,得到每个因素的加权分数。

(5) 将所有因素的加权分数相加,得到企业的总加权分数。

(6) 得出关于企业净竞争优势或劣势的结论,同时对企业的最强或最弱的领域的各个指标作更具体的分析。

表3-2是一个内部战略要素矩阵评价法的实例。从这一实例中可以看出,该公司的主要优势在于技术能力和营销能力,产品质量和品牌也有优势。但是行业取得成功的关键因素是相对成本地位,在这方面该公司没有优势,生产能力也处于劣势,应采取战略行动扭转这种状况。

表 3-2 内部战略要素矩阵评价法

关键战略要素	权重	分数				
		本公司	对手1	对手2	对手3	对手4
质量/产品性能	0.1	8	5	10	1	6
声誉/形象	0.1	8	7	10	1	6
生产能力	0.1	2	10	4	5	1
技术能力	0.05	10	1	7	3	8

续表

关键战略要素	权重	分数					
		本公司	对手1	对手2	对手3	对手4
分销网络/营销能力	0.05	9	4	10	5	1
新产品开发能力	0.05	9	4	10	5	1
财务资源	0.1	5	10	7	3	1
相对成本地位	0.3	5	10	3	1	4
客户服务能力	0.15	5	7	10	1	4
综合加权评价值	1.00	5.95	7.70	6.85	2.10	3.70

第三节 核心竞争力分析

一、核心竞争力的内涵

(一) 核心竞争力的含义

核心竞争力（Core Competences）的英文原意是核心能力或核心技能，这一概念往往是一个企业与其竞争对手相比较而言的，因此用核心竞争力更为贴切。根据普拉哈拉德和哈默的定义，核心竞争力是"组织中的积累性学识，特别是关于如何协调不同的生产技能和有机结合多种技术流的学识"。现在一般认为，核心竞争力是某一企业内部一系列互补的资源、技能和知识的组合，这种组合可以使企业的业务具有独特的竞争优势。说它是组合，是指它既包括稀有的资源、科学技术，又包括管理、组织和营销方面的技能。这些资源、技术和知识的结合方式决定着企业竞争力的强弱，决定着企业开发新产品、服务市场、挖掘新的市场机会的潜力，体现着竞争优势。

核心竞争力既可能以某种先进技术的形式表现出来，如英特尔公司的计算机微处理技术、佳能公司的影像技术等，也可能以其他形式体现，如麦当劳公司快捷的服务体系、美孚公司遍布全球的销售服务机构等。但无论形式如何，核心竞争力都是多种资源、技术和能力的协调集合。例如微型化曾是索尼公司的核心竞争力，它不仅包括产品市场和生产上的微型化，还包括对未来市场需求微型化选择模式的引导等。为了形成这一核心竞争力，公司的技术人员、工程师以及营销人员必须对未来顾客需求的微型化发展方向和自身技术能力的微型化延展方向形成共识，以便协调各方面的活动。

(二) 核心竞争力、核心产品与最终产品

要正确认识核心竞争力的内涵，还必须理解核心竞争力与核心产品、最终产品的关系。核心产品是核心竞争力的载体，是联系核心竞争力与最终产品的纽带。同时，核心产品又是最终产品的重要组成部分，它构筑了企业最终产品组合的平台。有的学者以一个形象的比喻来说明核心竞争力、核心产品和最终产品的关系：如果一个公司

是一棵大树，则树干和大树枝为核心产品，小树枝为业务单位，叶、花和果实为最终产品，而提供水分、营养和保持稳定的根系就是核心竞争力。云南白药集团股份有限公司在治疗跌打创伤中药制品上有核心竞争力，其核心产品为云南白药，并基于它发展出包括内服药、白药气雾剂、创可贴、牙膏等多种系列的最终产品。

企业为了维持核心竞争力的领导地位，就必须在核心产品的生产上维持尽可能大的份额。因为企业竞争的目标实际上是在某种核心竞争力上建立垄断或尽可能接近垄断的地位。但建立最终产品的垄断地位会受到法律或分散销售渠道的约束，而对一个公司核心产品市场份额的增长就不存在这种限制，通过借用下游合作伙伴的销售渠道和品牌，在核心产品市场份额迅速增长的过程中，企业的核心竞争力可以得到最大限度的发挥。所以，企业以原始设备或核心零部件供应商的身份向竞争对手或下游企业出售其核心产品，是迅速占领市场份额的一种有效途径。目前，越来越多的公司认识到出售核心产品的价值，例如，IBM 公司曾一改过去的销售政策，自愿把其核心产品出售给任何人，无论敌友，一视同仁。1990—1993 年，IBM 对外技术销售额从 3 亿美元暴涨到 30 亿美元。

（三）核心竞争力的特征

1. 增值性

核心竞争力必须以实现用户看重的价值为最终目标。只有那些能够真正为用户提供根本性好处、帮助企业为用户创造更多价值的资源和能力，才能成为企业的核心竞争力。用户是决定某项资源和能力是否为核心竞争力的最终裁判。本田公司在发动机方面的技能成为核心竞争力，而其处理与经销商关系的能力就不是核心竞争力。这是因为本田在生产世界一流的发动机和传动系统方面的能力可为用户提供有价值的好处：省油、易发动、加速快、噪声低、震动小。而很少有用户是因为本田经销人员的独特能力才在众多的品牌中选择本田汽车。

2. 独特性

从竞争的角度看，一项能力要成为核心竞争力必须有一定的独特性。如果某种能力为整个行业普遍掌握，就不能成为核心竞争力，除非这家企业的水平远远高出其他企业。核心竞争力的独特性表现在三个方面：

（1）稀有的，即那些现有或潜在竞争对手极少能拥有的资源和能力。只有当企业创造并发展了那些与竞争对手之间共有能力不一样的能力时，才会产生竞争优势。

（2）难以模仿，即其他企业不能轻易建立起来的资源和能力。以下的一种或者三种混合的因素有可能会产生难以模仿的资源和能力。

一是企业基于特定的历史条件而发展起来的资源和能力，如可口可乐的品牌不是仅靠成千上万的广告就可以复制的；一些企业之所以能以低廉的成本获得或开发资源和能力，与其特定的历史条件有关，时过境迁，后来者已没有当时的历史条件，不得不付出高昂的成本。

二是因果不明。导致企业难以模仿的第二个原因是模仿企业可能并不清楚到底哪些资源和能力与该企业的竞争优势密切相关。那些存在于企业文化中的能力，更为隐蔽，更难以被竞争对手获取和模仿。如洲际联合公司（Continental and United）曾试图模仿西南航空公司（Southwest Air）成功的低成本战略，其中最难以复制的不是飞机、航线或快速的周转方式，而是西南航空公司"愉快、家庭式、节俭和投入"的公司文化，没有人能够明确地识别这种文化到底是怎样的，又是如何产生的。

　　三是社会复杂性。企业的资源和能力难以模仿的第三个原因是它们具有高度的社会复杂性。一些资源往往是复杂社会性活动的产物，如企业员工之间相互信任、融洽的关系，友谊和默契的配合；广泛而有价值的客户网络；与供应商、债权人、销售商之间的相互信任和支持；与政府的关系，等等。这些社会关系的复杂性对企业相当重要，但又不易察觉和复制。

　　任何企业都不能靠简单模仿其他企业而建立自己的核心竞争力，而应靠自身的不断学习、创造乃至在市场竞争中的磨炼，建立和强化自己独特的能力，这是建立企业核心竞争力的唯一正确途径。

　　（3）不可替代。独特性还在于它不能用其他的资源和能力来替代。

　　3. 扩散性

　　企业的核心竞争力应该能够为企业带来多方面的竞争优势。企业的核心竞争力就如同一个技能源，通过其发散作用，将能量不断地扩展到最终产品上，可以通过一定的方式向外衍生出一系列的产品或服务。如佳能公司利用其在光学镜片、成像技术和微处理控制技术方面的核心竞争力，成功地进入了复印机、激光打印机、照相机、成像扫描仪、传真机等20多个市场领域；夏普公司利用其在平面屏幕相关能力上的领先地位，成功地进入了笔记本电脑、便携式电脑、微型电视、液晶投影电视等多个市场领域。

　　4. 可变性

　　企业的核心竞争力不是一成不变的，某个企业的核心竞争力可能最终被竞争对手所成功模仿，并随着时间的推移，逐渐成为行业内的一种基本技能。例如，20世纪80年代，快捷优质的上门服务无疑是某个家电企业的核心竞争力，但是时至今日，各个家电企业之间售后服务水平的差距已经大大缩小了，此时售后服务水平已经不是这家企业的核心竞争力。这种变化在许多行业中都到处可见，企业应该以动态的观点看待企业的核心竞争力，随时对自身的能力与外界（如竞争对手和行业水平）进行比较和评估，并不断加强优势，以持久保持核心竞争力。

二、核心竞争力的管理

　　要在一个企业里牢固建立核心竞争力观念，需要全体管理人员充分理解并积极参与以下五项关键的核心竞争力管理工作。

　　（一）找出现有的核心竞争力

　　管理人员如果对本企业核心竞争力的构成没有达成共识，就无法积极管理这些核心竞争力。所以，衡量一家企业对核心竞争力的管理水平，首先应该看这家企业对其核心竞争力的定义是否明确，以及大家对这个定义的认同程度。因此，实施核心竞争力管理的第一步就是核心竞争力的识别，可以考虑采取以下三个步骤：

首先，列出企业竞争能力清单。管理者必须把注意力集中在产品隐含的技术、技能、知识及其人力资本与组织载体上。具体步骤是：

（1）辨别与某一产品或产品组（特别是拥有领先地位的产品或产品组）有关的是哪些竞争能力。要注意，这里的竞争能力是指排除地理、原材料、市场垄断等非技术或非技能优势后的那些因素，同时要考虑那些从关联企业和供应商所获得的知识与技能。

（2）分析企业某一部门或单位是否隐藏了某些竞争能力。

（3）分析企业文化，以辨别那些可能隐藏在其中的知识或观念。

（4）不仅要考虑竞争能力的内容，而且要判别它是以何种方式或流程体现在现有组织框架中及整个价值链系统中。

（5）进一步分析竞争能力存在于组织内的哪些具体部门和人员身上，这可为开发、保护和发展该竞争能力提供基础。

通过以上分析并将同类因素加以适当归并，就可以列出一个包含若干细目的企业竞争能力清单。

第二步，结合外部环境分析，决定这些竞争能力现在和未来3~5年内的顾客价值。

第三步，判别竞争能力的相对强度。竞争能力相对强度既包括竞争能力区别于对手的程度，也包括其难以模仿和替代的程度。

表3-3列出的思路有助于对各种能力进行判别。总之，一种资源和能力要想成为核心竞争力，从客户角度出发，必须是有价值且不可替代的；从竞争者的角度出发，则是独特且不可模仿的。最后，根据各竞争能力的顾客价值的大小和相对强度，将不同性质的企业竞争能力分别置于图3-5所示的四个象限中，并分别采用不同的管理策略与方法。

表3-3 竞争能力基本性质判别表

资源或能力				对竞争力的影响	业绩评价
是否有价值	是否稀缺	是否难以模仿	是否不可替代		
否	否	否	否	竞争劣势	低于平均回报
是	否	否	是/否	竞争均势	平均回报
是	是	否	是/否	暂时竞争优势	大于等于平均回报
是	是	是	是	持续竞争优势	高于平均回报

竞争能力组合与判别矩阵给出了以下信息：

在象限1中，竞争能力的顾客价值和强度都较低，顾客不认为它们非常重要，竞争者和企业一样，甚至能更好地掌握它们。这些竞争能力在市场竞争中是必需的，但不产生竞争优势。

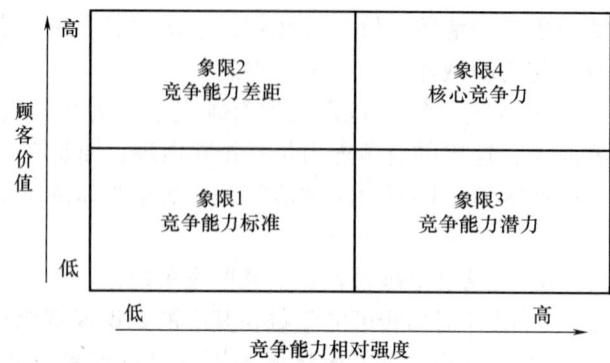

图 3-5　竞争能力组合与判别矩阵

象限 2 中的竞争能力被顾客赋予很高的重要性，但公司的竞争能力与竞争者相比存在差距。这一象限的竞争能力具有战略相关性，如果管理人员认为它们尚存很大改进余地，而且用户也看重这种改进，它们就可能成为企业未来核心竞争力的目标。

象限 3 中的竞争能力，比别人更擅长却对提高顾客价值没有太大贡献，被称为竞争能力潜力。由于企业没有真正抓住顾客的需求，或者市场竞争要素已经改变，因此原来的竞争能力价值大减。企业需要尝试将已存的竞争能力潜力与市场发展机会相联系，使之在其他产品/市场上获得价值补偿。

象限 4 中的竞争能力是企业的核心竞争力，即这些竞争能力既高于竞争对手，又对现在和未来（3~5 年）的顾客价值有重要的作用。

通过以上步骤，企业可以初步确定其拥有的竞争能力状况及大致的竞争能力策略方向。比较理想的情形是，除必须具备的竞争能力标准外，企业具有几项核心竞争力、一些竞争能力差距或少量竞争能力潜力。在这种情况下，企业的竞争能力策略方向是：进行核心竞争力的内部扩散和调配利用；考虑有选择地改进竞争能力差距或寻找新的市场机会利用竞争能力潜力；进行 5~10 年期的新的核心竞争力的培养。

较差的情况是：企业竞争能力全部分布在象限 1、2、3，而这往往是大部分中小企业的现状。在这种情况下，企业的竞争能力策略方向是：考虑从象限 2 中选取一些有希望的竞争能力，利用企业主要资源和合理的管理方式使之转化为核心竞争力；考虑选取象限 3 的竞争能力使之与市场发展机会相联系；进行 5~10 年期的新的核心竞争力的培养。

（二）制订获取核心竞争力的计划

虽然一个企业的核心竞争力的建立进程要根据它的战略发展框架来定，但绘制一份能力-产品矩阵图，可以帮助人们看清获取和部署能力的目标。这种矩阵图可区分现有能力与有待获取的能力，分辨现有产品市场与新发现的产品市场，如图 3-6 所示。

1. 填补空白

象限 1 是企业现有核心竞争力与现有产品或服务的组合。通过标出哪些核心竞争

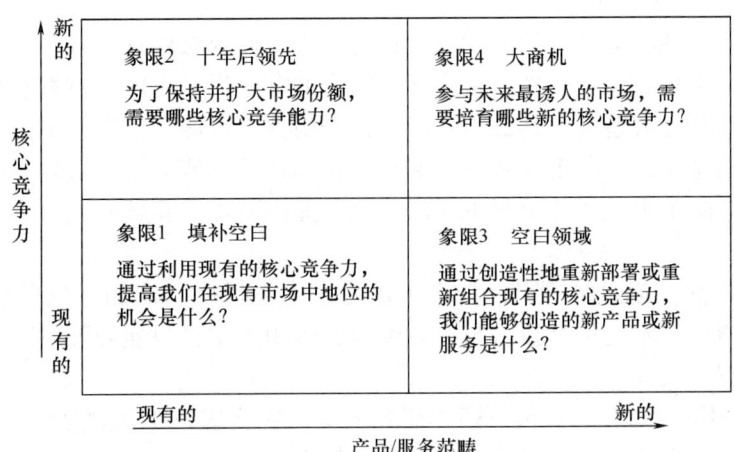

图 3-6 培养核心竞争力矩阵图

力支持哪项产品市场，企业可以发现和引进企业内其他部门的与这个产品相关的核心竞争力，以强化其在特定产品市场的地位。每个企业均应自问，扩大部署现在核心竞争力以提高现有市场地位的机会在哪里？

2. 十年后领先

象限2提出了一个重要问题：现在企业应该建立什么样的核心竞争力，才能确保5年或10年后用户能将我们当作首选供货厂家？这里的目标是了解需要建立何种核心竞争力方可保持并扩大企业在现有市场上的份额。例如，IBM公司一直在努力发展服务与业务咨询技术，因为它知道自己的用户需要的不仅是计算机和软件，还有实际业务问题的答案。假如IBM公司不建立这种竞争能力，它作为信息技术供应商的地位将被那些咨询能力强大的竞争对手进一步削弱。

3. 过时的能力

象限2还引出了另一个问题：目前用于满足现有顾客的能力可能被哪些新能力取代或淘汰？企业的能力建立计划应包括了解将来可能取代自己的新技能。

4. 空白领域

象限3是指那些不属于现有业务单位的产品-市场范畴的商机。企业要做的就是想象出这样的商机，以扩展现有的核心竞争力，并将其用到新产品市场上去。例如，索尼公司依靠自己的录音机、耳机技能和微型化竞争能力，曾成功创造出随身听这一新产品。

5. 大商机

象限4中标示的商机和企业目前在市场上的地位或现有的能力基础都没有任何关系，但如果这种商机意义重大或者十分诱人，也可以去捕捉。这时的战略手段可以是一系列规模不大但目的明确的并购或联营，以此企业可取得并了解所需的能力，同时开始研究其潜在的用途。

（三）培养新的核心竞争力

建立领先的核心竞争力的关键在于持之以恒，而要做到这一点，企业内部对建立与支持哪些能力应该意见一致，负责建立能力的管理班子也应保持相对稳定。除非高层管理人员对建立哪些能力达成一致意见，否则就不可能有长期一贯的努力。如果上层没有一致的意见，而各个业务单位又只顾建立自己的能力，那么整个企业在能力建立方面就不能集中力量，甚至根本无法建立新能力。培养新核心竞争力的方法主要有以下五种：

（1）集中法。通过统一目标，将注意力集中在科研与产品开发等少量关键目标上，加大对核心技术的资金投入与人才配置，运用组建竞争能力开发团队等方法提高内部资源配置的效率。

（2）借用法。通过与其他厂商、研究机构、主要客户形成联盟，如合资、合营、授权等，从中获得并消化、吸收合作伙伴的技术和技能。

（3）收购法。通过收购具有稀缺资源、相关核心技术或竞争能力（并确保其在收购后不流失）的企业或组织，而快速强化目标专长或竞争能力。

（4）融合法。通过系统性思维将若干相关生产技术、各功能领域技术（研究与开发、生产、营销和服务等）、自己拥有的和借用或收购的技术等加以有效整合。

（5）重复法。通过在不同领域或活动中多次使用某些技术、技能、知识，并不断总结、学习与创新，以提高和加强竞争能力。

（四）核心竞争力的部署

在企业内部扩散和重新部署核心竞争力，可以使之在多种业务或者新市场上发挥作用。企业善于部署自身的能力可以更有效地运用自己的能力。

首先，将注意力集中在发挥核心竞争力作用，增强核心竞争力上来。对与企业核心竞争力无关或关系不大的业务可以采取收缩或撤退策略；在存在合格供应商的前提下，对企业价值链上与核心竞争力关系不大的活动可以采取外包策略。

其次，在可以充分利用企业现有核心竞争力的新领域或新产品，根据具体情况，分别采取收购、合资、内部开发等不同方式，增加相应的产品和服务。

最后，加强核心竞争力的内部扩散。

下列措施有助于企业核心竞争力在内部的调配和扩散：

（1）让战略经营单位参与制定公司战略，使公司各业务部门经理对公司范围内的优先商机达成共识。

（2）建立明确的核心竞争力的分配部署机制，如对"空白领域"采用诸如"紧急项目小组"等高优先度的组织安排，并吸引公司各部门作为与核心竞争力载体的人员参加。

（3）建立促进核心竞争力内部扩散和调配的人事安排与激励制度，如"紧急项目小组"有权调用公司内若干关键人才，用于开发新商机或提升公司范围的业绩，并根据团队业绩对其进行考核与激励。

（4）对于那些已被充分理解并显性化的技能，采用明确程序培训，进行扩散；

对于具有隐秘性的技能，则采用学徒制方式进行内部扩散。

（5）在组织内部进行"最优的实践交流活动"，以促进若干关键技能的内部扩散与交流。

（6）在公司内培养一批作为公司核心竞争力载体的人员，使之形成团体，进而促进技术、技能的交流与协调。

（7）促进非正式沟通网络在竞争能力扩散方面发挥作用，具体形式包括定期或不定期的内部讨论会、较频繁的个人面谈等。

（五）保持核心竞争力

由于核心竞争力可以使企业在竞争中获得超额收益，竞争对手必然千方百计地对企业的核心竞争力进行研究和模仿。核心竞争力是通过长期的发展和强化建立起来的，丧失核心竞争力会带来无法估量的损失。所以，企业在加强核心竞争力培育的同时，一定要重视对核心竞争力的保护工作。为此，要努力构筑核心竞争力的模仿障碍，防止核心竞争力的丧失，延缓核心竞争力的扩散。

1. 核心竞争力丧失的原因

（1）核心竞争力载体的流失。核心竞争力载体是指体现和掌握核心竞争力的技术人员或管理人员，他们在企业核心竞争力的建立过程中起到中流砥柱的作用。一旦他们离开企业为竞争者效力，可能会导致企业关键技术的泄密，大大削弱核心竞争力的优势。

（2）与其他企业的合作。企业在与其他企业合作时，常常会扩散自己的核心竞争力。例如，日本一些企业通过战略联盟从西方合作伙伴那里获得大量的技术能力，从而使得西方企业对核心技术能力不再独享，它们的核心竞争力也就不复存在了。

（3）放弃某些经营业务。例如，通用电气、摩托罗拉等公司从1970年至1980年先后退出彩电行业，从而失去了各自在影视像技术方面的优势。

（4）核心竞争力逐渐被竞争对手所模仿，成为行业中基本的必备能力。

2. 保护核心竞争力的措施

（1）加强对核心竞争力载体的管理和控制。核心竞争力的载体是企业的宝贵财富，高层管理人员必须清楚地识别他们，制定相关政策，防止这些人的流失。例如，可以通过股权激励给其带上"金手铐"，使他们的利益与公司保持一致，并培养其忠诚度等。

（2）自行设计和生产核心产品。核心产品是一种或几种核心竞争力的物质体现，企业通过自行生产核心产品，可以防止技术秘密和独特技能的扩散，从而将核心竞争力保持在企业内部。可口可乐公司自行生产原液就是一个很好的例子。

（3）谨慎处理某些经营不善的业务。在那些因短期市场前景暗淡而即将被企业放弃的业务中，可能也有一些具有潜在价值，包含核心竞争力或其组成部分。企业在处理这些业务时必须谨慎，要充分考虑放弃或转让业务所造成的影响，是否会对企业或竞争对手的核心竞争力带来影响。

（4）对企业核心技术加强保密措施与管理制度。

（5）在现有核心技术或技能融合模式基础上，利用全面质量管理或"小决策"不断对其进行改良与改进。

第四节 外部环境与内部条件的综合分析

战略管理是一个使企业外部环境、内部条件和战略目标动态相适应的过程，它要求企业的战略规划活动必须结合外部环境与内部条件的变化趋势及其相互影响综合进行。

一、SWOT分析法

SWOT分析是一种对企业外部环境中存在的机会、威胁和企业内部条件的优势、劣势进行综合分析，据此对备选的战略方案作出系统的评价，最终选择出最佳的竞争战略的方法。SWOT中的S指企业内部的优势（Strengths）；W指企业内部的劣势（Weaknesses）；O指企业外部环境中的机会（Opportunities）；T指企业外部环境的威胁（Threats）。

企业内部的优势和劣势是相对于竞争对手而言的，一般表现在企业的资金、技术设备、职工素质、产品、市场成就、管理技能等方面。判断企业内部的优势和劣势一般有两项标准：一是单项的优势和劣势，如企业资金雄厚则在资金上占优势，市场占有率低则在市场上占劣势。二是综合的优势和劣势。为了评估企业的综合优势和劣势，应选定一些重要因素，加以评价打分，然后根据其重要程度加权确定。

企业外部的机会是指环境中对企业有利的因素，如政府支持、有吸引力的市场上进入障碍正在降低、市场需求增长势头强劲等。企业外部的威胁是指环境中对企业不利的因素，如新竞争对手的出现、市场增长率缓慢、购买者和供应者讨价还价能力增强、不利的人口特征的变动等。这是影响企业当前竞争地位或影响企业未来竞争地位的主要障碍。

二、SWOT分析过程

首先，分别列出公司关键外部环境的机会与威胁，内部资源和能力的优势与劣势。这一步是非常重要的一步，通过对前面外部环境和内部条件的分析结论进行梳理，企业的高层管理人员可以理清战略分析的思路，认清企业所处的形势。

然后，将优势与机会相匹配，把对策填入SO格中；将劣势与机会相匹配，把对策填入WO格中；将优势与威胁相匹配，把对策填入ST格中；将劣势与威胁相匹配，把对策填入WT格中。表3-4是SWOT矩阵模型。

SO象限内的区域是企业机会和优势最理想的结合。所得对策的目标在于强调发挥公司内部优势并且利用外部机会，这时的企业拥有强大的内部优势和众多的环境机会，可以采取增长型战略。

表 3-4 SWOT 矩阵模型

		内部条件	
		优势（Strengths） （列出关键优势）	劣势（Weaknesses） （列出关键劣势）
外部环境	机会（Opportunities） （列出主要的机会）	SO 战略选择 （列出相应对策） 发挥优势，利用机会	WO 战略选择 （列出相应对策） 利用机会，克服劣势
	威胁（Threats） （列出主要的威胁）	ST 战略选择 （列出相应对策） 利用优势，规避威胁	WT 战略选择 （列出相应对策） 减少劣势，规避威胁

WO 象限内的业务有外部市场机会但缺少内部条件，可以采取扭转型战略，尽快改变企业内部的不利条件，从而有效地利用市场机会。

WT 象限是最不理想的内外部因素的结合状况。处于该区域中的经营单位或业务在其相对弱势领域恰恰面临大量的环境威胁。在这种情况下，企业可以采取减少产品或市场的紧缩型或防御型战略，或是改变产品或市场的放弃战略。

ST 象限内的业务尽管在当前具备优势，但正面临不利环境的威胁。面对这种情况，企业可以考虑采取多元化经营战略，利用现有的优势在其他产品或市场上寻求和建立长期机会。另外，在企业实力非常强大、优势十分明显的情况下，企业也可以采用一体化战略，利用企业的优势克服存在的环境威胁。

列出企业的优势、劣势、机会和威胁就像建立一张战略平衡表，它是对外部环境和内部条件分析的总结。将这些因素列在一起进行综合分析，能从整体上得出一家企业的战略态势，利于在决策层统一认识，确定合适的战略方案。所以，SWOT 分析法也是一种战略评价的方法。

表 3-5 是一个以耐克公司为背景的 SWOT 分析实例。表中字母的含义是：S—优势，W—劣势，O—机会，T—威胁；下标则对应 S、W、O、T 中的第几条。

表 3-5 耐克公司 SWOT 矩阵分析应用实例

	内部因素	
	优势（Strengths） 1.品牌忠诚度 2.市场营销技术：有效的广告和促销策略 3.在产品研发方面技术领先 4.低成本、高质量的生产制造体系（网络型结构） 5.良好的盈利性：高于平均水平的利润率 6.1.24 亿美元的战略基金	劣势（Weaknesses） 1.高于平均水平的杠杆作用限制了借款能力 2.从财务上看不能达到 30% 的年增长目标 3.宽松的管理风格造成沟通不充分，不适于大型公司 4.缺少正式的管理体系，造成控制不力 5.产品线太宽

续表

外部因素		内部因素	
		7.菲尔·奈特的未来式领导风格使事件处理速度很快	
	机会（Opportunities） 1.由于一些社会性趋势（如休闲）和事件（如举办奥运会），美国市场需求增长 2.引入了低成本的产品线 3.增加了富裕、注重地位和时尚的顾客群喜爱的产品 4.增加了新的个性化产品或新用途 5.海外市场的扩大	S+O 战略选择 耐克如何利用其优势把握它的机会？ 1.大范围地进行 R&D，开发新的产品线，如足球装（O1，O2，O3，O4） 2.开发中等收入、妇女以及国际市场	W+O 战略选择 耐克如何克服劣势以把握机会？ 1.削减产品线，将精力集中在盈利多的产品上（W2，W5，O3，O4） 2.重新设计组织机构，使方向能更集中（W3，O3，O4，O5）
	威胁（Threats） 1.市场日趋成熟，竞争加剧 2.顾客对价格敏感性增加，可能导致价格竞争加剧 3.顾客对价格的敏感性增加，可能导致一般品牌和私人商标的增加 4.社会趋势正由运动装向时尚装转变 5.新竞争者的进入	S+T 战略选择 耐克如何利用其优势应对其所面临的威胁？ 1.在 R&D 方面继续创新，缩短新产品开发周期（S3，T1，T4，T5） 2.制定富有竞争力的价格策略（S4，T2，T3）	W+T 战略选择 耐克如何避免劣势以应对其面临的威胁？ 1.削减产品线（W2，W5，T1） 2.加强管理控制系统，使产品线得以控制（W2，W5，T1）

本章小结：

1. 每个企业都是资源和能力的结合体，这一结合体形成了战略的另一个基础。不明晰企业的资源和利用资源的能力，就无法正确地制定战略。企业资源的差异性和企业利用这些资源的独特方式是企业竞争优势最重要的来源。一个以资源和能力为基础的战略分析过程是：资源分析—能力分析—核心竞争力分析。

2. 资源分析包括资源评估、资源使用与控制分析、资源的应变力分析和资源的平衡分析。

3. 能力是指企业配置资源的效率，是整合企业资源并使其价值不断提升的技能。企业能力分析的方法主要有价值链分析法、财务比率分析法和内部战略要素矩阵评价法。

4. 企业每项生产经营活动都是其为顾客创造价值的经济活动，这些互不相同但又相互关联的价值创造活动叠加在一起，便构成了价值链。企业生产经营活动可以分为主体活动和支持活动两大类。主体活动是指生产经营的实质性活动，一般分成进货物流、生产加工、出货物流、市场营销和售后服务等五种活动。支持活动是指用以支持主体活动且内部之间又相互支持的活动，包括采购管理、技术开发、人力资源管理和基础管理。

5. 价值链分析是非常重要的分析工具,它可以用来考察企业自己的价值链结构并将它同竞争对手的价值链结构进行比较,找出成本差异并进行标杆学习,可以用来确定企业某些活动和功能的展开是否在成本上具有有效性,可以用来分析如何改善企业的价值活动。

6. 核心竞争力是某一企业内部一系列互补的资源、技能和知识的组合,这种组合可以使企业的业务具有独特的竞争优势。要在一个企业牢固建立核心竞争力观念,需要全体管理人员充分理解并积极参与核心竞争力管理工作:找出现有的核心竞争力;制订获取核心竞争力的计划;培养新的核心竞争力;部署核心竞争力;保持核心竞争力。

7. 企业的战略规划活动必须结合外部环境与内部条件的变化趋势及其相互影响综合进行。SWOT 分析是一种对企业外部环境中存在的机会、威胁和企业内部条件的优势、劣势进行综合分析,据此对备选的战略方案作出系统的评价,最终选择出最佳的竞争战略的方法。

思考与练习题

1. 简述企业资源和能力研究的基本思路。
2. 有哪三种比较分析?它们各起什么作用?
3. 价值链是如何构成的?
4. 什么是成本标杆学习?进行成本标杆学习的目的是什么?
5. 熟悉财务比率分析各类指标的含义及雷达图的构成。
6. 简述企业核心竞争力的定义和特征。
7. 简述如何进行核心竞争力的管理。
8. 运用 SWOT 分析法,分析某企业的优势与劣势、机会与威胁。

案例分析

案例1:卡特彼勒的竞争优势来源[①]

卡特彼勒公司(Caterpillar,以下简称卡特)是名列世界 500 强的建筑设备和挖掘机的制造商,主要提供柴油机、液压机械、工业用燃气轮机,以及一系列的金融产品。它在所从事的大多数制造领域都处于市场领导者地位。近几年,卡特公司被《财富》评为在工业和农场设备行业最受尊重的企业,而《福布斯》则将其列入大型美国公司白金榜 400 强中。

---

① 迈克尔·A. 希特. 战略管理:竞争与全球化 [M]. 北京:机械工业出版社,2005.

卡特将战略定位为"创造顾客价值的全球领导者",它比10年前更加多元化,而不再仅是生产"拖拉机"的公司。卡特销售收入中有大约49%来自美国以外的地方,卡特独特的黄色机器正服务于全球的几乎每一个国家。卡特公司的产品和服务主要可分为三个业务单元:机械(占总收入的59%)、发动机(占总收入的33%)和金融产品(占总收入的8%)。发动机业务单元90%的收入来自第三方客户,如Paccar公司(著名的制造公司生产Kenworth和Peterbilt牌的卡车和拖车)。作为主要的增长领域,卡特希望发动机业务单元能在2007年达到其总收入的45%。根据该公司的文件记录,卡特的机械为全球基础设施建造提供服务,其摆动式发动机和发电系统为全球提供动力来源,其金融服务为公司的客户购买新的和使用过的卡特公司的机械和发动机及其他相关设备提供了可能。

技术是卡特公司的主要竞争优势。卡特每天大约投资400万美元在其技术上。卡特公司每年在其研发上投资7亿美元。技术的投资获得很多的成果,其中包括公司的员工在最近的6年里获得2 800项专利,这一事实揭示了技术是卡特公司的竞争优势。美国环境保护局许可重型柴油发动机使用卡特公司的Acert技术——一种先进的减少燃烧过程释放物的技术,更是强化了卡特公司的技术优势。卡特公司的管理者提出,开发于2003年的Acert技术,将成为公司在2007年达到Particulate-matter标准的重要基石。卡特公司同时与合作者开发了一种新型的不锈钢,这种材料将会提高柴油发动机的效率并减少燃烧过程中的释放物。

拥有一个全球独立的经销商网络是卡特公司的第二个主要竞争优势。在谈到公司的服务竞争力时,卡特公司宣称其"全球的经销商网络为公司提供了关键的竞争优势——客户可以通过这个网络与认识并信任的人打交道"。卡特公司大量的经销商与公司都有着几十年的合作关系,很多经销商都可以为其提供机器、零件和高效的专业服务。

鉴于服务是一个竞争优势,卡特公司承诺进行持续的改进以满足不断变化的客户需求。公司使用西格马(以事实为基础、数据驱动为原则并聚焦于最大化顾客价值)来对其分销渠道进行重组,这主要是通过聚焦于公司和经销商的共同流程来完成,包括电子商务运营能力、客户关系管理、定位细分市场以及零件和产品的销售机会。

案例讨论:
1. 利用核心竞争力的特征进行分析,卡特公司的核心竞争力是什么?
2. 如何才能维护和发展卡特公司的竞争优势?

案例2：BJ's批发公司的竞争优势[①]

BJ's批发公司是一家会员制仓储式俱乐部，像竞争对手Costco和沃尔玛公司的山姆会员店一样，向收费会员提供品种有限的低价产品，但商品类别较为齐备。一般的折扣零售店或超级市场拥有4万~6万个商品品种，而会员店里通常只有4 000种商品。会员制仓储俱乐部的商业模式是降低运营成本、提供低价产品，同时实现利润。仓储式俱乐部通过存货周转最大化、高效率的分销、减少商品分拣和搬运、不加任何装饰和自助仓储设施等手段来降低成本。

在当前美国零售产业内高度竞争的仓储俱乐部市场上，BJ's批发公司的绩效最为突出。这家公司成立于1984年，现在已经发展到120家分店（Costco和沃尔玛公司的山姆会员店均超过400家），其中大多数集中在美国东北部地区。2001年，BJ's批发公司的销售收入为53亿美元，比2000年增加了15%。这家公司不仅实现了快速的销售增长，投资回报同样增长。2001年，它的投资回报率（ROIC）为19%，而沃尔玛为13.5%，Costco为11%，零售产业平均值是10%。应当说明的是，这并不是一次性的业绩，1996年以来，BJ's批发公司的投资回报率每年都高于它的竞争对手和产业平均值。

为什么BJ's批发公司拥有如此出众的赢利能力？通过大宗采购，BJ's批发公司可以拿到最低的折扣，降低销售产品的成本。此外，它还销售自制品牌，并以此作为杠杆迫使品牌产品制造商降价。BJ's批发公司取消了传统的多级分销渠道中的货物搬运成本，从制造商那里直接采购整车产品，将销售产品全部摆放在卖场而不是中央仓库。BJ's批发公司储备库存的空间小于其他传统零售企业，从而减少了对实现销售所必需的土地、仓库和设备的投资，提高了投资回报率。此外，巨额销售提高了库存周转率，很大一部分库存在付款之前就转化为现金，这就减少了营运资金的需求，进一步提高了投资回报率。

尽管上述战略有助于解释其卓越的绩效，但Costco和沃尔玛公司的山姆会员店也遵循同样的商业模式，那么BJ's批发公司高于竞争对手的赢利能力究竟来自哪里？

首先，同Costco不一样的是，BJ's批发公司实行集群战略，它的店面相距很近，以至于销售货物可以互通有无，人员可以互相调补。这样做的结果是BJ's批发公司最大限度地发挥了分销系统的效率，有助于提高赢利。

[①] C.W.L.希尔，G.R.琼斯.战略管理［M］.孙忠，译.北京：中国市场出版社，2005.

在一个地区密集开店可以最大限度地利用口碑的效果，减少了广告费用，这同样有助于提高利润。此外，它为邻近的几家店进行一次采购且可以当天送达，同时实现了高折扣进货、运货费用降低和收货成本降低的效果。

其次，BJ's批发公司专注于小型城镇和郊区，这里的土地比城区便宜，有助于减少店面的投入，提高盈利。BJ's批发公司店面的平均面积为11.1万平方英尺，比Costco小20%，比山姆会员店小10%。尽管Costco单店的平均销售是BJ's批发公司单店的两倍（分别为1亿美元和4 300万美元），这种差距主要来自地理位置和面积的不同。然而一家Costco单店的盈亏平衡点是4 500万美元，或者销售收入的45%，而一家BJ's批发公司单店的盈亏平衡点是1700万美元，或者销售收入的39%。盈亏平衡点占销售收入比重较低能够转化为更高的赢利能力。

再次，BJ's批发公司专注于向个人零售顾客提供服务，而它的竞争对手的服务对象则包括了小企业和个人。为此，BJ's批发公司的商品种类比竞争对手多，达6 000种，而Costco和山姆会员店只有4 000种。BJ's批发公司相信多一些选择更能吸引零售顾客并且可以比Costco和山姆会员店收取略高一点的费用。Costco商品加价幅度一般在8%~12%，BJ's批发公司的加价则可以达到15%。零售顾客导向的战略令BJ's批发公司成为第一家接受信用卡和借记卡（为了降低成本，Costco和山姆会员店只接受现金和支票）的仓储式俱乐部。郊区选址同样符合专注于零售顾客的战略。

最后，BJ's批发公司是信息技术投资方面的领导者。它是第一家引入同电子销售点（E-POS）终端相结合的条形码扫码设备的仓储式俱乐部，实现了再订货和支付系统的流水作业。为了及时补充货物，BJ's批发公司每天都要对销售数据进行分析。效率的提高减少了员工人数。该公司还连续3年降低了工资占销售额的比例，从而降低销售费用，提高利润。BJ's批发公司还利用信息系统收集个人购买者详细的购买数据。采购人员和经理根据这些数据跟踪俱乐部成员购买行为的变化，并以此为依据调整存货，更好地满足顾客需求。

通过独特的商业模式——专注于向个人零售顾客提供较多的产品选择、设店于郊区、积极使用信息系统——BJ's批发公司获得了超越竞争对手的赢利能力。

案例讨论：

1. 试根据案例总结一下美国仓储式俱乐部行业的成功关键因素。

2. BJ's批发公司与其竞争对手相比，有哪些独特的经营策略？这些独特的经营策略可以称为它的核心竞争力吗？

第四章 企业总体战略

学习要点与要求：
1. 掌握加强型战略的适用情况及方法。
2. 明确一体化战略的类型、优势和劣势。
3. 了解如何在纵向一体化和外包之间作出选择。
4. 明确多元化战略的类型、动因和优缺点。
5. 区分相关多元化和不相关多元化的优势。
6. 掌握并购中易出现的问题和成功并购的要点。
7. 熟悉战略联盟的管理。

第一节 加强型战略

一、企业战略发展可选择的方向和方法

企业总体战略是通过企业的内外部环境分析，根据企业宗旨和战略目标，依据企业在行业内所处的地位和水平，确定其在战略规划期限内的资源分配方向及业务领域发展的战略。面对不同的环境，基于不同的内部条件时，企业所采取的总体战略态势会有所差异。企业的总体战略主要有三种态势：发展型战略、稳定型战略和紧缩型战略。需要指出的是，即使企业总体战略是发展（扩张）型战略，在具体的经营领域仍可采用不同的战略，即企业可以有多种战略方向供选择。图4-1表示一个产品—市场矩阵，指出了主要的选择方向。管理者应首先考虑在原有的业务范围内，充分利用现有产品和市场的潜力来求得成长。管理者还可以利用企业在产品、技术、市场等方面的优势，采取不断向纵深发展的一体化战略。如果在目前业务范围以外的领域发现了好机会，企业还可以采用主动进入多种经营领域的多元化发展战略。当然，对于多元化的企业来说，可能会面临如何在各种业务之间配置资源的问题：某些业务发展，某些业务稳定，而某些业务会收缩。

对于各种可选的发展战略或发展方向，每一个都有相应的开发方案，这些方案可以分为三类：内部开发、购并以及联合开发或联盟。

二、密集型发展战略

密集型发展战略是指企业在原有业务范围内，充分利用在产品和市场方面的潜力来求得成长的战略。这种战略包括市场渗透、市场开发和产品开发，有时又被统称为

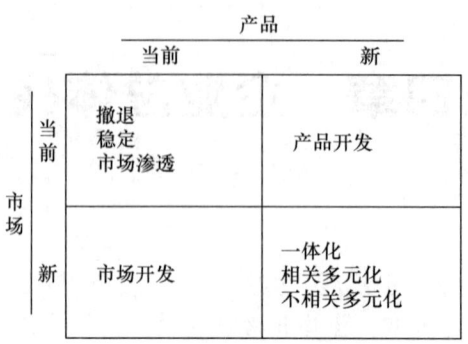

图 4-1 可选择的发展方向

加强型战略（Intensive Strategies），因为它们要求提高努力的程度，以加强企业在现有业务的竞争地位。

（一）市场渗透战略

市场渗透（Market Penetration）战略是指企业通过更大的市场营销努力，提高现有产品或服务在现有市场上的销售收入。

1. 市场渗透战略的适用性

市场渗透战略被广泛地单独使用或同其他战略结合使用，企业在下列情况下尤其适合采用市场渗透战略：

（1）企业特定产品与服务在当前市场中还未达到饱和；
（2）现有用户对产品的使用率还可显著提高；
（3）在整个产业的销售增长时，主要竞争者的市场份额在下降；
（4）历史上销售额与营销费用曾高度相关；
（5）规模的提高可带来很大的竞争优势。

2. 市场渗透战略的实施措施

（1）通过争取非使用者，努力开发潜在顾客，以各种促销活动激发新顾客的购买欲望，把产品卖给从来没有使用过本企业产品的用户。例如，对于牛奶可以补钙的宣传使很多原先不喝牛奶的老年人开始每天都喝牛奶。

（2）把竞争者的顾客吸引过来，这就要求产品质量提高、价格降低、服务周到、宣传巧妙，以使竞争对手的顾客购买自己的产品。

（3）优化产品品质，增加产品特点，改进产品式样，增加产品用途，从而促使老顾客更加频繁地使用。

（二）市场开发战略

市场开发（Market Development）战略，是指将现有产品或服务打入新的细分市场或地区市场，即企业以市场创新为主导，用原有产品为竞争武器向新市场扩张。

1. 市场开发战略的适用性

企业在下列情况下尤其适合采用市场开发战略：

(1) 企业在所经营的领域非常成功；
(2) 存在未开发或未饱和的市场；
(3) 企业拥有扩大经营所需要的资金和人力资源；
(4) 企业存在过剩的生产能力；
(5) 可得到新的、可靠的、经济的和高质量的销售渠道；
(6) 企业的主业属于区域扩张型或正在迅速全球化的产业。

2. 市场开发战略的实施措施

(1) 进入新的细分市场。例如，美国强生公司的婴儿洗发精，原来只服务于婴儿，但随着美国人口出生率的下降，该公司决定将这一产品推向成年人市场，并开展了颇具声势的广告促销活动，短期内，该公司的婴儿洗发精就成为整个洗发精市场的领先品牌。类似地，杭州娃哈哈集团生产的口服营养液，最初是针对儿童市场的，后来通过广告宣传，逐渐推广到老年人市场。

(2) 将产品推广到新的地理区域。例如，随着实力的扩展，企业将产品由本地推向全国；城市市场饱和以后，企业将产品由城市推向农村或由国内推向国外。具体到我国家电行业，面对日趋饱和、竞争激烈的城市市场，企业纷纷开辟农村市场和海外市场。

市场开发战略比市场渗透战略的成长空间更广阔，但风险也可能增大，企业将面临新市场的进入障碍，如如何实现顾客的品牌转换，寻找合适的销售渠道等。打破进入障碍需要强有力的促销活动，有时还需要开发新的销售渠道，这都将增加成本，同时还要面对原经营企业的反击，企业会在相当一段时间内利润很少，甚至没有利润。

（三）产品开发战略

产品开发（Product Development）战略是指通过改进和改变产品或服务而增加产品销售。

1. 产品开发战略的适用性

进行产品开发通常需要大量的研究和开发费用，企业在下列情况下尤其适合采用产品开发战略：

(1) 企业拥有成功的、处于产品生命周期成熟阶段的产品。此时可以吸引老用户试用改进了的新产品，因为他们对企业现有产品或服务具有满意的使用经验。
(2) 企业参与竞争的行业属快速发展的高技术行业。
(3) 主要竞争对手以可比价格提供更高质量的产品。
(4) 企业在高速增长的行业中参与竞争。
(5) 企业拥有非常强的研究与开发能力。

2. 产品开发的主要途径

(1) 质量改进。质量改进的目的是注重增加产品的功能特性，如耐用性、可靠性、速度、口味等。一个企业通过推出"新颖和改进的"汽车、电视机或洗涤剂，并且对这些东西用"更好""更强""更快"等术语进行广告宣传，通常能压倒他的竞争对手。这种战略有效的范围是：质量确能改进，买方相信质量被改进的说法，要求较高产品质量的用户有足够的数量。

（2）特点改进。特点改进的目的是注重增加产品的新特点，如尺寸、重量、材料、添加物、附件等，扩大产品的多功能性、安全性或便利性。例如，在洗衣机上添加加热装置，以提高衣服的洗净度。特点改进战略具有以下的优点：新特点为企业建立了进步和领先的形象；新特点能被迅速采用、迅速丢弃，通常只要花非常少的费用就可提供选择；新特点能够赢得某些细分市场的忠诚；新特点能够给企业带来免费的公众化宣传；新特点会给销售人员和分销商带来热情。其主要缺点是很容易被模仿。

（3）式样改进。式样改进注重于增加对产品的美学诉求。汽车制造商定期推出的新车型，很大程度上是式样竞争。而对包装式样不断更新，把包装作为产品的一个延伸，也是一种式样改进的方法。式样改进战略的优点是每家企业可以获得一个独特的市场个性以召集忠诚的追随者。但是，式样竞争也存在一些问题；第一，难以预料有多少人会喜欢新的式样；第二，式样改变通常意味着不再生产老式样，企业将冒失去一些喜爱老式样顾客的风险。

3. 企业进行产品开发要遵循的原则

（1）关心市场定位。在选择市场机会和设计产品时要充分重视市场的作用，更关心产品的市场定位而不是强力推行某个管理和技术人员所喜好的产品构思。

（2）构建技术基础。从战略的角度讲，企业应重点开发以其核心能力和技术为基础的产品，并以此构建起长期发展的技术基础。

（3）在产品开发过程中充分借鉴顾客、供应商和销售人员的意见，并尽可能地与竞争对手的产品作出对比、进行判断，同时要强调各部门之间的交流与协作，必要时可使用外部公司的技能等。

从某种意义上讲，产品开发是企业密集型发展战略的核心。对企业来说，只有不断推出新产品，才能应对市场的变化，保持企业的持续成长。另外，对于市场开发来说，有时并不是直接将原有产品打入新的市场，而是针对新的市场作出针对性的改进后才进入的。例如，农村地区对电视机功能的要求与大中城市是不同的，如果开发出适合需求的电视机再打入农村市场，要比将城市市场销售的电视机直接卖往农村地区的效果好得多。

同时，产品开发和市场开发往往是同步或相继进行的，二者有着非常紧密的联系。一方面，进入新的细分市场（市场开发）要求开发出现有产品的替代品或新的功能和特性（产品开发）。另一方面，产品的更新或再设计，也需要新的细分市场的支撑。许多产品，尤其是耐用家电、高档时装使用期比较长，老用户不会经常更换，而新顾客却可能已经了解了现有产品的特点和不足等而提出了更高的要求。所以，企业必须设计出新产品或对老产品加以改进，满足新用户的这些要求。换句话说，产品开发和市场开发往往是交替进行的，或者常常将以上三种加强型战略结合在一起使用。

第二节 稳定战略与紧缩战略

一、稳定战略

稳定战略是在企业内外环境的约束下,企业在战略规划期内使资源分配和经营状况基本保持在目前状况和水平上的战略。按照这种战略,企业当前的经营方向、业务领域、市场规模、竞争地位及生产规模都大致不变,持续地向同类顾客提供同样的产品和服务,保持市场份额。

(一) 稳定战略的类型

根据战略目的和资源分配方式,稳定战略又可进一步细分,美国一些管理学家将其分为以下类型。

1. 无变化战略

这种战略可以说是一种没有战略的战略。采用此战略的企业一般具备两个条件:一是企业过去的经营相当成功,并且企业内外环境没有重大变化;二是企业并不存在重大经营问题或隐患,因而没有必要进行战略调整。在这两种情况下,为保持现有市场地位、利润及未来平衡发展,避免战略改变给企业带来组织、资源、市场、利润等方面的不稳定甚至混乱,企业的战略目标、战略方向、战略规划等基本保持不变。

2. 维持利润战略

这种战略注重短期效果而忽略长期利益,根本意图是渡过暂时性的难关,一般在经济形势不景气时采用,以维持已有的经营和效益。由于它是以牺牲企业未来发展来维持目前的利润,如果战略使用不当,会影响企业长期发展。

3. 暂停战略

企业在经过一段较长时间的快速发展后,有可能遇到一些问题使得效率下降,此时可采用暂停战略,休养生息,即在一段时期内降低企业目标和发展速度,重新调整企业内部各类要素,优化配置资源,实施管理整合,为今后更快发展打下基础。

4. 谨慎实施战略

如果外部环境中的某一重要因素变化趋势不明朗,又难以预测,则企业要有意识地降低相应战略方案的实施进度,根据情况的变化实施或调整战略规划和步骤。

(二) 稳定战略的适用性

采取稳定战略的企业一般处在市场需求及行业结构稳定或者较小动荡的外部环境中,企业所面临的竞争挑战和发展机会都相对较少。另外,在市场需求较大幅度增长或是外部环境提供了发展机遇的情况下,有些企业由于资源不足,也不得不采取稳定战略。

1. 稳定战略与稳定的外部环境相适应

在以下情况下,企业可以考虑采用稳定战略:

(1) 当宏观经济在总体上保持总量不变或低速增长时,会使某一产业的增长速度降低，则该产业内的企业倾向于采用稳定战略。

(2) 当企业所在产业的技术相对成熟，更新速度较慢，企业过去采用的技术和生产的产品无须经过调整就能满足消费者的需求并与竞争者抗衡。此时企业可采取稳定战略。

(3) 消费者需求偏好变动较小时，企业可采用稳定战略，在产品领域、市场策略及经营战略方面保持稳定不变。

(4) 对于处于行业或产品的成熟期的企业，产品需求、市场规模趋于稳定，产品技术成熟，难以开发新产品，同时企业的竞争地位和竞争对手的数量都趋于稳定，适合采取稳定战略。

(5) 当企业所处行业的进入壁垒非常高，或由于其他原因使得该企业所处的竞争格局相对稳定，竞争对手之间很难出现较为悬殊的业绩，则企业采用稳定战略能获得较大收益。

2. 稳定战略应与企业资源状况相适应

当企业资金不足、研究开发力量较差或人力资源缺乏，无法采取增长战略时，企业可以采取以局部市场为目标的稳定战略。企业可将有限资源集中在某些自己有竞争优势的细分市场，维护竞争地位。

当外部环境较为稳定时，资源较充足的企业与资源相对较稀缺的企业都应当采取稳定战略，但两者的做法存在不同：前者应在更为宽广的市场上选择战略资源的分配点，后者则应在相对狭窄的细分市场上集中资源。

当外部环境不利时，资源丰富的企业可以采用稳定战略；资源不足的企业根据条件确定经营战略，可以在某个具有竞争优势的细分市场上采用稳定战略，在其他细分市场上实施紧缩战略，从而将资源投入到发展较快的行业。

(三) 稳定战略的优缺点

稳定战略的优点主要表现为管理难度较小，效益有保证，风险较小。这是因为：

(1) 企业基本维持原有的产品和市场领域，从而可以利用原有的生产经营领域、渠道，避免开发新产品和新市场所必需的大量资金投入，避免由于开发失败和激烈竞争给企业带来的巨大风险。

(2) 由于经营领域基本不变，企业不必改变原有的资源分配模式，因而不必考虑原有资源的增量或存量调整，避免由于改变战略而重新组合资源造成的资金和时间上的浪费。

(3) 可以保持企业规模、资源、生产能力等方面的协调平衡，避免因发展过快、过急造成失衡，导致资源浪费、效益不佳。

(4) 可以充分利用现有人力资源，保持人员安排上的相对稳定性，降低人员调整、聘用和培训的费用。

稳定战略是在外部环境稳定的条件下实行的企业战略，一旦外部环境好转，企业自身实力增强，这种战略就不再适用，企业应积极转为发展型战略。长期实行稳定战略往往使企业风险意识减弱，甚至形成惧怕风险、回避风险的企业文化，会大大降低企业对环境的敏感性和适应性，严重影响企业的发展。这也是稳定战略真正的、最大的隐患所在。

二、紧缩战略

（一）紧缩战略的特点

紧缩战略是企业从目前的经营战略领域和基础水平收缩和撤退，且偏离起点较大的一种战略。紧缩的原因是企业现有的经营状况、资源条件以及发展前景不能应付外部环境的变化，难以为企业带来满意的收益，以致威胁企业的生存和发展。紧缩战略的基本特点如下：

（1）对企业现有的产品和市场领域实行收缩、调整和撤退策略（如放弃某些市场和产品线系列），因而企业的规模是缩小的，一些效益指标（如利润及市场占有率等）会有明显的下降。

（2）严格控制企业资源的运用，并尽量削减各项费用支出，往往只投入最低限度的资源，因而战略实施过程中会大量裁减员工，暂停购买昂贵和大额的资产等。

（3）具有短期性。企业实行紧缩战略一般是暂时的，是为了避开不利环境的威胁，迅速实行企业资源的最优配置。紧缩战略是一种以退为进的战略，其根本目的是为今后发展积聚力量。

（二）紧缩战略的类型

1. 转向战略

转向战略是指企业现有经营领域不能实现原有产销规模和市场规模，不得不将其缩小，或者有了新的发展机会，企业压缩原有领域的投资、控制成本支出以改善现金流，为其他业务领域提供资金的战略方案。具体可采取以下措施：

（1）调整企业组织。这包括改变企业关键领导人，在组织内重新分配责任和权利等。

（2）降低成本和投资。这包括压缩日常开支、实行更严格的预算管理、减少长期投资项目等，也可以适当减少培训、研发、公关等活动，降低管理费用或缩减一些管理部门，必要时也可裁员。

（3）减少资产。这包括出售与企业基本市场活动关系不大的土地、建筑物和设备；关闭一些工厂或产品线；出售某些在用的资产，再以租赁的方式获取使用权；出售一些盈利产品以获得资金。

（4）加速收回企业资产，降低企业存货等。

2. 放弃战略

在前面的战略无效时，可采取放弃战略。放弃战略是指企业将一个或几个主要部门转让、出卖或停止经营，如一个经营单位、一条生产线或者一个事业部。这需要找到合适的买主，并让买主相信其所获得的技术和资源能增加利润。放弃战略在实施过程中会遇到一些阻力：

（1）结构或经济上的阻力，即一个企业的技术特征及其固定资本和流动资本妨碍其退出。

（2）公司战略上的阻力。如果企业准备放弃的业务与其他业务有较强的联系，则该项业务的放弃会影响其他业务。

（3）管理上的阻力。放弃战略会威胁到企业内部人员特别是管理人员的业绩甚至职业，他们往往持反对意见。

3. 清算战略

清算是指企业卖掉其资产或停止运行，从而终止一个企业的存在。显然，清算战略对任何一个企业来说都不是有吸引力的战略，只有当所有其他战略都失败时才不得不使用。但是，在毫无希望的情况下，企业尽早制定清算战略，可以有计划、尽可能地收回资产，减少损失。

（三）紧缩战略的适用性

企业资源是有限的，当企业发展到一定阶段，外部环境发生变化时，就需要采取紧缩战略，适时退出某些业务。如因行业进入衰退阶段而无法为所有企业提供最低的经营报酬，或者企业为了进入某个新业务领域需要大量的投资和资源的转移等。

（1）当大企业战略重组时，为了筹措所需资金，改善企业投资回报率，开发新的市场领域，会将整个企业的业务集中，发展有潜力的明星业务，放弃衰退业务和问题较多前途渺茫的业务。

（2）由于经济形势、行业周期、技术发展的变化，市场饱和、竞争等，行业发展出现停滞及下滑，造成行业经济不景气，此时企业可采用撤退战略，缩小规模或退出该行业。

（3）由于企业内部决策失误、管理不善及经营机制等问题削弱了企业在其业务领域的竞争优势和竞争实力，企业不得不采取紧缩战略。

（四）紧缩战略的特点

（1）帮助企业在外部环境恶劣的情况下，节约开支和费用，顺利渡过难关。

（2）能在企业经营不善的情况下最大限度地降低损失。在许多情况下，采取撤退战略可以规避对衰退的事业盲目且顽固的坚持给企业带来的损失。

（3）能帮助企业更好地实现资产最优组合。否则当企业面临一个新的机遇时，可能会因资源缺乏而错失良机。

但是，实行紧缩战略的尺度难以把握，如果使用不当，会扼杀具有发展前途的业务和市场，影响企业的利益和发展。实施撤退战略会不同程度地导致裁员和减薪，而且意味着企业领导者和管理者工作的不力和失败，还会引起企业内部人员的不满，造成员工情绪低落。

（五）紧缩战略的困难

1. 对企业或业务状况的判断

紧缩战略决策效果如何，取决于对公司或业务状况判断的准确程度。这是一项难度很大的工作。汤普森于1989年提出了一个详尽的清单，其对于增强对企业或业务状况的判断能力有一定帮助。

(1) 分析企业产品所处的生命周期以及今后利润和发展趋势。
(2) 分析产品或者企业当前的市场状况，以及发挥竞争优势的机会。
(3) 识别剩余资源并分析如何应用。
(4) 寻找一个好的买主。
(5) 分析放弃一部分获利的业务或经营活动，提供资金投资在其他可能获利较大的业务是否值得。
(6) 成本问题：关闭一家企业或者工厂，是否比在微利下维持运转更经济。
(7) 准备放弃的业务在整个公司中所起的作用和协同优势。
(8) 用其他产品和服务来满足现有顾客需求的机会。
(9) 企业降低分散经营的程度所带来的有形和无形的效益。

2. 退出障碍

退出障碍是指那些迫使投资收益率低，甚至亏损的企业仍然留在产业中从事生产经营活动的各种因素，这一问题在前面的行业结构分析中已经涉及。

第三节 一体化战略

一体化战略（又称企业整合战略）是指企业充分利用自己在产品、技术、市场上的优势，向经营领域的深度和广度发展的战略。企业实施一体化战略，要有目的地将联系密切的经营活动纳入企业体系，组成统一的经济组织进行控制和调配，通过整合来获得竞争优势。

一、一体化战略的类型

（一）纵向一体化战略

纵向一体化（Vertical Integration）战略是指企业将经营领域沿着行业价值链向前或向后发展的一体化战略。纵向一体化包括两种形式：后向一体化（Backward Integration）和前向一体化（Forward Integration）。后向一体化是将企业的价值链进一步反向延伸，由企业自行生产其生产链上的上游产品。例如，纺织企业拥有自己的热电厂，生产纺织所需的电力和蒸汽；电冰箱制造企业自制压缩机。前向一体化是将企业的价值链进一步向前延伸，企业对自己的产品进行深加工或向流通领域发展。例如，纺织企业自己进行印染和服装加工；汽车制造商不使用独立的销售代理商、批发商、零售商，而建立自己控制的分销系统；煤炭企业建立火力发电厂向外出售电力。当今有越来越多的制造厂商正在通过建立网站向用户直销而实现前向一体化。

另外，根据纵向一体化的程度还可以分为完全一体化战略和锥形一体化战略。完全一体化战略是指企业在生产流程中自己生产所有必需的某种投入，或者通过自己的运作处理所有的产出。锥形一体化战略是指制造商可以自己生产一部分输入品，同时向独立厂商采购剩余部分。它也可以通过自己的运作处理部分产出，同时依靠独立的销售商销售剩余的产品。锥形一体化是纵向一体化和市场交换的混合物。

（二）横向一体化战略

横向一体化（Horizontal Integration）战略是指企业与处于同一经营领域的企业或经营单位进行一体化的战略，专指将生产相似产品的企业置于同一所有权控制之下，兼并或与同行业的竞争者进行联合，扩大生产规模。当今战略管理一个最显著的趋势便是将横向一体化作为促进公司发展的战略。

二、纵向一体化战略的利弊分析

（一）纵向一体化战略的利益

1. 降低成本和提高收益

采取这种战略后，企业将外部市场活动内部化，可以带来成本的降低。成本降低主要来自以下的经济性：

（1）联合经营的经济性。企业选择纵向一体化战略的一个重要原因是技术条件，如在钢铁行业中，将炼铁、炼钢和轧钢纵向整合在一起，采用连续性很强的生产技术和设备，可以降低能耗和成本。

（2）内部控制和协调的经济性。当企业纵向整合价值链上的多个环节时，对相邻工序的协调和控制就比较容易。这种优势在试图实现准时制库存系统的企业尤为重要，因为纵向一体化改善了作业调度，使各环节都能严格按计划进行。

（3）节约交易成本的经济性。企业在市场交易中寻找交易对象，签订交易合同，监督、执行和履行合同，建立保障合同履行的机构等，都要付出代价和发生费用，而纵向一体化使市场化行为变为企业内部部门间行为，节约了交易成本。

（4）进入高回报产业。若企业现有的供应商或经销商获得较高的利润，则意味着它们经营的领域十分值得进入，企业通过纵向一体化可以提高其总投资回报率，并制定更有竞争力的价格。

2. 提高差异化能力

纵向一体化通过整合进入价值链上更多的环节，以提高企业产品的差异化能力。例如，乳品企业加强对奶源的控制，以提高产品的安全性和品质；葡萄酒生产企业控制优质酿酒原料的产地，以使自己的葡萄酒独具特色。另外，有些企业在生产技术复杂的产品时，需要拥有自己的销售网点，以便提供标准的售后服务。

同时，差异化能力的提高还源自技术的开拓，在某些情况下，纵向一体化提供了进一步熟悉上游或下游经营相关技术的机会，可以开发出更具差异化的产品。纵向一体化加强了对技术、需求等信息的获取，这些信息的获取对基础经营技术的开拓、发展非常重要。例如，许多领域内的零部件制造企业发展前向一体化体系后，可以了解零部件装配的技术信息；生产企业进入销售领域后，可以更加了解顾客的需求。

3. 增加生产经营的稳定性

进一步细分，这会带来以下优势：

（1）确保供给或需求。纵向一体化能够确保企业在产品供应紧缺时得到充足的供给，或在总需求很低时有一个畅通的产品输出渠道。也就是说，纵向一体化能减少上下游企业随意中止交易的不确定性。

(2) 削弱供应商或顾客的价格谈判能力。如果一个企业在做生意时，其供应商或顾客有较强的价格谈判能力且对它的投资收益超过机会成本，那么即使一体化不会带来其他益处，也值得企业去做。一体化削弱了对手的价格谈判能力，这不仅会降低采购成本（后向一体化）或者提高价格（前向一体化），还可以减少谈判的投入，进而提高效率。例如格力集团与国美电器曾因价格谈判破裂，其生产的空调被逐出国美，但当它建立起自己控制的直销系统后，大大提高了价格谈判能力，后来再一次进入国美销售。

(3) 促进专用资产投资。专用资产是为完成特定任务而设计的，一家企业之所以投资于专用设备，可能是为了降低企业制造成本，或者研究高度专业化的技术，开发品质上优于竞争对手的产品。专用资产有可能形成业务层竞争优势的基础，但是专用资产投资可能会使供需双方都有顾忌。例如，一家石油化工企业用汽车从油田向炼油厂运送原油，如果一家管道公司愿意为其铺设输油管道，管道输油的成本会大大低于汽车运油的成本，管道公司也能因此盈利。但是，管道公司可能会认为，一旦进行了投资，它将依赖于该企业。因为这家石油化工企业是管道唯一的用户，这将使该企业处于强势地位，可能会利用这一地位来压低输油价格。如果存在这种风险，管道公司会拒绝专用资产的投资。与此同时，石化公司可能也会担心管道公司索要高价（只要这种价格低于汽车运输成本）。这里真正的问题在于缺乏信任，缺乏信任又来自受挟制的风险，最后石化公司可能会考虑自己建造输油管道。

4. 提高进入壁垒和防止被排斥

企业实行一体化战略，特别是纵向一体化战略，可以使关键的投入资源和销售渠道控制在自己手中，从而使企图进入者望而却步，防止竞争对手进入企业的经营领域。通过实施一体化战略，企业不仅保护了自己原有的经营范围，而且扩大了经营业务，同时还限制了所在行业的竞争程度。企业可以有更大的定价控制权，从而获得较大的利润。IBM 公司曾经是纵向一体化的典型，该公司生产微处理器和记忆晶片，设计和组装计算机，开发计算机所需要的软件，并向用户直接销售最终产品。IBM 采用纵向一体化的原因是，该公司生产的许多计算机零部件和开发的软件都有专利，只有在公司内部制造，竞争对手才不易获得这些专利，从而形成进入障碍。

纵向一体化对企业具有防御意义，广泛的一体化能够占有资源或者拥有顾客或零售机会。因此，如果竞争者们是纵向一体化企业，一个企业就可能实施纵向一体化战略，以防止被排斥，这种情况在石油化工行业中十分普遍。

(二) 纵向一体化战略的弊端

1. 增大风险

纵向一体化会加大企业在行业中的投资，提高退出壁垒，从而增加商业风险（行业低迷时怎么办？），有时甚至会使得企业不能将资源调往更有价值的地方。纵向一体化的企业存在保护它的技术和设备的惯性，因为这些投资很大，所以，纵向一体化的企业对新技术的采用通常要慢一些。

2. 增加成本

纵向一体化迫使企业依赖自己的内部而不是外部，但这样做，随着时间的推移，这样做的代价可能变得比外部购买还要高昂。原因有很多，例如，纵向一体化可能切断来自供应商及顾客的技术流动。如果企业不实施一体化，供应商经常愿意在研究、工程等方面积极支持企业。再如，纵向一体化意味着通过固定的关系购买或销售，上游单位的经营激励可能会因为是在内部销售而不是为生意竞争而有所减弱；而从一体化企业内部购买产品时，企业不会像与外部供应商那样讨价还价。因此，内部交易会减弱降低成本、改进技术的积极性。

3. 难以平衡

纵向一体化存在一个在价值链的各个阶段平衡生产能力的问题。价值链上各个活动最有效的生产运作规模可能不一样，这使得完全一体化很不容易实现。对于某项活动来说，如果它的内部能力不足以供应下一个阶段，不足部分就需要从外部购买；而如果内部能力过剩，就需要为过剩部分寻找顾客；如果产生了副产品，还需要进行处理。

4. 需要不同的技能和管理能力

尽管存在一个纵向关系，但是在供应链的不同环节可能需要不同的成功的关键因素，企业可能在结构、技术和管理等上有所不同。如何管理这样一个具有不同特点的企业是纵向一体化的主要成本。例如，很多制造企业会发现，投资开发特许经营和专有技能以前向一体化进入批发或零售后，未必如它们所希望那样能够给它们的核心业务增加价值，拥有和运作批发、零售网络可能会带来很多问题。

5. 降低灵活性

企业后向一体化进入零配件的生产可能会降低生产的灵活性，增加改变设计和模型的时间，延缓企业将新产品推向市场。如果一家企业必须经常改变产品的设计和模具以适应购买者不断的变化，进入零配件的生产是一件负担很重的事情，因为必须经常进行改模和重新设计，花费时间来实施和协调由此所带来的变化。而企业从外部购买零配件能够更加灵活快捷地调整产品来满足购买者的需求。因此，绝大多数汽车制造商虽然拥有技术和生产能力，但从质量、成本和设计灵活性的角度来讲，它们还是选择从专业厂商那里购买零配件，而不是自己生产。

6. 需要较多的资金

企业实行纵向一体化，自制零部件或自产原材料所需的生产、储备和材料投资要比外购增加许多，如果企业财力不够就不应采用纵向一体化。

（三）官僚主义的成本与锥形一体化

虽然纵向一体化能够创造价值，但是由于企业自有的供应商缺少降低成本的积极性，在技术变革时代可能缺少战略的灵活性，各环节间生产能力平衡和经营管理上都有较大难度，而且投资风险加大，这可能导致很大的官僚主义成本。官僚主义成本是指在大型、复杂的组织中，由于管理效率低下而引起的成本增加。官僚主义成本会限制纵向一体化提高盈利能力的效果，只有在官僚主义成本低于纵向一体化盈利的情况下，企业纵向一体化才有意义。

虽然纵向一体化一开始能起到积极的影响，但是随着时间的推移，效益可能变得越来越小。最终，纵向一体化所创造的经济价值会低于组织扩张、进入新业务的官僚主义成本，此时纵向一体化就达到了极限。

实行锥形一体化而不是完全一体化可能会降低纵向一体化的官僚主义成本。锥形一体化会激发内部供应商降低营运成本的积极性，提高企业对变化的需求作出反应的能力。它能降低因组织效率低下而增加官僚主义成本的概率。

（四）外包战略：缩小公司业务范围

近年来，一些纵向一体化企业发现在价值链的很多阶段开展经营效果并不理想，因而纷纷采取外包（Outsourcing）战略。外包指的是从价值链体系的某些阶段中撤离出来，依靠外部供应商来供应所需的产品、支持服务或者职能活动。在以下一些情况下，可以考虑对价值链中原来内部运作的部分实行外包：

（1）某项活动由外部的专业厂商来做可能会更有效或者成本更低。

（2）该活动对于企业获取持久竞争优势的能力并不具有至关重要的意义，反而会影响企业的核心能力或者技术诀窍。例如，很多公司的维修服务、人员招聘、数据处理以及其他一些管理支持活动，常常利用外部的专业公司来做。

（3）实行外包可以降低企业面对变化的技术和购买者偏好的风险。

（4）实行外包能够简化企业的运作，从而提高组织的灵活性，加速决策，降低协调成本。

（5）实行外包可以使企业能够将精力集中于核心业务。

很多企业同供应商关系较疏远，价格是这些企业选择供应商的决定性因素。这些企业会让供应商竞价，最终获得最低的价格。各企业倾向于同多个供应商签订短期合同，而不是同单一供应商签订长期合同，其目的在于加剧供应商之间的竞争，以便从中获得利益。

但是，很多成功企业摒弃了这种做法，它们同较少的有着强大能力的供应商打交道，这些供应商被公司当作战略合作伙伴。它们认为：同关键供应商构建紧密的长期合作伙伴关系，充分利用和挖掘它们的能力，可以形成纵向一体的优势，避免纵向一体化的很多缺点。

总而言之，纵向一体化战略既有很多优点也有众多缺点，是否采取这种战略或向纵向一体化的哪个方向发展取决于：①它能否提高起着至关重要战略作用活动的业绩，降低成本或加强差别化，稳定经营或提高进入障碍；②它对协调更多阶段之间活动有关的投资成本、灵活性和反应时间以及管理费用所产生的影响；③它能否创造竞争优势。

纵向一体化决策的核心在于：企业想要取得成功，哪些能力和活动应该在内部展开，哪些可以完全转给外部企业。如果纵向一体化不能建立竞争优势，就不太可能成为战略选择。

三、横向一体化战略

横向一体化战略也叫水平一体化战略,是指将生产相似产品的企业置于同一所有权控制之下,兼并或与同行业的竞争者进行联合,以扩大规模、降低成本,提高企业实力和竞争优势。

当今战略管理的一个显著趋势便是将横向一体化作为促进公司发展的战略。竞争者之间的合并、收购和接管,提高了规模经济和资源、能力的流动。横向一体化战略一般是在企业面对比较激烈竞争的情况下采取的一种战略。

采用横向一体化战略的好处是:能够吞并或减少竞争对手;能够形成更大的力量与竞争对手抗衡;能够取得规模经济效益;能够取得被吞并企业的市场、技术及管理等方面的经验。例如,中国的冰箱市场竞争非常激烈,但是当科龙、美菱等几家企业横向整合在一起后,科龙等便共同形成一个每台冰箱150元的成本壁垒,国内低端市场反而一度竞争趋缓了。

企业一般在下列情况下采用横向一体化战略:

(1) 希望在某一地区或市场中减少竞争,获得某种程度的垄断,以提高进入壁垒。

(2) 企业在一个成长行业中竞争,当竞争者因为整个行业销售量下降而出现经营不善时,不适用横向一体化战略对其进行兼并。

(3) 企业需要扩大规模经济效益来获得竞争优势。

(4) 企业具备管理更大组织所需的资本和人力资源,而竞争者则由于缺乏管理经验或特定资源而停滞不前。

(5) 企业需要从购买对象身上得到某种特别的资源和能力。

与此同时,横向一体化战略也会带来一些问题,主要是管理问题和政府法规限制。收购一家企业往往涉及母子公司管理上的协调,母子公司的历史背景、人员组成、业务风格、企业文化、管理体制等方面往往存在较大差异,因此各方面协调工作非常复杂。另外,横向一体化战略可能会使合并后的企业在行业中形成垄断,而垄断可以招致政策干预,许多国家的政府均制定有反垄断法,目的就是制止一些企业的垄断行为。

第四节 多元化战略

多元化战略(Diversification Strategies)是企业最高层为企业制定多项业务的组合,是为公司涉足不同产业环境中的各业务制定的发展规划。多元化战略包括进入何种领域、如何进入、如何在各种领域内分配资源等。当企业拥有额外的资源、能力及核心竞争力并能多方投入时,就应该实施多元化。同时,采用该种战略的企业,其管理层应具备相应的管理能力,能同时管理多项业务,并增强企业战略竞争能力。

一、多元化的类型

由于多元化公司各项事业的关联程度不同，多元化类型也存在不同，表 4-1 列示了随着多元化层次的不同产生的五类业务关系。

表 4-1 多元化的类型

多元化程度	多元化类型	各项事业的关联程度
低层次多元化	单一事业型	超过 95% 的收入来自某一项业务
	主导事业型	70%~95% 的收入来自某一项业务
中高层次多元化	相关约束型	不到 70% 的收入来自主导业务，所有业务共享产品、技术、分销渠道
	相关联系型（相关和不相关的混合型）	不到 70% 的收入来自主导业务，事业部之间的联系有限
极高层次多元化	不相关型	不到 70% 的收入来自主导业务，事业部之间通常无联系

（一）低层次多元化

低层次多元化经营的企业一般将精力集中在某一项主导业务上，一家公司收入超过 95% 都来自某一个主导业务时，该公司就应该划入单一事业型。主导事业型是一家公司的收入中 70%~95% 来自某一项业务，如好时食品公司（Hershey Foods Corp.）作为美国最大的巧克力及非巧克力糖果生产商，就是一家主导事业型公司，尽管公司产品丰富，但绝大部分收入来自糖果产品的销售。

（二）中高层次多元化

中高层次多元化可分为相关约束型、相关联系型及不相关多元化。当一家公司超过 30% 的收入未来自其主导事业且它的事业互相之间有着某种联系时，该公司的多元化战略就是相关联系型。当这种联系直接且频繁时，就是相关约束型。相关约束型多元化公司各项业务共享很多资源和行动；相关联系型多元化公司各业务在资源和资金上共享较少，而知识及核心竞争力的相互传递却较多。不相关多元化公司属于高度多元化，公司各项业务之间没有太多的联系，如美国通用电气公司。

为了顺应世界的专业化潮流，一些公司在多元化上正在改变立场。汉生公司曾经被视为全世界采用高度多元化最成功的公司，但 20 世纪 90 年代该公司决定降低多元化层次以强化主营业务，出售或剥离了下属多个事业部。西屋电气公司是一家历史超过百年的公司，实行相关多元化战略多年，但自从收购哥伦比亚广播公司后，它的多元化进程大大减缓，而与 Viacom 公司合并后，则又进一步推行多元化。

二、相关多元化战略

相关多元化战略是企业为了追求战略竞争优势，增强或扩展已有的资源、能力及核心竞争力而有意识采用的一种战略。实行这种战略的企业往往增加新的、但与原有业务相关的产品与服务，这些业务在技术、市场、经验、特长等方面相互关联。例如，我国的海尔、海信等知名家电企业都实行相关多元化战略，它们经营电视机、冰箱、空调器、洗衣机等多种家电产品，广义地说，前面讲的纵向一体化也是相关多元化的一种形式。

（一）相关多元化的优势

相关多元化的战略匹配关系可给企业带来优势。战略匹配存在于价值链非常相似以至能为公司各方面带来机会的不同经营业务之间，它主要从两个方面给相关多元化的企业带来优势：一是产生范围经济；二是增加市场力量。

以相关多元化作为公司层战略的企业总是尽力利用不同业务之间的范围经济。当两种或更多的经营业务在集中管理下运作比作为独立业务运作的花费更少时，就存在范围的经济性。对于在多个行业或产品市场上经营的公司来说，范围经济性来源广泛，包括：分享技术，对共同的供应商形成更强的讨价还价能力，联合生产零件和配件，分享共同的销售能力，使用同样的销售机构和同样的批发商或零售商，售后服务的联合，共同使用一个知名商标，将竞争性的有价值的技术秘诀或生产能力从一种业务转移到另一种业务，合并相似的价值链活动以获得更低的成本。范围经济性越大，在更低成本基础上创立竞争优势的潜力就越大。例如，宝洁公司生产一次性尿布和纸巾，这都是能够吸水且不碎裂的纸产品。两种产品都需要同样的属性——吸水性，宝洁公司就能够在两个企业之间分摊生产吸水纸产品方面的研发成本。同样，两种产品都通过超市销售，就可能使用同一销售队伍来出售产品。相反，仅生产一次性尿布或仅生产纸巾的竞争对手就无法达到同样的节约效果，不得不在研究和维持销售队伍两方面投入相对较多的资金。再如，索尼公司作为领先的消费电器公司，采用了技术相关、营销相关的多元化战略进入电子游戏行业；强生公司的产品包括婴儿产品、医疗用药物、手术和医院用产品、皮肤护理产品、隐形眼镜等。另外，百事公司、吉列公司等都是具有相关性业务组合的例子。

相关多元化经营也可以获得市场力量。市场力量是指企业对市场的控制力或影响力。当一个企业在多个相互关联的领域内经营时，通常比那些在单一领域内经营的企业更有市场力量。一个同时生产电视机、冰箱、洗衣机、空调器、微波炉等多种家电产品的企业，往往比只生产冰箱的企业更有市场力量。实行纵向一体化同样也可能获得市场力量，因为它可以通过内部交易达到控制市场的目的。

（二）价值链中跨行业的战略匹配

战略匹配关系存在于各业务价值链的任何地方，如供应链活动、生产、营销、服务及技术开发活动中。

1. 研发和技术活动中的战略匹配

当不同的业务经营中存在可分享的技术、与某种特殊技术相关的经营机遇，以及具有可以将技术秘诀从一种业务转移到另一种业务的潜力时，就存在着技术匹配。技术扩展和跨行业转移是最具吸引力的战略匹配。

2. 供应链活动中的战略匹配

具有供应链战略匹配的行业组合经营通常比分散经营好，这是因为：①采购活动中存在着技术转移；②共同采购可以提高与同一供应商讨价还价的能力；③增加与同一价值链伙伴的合作，扩大原材料和零配件运费的数量折扣。与微处理器、主板、驱动器、内存、显示器、平面显示器、调制解调器、充电电池以及其他台式和移动电脑零配件厂商建立伙伴关系，是戴尔公司战略的重要组成部分。通过这个战略，戴尔进入了服务器和数据存储设备等市场，涉足个人电脑配件产品和为戴尔公司战略伙伴提供的零配件产品。

3. 制造活动中的战略匹配

公司实行多元化战略，准备把自己在质量管理和成本控制的经验转移到另一个行业时，与制造活动相关的跨行业战略匹配可以成为战略优势的重要来源。青岛海尔从电冰箱逐步扩张到其他家电时，它在生产电冰箱时获得的生产管理经验就发挥了作用。有时，企业可以把不同产品的相同生产环节进行合并，以进一步降低成本。

4. 营销活动中的战略匹配

当不同的业务经营中的价值链活动高度重叠，以至它们的产品有着相同的顾客，通过共同的中间商和零售商，或者以相似的方式进行营销和促销时，这些业务间就存在与市场相关的战略匹配。这种战略匹配可能带来如下好处：①产生降低成本的机会，如采用一支销售队伍负责两种以上产品的销售可降低成本，将相关的产品放在同一个网页、媒体和宣传资料上，整合相关产品的售后服务，协调运输和送货，整合订单和账单处理系统，采用共同的促销品……都可以产生降低成本的机会。②可以把自己在销售、商品、促销、产品差异化等方面的技能从一个行业转移到另一个行业。③可以将公司的品牌和商誉从一个行业转移到另一行业。

5. 在管理和行政支持系统上的战略匹配

当不同业务单元在公司、行政管理或运作类型上具有可比性，可将在一种业务经营中的管理方法转移到另一业务中时，就存在管理匹配。不同的行业有时使用同样的行政支持系统。例如，一个公司进入天然气、供水、家电销售、修理服务和家庭保安行业，其可以使用同样的顾客数据系统、顾客应答中心、账单处理系统等去支持上述的产品或者服务。

（三）采用相关多元化战略的注意事项

从前面可以看出，当出现以下情况时，就可以实施相关多元化：①可以将技术、生产能力和核心竞争力从一种业务转向另一种业务；②可以将不同业务的相关活动合并；③在新的业务中可以借用公司的品牌、销售队伍；④能够创建有价值、有竞争力的协作方式实施相关的价值链活动。

但是，即使符合上述条件，在进行相关多元化经营时也并不能保证股东价值的增加，因为在实行相关多元化时，同样会产生官僚主义成本。业务单位的数目越多，这些业务单位间协作的需求越强，官僚主义成本可能越高。如果一家企业拥有 20 个业务单位，所有的业务单位都试图分享资源，则它产生的官僚主义成本将远远大于只有 10 个业务单位且不相互分享资源的企业。企业所管理的业务数量越多，多元化所创造的价值被官僚主义成本抵消的可能性越大。当出现这一局面时，意味着企业达到了多元化的边界。许多企业越过这一边界继续进行多元化，此时业绩会下降，为了解决这一问题，必须进行业务剥离来缩小企业业务范围。

三、不相关多元化战略

不相关多元化就是公司进入与原有行业不相关的新业务，公司经营的各行业之间没有联系。美国通用电气公司是高度多元化的范例，从飞机发动机到信用卡，医药到有线电视，跨越多种行业。

（一）不相关多元化战略的优势

尽管相关多元化会带来战略匹配利益，很多企业却选择不相关多元化战略，进入有着丰厚利润或美好前景的新行业。不相关多元化的动力主要来自寻求有吸引力的财务经济性。

（1）经营风险在一系列的不同行业中得到分散，公司的投资可以散布在具有完全不同的技术、竞争力量、市场特征和消费群体的业务中。

（2）投资于有最佳利润前景的产业可以使公司的财务资源发挥最大的作用。

（3）公司的获利能力更加稳定。理想的状况是公司某些业务的周期性下降与多元化进入业务的周期性上升互相平衡。

（4）增加股东财富。如果公司的管理层能够发现并购得具有上升潜力且价值被低估的业务，股东财富就能增加。

（二）不相关多元化战略的适用条件

（1）企业所在行业逐渐失去吸引力，企业销售额和利润下降。

（2）企业没有能力进入相邻产业。

（3）企业具有进入新产业所需的资金和人才。

（4）企业有机会收购一个有良好投资机会的企业。

（三）不相关多元化战略实现方式

有的企业在内部组建新的子公司以进入新的产业，而更多企业则通过并购形式实现多元化。任何可以并购的具有有利财务条件和令人满意利润前景的公司都可以作为选项，挑选被收购公司要考虑以下因素：其业务是否可以达到公司获利能力和投资回报率的目标；是否需要注入资金以更新固定资产，提供流动资金；是否处于有重大增长潜力的产业；是否可能出现业务统一困难或者违反政府有关产品安全环境的规定；这一产业对萧条、通货膨胀、高利率或政府政策变动的敏感程度，等等。

如果只考虑快速获得财务收益，有三种公司是最好的选择：一是资产被低估的公司。以低于全部市值的价格将其收购，并以高于买价的价格将其资产和业务再次出售，从而为公司带来实际的资本利润。二是财务困难的公司。借助母公司的财力和管理方法整合公司，然后作为长期投资或将其出售。三是增长前景很好但缺少投资资本的公司。

（四）不相关多元化的弱点

1. 管理难度很大

多元化公司涉及的领域越多，多元化程度越高，公司越难以对每个子公司进行监督和尽早发现问题，越难以形成评价每个经营行业吸引力和竞争环境的真正技能，判断各业务计划和行动的质量也更加困难。多元化公司要求管理者具备很高的洞察力和反应能力：能判断购并的效果；正确选拔管理人员；辨别业务经理提出的战略计划是否合理；当一个业务单元的经营出现失误时知道如何处理。总之，多元化公司经营的难度在于要充分考虑在不同产业中完全不同的经营特点和竞争环境，以作出科学合理的决策。

2. 不存在战略匹配利益

相关多元化代表了增加股东价值的一种战略方法，它基于探求不同业务价值链间的联系，降低成本、转移技能和专门技术并获得其他战略匹配利益，其目标是将公司各种业务间的战略匹配关系转变为业务子公司靠自己无法获得的额外竞争优势。公司通过相关多元化得到的竞争优势是获取更大的股东价值的驱动力。

不相关多元化主要是一种创造股东价值的财务方法，它灵活地运用公司的财务资源和管理技能，以把握财务上具有吸引力的经营机会。由于没有战略匹配关系带来竞争优势的潜力，不相关的多种业务组合的业绩并不优于各业务独立经营，如果公司管理层随意干预业务单元的运作或公司政策失误，将会产生更坏的结果。

（五）通过不相关多元化增加股东价值

不相关多元化要想增加股东价值，公司管理层在创建和管理多元化的业务组合方面必须具有高超技能，这表现在以下方面：

（1）多元化进入的新业务能连续产生优良的投资回报，可将财务资源调度到高效运作的业务组合，对新业务能准确地决策，提高业务水平。

（2）在购并的公司处于顶峰时卖掉并获得溢价，能分辨一项业务是否正处于下降的行业和不利的竞争条件，是否可能出现长期获利能力下降。

（3）明智和积极地将公司财务资源由前景暗淡的业务中转出，投入到正在快速增长、投资回报高的业务中去。

（4）在监督和管理业务子公司方面做得非常好，帮助业务层管理者解决问题，提供创造性建议和决策指导，各业务运作良好。

四、多元化战略的动机

企业实施多元化战略是为了增强企业的战略竞争优势，从而使企业的整体价值得到提升。不管是相关型还是不相关型多元化战略，只要能够让企业增加收入和降低成本，就体现出了多元化战略的价值。例如，获得比竞争对手更强的市场影响力，削弱竞争对手的市场影响力，通过业务组合降低管理者的风险等。表4-2列出了多元化经营的主要原因。

表4-2 多元化经营的主要原因

性　　质	目　　的	方　　法	适用范围
提高企业价值的动机	范围经济性	共享资源、品牌，合并价值链活动	相关多元化
		移植核心竞争力	
	获得市场力量	通过多点竞争阻击竞争者	
		纵向一体化	
	获得财务经济性	有价值的内部资本分配	不相关多元化
		在各项业务之间降低风险	
		业务重组	
非提高企业价值的动机	规避税法		
	规避反垄断法		
	为企业利润寻找新生长点		
	降低企业风险		
管理者的消极动机	降低管理者的风险		
	提高管理者的报酬		

（一）政府法规的影响

政府法规也是企业多元化经营的外部推动因素，其中反垄断法和税法的影响最为明显。我们以美国的情况为例作出说明。

20世纪60年代到70年代，美国政府为了鼓励竞争，防止企业通过纵向一体化和横向一体化获得过大的市场影响力，对企业的相关多样化并购进行了严格控制。结果，在此期间发生的并购案大都是非相关业务并购。进入80年代，面对日本等新兴工业化国家的竞争压力和经济全球化的浪潮，美国政府放宽了对同行业竞争者并购的监管，投资银行家也对此推波助澜。结果，恶意接管膨胀，在60年代和70年代是高度不相关多样化经营的企业，到80年代又纷纷通过重组实行"集中化经营"。

少纳税也是企业多元化的一个推动因素。税法对多元化经营的影响，不仅包括个人税，也包括公司税。一些公司拥有大量的现金，应该以红利的形式分给股东，然而在60年代到70年代，红利税要比个人所得税高得多。于是，股东更愿意公司留有这些资金用于购买和新建业务前景好的公司，一段时期后如果股票升值了，股东可以收到比红利更好的回报。我国也存在这种情况，2005年以前，公司分红，股东要交纳20%的个人所得税，而股东出售股票则仅交纳不足0.5%（后调为0.2%）的股票交易印花税。一般来说，并购增加了公司固定资产折旧的抵扣，增加的折旧降低了应纳税收入。

（二）为企业利润寻找新生长点

企业效益好时，倾向集中化经营；当企业经营状况不好且仍有资源条件时，就会向多元化发展，改变经营方向，以寻找新的发展机会。而多元化并不一定能改善企业效益，此时，公司就会减缓多元化的进程，或者减少经营领域，收缩战线。图4-2说明了多元化与效益的一般关系。

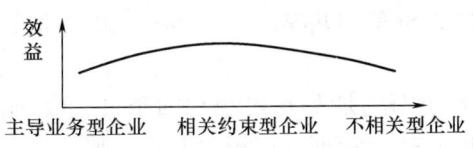

图4-2　多元化与效益的关系

某些企业加速多元化，是因为其所在行业的产品需求趋于停滞或下滑。以生产"万宝路"的菲利普·莫里斯公司为例，20世纪60年代其就意识到香烟市场将会逐步萎缩，因此将获得的利润进行转移，兼并了一系列食品行业公司。一些企业的产品有较强的季节性或周期性波动，为了规避这种影响，也会促使企业多元化，如玩具生产商为其他行业制造塑料模具，军火生产商进入民用行业等。

（三）分散经营风险

多元化经营的一个重要原因是分散风险，即通过降低企业利润的波动来达到分散风险的目的，一些企业相信所有的鸡蛋放在一个筐里是不明智的，因此多元化进入不相关的领域。但是，这一做法却忽略了两个事实：第一，股东可以通过分散投资轻易消除持有个股的风险，他们这样做的成本远远低于企业。第二，这种分散风险的效果在实践中很难体现。没有几个富有吸引力的业务经营存在相反的上下波动周期，绝大多数的业务都受经济波动的影响，缺乏有足够说服力的证据表明高度多元化经营公司的合并利润在萧条或经济困难时期更稳定或更少受到衰退的影响。

（四）管理者的多元化动机

多元化可以降低管理风险，降低高层管理者的失业风险和减薪风险，多元化可以让公司的管理者享受到只有他们可以得到而股东们却享受不到的好处。多元化使公司规模扩大，公司规模越大，高级经理的薪资福利就越高。在一定条件下，企业经营者会引导公司经营向多元化发展。为了防止过度多元化的倾向，公司的所有者或股东等应对市场状况及公司的高级经理人薪资进行监控，防止管理者仅为自身利益而实施多元化。

五、多元化经营的条件

多元化经营的动机只是进行多元化经营的一个条件，企业要成功地实施多元化战略，还必须具备一些其他的条件。

（1）企业要拥有必要的资源，多元化才具有可行性并顺利实施，多元化的动力与资源缺一不可。资源包括有形资源和无形资源。各项资源的稀缺性、可流动性不同，它们创造价值的能力也不相同。有的资源既不稀缺，也没有太高价值，而且很容易被模仿和替代，竞争对手容易复制。有形资源一般缺乏柔性，如厂房和设备，多余的生产能力只能用于生产一些类似的产品，且要求生产技术高度一致。作为重要的有形资源，销售队伍是顺利实施多元化的保证，这种力量比较容易转移到其他新行业。运用好有形资源有利于形成生产、营销、采购及技术之间的相互配合。无形资源比有形资源更具灵活性，资源的灵活性越强，就越容易用于不相关多元化；灵活性差的则用于相关型多元化。总之，资源的共享越少，多元化的价值越小，灵活性资源可以使多元化走向更高层次。

（2）资本市场和管理者市场是多元化经营的条件，特别是企业通过并购进行多元化时，需要资本市场的支持。管理者市场也非常重要，能否获得合适的管理者常常是多元化经营成功的前提条件。

（3）企业应建立一套多元化投资决策管理体系和程式，使多元化经营决策科学化，要科学地分析多元化战略的性质和程度是否与公司战略相符，公司的业务组合是否合理，组织总部所发挥的作用是否适当。

（4）多元化战略的实施至关重要，如战略设想中的协同合作能否真正实现，为多元化实施的并购能否成功整合等。

综上所述，多元化的程度由市场和企业自身所具备的战略性特点（如资源）所决定，建立在企业各种资源优化组合的基础上，需要管理者以正确的动机去推动。多元化动机越强烈，资源的灵活性越好，多元化的程度就越高。为了避免企业盲目、过度地多元化，需要有科学的内部决策和监控机制。正确的战略决策加上高效的战略实施，企业经营才能获得理想的业绩，如图4-3所示。

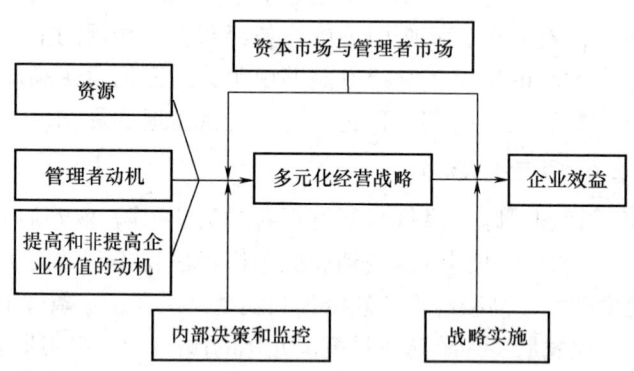

图4-3 多元化经营与企业效益关系的总结性模型

六、理论和实践对多元化战略的认识

（一）多元化经营与业绩的理论研究

多元化经营是组织战略的常见问题之一，一些研究专门调查了多元化经营战略与组织财务表现之间的关系。整体上说，目前关于多元化经营与业绩表现关系的各种研究尚无定论。早期的研究认为，那些采取相关多元化战略的公司，业绩表现优于实行专门化或不相关多元化战略的公司，但是这种观点后来受到质疑。汇总各研究的结果表明，目前仍然不清楚多元化经营与财务表现之间的关系。这是因为大多数研究是以关联度的分析为基础；同时，研究人员在如何准确定义相关多元化和不相关多元化、如何准确识别组织的核心竞争力等方面还有一定的困难。但是，多年的研究仍揭示了一些深层次的问题。

平均结果表明：如果组织能够建成和利用共同的资源和能力来实现相关多元化，则相关多元化还是可以为组织带来财务收益的。但是，多元化经营只是在有限的范围内有优势，多元化的管理成本高且相当复杂。可以想象总部作为协调者管理着庞大的相关业务组合，总部的管理者花费在理解和管理各项业务之间协同效应上的成本和时间巨大，而且其工作效率可能不高。尽管多元化可以使组织增加盈利，但是这种正向关系仅限于一定复杂程度内，超出这个限度，二者就会出现反向关系。复杂程度可以通过客户数量和沟通成本来反映，它会降低盈利潜力，特别是服务行业的盈利潜力。

国际市场的多元化经营也存在类似的模式。地区性市场的多元化有利于增加盈利，但是不同区域性市场和不同组合使管理复杂程度增加，当这种复杂程度超出一定限度时，盈利性就会丧失殆尽。有趣的是，随着国际市场多元化的发展，一个组织内部的创新水平反而下降，因为组织的注意力越来越多地集中在业务组合之间的相互协调及通过并购取得多元化发展等方面。

研究认为，组织的资源状况，特别是那些没有充分利用的资源，是一项重要因素。没有充分利用的有形或无形的资源可能会促进相关多元化的发展，而富余的资金常被用来开拓非关联业务（如通过收购），特别是在其他资源和能力很难迅速发展或成长时。这也引发了一个问题：组织的良好业绩究竟是多元化经营的结果，还是因为有了良好的业绩组织才转向多元化经营呢？一些成功的组织可能是因为现有产品或市场的前景暗淡才选择了多元化经营。

（二）多元化经营的实践

1950年，《财富》杂志选出的美国国内500强公司中，只有38.1%公司的多元化业务收入超过25%。1974年，这一比例上升到63%，单一事业型或主导事业型公司的比重下降到37%。80年代中期，企业再次向核心事业靠拢，开始剥离与核心业务不相关的事业部。1981—1987年，大约50%的《财富》500强公司又重返主营业务。1988年，《财富》500强公司中，单一事业型或主导事业型公司的比重上升到53%。英国、德国、意大利、法国等欧洲国家，多元化一度成为成功公司的标志。后来，他们都开始学习美国，向主业回归。

1981年，彼得斯和沃特曼的《寻求优势》一书风行一时，该书总结了美国最成功公司的经验，指出企业应当"固守主业"，而不要离开自己的核心业务领域。企业可以向新的经营领域扩展，但必须紧紧围绕基本业务，因为这是优势所在。

但是，采取多元化战略并成功的例子十分诱人，仍有许多企业不断地扩大自己的多元化经营。我们的观点是，企业一定要把自己的核心业务做大做强，积极地建立核心竞争力,不要急于多元化。单一事业型的公司只要经营得当就无须多元化,即使开展多元化也要紧紧围绕核心竞争力。那些多元化的公司要当心,选择的事业宁可少一些,千万别太多。

第五节 企业的发展方式

企业必须选择用什么方式来发展,可供选择的主要有三类:内部开发、并购和战略联盟。

一、内部开发

内部开发也称内部创业,是指企业通过内部创新,以开发新产品、建立新生产能力进行发展。例如,IBM 公司就是于 20 世纪 80 代用内部创业的方式进入计算机微机市场的。

企业运用密集型发展战略的初期,常采用内部开发方式。企业运用内部开发的方式进入新领域,需要考虑如下问题:

（1）行业处于不平衡状态,竞争结构还没有完全建立起来,如新生行业。

（2）行业中原有企业采取报复性措施的成本超过了由此所获的收益,使得这些企业不急于采取报复性措施,或者效果不佳。

（3）由于现有技术、生产设备同新经营项目有一定的联系,企业进入该领域的成本较低。

（4）企业进入该领域后,有独特的能力影响其行业结构,使之为自己服务。

（5）企业进入该领域,有利于发展企业现有的经营业务,如提高企业形象、改进分销渠道等。

二、并购

（一）并购的概念

并购是合并和收购的简称,两者都是企业产权交易,它们的动因极为相近,运作方式有时也区别不大,因此常合称并购或购并。合并指的是两家公司在相对平等的基础上相互将业务进行整合,利用各自拥有的资源和实力,合在一起比各自独立发展能够产生更强的竞争优势。合并有两种类型,一是吸收合并,即兼并,指两个或两个以上的公司合并中,其中一个公司因吸收（兼并）了其他公司而成为存续公司的合并形式。在兼并中,存续公司仍然保持原公司的名称,有权获得其他被吸收公司的资产和债权,同时承担其债务,被吸收公司从此不复存在。二是新设合并,又称联合,指两个或两个以上公司通过合并同时消亡,在新的基础上形成一个新的公司。新设公司接管原来几个公司的全部资产、业务和债务,重新组建董事会和管理机构。收购指的是一家公司通过购买另一家公司的部分或全部股权,将被收购公司的业务纳入其战略投资组合,从而达到更加有效利用其核心竞争力的目的。

（二）并购的原因

企业并购的主要原因是希望通过并购增强市场力量、克服行业进入壁垒、加速进入市场，从而取得竞争优势。

1. 加强市场力量

许多公司拥有核心竞争力，但却由于缺乏某些资源和能力或规模不够而无法充分利用其资源和能力。企业只有拥有资源和能力按照比竞争对手更高的价格出售产品和服务，或者其经营活动的成本比竞争对手更低时，才拥有市场力量。企业通过收购同行业竞争对手或者高度相关行业企业可以达到增强市场力量的目的，从而提高竞争优势。为了加强市场力量，企业常通过并购来实现纵向一体化、横向一体化和相关多元化，这分别称为纵向收购、横向收购和相关收购。

2. 克服行业壁垒

行业中已有企业的业务活动会给将进入该行业的企业带来困难或增加其进入成本。原有公司可以通过提供大量的生产和服务获得显著的规模经济效应，而且消费者对于已熟悉品牌的忠诚度也会给新进入企业带来障碍。因此，新进入者为了取得规模经济并以竞争价格销售产品，必须在生产设施、广告和促销活动方面进行大量投资，为实现足够的市场覆盖还要求企业拥有高效的销售体系和销售网络，通过并购行业中现有企业可以立即进入该市场，越过市场壁垒。

3. 降低新产品开发成本与风险，并加快进入市场的速度

企业利用自己的力量开发新产品或建立新企业需要大量的投资和时间，而且大约88%的新产品最终不能取得回报，66%的创新产品在获得专利后4年内即被模仿，因此风险较大。并购则可以对目标企业以往的经营业绩进行评估，根据业绩预测新产品的市场前景，风险较低。同时，企业通过收购更容易快速进入市场，为增强市场竞争力打下基础。

4. 实现多元化经营

并购是实现多元化经营常用的方法。企业实施多元化战略，向多个领域发展时，在产品开发、市场研究与开拓等方面的困难要远远大于原行业，特别是不相关多元化。因此，企业进入新市场或调整投资组合，最有效的途径就是并购，行业不相关程度越高，通过并购成功进入的可能性越大。

5. 避免行业内竞争

企业通过并购可以降低在某一市场的竞争程度，减轻行业竞争对企业财务状况的影响，这一点在横向一体化中已论述了。企业通过内部开发进入新行业时，会给行业加入新的生产能力，加剧行业中的竞争，而通过并购进入新行业则不会出现这种情况。另外，并购会降低企业对单一产品或市场的依赖性，在更大范围内增强企业竞争力。

（三）并购方式与方法

1. 直接收购

直接收购是指并购公司直接向目标公司提出并购要求，双方经过磋商达成协议，完成收购活动。由于双方可以密切配合，相对成本较低，成功的可能性较大。

2. 间接收购

间接收购是指并购公司直接在证券市场上收购目标公司的股票,从而控制目标公司。这种方式很容易引起股价的剧烈上涨,同时可能引起目标公司的激烈反应,会提高收购的成本,增加收购的难度。

3. 现金并购

一般不涉及发行新股票的并购都可以被视为现金并购。现金并购是一种单纯的并购行为,它由并购者支付一定数量的现金,从而取得被并购企业的所有权,一旦被并购企业的股东得到对所拥有股份的现金支付,就失去了任何选举权或所有权。

4. 股票并购

如果投资者不是以现金为媒介对目标企业进行并购,而是增加发行本公司的股票,以新发行的股票替换被并购公司的股票,则被称为股票方式并购。

5. 综合证券并购

综合证券并购是指并购公司对目标公司或被并购公司提出并购要约时,其出价不仅有现金、股票,而且还有认股权证、可转换债券等多种形式的混合。这种方法可以避免支付较多的现金造成企业资本结构恶化,同时可以防止控股权的转移。

(四) 并购中的问题

1. 企业整合困难

并购活动结束后,还有一项重要且困难的工作,即对合并的两个公司的整合。这包括不同企业文化的融合,不同财务控制系统的连接,有效工作关系的建立,以及如何处理被并购公司原有的管理人员。研究表明,并购中的整合阶段可能是决定能否创造股东价值的最重要因素。如果并购者与被并购者的整合非常迅速,有利于形成两者之间良好的关系,从而使并购成功,如思科公司成功的并购。

2. 超值购买

如果在并购过程中不了解被并购公司市场价值等情况,则可能支付超额的并购费用。对并购对象充分的评估可以避免这个问题,需要评估的情况包括:并购的财务问题,并购方与被并购方的企业文化差异,并购带来的税务问题以及如何整合员工队伍等。1999 年,戴姆勒-克莱斯勒公司准备通过并购日产成为全球市场竞争者,特别是进入东南亚市场。但对日产评估的结果是其有 220 亿美元的巨额债务,于是戴姆勒-克莱斯勒公司放弃了并购打算。

3. 高额借债

有些公司通过大量借贷进行并购,高负债既能约束经营者,使其不能进行其他的投资,有利于激励经营者为股东争取更大利益;也可能使企业背上沉重的财务负担,增加破产的可能性。

4. 过度多元化

高度多元化或过度多元化都会增加有效管理的难度。要根据公司管理多元化的能力确定多元化程度,以及是相关多元化还是非相关多元化。任何情况下,过度多元化对公司经营特别是战略管理都有可能产生负面影响。多元化使公司业务领域范围扩大,管理者在评估各业务部门工作时,更多地依赖财务指标而不是战略。高层管理者很难具备多种业务知识,对每个业务部门的目标和战略都有深刻理解,因此难以从长期利益和战略角度评价各部门的成果。而仅以财务指标为依据会引起各部门经理的短期行为,以牺牲必要的长期投资追求短期利益,从而降低公司整体战略竞争能力。

5. 公司规模过大

并购有利于实现规模经济,提高创新能力和经营效果。然而,当企业规模过大时,所产生的各方面复杂问题会超过规模经济所带来的收益。为了保证公司各部门统一思想、统一行动,不得不制定标准化、规范化的规章制度,而这易于导致企业管理僵化,缺乏灵活性。

6. 管理者关注过多

为了并购战略的成功,高层管理者需要投入大量的时间和精力:各种数据、资料的收集分析,多方面长期谈判,各项步骤的实施,重要问题的决策等。这会使管理者注意力被从日常经营活动中分散出来,降低企业经营效率。管理者不愿意做有长期后果的决策,在并购过程中可能会产生短期及规避风险的行为。另外,被并购企业的管理者由于担心自身的评价,避免以后被解雇,并购期间也不愿意作出重大决策。

7. 创新能力减弱

并购所需大量费用会使研究与开发费用减少,缺乏足够的资金支持,公司的创新能力会减弱,只有通过并购可以获得创新机会,才会使公司倾向于以并购行为代替自我创新。而长期依赖并购实现发展的公司,战略竞争能力会减弱,市场竞争优势因而降低。

(五) 有效并购

并购是一种有较高风险的战略,有效的并购可以增强企业竞争力,为企业创造价值。但并不是所有的并购都能为企业带来超额回报,实施并购战略要遵循一定的决策和行为模式。

1. 资产互补

当并购公司与被并购公司的资产具有互补性时,整合其资产会产生协同作用,合并后资源可产生更好的效果,提高新公司的核心竞争力。在采用并购战略时,可先与其他公司建立合作关系来选择目标,这种合作是两家公司并购后顺利整合、有效运行的基础。另外,并购方应保持其核心业务,使其与被购方的互补性资产和能力相互影响。

2. 出售不良资产

在并购中可以出售与自身业务没有互补性或运营不佳的资产,或者在并购后出售一部分运营不良的自有资产,从而避免高债务成本,避免大量负债对公司产生长期影响。

3. 注重创新

实施并购战略的同时仍要对研究开发活动持续投入,不断进行产品创新、技术创新是企业整体战略的一部分,也是企业核心竞争力的源泉。

4. 保持灵活性和适应性

为有效整合并购后的公司,管理者要有丰富的经验和较高的灵活性,以适应企业变化的状况、环境。特别是对于文化不同的两个企业,资产、人员各方面都需要沟通协调。善意的并购应为合作提供条件,双方管理者同心协力整合,使公司资源快速产生协同作用。而恶意并购会使双方管理者产生敌意,影响工作及员工情绪,失去许多人才,阻碍公司的整合。

管理大师德鲁克曾提出成功并购的五项原则:①收购必须有益于被收购公司;②须有一个促成合作的核心因素;③收购方必须尊重被收购公司的业务活动;④在大约一年内,收购公司必须能够向被收购公司提供上层管理;⑤在收购的第一年内,双方公司的管理层均应有所晋升。表4-3列出了成功并购的要点。

表4-3 成功并购要点

要　　点	结　　果
1. 选择目标公司并与之建立合作关系	有利于整合与提高协同效应
2. 有互补性的资源	提高竞争优势
3. 有良好的财务状况	易以低成本获得融资
4. 中低水平的负债	低成本、低风险
5. 管理者有灵活性、应变性	加速有效整合
6. 注重创新	保持竞争优势
7. 善意并购	通力合作、有效整合

三、战略联盟

(一) 战略联盟的含义

作为一个整体,企业在考虑公司战略时,不仅需要观察和支持各经营业务单位的竞争,而且要考虑合作战略。在竞争日趋激烈的市场上,企业仅靠单枪匹马打天下的做法已经过时,即使庞大的跨国公司也在研究、实施合作战略。

合作战略,实际上就是企业间形成战略联盟。战略联盟是企业之间通过一定方式形成一种合作关系,使它们的资源、能力和核心竞争力相结合,从而实现各方在设计、制造、产品和服务上的共同利益。战略联盟是对经济活动、技术发展和经济全球化所带来的迅速而巨大变化的市场及时、理性的反应。许多公司通过战略联盟加强竞争能力,与多家公司组建战略联盟,为公司进入新业务、新市场提供帮助。

(二) 战略联盟的原因

1. 扩大市场份额

通过战略联盟,双方可以利用彼此的网络进入新的市场,减少开拓市场的时间和费用,增加产品销售量及市场份额。

2. 迅速获取新的技术

技术创新是企业发展的动力,现今技术创新及推广的速度越来越快。通过战略联盟,企业能够增强技术创新能力,缩短新产品、新项目开发时间,跟上科技发展的步伐。

3. 经营国际化

同国外公司进行联盟，通过合资、合作等方式进入国际市场，可以减少在国外直接投资存在的投资大、风险大等许多局限，顺利实现国际化扩张。

4. 降低风险

战略联盟能够实现风险共担，降低企业风险，如共同开发新技术、新产品，增强科研能力，提高开发效率和效益。

（三）战略联盟的形式

战略联盟有各种各样的形式，有些是正式化的内部组织关系，或是在组织间形成非常松散的协作关系，不涉及所有权转移或股权的分配。联盟出现这些不同形式的原因很多，但大都与联盟内的资产有关，这里的资产并不仅仅是实物资产或财务资产，也包括管理技能、专业知识、商标等无形资产。联盟的形式通常受下列因素的影响：①资产管理，资产需要联合管理的程度；②资产独立性，能否分开各方的资产；③资产挪用，联盟的一方或另一方挪用或窃用资产的风险有多大。

1. 合资企业

合资企业是由多家公司共同出资建立的新公司。合资企业通常被看作一种协议合作组织，即合资双方还保持相互独立，但建立一个由母公司联合拥有的新企业，双方共担风险、共享收益。合资可以使公司间建立长期合作关系，共同分享成员企业新的技术等资源，形成更强的竞争优势。

合作的范围可以限制在一个领域。松下和西屋电气合资的SGC（一个五五分成的合资企业）的目标仅限于联合生产和供应两个合伙人所需要的电路断路器的精密零配件，组装、测试和销售最终产品方面则由两个合伙人各司其职。

合作的范围也可以涉及广泛。例如我国成立的许多中外合资企业，由国内的公司提供劳动力、厂房等，而国外公司提供技术、设备等。

在上面的例子中，内部组织关系可以所有权的形式或以资产和利润共享的形式正式化。下面这些情况下，可能会产生正式的协议：

（1）所包含的资产需要联合管理。

（2）资产能从母公司中独立出来，并且对母公司不产生冲击效应，例如某项技术可能专门为合资企业服务，但它并不会对母公司带来危害。

（3）资产能从母公司中独立出来，并且需要从母公司中独立出来。例如，淄博电视机厂1985年引进日本NEC生产线与技术，生产"双喜"黑白、彩色电视机，未达设计要求，年产量不足4万台，负债达8 000万元，濒临破产，无奈之下主动向海信提出要求兼并。海信投入流动资金1 500万元，同时以产品技术与制造工艺作为无形资产折价入股，共占有51%的股份；淄博电视机厂则以厂房、设备等实物资产投资，共同组建淄博海信电子有限公司。一举形成年产15万台彩电和15万台黑白电视的生产能力。这使得海信避免了完全兼并带来的历史债务、富余人员、不良资产等棘手的问题。

（4）资产被合作一方或其他方面窃用或私自挪用的风险不大。

2. 松散的（市场）关系

战略联盟的另一个极端是松散的合作关系，两个或更多的组织相互协作但没有正式关系，只是通过一种互相信任的机制来进行合作。这种合作有时是地区性的，如在我国浙江的某些地区，聚集着生产某种产品的很多企业，它们互相依存，形成一定的分工和协作关系，使当地成为生产这类产品的一个中心。这种合作更多出现在机会性的联盟，它们集中于某特定的业务或项目，但却没有长期正式的形式。在这个意义上说，这些联盟更接近于市场关系而不是契约关系。这种形式存在的原因包括：

（1）不需要对资产进行联合管理，即资金、专有技术、专门知识等以不正式的形式汇集在一起。

（2）不容易将资产从相关的企业中独立出来，或者独立出来会产生负面影响。

（3）将包含的资产分散到某独立组织，会有很高的风险，即组织内的另一团体可能私自挪用这些资产。不同组织拥有专门的技能和知识时尤其如此。

3. 契约关系

还有一类是非资产战略联盟，这通过公司之间签订协议而不涉及资产的方式实现。这种联盟可以在采购、生产、产品分销和服务以及市场开发和信息共享等各个方面进行，但不涉及任何资产的分享：签订协议联合开发新产品、新技术，这在开发费用高、产品生命周期短的行业是一个很好的选择；与供应链上的企业建立合作关系、结成联盟，可以缩短交货时间，提高货源质量，降低采购成本；特许经营；分包；许可证贸易、定牌生产，等等。这些中间型的联合都是契约式的，但不涉及所有权关系，产生这些联盟一般是因为以下原因：

（1）特定的资产由于管理的目的能被分离出来，如带许可证的生产制造。

（2）这些资产能从母公司中独立出来以发挥它们的最大效用，例如在难以经营的国家建立分销点或制造企业。

在资产被挪用的风险很小的地方，人们更愿意采用特许经营和许可证经营。在专利保护可以防止许可证持有者窃用专利技术或产品的前提下，就可以采用这两种形式。如果存在被窃用的风险，持久性比较差的常设联合可能更容易引起窃用。在分包经营中，分包商也许已经在相关活动范围内开始经营，也就是说，分包商可能会盗用相关的技术、品牌等去为自己经营而不是为母公司经营。

需要注意的是，应该用同样的方法解释和说明以收购和合并的形式接收全部所有权的原因。下列情况下可能出现收购和合并：①需要对资产进行联合管理；②资产不能从任一公司中独立出来；③资产被盗用的可能性很大。事实上，后两项说明了收购为什么比合营企业更有吸引力。

（四）战略联盟的管理

1. 确定合作的伙伴

这里需要考虑两个因素：一是合作伙伴之间的协同优势或战略配合。高度的战略配合是战略联盟成功最重要的基础，战略配合意味着两个公司的核心能力必须有互补性，并且规模与实力相当。如果合作双方力量悬殊，有可能导致优势一方对另一方的利益侵占，最终使合作破裂。通过合作，企业之间的优势互补效应将逐步显现，企业各自的核心竞争力也会得到增强。二是合作伙伴之间的文化配合。这包括：合作伙伴要有竞合的意识，合作的一方不得试图在背后搞小动作，或去控制另一方；合作伙伴的奉献精神和道德观念要相互适应；合作伙伴的文化敏感性要匹配和灵活，能使合作双方一起有效工作，而且学习彼此的文化差异。企业的规模、优势和必要意识等基本相当时，合作伙伴之间才容易形成平衡的合作关系。

2. 合理的结构设计

选定合作伙伴之后，双方应该对联盟的结构进行设计，这包括联盟的运行机制和管理机制。联盟的运行机制主要包括：双方的供货及接收方式，如实施准时制库存系统；结算的时间及方式；双方生产系统及信息系统的对接方式；新产品开发中的配合方式，或者合作进行零部件的设计来提高质量、降低组装成本，等等。联盟的经营管理机制主要包括：建立良好的解决纠纷机制、有效的沟通渠道，对合作一方希望终止联盟时的程序取得一致意见，等等。

3. 确保长期合作关系发挥作用

长期合作关系是一种双赢的关系，但是这种关系的维系需要采取适当的措施，以确保长期合作关系能发挥作用。下面主要以供应链合作来讨论这一问题。

（1）相互抵押。这是一种合伙人担保信守合约的手段。波音公司和诺思罗普（Northrop）公司之间的合作关系就是靠相互抵押来维持。Northrop 公司为波音 747、767 飞机提供许多零部件，由于为波音公司的特殊需要服务，Northrop 公司不得不对专用资产进行重大投资，由于与这种投资相联系的沉没成本，Northrop 公司依赖于波音公司，而波音公司处于可能违背原先协议的有利地位，它可以威胁把订单转给其他供应商以压低价格。但实际上，波音公司不可能这样做，因为它也是 Northrop 公司军需部门的主要供应商，提供某轰炸机的许多零部件。波音公司也不得不进行专用资产投资为 Northrop 公司的需要服务。双方互相依赖、互相制约，每家公司都握有抵押品，可以作为制约另一家公司的"保险"。

（2）信任承诺。这是支持企业之间发展长期关系的可信任承诺。例如，通用电气是 IBM 先进半导体芯片的主要供应商之一，许多芯片都是应 IBM 要求定制的。为了满足 IBM 的特殊需要，通用电气必须在别无他用的专用资产方面进行重大投资。通用电气公司依赖 IBM，面临着 IBM 可能会利用这种依赖性要求降低价格的风险。通用电气通过让 IBM 签订承诺从通用电气公司购买芯片为期 10 年的合同来降低这种风险。此外，IBM 同意共同分摊研发定制芯片的成本，从而减少通用电气对专用资产的投资。通过承诺长期合约和投入经费研发定制的芯片，IBM 作出了持续向通用电气购买芯片的信任承诺。

（3）维护市场秩序。企业间形成长期关系后可能会过分依赖效率不佳的合作企业。因为不必在市场上为它的业务与其他组织进行竞争，合作企业可能缺少提高成本效益的积极性，必须有一些措施来维护市场秩序。企业通常有两种做法。第一，周期性的谈判，通常 5 年左右一次，合作企业如果不能实践承诺，续订合约可被拒绝。第二,双渠道进货。丰田公司的做法是与两家供应商签订相同内容的长期合约,这可以向供应商发出信号,它可能会被替代。

4. 注重沟通与协作

战略联盟可以给企业带来竞争优势,实现战略目标,但却难以管理,建立和运营联盟过程中有很多问题和困难。成功实施战略联盟必须有联盟合作思维及合作意识,所有与战略联盟形成、运作有关的人员都应清楚地意识到联盟给企业带来的利益和风险,并加强联盟成员之间的沟通、协作,在整体战略及企业文化方面达成共识。

5. 加强学习与吸收

联盟成员应彻底而快速地学习对方的技术和管理,尽快将那些有效的观点和惯例转移到本公司的经营和运作中去。

本章小结:

1. 企业总体战略是通过内外部环境分析,根据企业宗旨和战略目标,依据企业在行业内所处的地位和水平,确定其在战略规划期内的资源分配方向及业务领域发展战略。企业的总体战略主要有三种态势:发展型战略、稳定型战略和紧缩型战略。企业可以通过密集型、一体化或多元化战略进行发展,对于各种可选发展战略或可选发展方向而言,每一个都有不同的发展方式。这些方式可以分为三类:内部开发、并购以及战略联盟。

2. 稳定战略是企业在内外环境约束下,于战略规划期内使资源分配和经营状况基本保持在目前状况和水平上的战略。根据战略目的和资源分配方式,稳定战略又可进一步细分为:无变化战略、维持利润战略、暂停战略和谨慎实施战略。稳定战略的优点为管理难度较小,效益有保证,风险较小。稳定战略是在外部环境稳定的条件下实行的企业战略,一旦外部环境好转,企业自身实力增强,这种战略就不再适用。企业长期实行稳定战略容易使风险意识减弱,甚至形成惧怕风险、回避风险的企业文化。这会大大降低企业对环境的敏感性和适应性,严重影响企业的发展。

3. 紧缩战略是企业从目前的经营战略领域和基础水平收缩和撤退,且偏离起点较大的一种战略。紧缩战略包括转向战略、放弃战略和清算战略。紧缩战略适用于:①大企业战略重组;②行业经济不景气时;③企业内部决策失误、管理不善及经营机制存在问题,削弱了企业在其业务领域的优势和竞争实力。实行紧缩战略的困难在于:判断企业或业务状况较困难,同时存在退出障碍。

4. 密集型(加强型)发展战略。密集型发展战略是指企业在原有业务范围内,充分利用在产品和市场方面的潜力来求得成长的战略。这种战略包括市场渗透、市场开发和产品开发,有时又被统称为加强型战略,因为它们都要求企业提高努力程度,以加强现有业务的竞争地位,都有各自的适用性和实施措施。

5. 一体化战略是指企业充分利用在产品、技术、市场上的优势,在经营领域内向深度和广度发展的战略。一体化分为纵向一体化(前向一体化、后向一体化)和横向一体化。

6. 纵向一体化的优势在于以下四点：降低产品成本和增大利润；产生以差异化为基础的竞争优势；增加生产经营的稳定性；提高进入障碍。但是纵向一体化战略也存在许多问题，如提高公司在本产业的投资，增大风险；减弱降低成本、改进技术的积极性；降低公司满足顾客产品种类方面需求的灵活性；价值链各阶段生产能力不容易保持平衡；增大管理难度等。对此，一些纵向一体化企业纷纷采取外包战略。

7. 横向一体化战略。横向一体化是指将生产相似产品的企业置于同一所有权控制之下，兼并或与同行业的竞争者联合，以扩大规模、降低成本、提高企业实力和竞争优势。但是，横向一体化战略也会带来一些问题，最主要的是管理问题和政府法规限制。

8. 多元化战略是指企业高层制定多项业务组合，为公司涉足不同产业环境下的各类业务制定的发展规划。多元化公司各项事业的关联程度不同，多元化类型不同，除了单一事业型和主导事业型公司，充分多元化的企业可被分为相关约束型、相关联系型和不相关型三类。

9. 相关多元化战略是指企业为了追求战略竞争优势，增强或扩展已有的资源、能力及核心竞争能力而有意识采用的一种战略。企业实行这种战略将增加新的、但与原有业务相关的产品与服务，这些业务在技术、市场、经验、特长等方面相互关联。相关多元化的战略匹配关系可给企业带来优势。战略匹配存在于价值链非常相似以至能为公司各方面带来机会的不同经营业务之间，它主要从两个方面给相关多元化的企业带来优势：一是产生范围经济；二是增加市场力量。相关多元化战略的适用条件和实现方式都与能否产生这两种优势相关。

10. 不相关多元化战略是指公司进入与原有行业不相关的新业务，公司经营的各行业之间没有联系。不相关多元化的优势主要来自寻求有吸引力的财务经济性，以求分散经营风险，最大限度发挥财务资源作用，使获利能力更稳定，增加股东财富。不相关多元化战略是否适用主要取决于能否产生上述优势。不相关多元化的弱点是管理难度大、不存在战略匹配利益。不相关多元化要想增加股东价值，公司管理层必须在创建和管理多元化的业务组合方面具有高超技能。

11. 多元化战略的动因。企业实施多元化战略是为了增强企业的战略竞争优势，从而使企业的整体价值得到提升。同时还有政府法规、寻求新业务增长点和降低企业风险等非提高企业价值的动机，以及管理者的消极动机。

12. 内部开发也称内部创业，是指企业通过内部创新，以开发新产品、建立新生产能力进行发展。企业在运用密集型发展战略时，常采用内部开发方式。

13. 并购是合并和收购的简称。企业并购的主要原因是希望通过并购增强市场力量、克服行业进入壁垒、加快市场进入速度，从而取得竞争优势。并购方式、方法包括直接收购、间接收购、现金并购、股票并购和综合证券并购。并购中的问题主要包括：①企业整合困难；②超值购买；③高额借债；④过度多元化；⑤公司规模过大；⑥管理者关注过多；⑦创新能力减弱。并购是一种有较高风险的战略，有效的并购可以增强企业竞争能力，为企业创造价值。有效并购需要以下条件：资产互补；出售不良资产；注重创新；保持灵活性和适应性。

14. 战略联盟是企业之间通过一定方式形成合作关系，使它们的资源、能力和核心竞争能力相结合，从而实现各方在设计、制造、产品和服务上的共同利益。企业组建战略联盟的动机包括：扩大市场份额；迅速获取新的技术；经营国际化；降低风险。战略联盟的形式包括合资企业、契约关系和松散关系。选择哪种形式受资产管理、资产独立性和资产挪用性三个因素的影响。战略联盟的管理应注意：合作伙伴的选择；设计合理的组织结构；确保长期的合作关系发挥作用；注重沟通与协作；加强学习与吸收。

思考与练习题

1. 简述密集型发展战略的类型和适用条件。
2. 简述稳定战略的类型、适用条件及其缺点。
3. 企业为什么会采取纵向一体化战略，这种战略可能会出现什么问题？
4. 为什么许多企业开始采取外包战略？
5. 相关多元化与不相关多元化的动机有什么不同？
6. 并购容易发生什么问题？
7. 如何避免并购中的问题进行有效的并购？
8. 试论战略联盟的管理。

案例分析

案例1：THG 公司的战略[①]

（一）新加坡手表市场和它的进化

20世纪70年代早期，新加坡手表一般在北桥路、南桥路和高速路地区（商业购物区）一带的商店里零售。这些商店多为家庭经营，其他家庭成员是主要的雇员。除了手表，这些商店还出售一些其他商品，例如眼镜、钢笔等，一些商店还为商品提供修理服务。此时，新加坡刚刚开始工业化，消费者的口味比较单一，他们看重手表的计时功能。钟表零售市场充斥着日本的石英表，竞争异常激烈。整个市场非常分散（无主导力量），进入壁垒很低。激烈竞争导致大多数竞争者规模相似。

---

① 本案例转引自库林特·辛格，等. 战略管理：竞争与全球化（亚洲案例）[M]. 北京：机械工业出版社，2005. 本书略有删改。

(二) THG 公司的建立和最初的成功

泰夫人进入钟表零售行业是通过她丈夫的家族产业。泰先生的家庭经营一家钟表店在新加坡的分销业务。泰夫人计划开一家豪华的钟表商店，这一想法在 1979 年变成现实。泰夫人和她的丈夫在新加坡当时最重要的购物中心开设了 THG 的第一家分店。THG 获得了四家主要供应商的支持，他们分别是尊达表（当时钟表设计的一颗新星）、劳力士、欧米茄和卡地亚。第一家店的反响良好，营业的第一年，THG 创下了 600 万新元的销售数字，次年，这一数字翻了三倍。

那时，新加坡正在一天天地繁荣起来，手表反映了一个人的品位和生活方式，特别是劳力士，它甚至成了财富和地位的象征。企业家通常被描绘成"开着奔驰，戴着劳力士"的一群人。邻近的东盟地区国家此时正在推行进口替代政策，这些国家的富人们齐聚新加坡，购物狂欢，他们形成了名表的重要客户群体。亚洲的逐步富裕使之成了名贵手表的一块巨大市场，THG 确定了战略，那就是迎合这一目标市场中极其富有的本地人和观光客们的需要。对 THG 来说，另一个有利因素是还没有太多竞争者进入这一细分市场，此后，THG 在新加坡开设了更多的分店。

(三) 组织原则

泰夫人塑造了 THG 的组织原则。她相信管理一家企业其实就是管理好一群人以及他们的关系、感受。她的哲学是一个组织在功能上应该像一个家庭。THG 还和服务质量中心（新加坡航空公司的一家分支机构）签署了合同，请他们帮助培训员工，以提高员工对顾客的服务水平。还有一些其他培训项目包括"零售技巧""有效的零售""零售监控管理"。公司非常注重通过培训将员工留在 THG。公司的许多经理都供职超过 10 年，THG 的员工年流动率仅为 1%~2%。

THG 采取一种相对扁平化的组织。原本用来显示权力和控制的头衔被责任头衔取代。例如，管理人员称"教练"或"领导"，管理人员办公室称"支持机构"。这种做法在员工与管理层之间以及员工内部营造了一种非正式的、近乎私人的工作环境和沟通氛围。公司期望这样的快乐环境能更好地激发员工的能量，从而更好地满足顾客的需要。

泰夫人还坚信通往成功的另一个关键是信息共享。每一个零售单元作为一个利润中心，全部利润共享的同时，每个单元被允许作出与它经营相关的全部决策，另外在所有分店中得到共享。THG 没有任何中间管理层，这样可以有效地降低成本。

正因为较小的规模、扁平的结构和一个果断的管理层，THG 通常能很快地抢占先机。比如，THG与大马集团在印度尼西亚建立的合资企业是在泰夫人15分钟考虑、与高层人员两个会议后敲定的。

（四）营销战略

THG成功的另一个重要原因是它拥有一套整合营销计划。THG依赖一个四部分组成的营销战略。它致力于为一个广泛的细分市场提供产品和服务。它战略性地将其分店设在主要商业购物区内，并为它的分店设计与众不同的外观，投入精心打造的视觉广告。

在THG发展早期，它零售昂贵、特制的钟表，并只为富有的顾客服务。它相信那些富人们总会有钱来购买它的产品。泰夫人曾经说过："我们让人们觉得他们购买的并不仅仅是钟表，而是一项投资、一件首饰、一件收藏品或是一个祖传的宝物。"接下来，THG把自己定位成一个装修豪华、出售名贵手表的精品店，它还强调与世界顶尖手表品牌的联系。现在，THG已逐渐拓宽了它的经营范围，开始涉足一些大众化的手表产品线。

为了塑造高档手表精品店的形象，THG店面内铺有地毯，并以画廊那样的方式展示手表。训练有素的职业销售人员把有关产品的信息和知识传播给顾客。精品店的管理人员与客户关系融洽，员工熟知许多顾客的名字。分店的高水准服务是THG的一个骄傲。THG流传着这样一件事：一个销售人员为了拿到一个并不在店内的顾客所需的手表型号，打了六个电话、发了两个传真、乘出租车跑了三趟。THG店内的手表品类十分丰富，从而给顾客更多的机会来比较各种各样的型号和品牌。THG的精品店还出售精美的瓷器和文具。

THG有许多回头客，这些顾客会推荐朋友和熟人来购物，大约80%的THG顾客都是得到这样的建议后来的。THG还利用一些非常规的手段来进行广告和促销，如举办鸡尾酒会。THG坚信鸡尾酒会是与客户沟通并让他们感受手表的外形和气质的绝佳途径。这些特殊的邀请一般只发给公司的老主顾。举办"发布会"或是"展示会"是THG营销战略的另一方面。在这些活动上，来访者能够看到各种各样品牌最新款式的手表，以及THG所有的手表产品。展示通常会在繁华街区举行并且无需入场券。THG还热心慈善事业，如捐献一些老式手表给慈善基金。泰夫人还是新加坡妇女互助组织的创立者和主席。

1997年，THG在乌节路上的喜阁购物中心新开了一家名叫运动的概念商店。该店出售品牌运动手表给16~30岁年龄段的人们。

（五）海外拓展

对于海外，THG把澳大利亚选作它的首要目标，这是因为大批的日本观光客到了那里，却发现没有什么可买的。1988年，它成立了两家子公司——手表画廊控股公司和手表画廊公司。1990年，THG认识到它需要积极在新加坡以外的市场寻求新的增长点。1996年6月，THG进入了印度尼西亚、泰国、中国香港、日本、美国等市场。

THG从它的海外业务中得到了多重收益。1999年，在2.44亿元的总营业额中，1.42亿元来自新加坡，0.83亿来自亚太地区，0.16亿来自欧洲。与之相应的是，1996年，4.34亿新元的总销售收入中，有3.6亿元来自新加坡。在单个市场上，THG也有所收获。THG的澳大利亚分店从一开始就盈利颇丰，其中一个原因在于，那时大多数的澳大利亚手表零售商处境艰难，当地并没有专门经营名表的零售商。澳大利亚成为THG在新加坡之外最大的市场。THG在美国运营的第一年，它的销售上涨了200%，达230万新元。它在香港分店的销售水平两倍于其在新加坡的对手。

（六）多元化

虽然公司作为一个钟表零售商的角色非常成功，THG却始终等待着多元化的机会。1990年，它开始对一些新的领域进行投资，目标是向与休闲和生活方式相关的行业多元化发展。例如，1989年7月，收购Milano的比萨饼业务；1990年3月，拥有与伊丽洁公司、NY的合资企业60%的股份，生产和销售香水；1990年4月，收购宝塔唐人街公司，计划参与马来西亚的地产开发项目；1993年8月，在墨尔本市中心以200万澳元收购了一块地产；1990年6月，收购新加坡蒙迪爱尔珠宝店60%的股份；1993年12月，在与鲍姆工作室的合资企业中占有70%的股份，在新加坡和澳大利亚新开了一系列的瓷器行。

然而，其中一些多元化举措并没有带来预想的结果。THG花了相当大的力气对Milano进行重组和重新定位，涉及Milano从连锁快餐店到廉价意大利餐馆的各项业务。1990年，THG耗资200万新元为Milano新开了一家分店。1992年，Milano遭受了180万新元的亏损。在许多观察家看来，Milano和THG的结合并不美好。但当被问及怎样使Milano融入THG的总体战略时，泰夫人解释说，Milano的连锁快餐店为THG生活休闲类业务提供了扩展的途径，她对"消化"Milano很有信心，因为Milano不过是"另一种待销的产品"。但在THG旗下，Milano从来没有盈利过。1995年，Milano的销售额达801万新元，亏损177万新元。泰先生说："比萨业比我们预想的要困难得多。"THG最终把五家Milano的比萨店出售给了康纳比萨店。剩下的六家Milano餐馆以及Milano品牌于1996年2月以低价卖给了水印投资公司。在这一财年结束的1996年3月31日，THG遭受了268万新元的巨额亏损，THG 把它归咎于 Milano 餐馆的销售不力。泰先生说："放弃 Milano 使我们的管理层能够把主要精力和资源放在集团的核心业务上。"

(七) 后向一体化

从零售开始，THG 整合了手表制造业和批发业，这让 THG 成为一家涉足手表制造、销售全过程的企业。

THG 在中国香港、美国纽约以及日本均有批发业务。因为下面的一些原因，批发是 THG 进入外国市场时比较偏爱的模式。第一，开发批发业务几乎不需要本地雇员，而且由于不必在店面、设备上投资，节省了大量的资金。第二，批发不像零售那样受制于政府的管制。亚洲国家政府通常要求外国企业与本国企业进行合作。第三，开展批发业务使 THG 在进一步进入一个市场前能够了解并研究该国的市场。1999 年，泰先生称批发业务收入占到集团总收入的 30%。他还预计，3 年内批发业务收入占集团总收入的比重将超过 50%。他说："如果我们有更加充足的市场容量，这项业务将收益更多，因为它几乎没有日常开支。"

1994 年，THG 出价 250 万新元收购了一家瑞士手表制造商——丹尼尔·罗斯 51% 的股份，该公司在制造超薄型手表方面负有盛名。1996 年，THG 又收购了尊达表 66% 的股份，该公司是最精密、昂贵手表的知名制造商，收购金额达 1 122 万新元，几乎是这家公司的净资产总额。人们期望这桩收购达到双赢的结果。通过向 THG 出售他们的大部分股权，瑞士的制表商们得到了资金，而这正是他们所缺乏的。此时，瑞士手表的全球出口出现了暴跌，1996 年的销售数字只比 1992 年增长了 2.5%，这也让广告和促销投入捉襟见肘。被收购公司的管理层似乎对并购持乐观态度，尊达表的主管杰考特先生称："大多数试图收购手表公司的企业其实并不熟悉本行业的产品和业务。THG 是手表制造商的最佳选择之一，因为他们不光懂业务，而且对产品管理也很在行。"

THG 在这些收购中有诸多动机，同时它还确认了一些潜在的协作来源。对制造业的后向一体化使得 THG 可以与制造商进行竞争，而不只是同零售商或是批发商进行竞争。通常，手表的零售价格大约是制造成本的五倍。对世界流行趋势和国际市场的更好了解使 THG 成为潮流的领导者，甚至流行的创造者（通过很好地控制设计和生产），而不是只能等待制造商供货的跟随者。THG 对零售市场的了解还可以使瑞士的手表制造商减少一些徒劳无益的生产。这一举动同样是 THG 战略的一部分，该战略旨在为那些"超级富有"的顾客提供定制的手表以满足他们的需求。尊达表自给自足的生产车间在实现这一战略时显得特别有用。THG 还通过为中间市场提供"买得起的"手表来帮助他们的两个瑞士制造子公司开源增收。由于这两家制表商产品线的扩展，THG 期望尊达表的销售增长 100%，丹尼尔·罗斯的销售增长 25%。

另一方面，还有许多问题有待解决。手表的制造是以手工艺为基础的，很难达到规模经济效应。虽然在任何制表商的产品线上都有几款经典款式的手表，但大多款式还是受制于时尚工业的变化无常。某一特定款式的生命周期有时是非常短暂的，一款新式手表并不能保证商业上的成功，即使是出身名门也不例外。总的来说，这些昂贵的瑞士手表被厂家以赊销的方式出售给全世界的批发商，这加剧了制造商的资金短缺。如果手表没有在规定的期限内销售完，瑞士的制表商们就得从批发商那里回收没有售完的款式。最终，成功地引入一款新表需要在市场和促销方面花费巨额资金。

并购完成后不久，THG 着手开展潜在的协作。1996 年 9 月，在 THG 开始掌管公司事务后不久，尊达表开始制造廉价系列手表。丹尼尔·罗斯在 1997 年 4 月也引入了低价系列手表。例如，不锈钢系列的起售价是 6 000 新元，金表系列的起售价格也对折到 12 000 新元。而在被 THG 收购之前，丹尼尔·罗斯生产的手表零售价在 2 万新元到 20 万新元之间。"在过去，尊达表和丹尼尔·罗斯手表主要是提供给那严肃的收藏家、鉴赏家，他们极度忠诚，也极为富有。现在，年轻的白领们也想成为这些手表的收集者，所以我们要把手表造得更便宜一些。"泰夫人这样说。1997 年，尊达表期望生产至少 5 000 件手表，这是上一年产量的五倍。丹尼尔·罗斯也希望产量比上一年的 400 件翻倍，达到 800~1 000 件。

THG 开始在一些新的市场（如美国、中国台湾、中东、伦敦、巴黎）和一些重新焕发生机的市场（如意大利、日本）进行分销。"但当我们开始生产低价手表时，更多的收藏者被吸引到这个市场上来，这一沉睡的市场由此被唤醒了。"泰夫人说。集团希望从 1997 年开始在俄罗斯分销这两个品牌。

然而，并购在财务上是有利有弊的。它在欧洲的手表制造公司一直不能盈利，而亚洲金融危机更是使之雪上加霜，亏损额达 1 220 万新元。但是泰夫人对此仍信心十足，她认为，亚洲金融危机终会过去，新的繁荣就要到来了。

（八）亚洲经济危机和它对 THG 的影响

亚洲经济危机的导火索是 1997 年 7 月的泰铢贬值，它导致了外界对泰国货币和经济失去信心。在随后的几个月里，这种信心不足相继蔓延到亚洲其他国家，如马来西亚、印度尼西亚、韩国等，自由贸易导向的新加坡、中国香港也未能幸免。许多亚洲国家的货币和股市显著贬值和下跌。由于外资流入的减缓，商业发展也跌到低谷。大多数遭受危机的国家经济在第二年（1998年）都陷入了不景气，印度尼西亚和韩国尤为严重。危机对奢侈品制造商和零售商的影响非常严重，因为他们依存于该地区的富有顾客。例如，THG 的销售 70% 来自东南亚、日本、中国等地区。1998年，中国香港手表业衰退 22%，印度尼西亚衰退 97%。在这一年，泰夫人告诉记者，公司的手表销售显著下降，而当初预计顾客在时装表消费上本该花费 30 万~100 万新元。泰夫人还预计未来几年里市场会缓慢复苏。她说 THG 已经辞退了 20% 的新加坡员工，削减了管理人员的薪金，以此来应对经济衰退。公司还将它的股票周转期从原来的六个月缩短到三个月。1999年，泰先生说，这些削减成本的手段每年会为公司节省 200 万~300 万新元的开支。经济发展良好的国家（如美国和澳大利亚）的强劲需求有助于 THG 克服一些危机中的不利因素。THG 还计划增加它在欧洲和美国的投资，这些地区的销售以往只占到公司总销售额的 20%。

1999 年 4 月，泰先生说公司计划在未来的 2~3 年内支出 1 500 万新元用于扩展业务，包括在泰国和中国香港新设分店以及在名贵手表零售和批发业里争夺市场份额。业内观察家们普遍质疑如此激进的扩张是否合理。现在（特别是在它的欧洲业务持续亏损的状况下），对 THG 来说难道不是一个巩固业务、理性思考多元发展思路的绝佳时机吗？

案例讨论：

1. 分析 THG 创业初期成功的原因。
2. 评析 THG 的发展过程。
3. 请评价 THG 的一体化和多元化战略。
4. 请为 THG 制定下一步的战略。

案例 2：制铝业如何才能降低受挟制的风险？[①]

用于制铝的铝矿石中的金属含量和化学成分因矿而异，所以每种类型的矿石都需要专门的冶炼厂。也就是说，冶炼厂必须按照特定类型的矿石来设计。据报道，为某一种类型的铝土矿设计的冶炼厂如果用来冶炼另一类型的铝土矿，生产成本会提高 20%~100%。因此投资专门的炼铝厂生产产品的成本取决于铝土矿石是否适合。

想象一下，一家制铝企业必须决定是否投资专门设计冶炼某种类型矿石的炼铝厂。再进一步假定，这种矿石是唯一的铝土矿企业生产的，使用不

---

① C.W.L. 希尔，G.R. 琼斯. 战略管理 [M]. 孙忠，译. 北京：中国市场出版社，2005.

同类型的矿石会提高50%的生产成本。因此，制铝企业投资的价值取决于它必须支付给这一铝土企业的价格。认识到这一点之后，一旦该制铝企业投资于新的冶炼厂，有什么理由能够阻止铝土矿企业提高铝土价格呢？没有。一旦它投资了，制铝企业就会受制于铝土供应商。铝土矿企业知道，只要制铝企业的生产总成本上涨不超过50%，制铝企业将继续购买它的铝土，它可以大胆提高价格。因此一旦制铝企业作出该投资，铝土矿企业就能够敲制铝企业的竹杠。

而制铝企业如何才能降低受挟制的风险？有一种方案是把铝土矿买下来。如果制铝企业能够购买铝土矿企业，或者买下那家企业的铝土矿，它就不必担心投资了炼铝厂之后铝土价格会上升。

案例讨论：
1. 这个方案是一种什么战略？
2. 你认为这个方案可行吗？其收益是什么？
3. 这个方案的风险是什么？

第五章 基本竞争战略

学习要点与要求：

1. 理解五种基本竞争战略的概念。
2. 重点掌握成本领先、差异化和集中化三种竞争战略，包括其适用条件、建立途径、成功关键、风险和误区。
3. 思考在现实经济生活中有无成本领先与差异化整合的实例，这种战略的主要风险是什么？
4. 掌握企业应如何根据自己的优势条件选择合适的竞争战略。

第一节 成本领先战略

一、基本竞争战略

企业基本竞争战略主要解决如何在特定的产业或市场中参与竞争，赢得竞争优势，改善竞争地位的问题。具体来说，它要回答两个问题：①企业应当依靠何种竞争优势（如低成本或差异化）去竞争？②企业应当面向广大的市场，还是寻找一个比较狭窄但仍有利可图的细分市场？企业通常在五种基本战略中进行选择：成本领先战略、差异化战略、集中成本领先战略、集中差异化战略和最优成本供应商战略，如图5-1所示。这五种战略中的每一种战略的有效性取决于企业外部环境中存在的机遇和威胁，以及企业利用自身独特的资源、能力和核心竞争力的可能性。

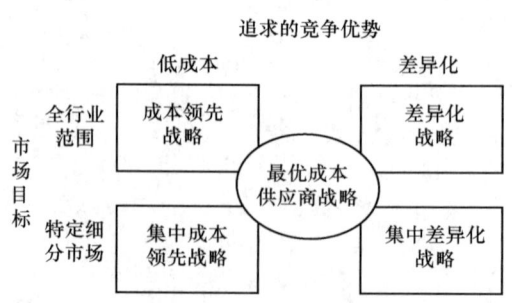

图5-1 五种基本竞争战略

二、成本领先战略的优势和适用性

（一）成本领先战略的含义

成本领先战略通过设计一整套行动，以最低的成本生产提供为顾客所接受的产品和服务，成为行业中的成本领先者。这里有两点要注意，一是成本领先的企业相对于竞争对手往往会采取低价格，但并不是低质量，而是在同等质量下的低价格；二是成本领先并不意味仅获得短期成本优势或仅削减成本，而是一个可持续成本领先的概念，从而企业可以通过其低成本地位来获得持久的竞争优势。

（二）成本领先战略的优势

从国际范围来讲，20世纪70年代，随着经验曲线概念的流行并得到日益普遍的应用，成本领先战略逐渐为很多企业采用，许多著名公司采取了成本领先战略，如国外的沃尔玛、丰田汽车公司和我国的许多家电企业（如格兰仕）。赢得总成本领先地位的企业有更强的实力化解波特提出的五种竞争力的威胁，进而赢得更大的利益。

1. 成本领先企业在与本产业竞争对手的博弈中处于有利位置

当其他企业的利润空间消失时，成本领先企业仍然能够获得收益。低成本优势可以有效防御竞争对手的进攻，因为一旦拥有成本领先者的优势，竞争对手就很难在价格上与其竞争。

2. 成本领先企业具有抵御强大买方威胁的能力

尽管强有力的买方可以迫使成本领先者降低价格，但这个价格一般不会低于行业内第二有效率的竞争者的平均利润水平。否则会迫使第二位竞争者退出该市场，使成本领先者处于更有利的位置。

3. 成本领先企业面对卖方的威胁也具有较强的应对能力

这是因为当卖方涨价时，低成本企业通常有较高的灵活性。

4. 成本领先企业易于规避新进入者的威胁

低生产成本，意味着高进入壁垒，在低成本壁垒面前，新进入者往往束手无策。

5. 成本领先企业在与替代品企业的竞争中处于有利地位

拥有低成本优势的企业可以通过降低产品价格的方式提高产品的性能–价格比，以抵御替代产品的威胁。

（三）实施成本领先战略的适用条件

成本领先战略的理论基础是规模效益和经验曲线效益（即单位产品的成本随累积产量的增加而下降），这要求企业的产品具有较高的市场占有率，否则大量生产将毫无意义。同时，不大量生产也就不能使产品的成本降低。成本领先战略在下列情况下尤其适用：

（1）市场中有很多对价格敏感的消费者。

（2）行业所提供的是一种易得到的标准化产品，产品差异小，不同的品牌对消费者不会产生较大的影响。

（3）消费者的转换成本很低。消费者从一个企业转向另一企业所承担的成本较低时，他就具有较大的灵活性，从而容易转向同质量低价格的企业。

（4）现有竞争企业之间的价格竞争非常激烈。

（5）消费者具有较大的降价谈判能力。

三、实现成本领先战略的途径和关键因素

（一）实现成本领先战略的途径

前面我们讨论了获得成本竞争力的战略选择，这里将进一步阐述。要获得成本优势，公司价值链上的累积成本必须低于竞争对手的累积成本，达到这一目的有两个途径：一是比竞争对手更加有效地管理企业价值链各种活动的成本因素；二是改造公司的价值链，省略或跨越一些高成本的价值链活动。具体可以采取以下几种措施：

1. 控制规模

成本领先战略往往在那些规模经济明显的行业中采用，通过兼并、生产线延长、市场扩张或市场营销活动来扩大规模，以此带来成本的降低；企业再用较低的价格获得更大的市场占有率，再进一步扩大规模，从而进入良性循环。规模经济对成本领先的作用还体现在经验曲线效应上，大量的实证研究表明，在给定的设备条件下，随着累积产量的上升，生产和管理经验也上升，因为熟能生巧，单位成本下降。在很多行业中，累积产量每翻一番，单位成本将下降20%。

2. 控制采购

采购活动对于各种活动的成本具有重要的潜在影响，应设法改进来降低成本：运用采购政策提高讨价还价的能力，如保持一定数目的供货来源使供应商之间产生竞争；不时改变各供应商份额、签订年度合同代替经常性、小规模购买等。

3. 技术创新

对技术的投资会使成本驱动因素向着有利于企业的方向倾斜。新技术通常能为成本优势打下基础，技术创新也可能使竞争对手的优势丧失殆尽。

4. 营销创新

营销方面的创新也可使企业获得持久的成本优势，包括用直接销售替代间接销售，选择新的销售渠道、广告方式、广告媒体，等等。

5. 控制联系

企业可利用其内部各种价值活动之间的联系，提高自己的成本地位。企业可与供应商和销售商合作，必要时与之一体化，以加强协作降低成本。

6. 均衡生产能力利用率

找到价值链中均衡生产的方法，企业通常能够提高生产能力的平均利用率，这包括：

（1）旺季高定价。在销售旺季通过提高定价、增加收益，放弃部分市场份额；在销售淡季时再重新夺回高市场份额。

（2）市场营销活动。例如，销售淡季时增加促销并为产品寻找淡季用途。

（3）选择更具稳定性的长期客户或反季节、反产品周期的客户，以均衡产量。

（4）让竞争对手去占领需求波动大的部分市场。

通过以上措施，企业除了平稳产量波动外，还可降低与产量波动有关的成本，始终保持成本领先的地位。

7. 控制时机选择

当一个企业面对行业中的新兴市场时，先进入或后进入的时机选择对成本有很大影响。新兴市场中的先入企业通过占据最佳的地理位置，率先得到最佳员工，同优秀的供应商、销售商取得联系或得到专利等手段，可能会取得持久的成本优势，但同时也会遇到先入的经济成本问题。相反，后入企业通过观察和跟随先入企业，可减少市场开拓的成本和风险，获得后入的经济成本优势。但后入企业如果时机把握不准，一旦市场发育成熟，建立起进入壁垒，进入市场的战略窗口也就关闭了。

8. 控制地理位置

企业厂房设施的地理位置会影响各种资源的获得成本，价值链上不同活动之间以及这些活动同客户、供应商之间的地理位置，通常对人力资源成本、后勤效率和货源等因素有很大的影响。厂房设施地理位置好的企业常常会取得很大的成本优势。

9. 重组价值链

通过价值链的重组，可以使相对成本地位产生重大的转变。重组的原因包括：简化产品结构设计、不同的生产工艺、自动化程度的差异、新型原材料、一体化的重大差异等。为确定一种新的价值链，企业必须对自己的价值链以及竞争对手的价值链进行仔细研究，寻找到以不同方式进行经营的创造性选择，从根本上重新构造、优化企业成本体系的价值链。

（二）成功获得低成本领导地位的关键因素

如果管理者的战略意图是追求低成本，下面几点是成功的关键因素：

1. 建立注重成本的企业文化

成功的低成本厂商通过不厌其烦地寻求整个价值链上的成本节约来获得成本优势，必须建立注重成本的企业文化，使节约每一分钱的观念深入人心，成为一种自觉的行动。员工应广泛地参与成本控制，不断地将自己的成本同某项活动的最优成本展开对标，深入地审查运作费用和预算要求，制定各种不断降低成本的方案。还要做到企业管理层次较少，组织机构精简高效，经理人员额外福利不多，各种设施充足但不浪费，等等。

2. 准确地把握成本驱动因素

每个行业中的关键成本驱动因素都不尽相同，如规模经济，经验和学习，生产能力的利用率，关键资源投入成本，技术创新（产品或工艺），工厂的地理位置，与公司中或行业价值链中其他活动的联系，纵向一体化程度或专业化程度，新产品或新技术的使用时机，等等。企业必须准确地把握关键的成本驱动因素，管理价值链上的每一项活动；必须积极地重组价值链，再造业务流程，取消非关键的工作步骤。

3. 积极地投资建设低成本所需的那些资源和能力

低成本厂商虽然提倡节约，但又积极地投资建设有希望降低成本的那些资源和能力。例如，沃尔玛在所有的经营运作中都使用最现代化的技术，它使用在线计算机系统从供应商那里订货和管理库存，它的商店装备有先进的销售和检查系统。同时，它有一个自己的私人卫星通信网络，每天向数千个供应商传递销售点数据。

4. 严格的成本控制组织体系和管理

追求成本领先的企业必须有结构严密的组织和明确的责任，严格的成本控制机制，以目标管理为基础的激励制度，等等。同时，这些企业有连续一致的人力资源管理政策以降低员工的周转成本，通过集中而有效的培训计划来不断提高员工的工作效率。

四、成本领先战略的风险和实施误区

（一）成本领先战略的风险

成本领先战略的公司要保持这一地位，往往要为设备现代化投资，坚决放弃陈旧的资产，避免产品系列过度扩展，并对技术上的进步保持敏感等。成本领先战略的风险包括：

（1）技术的迅速变化可能使过去用于扩大生产规模的投资或大型设备失效。成本领先企业往往在原有工艺上投资巨大，一种新型工艺的出现可能导致原有工艺的无效。例如，晶体管的发明和投产使原来大规模生产电子管的企业蒙受重大经济损失。

（2）过于强调削减成本可能会导致公司忽视顾客需求或对有关问题漠不关心。如果一味强调不断削减成本，成本领先战略的企业经常难以洞察顾客需求的重大变化以及竞争对手在本无差异的产品上所作的差异化努力。这是成本领先战略的最危险之处——虽然企业生产的产品物美价廉，却不为顾客所欣赏和需要。采用成本领先战略时，公司要持续地把成本降到低于竞争对手的水平，同时也要重视顾客认为重要的差异化，如果片面追求低成本而忽视了产品的独特性，企业的产品与竞争对手的产品相比差距较大，那么会在很大程度上失去对顾客的吸引力。

（3）仿效使成本领先者的优势丧失。行业中的新进入者通过模仿并总结前人的经验及购买先进的技术设备可大大降低生产成本，以更低的成本参与竞争。例如，20世纪70年代初期，阿迪达斯制鞋公司在跑鞋制造业占据统治地位，但后起之秀耐克公司通过卓有成效的模仿，在产品多样化的同时，依靠外包生产制造环节，在低劳动成本地区实现小批量、多样化生产且仍保持成本领先的优势。1982年，耐克占据了美国跑鞋市场的33%，而阿迪达斯的市场占有率却降到了20%。因此，成本领先的企业要注意提高新进入者的进入壁垒。

（二）成本领先战略实施中的误区

行业内竞争激烈，许多企业都致力于降低成本，取得成本优势。但一些机会往往会被忽视掉。下面列举一些常见的错误：

（1）精力集中于生产活动成本，对于市场营销、服务、技术开发和基础设施等活动的成本却很少顾及。要知道，总成本中有相当大的一部分是由上述因素产生的，经营单位若认真审视整个价值链，往往会有许多降低成本的新选项。

（2）只抓内部成本控制，对外部采购成本放任不管或只关注一些关键原料的采购。许多采购人员缺乏专业知识和积极性，没有动力和能力采购质量上乘、价格合适的原料或零部件。外购投入与价值链上其他环节的关系往往不为人所识，对大多数企业来说，采购方式只要稍加改进，就能产生成本上的效益。

（3）未能进行全面的成本控制。降低成本的规划只集中在规模较大和直接的活动中，对那些间接的或占成本比例较小的部分不够重视。

（4）忽视影响成本的所有活动之间的联系。不可机械地要求每个部门都同比例地降低成本，有些部门成本的提高可能有利于总成本的降低。例如：对研究开发的投入会带来效率的提高，能降低总成本。

（5）忽视创新。为了降低成本，只在现有的价值链上进行增值改善，却忽视寻求重新配置价值链的途径，以致效益不能有所突破。增值改善可能会到达收益的递减点，而重新配置价值链却能进入一个全新的成本水平。

第二节 差异化战略

一、差异化战略的优势和适用性

（一）差异化战略的含义

差异化战略通过设计一整套行动，生产并提供一种顾客认为很重要的与众不同的产品或服务，并不断地使产品或服务升级以具有顾客认为有价值的差异化特征，形成竞争的优势。差异化战略的重点不是成本，而是不断地投资和开发顾客认为重要的产品或服务的差异化特征。差异化战略的企业可以在很多方面使自己的产品不同于竞争对手，而且企业的产品或服务与竞争对手之间的相似性越少，企业受竞争对手行动的影响也就越小。

（二）差异化战略的优势

企业成功地采用差异化战略同样能够形成应对五种竞争力量的优势，在激烈的市场竞争中获得超过平均水平的利润。

（1）通过降低顾客的价格敏感程度来抵御行业内的竞争。企业实施差异化战略，能够利用消费者对品牌的忠诚带来的价格敏感性下降，避开产业中的激烈竞争。如茅台、五粮液等名酒在忠实顾客眼中有品质、文化等多方面的吸引力，虽然售价较高且一再提高，一些消费者仍愿意购买。

（2）增加企业讨价还价能力。产品的差异化可使购买者难以比较选择或面临较高的转换成本，从而依赖于企业，降低购买者讨价还价的能力。另外，产品的差异化可为企业带来较高的边际收益，增强企业对付供应商讨价还价的主动性和灵活性。

（3）形成进入障碍。顾客对企业产品的信赖及忠诚可形成强有力的行业进入障碍。如果行业内有新的竞争者加入，它必须克服原产品的独特性对顾客的影响，并扭转顾客对原产品的信赖，这增加了新竞争者进入的难度。

（4）防御替代品的威胁。差异化战略可以通过提高产品的性能来提高产品的性能—价格比，建立起顾客对产品的信赖，使得替代品无法与之竞争。

（三）差异化战略的适用性

（1）公司有很多的途径创造产品与竞争对手产品之间的差异，同时购买者认为这些差异有价值。

（2）顾客对产品的需求和使用方式多种多样。

（3）只有少数竞争对手会采取与本企业类似的差异化行动，企业能较迅速地实施差异化战略且竞争对手进行模仿时要付出高昂的代价。

（4）行业技术创新很快，竞争方式主要集中在不断推出新的产品。

二、实现差异化战略的途径和关键因素

（一）实现差异化战略的途径

实施差异化战略必须把创造价值所需的各种活动有机连接起来，经常采用的使产品或服务差异化的途径如下：

1. 产品特性带来的差异化

影响顾客知觉最直接、最直观的方式是凸显或改变产品的客观特性。这可以从多方面着手，主要包括产品的外观、性能、质量、可靠性和耐用性、安装与操作难度、产品复杂性，产品组合，产品定制等方面。

2. 服务与支持带来的差异化

服务与技术支持水平是形成产品差异化的另一重要来源，特别是当产品处于成熟期，产品改进的余地不大或者产品在技术上特别复杂时，服务与技术的重要性特别突出。这种差异化主要表现在客户咨询、培训、安装、二次应用开发、备件供应、维修等方面。

3. 产品销售带来的差异化

产品在销售过程也能创造差异化，如与众不同的分销渠道、稳定且有保障的交货速度与及时性、信用销售的可获得性与优惠程度等方面。

4. 产品识别与认知带来的差异化

以上几种产品差异化方式更多的是为顾客带来实际利益，其实，顾客对产品的感性认知和主观感觉也能带来产品的差异化。这可以通过营销、品牌塑造、提高产品市场声誉等方式来获得。

总之，企业价值链的每一个环节上，凡能给顾客带来新价值的举措都可能带来一定的差异化优势。例如：日本汽车的质量信誉来自其良好的生产技术与质量控制，而美国 IBM 公司则通过向顾客提供精心安排的服务与技术保障来增加顾客的价值。当然，最理想的情况是企业在多个方面均具特色，如美国履带拖拉机公司（Caterpillar Tractor Co.）不仅以其经营网络和良好的零部件供应著称，而且其优质耐用的产品质

量也享有盛誉。

（二）成功实施差异化战略的关键因素

1. 准确进行差异化定位

理论上，价值链的所有环节都能带来差异化，但是企业一定要准确地进行差异化定位：一是公司要弄清楚顾客是谁，其需求是什么，他们认为有价值的是什么。不同的顾客有不同的需求和价值观，如果采用差异化，企业应确定以什么为基础。二是企业要能不断升级顾客重视的产品特性。在市场中，顾客的许多价值判断是不断变化的，即使顾客的价值观相对稳定，但经过一定时间，竞争者也会逐渐模仿，所以采用差异化战略的企业应不断地更新其差异化的标准，保持在顾客心目中的差异化定位。为此，企业要有高度发达的信息收集系统，管理人员要尽可能接近市场，对顾客的口味和价值观足够敏感，并且具备适时反应的能力。

2. 建立支持差异化定位的独特竞争力

为了支持自己的差异化定位，企业需要建立独特的竞争力，如：基于创新和技术能力的差异化依赖于研发功能；高品质的产品依赖于全面的质量管理体系；特殊的品质有时依赖一些最终会影响公司终端产品质量或性能的采购活动；投资能使公司生产出高差异化产品的技术；有能力通过营销让顾客接受其产品的差异化；准确及时的订单处理程序，迅速、守时的送货系统，让人信赖的售后服务系统，等等。

3. 支持创新的人力资源管理、组织结构和企业文化

为实施差异化战略，企业需要强有力的研究开发、市场营销和管理人员，以及其他与独特竞争力有关的人员，这就需要有吸引各类人才的条件。同时，企业要有能够确保激励员工创造性的企业文化、管理体制和激励制度。在组织结构上，成功的差异化战略可采取有机式的结构，由市场、研究开发等方面的专家组成管理层，注重结果的粗放式计划、分散式控制以及横向和纵向沟通。

4. 较好的成本控制能力

企业执行差异化战略并不意味着可以忽视成本，相反追求差异化往往需要很高的成本，大量的研发、产品设计、高质量的原材料、周到的顾客服务都需要支付成本。如果忽视成本控制，差异化所获得的收益就会被成本所抵消。因此，企业必须在不影响差异化的前提下尽可能地降低成本，保证产品和服务在成本上有竞争力。

三、差异化战略的风险和实施误区

（一）差异化战略的风险

执行差异化战略有时会与扩大市场份额相矛盾。差异化战略具有一定程度的排他性，与提高市场份额不可兼得。差异化战略会不可避免地以高成本为代价，一些客户不一定愿意或根本没有能力支付高价格，公司将不得不损失一部分市场份额。具体风险有以下几种。

1. 企业形成差异化的成本过高

顾客可能认为差异化企业的产品与成本领先者的产品价格差距过于悬殊，此时企

业所提供的差异化产品就可能不再是顾客所需要的了。在这种情况下，企业的差异化将面临竞争对手的挑战，因为它们提供的产品性价比更具有吸引力。

2. 市场需求发生变化

随着时间的推移，产品使用的条件会发生变化，顾客的需求也会发生变化，这都可能改变顾客对产品或服务的差异化要求。这一点在我国的家电产品市场表现得十分明显。

3. 竞争对手的模仿和进攻使企业已建立的差异缩小甚至逆转

差异化战略的主要目标是保持顾客可以感受的差异性或独特性。在竞争对手的不断模仿和进攻下，产品间的差异性将缩小甚至逆转，企业无法保持差异化；随着产品的成熟，这是一种普遍现象，如 IBM 的笔记本电脑上市之初，顾客愿意为 IBM 品牌支付额外的价格；随着顾客对产品的熟悉，大量竞争产品涌入市场，IBM 的品牌忠诚度开始下降。又如，中草药源于中国，在市场上是具有中国特色的差异化产品。但是，欧美市场销售的中草药却大多为日本、韩国企业所生产。这是因为它们生产出更便于消费者服用的中草药产品——饮片与口服液，使我国中草药的差异化优势荡然无存。

4. 赝品的威胁

赝品就是那些以极低的价格向顾客传递差异化特征的产品。企业产品只要在顾客眼中形成独特的差异化，就可以收取溢价，此时赝品就会出现。赝品降低了顾客的忠诚度，而为了打击赝品，企业又要付出高额的成本。

（二）差异化战略实施中的误区

1. 不适当的差异化

只有能为顾客提供附加价值的差异化才是适当的差异化。有意义的差异化通常来自买方追求和可衡量的价值。衡量一项差异化是否有价值的标准就是公司在向顾客推销其产品时是否能控制和维持溢价。日本本田公司十分重视识别真正有意义的差异化，一些旧的、不能给顾客带来附加利益的花样一律砍掉，以保持真正的核心竞争力。

2. 溢价太高

有些公司为了尽快收回成本，产品定价过高，超出竞争对手很多，结果溢价太高，消费者难以承受。而公司的定价过高不但不能获得长期溢价，还有可能失掉大批顾客，从长期看，是得不偿失的。因此，公司应制定一个合理的价格标准，与顾客共同分享一部分价值。

3. 只注重实际产品而忽视整个价值链

有些公司只注重从实际产品中寻找差异化的机会，而忽视了整个价值链上的其他机会，如批量采购、联合开发等。其实，这些方面往往能够为差异化提供持久基础。

4. 不能正确认识买方市场

差异化必须以满足卖方一定的购买标准为基础，但这并不意味着公司要选择专一化的战略。如果公司不能正确地划分买方市场，即使采用差异化战略也无法真正满足任何买方。

第三节 集中化战略

一、集中化战略的优势和适用性

（一）集中化战略的含义

集中化战略是指企业的经营活动集中于某一特定的购买群体、产品线的某一部分或某一地域性市场，通过为这个细分市场的购买者提供比竞争对手更好、更有效率的产品或服务来建立竞争优势。

企业可以采用两种集中化战略：以低成本为基础的集中成本领先战略和以差异化为基础的集中差异化战略。集中成本领先战略是指服务于某一细分市场的成本比竞争对手低，此战略取决于是否存在这样一个购买者细分市场，满足他们的要求所付出的代价要比满足整体市场其他部分的要小。集中差异化战略是从特定细分市场中客户的特殊需求上获得收益，此战略取决于是否存在这样一个购买者细分市场，他们想要得到或需要特殊的产品属性。

（二）集中化战略的优势

集中化战略是企业在某一特定的目标市场上实施成本领先战略或差异化战略，因而可以防御行业中的五种基本竞争力量，同时也可避免与竞争对手在大范围内竞争。企业采取集中化战略的优势主要有：

（1）集中化战略便于企业集中资源，更好地为某一目标市场服务，并抵御外部竞争者的进入。

（2）将目标集中于特定的细分市场，企业可更好地进行调查研究，以了解竞争对手与产品有关的技术、市场、顾客等各方面的情况，做到知己知彼。

（3）集中化战略可使企业战略目标集中明确，经济结果易于评价，战略管理便于控制，从而带来管理上的简便。集中化战略的特性及中小企业在规模、资源等方面的一些特性，使集中化战略成为最适合于中小企业的战略。

（4）实施集中化战略的企业由于具有特殊的能力，可形成替代产品难以克服的进入障碍。

（5）集中化战略可削弱客户的议价能力，因为那些最有议价能力的客户不愿将自己的业务转向那些经营能力较差的企业。

（三）集中化战略的适用性

实际上，绝大多数小企业都是从集中化战略起步的，只是一些企业并不一定意识到这一战略的意义，并采取更具战略导向的行动。例如，娃哈哈就是从特定的儿童保健品市场起步，可能许多人还记得那句广告词："喝了娃哈哈，吃饭就是香。"在这个细分市场上取得成功后，它才逐渐走向发展壮大。

集中化战略避开了行业内的主要竞争对手，对于那些实力还不足以与大公司抗衡的中小企业来说，集中化战略可以相对增强他们的竞争优势，所以这种战略对中小企业具有重要意义。即使对大公司来说，采用集中化战略也能避免与竞争对手正面冲突。近年来，"蓝海战略"的提出更为集中化战略赋予了新的含义。

二、实现集中化战略的途径和关键因素

集中化战略的精髓在于比竞争对手更好地服务于目标细分市场的购买者，成为小市场中的"巨人"。企业实施集中化战略的关键是选好目标小市场，一般的原则是企业要尽可能选择那些竞争对手最薄弱的细分市场和最不易受替代产品冲击的小市场。在选择之前，企业必须确认：

（1）目标小市场足够大，可以盈利。
（2）小市场具有很好的成长潜力。
（3）小市场不是行业主要竞争厂商成功的关键，也没有其他竞争对手试图采取集中化战略。
（4）公司有相应的资源和能力，能够比竞争对手更好地满足目标市场的需求。
（5）公司能凭借其建立的顾客商誉和服务来防御行业中的挑战者。

采用集中化战略的公司必须能够以一种优于竞争对手的方式完成一系列主要或辅助活动，以获取战略竞争力。执行集中成本领先战略和集中差异化战略所必须完成的活动分别与前面两种战略基本相同。

应当指出的是，企业实施集中化战略，尽管能在其目标市场上保持一定的竞争优势，获得较高的市场份额，但由于其目标市场相对狭小，企业总体的市场份额仍是较低的。集中化战略在获得市场份额方面也存在一些局限性，企业在选择集中化战略时，应在产品获利能力与销售量之间进行权衡和取舍，有时还要在产品差异化及成本之间进行权衡。

三、集中化战略的风险

与行业内采用成本领先战略或差异化战略的公司一样，企业采用任何一种集中化战略，都面临着一般性风险，同时还有以下一些风险：

（一）竞争对手进行了更有竞争力的集中

竞争对手可能发现了更好的市场细分方式，或者集中在一个更加狭窄的细分市场上而使原来的集中不再集中，进而开发出在性能、功能、规格等方面能满足具体客户要求的产品。

（二）强大的竞争对手进入企业的目标小市场

在行业内的其他企业可能会发现集中化战略公司所服务的细分市场很有吸引力，值得展开竞争，使原来的企业失去了优势。如七喜公司原将产品定位于柠檬-宜母子饮料，使其成为柠檬汽水细分市场中的领先者；但当七喜进入可乐市场后，可口可乐公司推出了类似的产品，进入了七喜公司的细分市场，最后七喜失去了该细分市场。

(三) 失掉集中化战略的基础

由于技术进步、替代品出现、价值观念更新、消费偏好变化等多方面原因，细分市场与总体市场之间在产品或服务的需求上差别变小，细分市场中的顾客需求可能会与一般顾客需求趋同，此时集中化战略的优势就会被削弱或清除。

(四) 企业失掉竞争优势

由于狭小的目标市场难以支撑必要的市场规模，所以集中化战略可能带来成本高的风险，从而导致在较广范围经营的竞争对手与采取集中化战略的企业之间在成本上的差异日益扩大，抵消企业在细分市场上的差异化优势，致使集中战略失败。

第四节　基本竞争战略的综合分析

一、成本领先与差异化整合战略

(一) 成本领先与差异化整合战略的含义

以上三种基本竞争战略是著名战略管理学家波特提出的，经过修正，后来他又提出一种成本领先和差异化整合战略。这种战略又称最优成本供应商战略，是指低成本地提供优秀的差异化产品，然后利用成本优势制定比竞争产品更低的价格，通过为买方提供超值价值来建立竞争优势。

实施这个战略的公司追求的是竭尽全力成为一家成本不断降低，同时产品质量越来越高的厂商，其目的是为顾客所支付的价格提供更多的价值。与单纯依赖某一主导战略的企业相比，能够成功地执行成本领先与差异化整合战略的企业处于一个更加有利的地位。它的基本思想是：在质量、服务、特色、性能属性上，满足或者超过购买者的期望，在价格上低于他们的预期，从而为购买者创造超值的价值，使产品具有最高的性能价格比。

(二) 成本领先与差异化整合战略的优势

1. 获得更加有利的竞争地位

实施这一战略的企业一旦具备把低成本和差异化融合在一起的能力，与单纯依靠其中一种战略的企业相比，就处于一个更加有利的竞争地位，能够更好地抵御行业的五种竞争力量。因为企业可以通过向顾客提供两类价值来获得竞争优势：差异化的特征和相对较低的成本。尤其是当买方具有多样性需求使得差异化成为必要，而很多顾客又对价格、价值颇为敏感时，实施最优成本供应商战略就比单纯追求成本领先或差异化战略具有更强的竞争优势。这一战略还使企业能更迅速地适应环境的变化，更快地接受新技能与新科技，并且更有效地在企业各部门及产品线范围内充分利用其核心竞争力。

2. 获得更好的经营业绩

成功执行融合性战略的企业之所以获得超过平均水平的利润，关键原因在于这种战略具有两方面优势：企业在质量、服务、特色、性能上紧跟最好的竞争对手，在成本上打败它们；或者在成本上紧跟最好的竞争对手，在差异化上打败它们。越来越多的事实证明了执行最优成本供应商战略与获取超额利润之间的关系。例如，韩国电子行业表现最佳的企业正是实施这一战略的企业。学者们的研究证明，具有多种竞争优势企业的经营业绩通常好于那些只具有一种竞争优势的企业。

3. 取得科学的市场定位

最优成本供应商战略可将企业定位于中档产品市场，用中档的质量配合平均水平以下的价格，或者用上乘的产品配合中档的价格。在大部分情况下，大多数顾客更喜欢购买中档价位的产品，而不是低成本生产商的便宜、低档的产品，或者差异化生产商昂贵、高档的产品。所以，该战略可使企业获得最大的顾客群。

（三）成本领先与差异化整合战略的竞争风险

融合性战略具有获取超额利润的巨大潜力，但这种潜力也伴随着巨大的风险。从前面的论述可以看到，成本领先和差异化都需要企业在文化、管理、组织等方面的特殊支持，这使得既追求成本领先又追求差异化优势的企业会被困在中间，所以，波特认为"夹在中间"战略是注定要失败的。如果企业无法在其选定的竞争范围内确立自己的领导地位，或者成为成本领先者，或者成为差异者，那它就有可能被困在中间，使企业无法成功应对行业的五种竞争力量，也就无法获得超额利润。

但是确有企业成功地实施了成本领先与差异化整合战略，如丰田汽车公司被广泛认为是低成本生产商，但丰田推出它的 Lexus 系列车型参与豪华车的竞争，它实施的就是经典的最优成本供应商战略。丰田的经理们认为，用丰田低成本制造高质量车的优势来制造豪华车，能够使它以比其他豪华车制造商更低的成本提供高技术性能和高质量的产品，而价格比奔驰和宝马的更低，来抢走价格敏感型顾客。最终，这一战略大获成功。

从上面的例子可以看出，实施成本领先与差异化整合战略的关键是先要奠定某一种竞争优势（低成本或差异化），然后在适当的时机建立另一种竞争优势。在以下三种情况下，企业能同时取得成本领先地位和差异化的形象：①当竞争企业都夹在中间时；②当成本受市场占有率或产业间相互关系的强烈影响时；③企业首创一项重大革新时。

（四）成功实施成本领先与差异化整合战略的条件

为了顺利、成功地实施成本领先与差异化整合战略，企业必须在战略上保持灵活机动，提高战略灵活性有以下一些方式：

1. 灵活生产系统（FMS）

灵活生产系统是一种计算机控制程序，可在人力干预最小的情况下生产出数量适中而灵活的多样化产品，消除传统生产工艺所固有的低成本与品种多样化之间的矛盾。

2. 企业范围的信息网络（ERP）

为增进公司战略的灵活性和及时性，要建立一种把生产厂商与供货商、分销商、顾客连在一起的新型信息网络。企业资源计划软件系统可以使财务及运营数据在不同部门之间迅速流动。

3. 全面质量管理系统（TQM）或 6σ 质量管理体系

企业使用 TQM 或 6σ 质量管理体系的一个重要目标是提高企业产品质量以及整个组织的生产力水平。增强的质量会使顾客的注意力集中在产品性能的改善以及特征的效用和可靠性上，使企业获得差异化，并提高产品售价，最终增加市场份额，同时降低整个生产、服务成本，实现差异化与成本领先战略的结合。

二、成本领先与差异化的权变选择

采用成本领先和差异化整合战略对所有企业来说都是具有吸引力的，只是大多数企业囿于实力无法实施该战略。如前所述，实施成本领先与差异化整合战略的关键是先奠定某一种竞争优势（低成本或差异化），实践中，企业首先要具体情况具体分析，选择合适的竞争战略。

（一）产品生命周期的不同阶段

在产品的导入期，产品刚刚投放市场，企业为研制开发进行了大量投资，成本较高，产品拥有绝对的特异性，但性能尚不完善，消费者多处于观望状态，对价格不是很敏感，企业尚未达到一定的规模，无法通过规模经济性来降低成本，此时宜采用差异化战略。

在产品的成长期，企业已经形成了一定的规模，成本开始下降，但产品性能还在不断完善，市场竞争也较小，消费者的关注点尚未完全转向价格，此时采用差异化战略的收益仍大于成本领先战略。

产品进入成熟期后，日趋标准化，市场竞争激烈，价格成为消费者关注的焦点，这一阶段采用成本领先战略带来的收益将大于差异化战略。

产品进入衰退期后，一些企业已退出该产业，出现了性能更好的替代品，企业也积累了大量的经验，产品的价格与成本相差无几，这时宜采用成本领先战略，降低产品的成本，如图 5-2 所示。

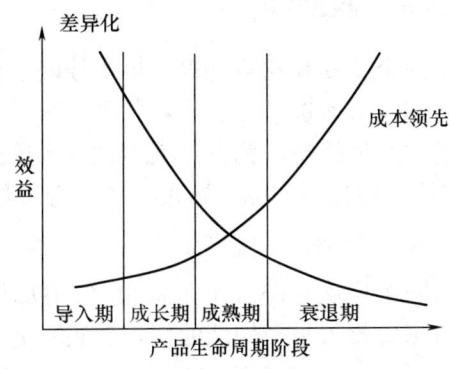

图 5-2　不同生命周期产品的战略、效益关系

由图 5-2 我们可以看出，在产品生命周期的不同阶段，差异化战略与成本领先战略对企业绩效的影响呈此消彼长的格局，企业可以根据产品生命周期的不同阶段运用不同的竞争战略以获得竞争优势。

（二）生产力及科技发展水平

在一个生产力及科技发展水平较高的市场中，企业面临的竞争非常激烈，消费者追求能够表现个性的产品及生活方式。此时，企业采用成本领先战略可能效果不会很好，应采用差异化战略。相反，生产力、科技水平相对不发达的市场，最好采用成本领先战略以取得竞争优势。

（三）企业的实力

企业的生产及营销实力也是影响战略选择的一个重要方面。企业的规模较小，生产、营销能力都较弱时，要采用集中化战略，集中企业的资源和实力，以在某一特定目标市场上取得竞争优势。若企业的生产能力较强而营销能力较弱，可考虑采用成本领先战略。若营销能力较强而生产能力较弱，可采用差异化战略。当然，若经营单位这两方面的实力都较强，可考虑在不同的产品线上采用不同的战略。例如，实力较强的汽车生产商可在轿车产品线上采用差异化战略，而在客车产品线上采用成本领先战略；在价值链的不同环节上采用不同的竞争战略，如生产环节采用成本领先战略，销售环节采用差异化战略。

（四）企业产品的类别

如果企业生产的产品不同，其采用的竞争战略也会有所差别。例如：对于生产日用品的企业来说，人们购买日用品的特点是每次购买量小，购买次数多，消费者对产品的价格往往较敏感，企业最好采用成本领先战略。而对生产耐用消费品的企业来说，消费者购买耐用品大都是一次性购买，比较重视产品的质量和售后服务，对产品的价格不十分敏感，企业采用差异化战略较好。而对那些生产标准化产品的企业来说（如钢材、标准机械等），在保证产品的基本质量的前提下，价格成为最重要的竞争因素，应采用成本领先战略以获得竞争优势。

三、竞争战略的选择：战略钟

波特的基本竞争战略为企业提高竞争优势提供了战略思想和方法，但当企业针对具体市场环境和企业条件进行战略选择时，面对的是复杂、多层次的问题与状况，不能简单地归结为哪一种基本竞争战略。为此，克利夫·鲍曼（Cliff Bowman）提出了"战略钟"的概念，将波特的理论与实际问题进行了综合，如图 5-3 所示。

（一）基于价格的战略（路径 1、2）

基于价格的战略分为两个层次，路径 1 是低价/低附加值战略，此种战略针对的是对价格较敏感的细分市场。收入水平较低的消费者买不起或不愿买更好质量的商品，而选择产品或服务质量低、价格低的产品，在许多行业中都存在这样的消费群体。此时，似乎最没有竞争力的战略却很有生命力，一些企业特别是小企业或小商品

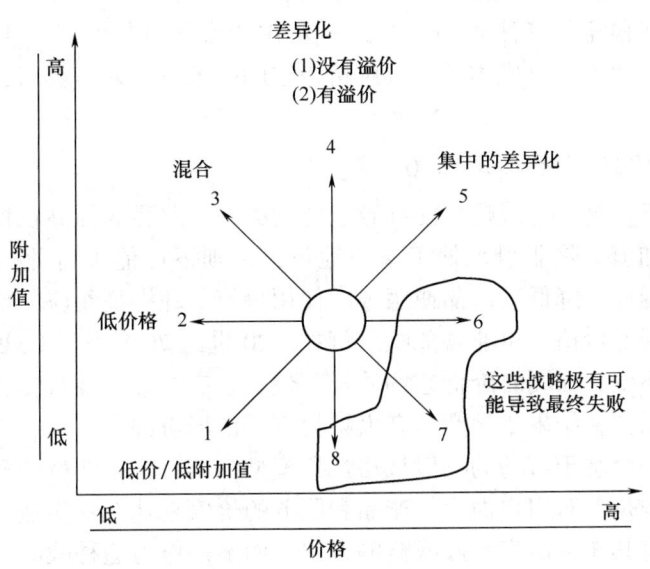

图 5-3 战略钟：竞争战略的选择

批发商经营得很成功。

路径2是企业在寻找竞争优势时采用的一种低成本战略，在降低价格的同时努力保持产品或服务的质量不变，但竞争者易于模仿，因此获得竞争优势的唯一办法是保持比其他竞争者更低的价格，使价格低到竞争者不能承受的程度。

(二) 差异化战略（路径4、5）

差异化战略分为两种战略：路径4是广泛差异化战略，即以相同的或略高于竞争者的价格向顾客提供他们认可的附加值，其目的是通过更好的产品和服务来获得更多的市场份额，销售更多的产品。路径5是集中差异化战略，企业在特定的细分市场内以特别高的价格为顾客提供特别高的使用价值，并以此在行业内竞争，此战略可体现企业真正的竞争力。

采取此战略要注意以下几个问题：一是必须在跨市场广泛的差异化和集中经营两种战略之间作出选择。二是弄清楚公司定位在哪个细分市场，满足顾客哪些需求，并且要将战略转化为行动。做到这一点很难，特别是企业在不同的细分市场满足不同的需求时。另外，集中化战略可能与利益相关者的期望相矛盾，市场情况可能也会发生变化，因此必须对集中化战略的实施条件进行监控，如细分市场的差别是否消失，使组织面临更多的竞争者；或者市场是否因竞争者更加差异化而被进一步细分。

(三) 混合战略（路径3）

在某些情况下，企业可以在为顾客提供可感知的附加值的同时保持低价格。许多日本公司在打开美国市场时采用过这种做法。混合战略的优势包括：如果销售量能远超过竞争者，会带来规模经济效益，成本降低，收益可观；可以利用混合战略进入已存在竞争者的市场，在世界范围内寻找市场，以更好的产品、较低的价格打入，以获得市场份额，转移竞争者注意力，为进一步占领市场打好基础。但是，实施此战略时，要做好以下两点：总成本低，以维持一定的收入；进入市场时，应有一个分步实施的计划。

（四）失败的战略（路径6、7、8）

一般情况下，这三种战略可能导致企业的失败。路径6提高价格，但不为顾客提供可感知的附加值。除非组织处于垄断地位，否则不可能维持此战略。路径7是路径6更危险的延伸，降低其产品或服务的使用价值，却提高相应的价格。路径8是保持价格的同时降低价值，也非常危险。例如，20世纪70年代，Cadbury Schweppes 的巧克力棒价格不变，而同时降低它的质量、包装、广告等，并盲目相信强大的市场占有率足以提供保护，结果是被竞争者大幅抢占了市场份额。

战略钟是一个基于市场的一般战略选择模型，其综合了波特的竞争战略理论，它的核心基础问题是：对用户而言，产品和服务的价值是什么？显然，企业的成本水平很重要，但应将其作为制定一般战略的方法，而不是作为这种战略的基础。

本章小结：

1. 为在某一特定竞争领域形成并利用某种竞争优势，有效地抵御行业的五种竞争力量，企业通常在五种基本战略中进行选择：成本领先战略、差异化战略、集中成本领先战略、集中差异化战略和最优成本供应商战略。

2. 成本领先战略通过设计一整套行动，以最低的成本生产提供为顾客所接受的产品和服务，成为行业中的成本领先者。要获得成本优势，公司价值链上的累积成本必须低于竞争对手的累积成本。达到这个目的有两个途径：①比竞争对手更加有效地管理企业价值链各种活动的成本因素；②改造公司的价值链，省略或跨越一些高成本的价值链活动。具体讲，可以采取控制规模、控制采购、技术创新、营销创新、控制联系、均衡生产能力利用率、控制时机选择、控制地理位置、重组价值链等方式。

成功获得低成本的关键因素：①建立注重成本的企业文化；②准确地把握成本驱动因素；③积极地投资建立那些低成本所需的资源和能力；④严格的成本控制组织体系和管理。成本领先战略的风险包括：竞争对手的技术创新，忽视顾客需求，竞争对手的仿效。因此，必须注意这一战略的适用性，避免一些战略误区。

3. 差异化战略是通过设计一整套行动，生产并提供一种顾客认为很重要且与众不同的产品或服务，并不断地升级产品或服务以具备顾客认为有价值的差异化特征，形成竞争优势。实现差异化战略可以通过各种方式，所有企业可做且能为顾客创造价值的方式都可以作为差异化的基础，挑战在于识别可为顾客创造价值的特征。企业实施差异化战略，成功的关键是：要准确进行差异化定位；建立支持差异化定位的独特竞争力；支持创新的人力资源管理、组织结构和企业文化；较好的成本控制能力。执行差异化战略的风险是：企业形成差异化的成本过高；市场需求发生变化；竞争对手的模仿和进攻使已建立的差异缩小甚至逆转；赝品的威胁。因此，要注意差异化战略的适用性并避免一些战略误区。

4. 集中化战略是指企业的经营活动集中于某一特定的购买群体、产品线的某一部分或某一地域性市场，通过为这个细分市场的购买者提供比竞争对手更好、更有效率的产品或服务来建立竞争优势。企业可以采用两种集中化战略：集中成本领先战略和集中差异化战略。集中化战略的基础在于一家企业可以比业内的其他竞争对手更好、更有效率地服务某一特定细分市场，且服务于小市场的成本比竞争对手的成本低，或者能够更好地满足用户的需求。此战略要求企业去发现需求非常独特且专业化、业内一般竞争对手根本无法服务的细分市场，或者找到业内竞争者做得很差的细分市场。采用任何一种集中化战略的企业都面临与成本领先战略或差异化战略一样的一般性风险，同时还有聚焦于某一细分市场所带来的风险。企业实施集中化战略的关键是选好战略目标小市场，企业要尽可能选择那些竞争对手薄弱的和不易受替代产品冲击的目标小市场。

5. 成本领先与差异化整合战略的目的是为顾客所支付的价格提供更多的价值。它的基本思想是：满足或者超过购买者在质量、服务、特色、性能属性上的期望，同时在价格上低于他们的预期，从而为购买者创造超值的价值。这种竞争战略也被称为最优成本供应商战略，公司追求的是竭尽全力成为一家成本不断降低，同时产品质量越来越高的厂商。在质量、服务、特色、性能上紧跟最好的竞争对手，在成本上打败它们，这是最优成本供应商优势的源泉。融合性战略具有获取超额利润的巨大潜力，但这种潜力也伴随"夹在中间"的巨大风险。实施成本领先与差异化整合战略的关键是要先奠定某一种竞争优势（低成本或差异化），然后在适当的时机建立另一种竞争优势。企业欲顺利、成功地实施成本领先与差异化整合战略，必须在战略上保持灵活机动。

6. 选择成本领先战略或差异化战略时，企业要考虑以下因素：产品生命周期的不同阶段，经营单位所面临的生产力及科技发展水平，经营单位自身的实力，经营单位的产品类别。

7. 战略钟是一个基于市场的一般战略选择模型，综合了波特的竞争战略理论，它的核心问题是：对用户而言，产品和服务的价值是什么？企业的成本水平很重要，但其应是制定一般战略的方法，而不是作为这种战略的基础。

思考与练习题

1. 试论成本领先战略的实施途径、关键因素、适用条件及其风险。
2. 试论差异化战略的实施途径、关键因素、适用条件及其风险。
3. 为什么说中小企业应该从集中化战略起步？集中化战略成功的关键是什么？集中化战略存在什么风险？
4. 简述成本领先与差异化整合战略的竞争风险。
5. 基本竞争战略与战略钟有什么联系？
6. 在成本领先与差异化之间如何权变选择？

案例分析

案例1：美国西南航空公司的低成本结构[①]

西南航空一向是美国航空产业的杰出代表，它以低票价闻名，一般比竞争对手低30%。同低票价相对应的是低成本，因此它的赢利纪录极佳，截止到2002年，已经连续赢利31年，即使在2001年这样困难的时期仍然实现了赢利。在全美八大航空公司中，西南航空是唯一在"9·11"恐怖袭击后的季度里实现赢利的航空公司。

（一）西南航空的低成本主要来源于员工的高生产率

航空产业衡量员工生产率的指标之一是员工人数同运载乘客的比例，根据航空联合会的数字，2000年西南航空的员工乘客比为1∶2 424，第二名阿拉斯加航空为1∶1 518，第三名德尔塔航空为1∶1 493。2000年航空业表现最差公司的这一比例为1∶938。这些数字表明，如果规模不变，西南航空企业运营所需要的员工比竞争对手少得多，那么它是如何做到这一点的？

西南航空在员工身上倾注了极大的关怀。许多公司认为乘客是第一位的，而西南航空公司的经营原则是：员工第一位，乘客第二位。这表明了公司的理念，优质高效的服务不仅需要员工对工作的热情，还需要让员工知道公司真正关心他们，并为他们提供工作的安全感。公司的理念十分简单：让员工快乐，也就是让乘客快乐。西南航空面试员工的平均录取率只有3%，在录用考核过程中，积极的态度和团队合作精神受到高度重视。西南航空公司认为，技能可以通过培训获得，而积极的态度和投入的精神则无法培训出来。西南航空公司有鼓励员工努力工作的激励机制，所有员工均享受利润分享计划，而员工分享利润计划中至少25%要投资于西南航空的股票。这是一个简单的等式：工作越努力，员工财富就越多。2001年，西南航空公司的员工共持有公司公开发行股票的10%。这一做法的效果是非常明显的。在其他航空公司，你不会看到飞行员帮助办理乘客登机的工作。而在西南航空公司，飞行员和服务员一起清理机舱和在登机口帮助乘客登机是习以为常的。他们这么做是为了尽可能让飞机快速完成地面工作再次起飞，因为让飞机留在地面上是无利可图的。公司自成立以来，没有解雇过一名员工，这项政策使西南航空与员工建立了良好的关系，并培养和维持了企业文化的统一。

[①] 小阿瑟·A.汤姆森,等.战略管理：获取竞争优势[M].蓝海林,等译.北京：机械工业出版社，2007.

在公司内部，管理人员十分乐意倾听员工关于降低成本和提高效率的建议：关于在飞机起飞与降落的时候如何节省燃料的建议已经被采纳；一位员工建议不要把公司的标识印在垃圾袋上，每年可以节约成本25万美元；公司在阿布奎基设立了一个预留中心，需要购置800台电脑，但公司员工决定购买散件自己动手组装，然后节约成本100万美元，也正是这位员工，提出将纸质机票改为电子机票。

(二) 西南航空公司尽量简化运营的复杂性来降低成本

西南航空公司只使用一种型号的飞机——波音737，这样可以节省培训成本、维护保养成本和库存成本，同时还可以提高员工和航班的效率。另外，作为波音737-300、737-500、737-700的首席客户，公司可以用最优惠的价格订购飞机。

西南航空鼓励乘客通过公司网站预订、购买机票，这样可以绕过代理商，同时减少订购中心的工作人员。机票网上订购成本大概为1美元，而代理公司的成本为6~8美元，公司的机票订购中心的成本为3~4美元。2001年1月，西南航空公司宣布取消代理商，节约了电子机票成本的8%，纸质机票成本的5%，并设置双程机票的上限为60美元（电子机票或者纸质机票）。这项举措为公司节约了4 000万美元。2000年，公司营业额的30%来自代理商（1998年为40%）；2002年，公司50%的机票通过公司网站售出，无纸机票所占比例超过85%，这大大减少了纸质机票相关成本。

公司密切关注各个机场的拥挤状况，选择尽量靠近首府或中等城市的机场，使飞机能准时到达，降低机场等待停留时的燃料成本，也可以避免在一些交通拥挤的机场支付较高的降落费用与登机费用。如前往波士顿地区的航班并不在波士顿国际机场降落，而是在周边的普罗维登斯、罗德州、曼彻斯特、汉普郡地区的机场降落。降落在不太拥挤的机场能减少飞行的时间以及驱车到机场、停车、购票、飞机降落与起飞的时间。

公司的点对点航线比竞争对手的轴心-轮辐航线更具成本优势。轴心-轮辐系统是指许多不同航班围绕航空枢纽飞行，乘客到达中心机场，再转乘其他目的地的航班，但中转时间往往较长，大概两个小时，并且容易出现人流高峰，导致轴心系统繁忙，中转时间长，得不到充分的利用。而西南航空公司的点对点飞行航线最大限度地减少了登机时间，提高了工作效率。

公司的航班没有头等舱，没有各种各样的俱乐部，不提供餐饮，只提供饮料与点心。

公司不提供行李转运业务，乘客到达目的地后，需要自己去取行李，减少行李搬运成本。

此外，公司不断地降低成本。例如，2001年公司引进软件，以快速找到服务人员，提高效率。

（三）以客户为中心，提升客户满意度

西南航空公司追求使每一次飞行对乘客来说都是一次愉快的经历。比如，登机工作人员有时在入口处提问一些幽默的问题，如谁袜子上的洞最大。乘务员愉快地迎接乘客，并给予友好提示。公司鼓励服务人员展示个性，在一些航班上，当乘客下飞机或者飞机起飞的时候，乘务员会通过广播弹奏钢琴和播放歌曲。公司在乘客中渐渐树立了自己的形象：笑迎乘客，态度幽默。

西南航空公司强调安全、高质量的维护、可信赖的运营。公司有一套广泛深入的维护机制，内部的快速反应系统能将天气和运营延误的影响降到最低。虽然公司的策略是低价、无多余服务，但公司以可靠、友好的服务向乘客传递一种理念：低价格高质量，而不是低价格低质量。每一位乘客都愿意为优质的服务支付合理的价钱。

1994—2000年，西南航空公司在美国的顾客满意度一直排名第一。《财富》杂志调查表明，从1997年开始，西南航空公司一直是最受尊重的美国企业之一。

案例讨论：

1. 西南航空公司采取的是什么竞争战略？

2. 许多企业模仿西南航空公司的经营方式，但都不太成功。你认为可能的原因是什么？

3. 本案例的资料截至2001年，请上网查一查西南航空公司近20年的经营业绩，看一看该公司的竞争战略有改变吗？

案例2：住宿行业的集中化战略[①]

Motel 6和利兹-卡尔顿在住宿行业中参与竞争的市场部位恰好相反，但它们都获得了成功。

Motel 6满足的是那些注重价格的旅行者的要求，即一个想要干净的、没有附加服务的地方来过夜的人。为此，Motel 6采取了以下措施：①选择相对便宜的地点建设宾馆，通常在州与州的交界和高速公路附近，避免支付

[①] 亚瑟·A.汤姆森，等.战略管理：概念与案例[M].段盛华，等译.北京：北京大学出版社，2000.本书略有改动。

黄金地段的高额费用；②只设一些基本的设施，没有饭馆和酒吧，也极少有游泳池；③依靠标准的建筑设计，只使用一些并不昂贵的材料和低成本的建筑技术；④房间设施和布置也很简单。这样一来，既降低了建筑成本，又降低了运作成本。由于没有饭馆、酒吧和各种顾客服务，Motel 6 一间住房的运作只需要前厅人员、房间清扫人员、房架及地面维修人员就可以了。为了在目标旅行者中推广，Motel 6 连锁利用独特的易于辨认的收音机广告，由全国广播名人 Tom Bodett 制作，描述 Motel 6 干净的房间、友好的氛围，以及较低费用。

相反，利兹-卡尔顿的对象却是那些愿意支付且支付得起高级住宿和一流个人服务的旅行者和度假者。利兹-卡尔顿的特色是：①黄金地段——从很多房间的视野能够看到如画的风景；②定制式的建筑设计；③幽雅的饭店，食物精美、名厨主理；④雅致的休息间和酒吧；⑤游泳池、健身设施以及其他休闲设施；⑥豪华的房间住宿条件；⑦适时适地的顾客服务和娱乐休闲机会；⑧大量受过很好训练的专业工作人员，为使每一个顾客的逗留都非常惬意，他们竭尽全力。

案例讨论：

Motel 6 和利兹-卡尔顿各采取了什么竞争战略？为什么它们都能获得成功？

案例3：E∗Trade 公司利用互联网获得低成本优势[①]

在许多产业中，新进入者利用互联网提供的机会克服了进入壁垒，成功地同市场领导者展开竞争。在线折扣和经纪商 E∗Trade 公司就是其中之一。多年来，大型的证券经纪商（如美林公司）主导着这一产业，它们凭借受保护的市场地位收取高额的经纪费用。E∗Trade 公司的经理们购买和开发了让顾客自己进行在线交易的软件和硬件，交易费用只要 19.95 美元。

但证券经纪产业中低成本竞争并未到此结束。1999 年，E∗Trade 公司也受到新一代在线经纪公司（如 Suretrade、Ameritrade 和 DLJ 公司）的压力，它们只向顾客收取 9.95 美元，甚至 7.95 美元，将 E∗Trade 公司的价格砍掉了一半。作为过去的低成本领导者，E∗Trade 公司怎样才能同这些新的低成本企业竞争呢？

答案是利用更高品质的服务和更宽的产品线，它们巩固了 E∗Trade 公司对顾客的差异化吸引力。E∗Trade 公司应用了一套新的软件，更加便于

---

① C.W.L. 希尔，G.R. 琼斯. 战略管理 [M]. 孙忠，译. 北京：中国市场出版社，2005.

顾客利用互联网进行股票交易。更重要的是，新的软件为顾客完成自己所期望的交易创造了更大的可靠性。在此之前，E＊Trade公司也和其他公司一样，出现过顾客一窝蜂同时进行交易的问题，有时系统干脆崩溃了，这时顾客不能买卖股票。新的软件解决了这一问题。此外，E＊Trade公司还向顾客提供了更多的实时股票信息，这样他们就可以利用逐秒盯市的方便来赚钱。最后，它还向顾客提供风险和回报都很高的新股发行投资机会。

1999年，E＊Trade公司决定同一家在线银行进行合并。合并后的企业将向顾客提供广泛的在线银行服务，如在线支付等，从而成为一站式金融服务公司，向顾客提供广泛的金融服务产品线。

E＊Trade公司认识到，不能仅仅是一家低成本的企业，必须成为快速变化的在线金融服务产业中的一家差异化企业。这一洞见为它带来了回报，它的顾客没有转向新的低成本领导者，因为他们所获得的服务和可靠性方面的价值超过了19.95美元的收费。随着E＊Trade公司的顾客数量稳步增长，投资者感到企业的竞争优势是可持续的，这家公司看来将继续保持其在变化的产业环境中的主导地位，它的股票价格也不断上升。事实上，E＊Trade公司的经历告诉产业内的其他企业，要想生存下去，它们必须同时追求低成本和差异化。这只有在互联网出现后才可能实现，是互联网创造的外部经济条件令企业得以提高绩效和竞争优势。

案例讨论：
1. E＊Trade公司的竞争战略随时间的推移发生了怎样的变化？
2. 为什么E＊Trade公司后面的战略能取得成功？

第六章 经营单位投资战略

学习要点与要求：
1. 描述三种矩阵的模型并进行分析。
2. 掌握六种基本的投资战略形式。
3. 分析各种投资战略的适用条件以及对投资战略的选择。

第一节 基本形式和投资组合分析

一、投资战略的基本形式

投资战略是指整个企业或企业中部分经营单位通过投入人力、财力和物质资源来维持和发展企业选择的竞争战略，最终使企业获得竞争的优势。企业要根据自身经营组合的性质和水平，协调竞争战略与企业所拥有的资源之间的关系，使企业整体战略所需的资源得到保证。

投资战略与企业的竞争战略联系紧密，投资战略的目的就是维持或发展企业所选定的竞争战略。具体而言，三种基本竞争战略中的成本领先战略就是为了企业减少对有限资源的使用数量，从而降低成本，来维持企业的某些竞争优势；差异化战略则需要企业在许多方面投入资源，尤其是在产品的研究开发和市场营销方面要投入充足的资源，以维持和发展企业的特殊竞争力，所以成本较高；而对于集中化战略来说，由于战略本身的目标市场为某一个细分市场，因而需要投入的资源相对较少。

一般来说，企业可以选择的投资战略主要包括：市场份额增加战略、增长战略、盈利战略、市场集中和资产减少战略、转变战略、撤退战略。企业必须考虑实施竞争战略的成本以及评估此战略的潜在收益，还要分析行业环境与企业战略的关系，从而准确地选择适合自己情况的投资战略。常用投资战略的特征如表6-1所示。

表6-1 常用投资战略的特征

战略类型	竞争地位	投资状况
1. 市场份额增加战略		
成长阶段	提高地位	适当投资
调整阶段	提高地位	高投资
其他阶段	提高地位	极大投资
2. 增长战略	维持地位	高投资
3. 盈利战略	维持地位	适当投资

续表

战略类型	竞争地位	投资状况
4. 市场集中和资产减少战略	将目标地位降到最低的防御水平	适当回收投资
5. 转变战略	改善所处地位	适当少量投资
6. 财产清算或撤退战略	放弃地位	负投资

二、投资战略的评价方法

（一）投资回收期法

投资回收期是指收回原始投资额所需要的时间，回收期越短，资金回收速度越快，投资风险越小。对于那些处于技术不断更新行业中的企业来说，这种评价方法尤为重要。

（二）净现值法

净现值法使用净现值作为评价投资方案优劣的指标。如果净现值为正值，反映投资的现金流入量的现值超过贴现后的现金流出量，投资报酬率大于预定贴现率，该投资方案有利；如果净现值为零，反映投资的现金流入量的现值与贴现后的现金流出量相当，投资报酬率等于预定贴现率，该投资方案也可以选择；如果净现值为负数，则说明投资的现金流入量的现值小于贴现后的现金流出量，投资报酬率低于预定贴现率，该方案不可取。

（三）现值指数法

现值指数法又称贴现后的投资收益率法。它通过投资方案在未来一段时期内现金流入量的现值与现金流出量的现值之比，说明单位投资额可获得的收益的现值水平。使用这种方法时，现值指数较大的投资方案是可取方案。

（四）内部报酬率法

内部报酬率法是根据投资方案本身的内部报酬率来评价方案优劣的一种方法。所谓内部报酬率是指投资方案未来的现金流入量的现值与现金流出量的现值相等时的贴现率。实际上，这个贴现率是投资方案本身的固有报酬率。

三、波士顿矩阵和通用矩阵

（一）波士顿矩阵

波士顿矩阵又称成长、份额矩阵，该方法最早由波士顿咨询公司于 1970 年为美国米德纸业公司进行经营咨询时提出，后在许多国家传播，并得以不断发展和完善。这种矩阵模式假定，最小的和最简单的公司除外，一般的企业都是由两个以上的经营单位所组成，在一个公司范围内的这些经营单位合称为企业的经营组合，这些经营单位都有若干具有明显区别的产品-市场组合。该模式认为，企业必须为经营组合中的每一个独立的经营单位分别制定战略。波士顿矩阵如图 6-1 所示。

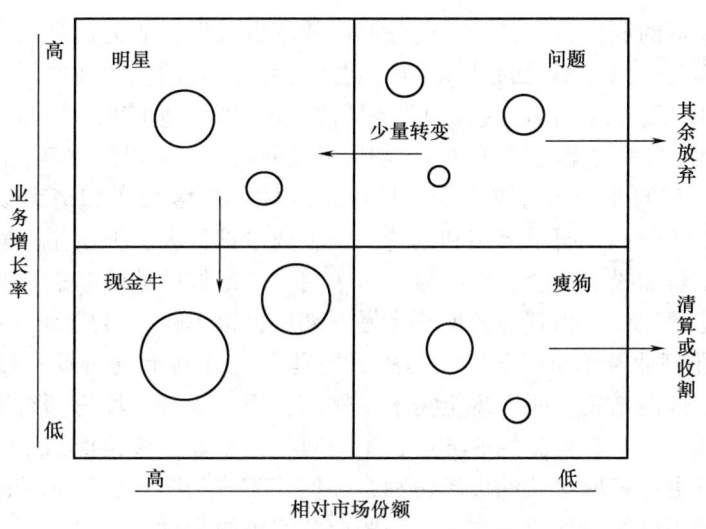

图 6-1 波士顿矩阵

1. 矩阵组成要素

每个经营单位的战略选择主要依据该单位产品的相对市场份额以及该单位的市场增长率。其中：

$$产品相对市场份额 = \frac{产品的绝对市场份额}{最大竞争对手该产品的绝对市场份额} \times 100\%$$

相对市场份额这个因素能够比较准确地反映企业在市场上的竞争地位和实力（优势或劣势），也能在一定程度上反映其盈利能力，因为较高的市场份额一般会带来较多的利润和现金流量。

$$产品市场增长率 = \frac{产品当年市场销量 - 产品上年市场销量}{产品上年市场销量} \times 100\%$$

市场增长率这个因素反映产品处于其生命周期的某个阶段，以及其市场潜在的机会或威胁。它有双重作用，一方面反映市场机会和扩大市场份额的可能性大小，如果增长慢，则难以扩大市场；另一方面决定投资机会的大小，如果增长快，则为迅速收回投资、支付投资收益提供了机会。

分别考察每个经营单位的这两个因素，就可把它们归入矩阵中的某个象限。图中每个圆代表一个经营单位或产品，圆圈面积的大小表示该项业务或产品与企业全部收益的比值。

2. 矩阵分析

通过二维四分图的分析，一个企业的经营单位可以分为四种类型。

（1）现金牛型业务单位，其特征是具有低业务增长率和高市场份额。由于高市场份额，其利润和现金产生量应当较高；而较低的业务增长率则意味着对现金的需求量也较低。于是，大量的现金余额通常会由现金牛创造，它们为全公司的现金需求提供来源，因而成为公司的主要经济基础。

（2）瘦狗型业务单位，其特征是具有低市场份额和低业务增长率。低市场份额通常意味着较低的利润；而由于其业务的增长率也较低，故为提高其市场份额而进行投资通常是不允许的。不幸的是，该部门为维持其现有的竞争地位所需要的现金往往超出它所创造的现金量，因此瘦狗型业务单位常常成为现金陷阱。一般来说，适用于它的最合乎逻辑的战略方案是清算战略，如果可能的话，也可以用收割或清算战略处理。

（3）明星型的业务部门或单位，其特征是具有高增长率和高市场份额。由于高增长率和高市场份额，明星运用和创造的现金数量都很大，但明星一般也为企业提供最好的利润增长和投资机会。很明显，对于明星的最好的战略是进行必需的投资以保持和增强其竞争地位。当其业务增长率慢下来后，该单位就会成为一头现金牛。

（4）问题型业务单位或部门，其特征是具有较低的市场份额和较高的业务增长率。由于其业务高增长，所以现金需求量较高；而由于其市场份额有限，它们的现金产生量又较低。由于其较高的业务增长率，对问题型业务单位应当采取的战略之一是进行必要的投资以获取增长的市场份额，并促使其成为明星；另一种战略就是对那些管理部门认为不可能发展成为明星的问题业务实施脱身操作。

3. 运用模型的步骤

公司在战略评价中运用波士顿矩阵时应采取以下步骤：

（1）将公司划分为各种不同的业务部门或单位（许多企业在建立战略经营单位时实施这一步骤）。

（2）确定每一单个业务部门的市场增长率。

（3）确定该业务部门的相对规模和相对收益（通常以该项业务的资产占企业总资产的比值和该项业务的收益与企业全部收益的比值来衡量）。

（4）确定该业务部门的相对市场份额。

（5）把公司的业务绘制于矩阵中。

（6）根据每一业务单位在公司整体业务中的地位选择其相应的战略。

（7）定期检查每一种战略的成功程度，并在需要作出改变时确定行动的程序。

4. 波士顿矩阵的局限性

波士顿矩阵以两个具体指标的量化分析来反映企业的外部环境与内部条件，这种模型简便易行被许多公司采用，但也不可避免地存在一定的局限性。

（1）市场份额只是企业总体竞争地位的一个方面，市场增长率也是表明市场前景的一个方面，仅按高、低两档来划分四个象限，未免简单化。

（2）在计算相对市场份额时只考虑与最大的竞争对手相比较，而忽视了市场份额正以较快速度上升的相对小的竞争者。

（3）市场份额与盈利率未必存在密切联系，低市场份额也可以高盈利，反之也是如此。

（4）瘦狗单位不一定就应当很快放弃。在衰退行业中，一些市场份额低的产品如果需求稳定且可以预测，仍是较稳定的收益来源；如果竞争者都退出，则该产品的市场份额还会增长，甚至可能成为市场领先者，变成现金牛。

5. 波士顿矩阵的发展

汤普森（Arthur A. Thompson）和斯特里可兰（A. J. Strickland）发展了波士顿矩

阵，他们用市场增长率和竞争状况作为决定经营单位选择战略的两个参数，把市场增长状况分为迅速和缓慢两级，企业竞争地位也分为强、弱两级，通过两个参数的不同组合绘制出战略方案图，将处于不同象限的经营单位可以采用的战略列入象限中，从而使战略选择变得非常清晰。具体模式如图 6-2 所示。

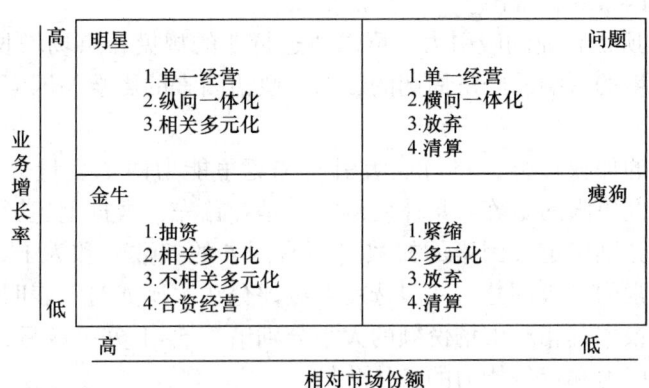

图 6-2 发展了的波士顿矩阵模型

（二）通用矩阵

通用矩阵又称行业吸引力矩阵，是由美国通用电气公司与麦肯锡公司在波士顿矩阵法的基础上创立的一种投资组合分析方法。该模型认可波士顿公司的假定，同样认为企业应根据每个经营单位的具体情况分别选择所需采用的战略。但在具体方法上对波士顿矩阵作了很大发展改进。通用矩阵如图 6-3 所示，它的使用步骤如下：

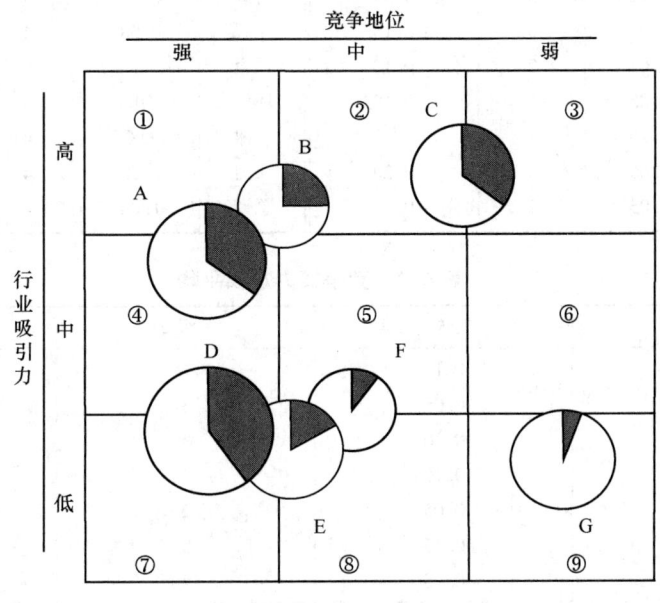

图 6-3 通用矩阵图

1. 步骤一

提出决定和影响企业战略选择的两个方面的因素或变量：

（1）该单位的实力（即竞争地位），可以通过市场份额、单位（销售）增长率、产品线宽度、营销策略的有效性、生产能力和生产率、相对产品质量、研究开发优势、总体形象等因素综合得出。

（2）该单位所处行业的吸引力，可以通过行业的规模、市场增长率、竞争结构、盈利性、技术环境的影响、经济周期的影响、政治因素的影响等因素综合判断。

2. 步骤二

通过各因素的加权评分，将行业吸引力和竞争能力两个变量分为高、中、低三档，绘制出一个九象限的矩阵。具体度量方法是：首先，根据上述影响两个变量各因素的重要程度，分别确定各因素的权数（所有因素的权数总和为1）；其次，根据具体情况确定各因素的等级评分，一般选用五级评分法，比如对于表明企业竞争能力的市场份额，可以根据其相对市场份额的大小分别给予 5~1 分；最后，通过加权汇总，分别得出行业吸引力和竞争能力的具体分值。

利用这两个综合变量，通用矩阵克服了波士顿矩阵纵横坐标衡量尺度过粗的缺陷，增加了中间等级。经营单位的竞争能力和行业吸引力的确定不是一件易事，它需要丰富的经验、卓越的见识和有关该项业务及其所处行业的专业知识。表 6-2 和表 6-3 是某公司运用通用矩阵的示例。

表 6-2 行业吸引力加权平均

因素	权数①	等级②	计分③=①×②	因素	权数①	等级②	计分③=①×②
市场规模	0.15	4	0.60	周期性	0.05	2	0.10
增长	0.12	3	0.36	财政	0.10	5	0.50
价格	0.05	3	0.15	能源	0.08	4	0.32
市场多样性	0.05	2	0.10	社会	OK	4	—
竞争	0.05	3	0.15	环境	OK	4	—
利润率	0.20	3	0.60	法律	OK	4	—
技术	0.05	4	0.20	人力	0.05	4	0.20
通货膨胀	0.05	2	0.10	总计	1.00		3.38

表 6-3 竞争实力加权平均

因素	权数①	等级②	计分③=①×②
研究与开发	0.10	1	0.10
生产	0.05	3	0.15
推销	0.30	3	0.90
财务	0.10	4	0.40
分配	0.05	2	0.10
管理能力	0.15	5	0.75
利润率	0.25	4	1.00
总计	1.00		3.40

3. 步骤三

分别考察企业各经营单位的上述两个因素，据此把它们列入矩阵中的某个象限。如图 6-3 所示，图中圆圈面积的大小与行业规模成正比，阴影部分表示某项业务的市场份额，字母为某项业务的代号。数字 1，2，…，9 表示划分的区域。

4. 步骤四

根据图 6-3 中的每个象限的不同特点，为象限中的经营单位选择适当的战略：

（1）扩张型战略。列入矩阵左上角的象限 1、2、4 中的单位都有很强或较强的行业吸引力和竞争能力，类似于波士顿矩阵中的明星单位，一般可采用追加投资的扩张型战略。

（2）紧缩或放弃战略。列入矩阵右下角象限 6、8、9 中的经营单位的行业吸引力和竞争能力都很弱或较弱，类似于波士顿矩阵中的瘦狗业务，一般可采用紧缩型战略或放弃战略。

（3）稳定或抽资战略。列入象限 7 的单位具有很低的行业吸引力和很高的竞争能力，这类业务是企业的利润提供者，类似于波士顿矩阵中的金牛单位，对于这类经营单位宜于采用维持现状、抽走利润、支持其他单位的战略。

（4）选择型投资战略。列入象限 3、5 的单位，一个是行业吸引力和竞争能力都算中等，另一个是吸引力很强，而实力很弱，类似于波士顿矩阵中的问题单位；对于这些没有优势或没有特色的经营单位应一分为二对待，选择其中确有发展前途的业务实施扩张型战略，其余业务采取放弃战略。

通用电气公司提出的这种方法比波士顿矩阵更加细致——它考虑了更多的内容，而且这些内容可以在不同时期、不同产业中灵活应用，使之更符合具体情况。然而，它对两个因素的评价方法确实比较烦琐，评分标准、权数以及打分等主观色彩较为强烈。另外，它不能有效说明一些新型经营业务在新的行业中得到发展的状态。

四、产品/市场演变矩阵

产品/市场演变矩阵是由美国战略管理学者查尔斯·霍夫教授（Charles W. Hofer）首先提出的。他扩展了波士顿矩阵和通用矩阵这两种战略选择方法，将业务增长率和行业吸引力因素改换成产品/市场演变阶段，从而得出一个具有 15 个区域的矩阵，如图 6-4 所示。图中的竞争地位分为强、中、弱三档，产品/市场演变阶段实际就是产品生命周期，在这里划分为五阶段。在这个模型中，各个业务单位根据它们的产品/市场演变的不同阶段及其竞争地位的不同在图中定位，圆圈的大小代表各个行业的相对规模，圈内的扇形阴影代表每个业务单位所占的市场份额。

分析图 6-4，各经营单位可选择其适宜的战略：

（1）经营单位 A 看起来是一颗潜在的明星。它的市场份额大，正处在产品/市场演变的开发阶段，具有获得较强竞争地位的潜力，对它应追加投资，大力扩张。

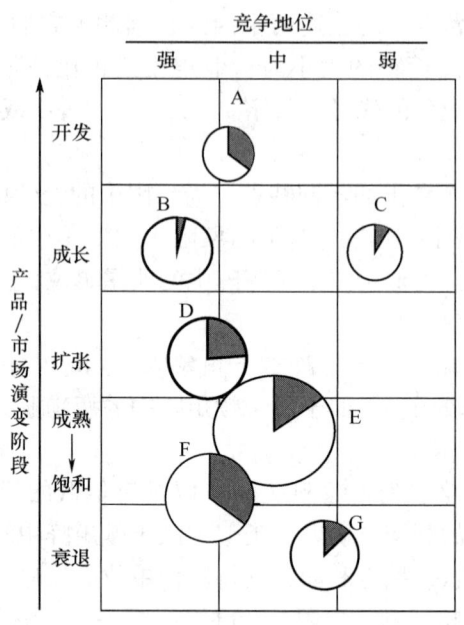

图 6-4　产品/市场演变矩阵

（2）经营单位 B 在某种程度上有点像 A。然而，对 B 投资的多少将取决于它相对强大的竞争地位市场份额却较低的原因。为此，经营单位 B 应当实施能够扩大其市场份额的战略，以便争取到更多的投资。

（3）经营单位 C 在一个增长中的相对较小的行业中占有一个较小的市场份额并且竞争地位较弱。对这类单位应仔细研究，区别对待，如其竞争地位有可能迅速增强，则应追加投资，使之成为明星；否则就要放弃，将其资源用于经营单位 A 或 B。

（4）经营单位 D 处于扩张阶段，占有一个相对较大的市场份额，竞争地位相对强。对单位 D 应当进行必要的投资以保持其竞争地位。从发展看，单位 D 应当成为一头现金牛。

（5）经营单位 E 和 F 都是企业的现金牛，应成为企业获取投资所需现金的源泉。

（6）经营单位 G 看起来是企业的一条瘦狗。在短期内，如果尚能维持，它应当用于创造现金，就长期来看，它更有可能被放弃。

企业的综合业务包内可能有多种多样的组合。查尔斯·霍夫和邓·斯肯德尔提出，大多数企业的业务包都是三种典型矩阵的变体，即成长型、盈利型和平衡型，如图 6-5 所示。每一种类型的业务包代表着企业在其资源的分配中所追求的不同目标。成长型矩阵是指其经营单位都集中在产品/市场演变的前几个阶段，市场前景较好，但可能遇到资金短缺的困难。盈利型矩阵则相反，其经营单位更多地集中于产品/市场演变的后几个阶段，市场前景都不太妙，但资金充裕，要寻找出路。平衡型矩阵则说明企业若干经营单位比较均衡地分布于产品/市场演变的各个阶段，经营形势比较平稳。

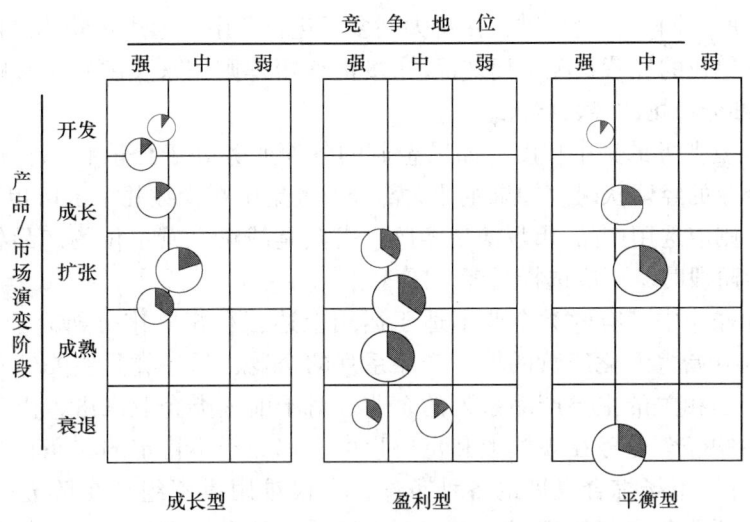

图 6-5 三种典型矩阵分析图

后来，希尔和琼斯运用霍夫的方法，直接将企业应采用的战略写入各个区域，供投资决策者参考（见表 6-4）。这种方法的特点是将竞争地位只划分为强、弱两档，同时融合产业生命周期的概念。与竞争地位强的单位相比，竞争地位弱的单位应当有不同的战略思维：产业尚处在成长阶段时，竞争地位弱的单位应当采取集中战略，注意寻找适合自己的细分市场，以求生存与发展；而在产业进入扩张阶段（即市场增长率开始下降）之后，就要考虑放弃或清算了。

表 6-4 产品/市场演变矩阵的运用

产业生命周期阶段	竞争地位强	竞争地位弱
开发	建立市场份额	建立市场份额
成长	发展（成长）	市场集中
扩张	增加市场份额	市场集中或抽资、清算
成熟	维持现状或抽资	抽资或清算、放弃
衰退	市场集中、抽资或削减资产	转向、清算或放弃

五、对矩阵的选择

为了正确地运用这三类矩阵方法，企业应考虑以下选择：

第一，如果考虑测定其总体投资组合，应首选波士顿矩阵，这种矩阵简单，所需数据较少。

第二，如果需要着重分析一项或几项经营业务，应该根据企业的类型和经营业务的集中程度来决定是选择通用矩阵还是产品/市场演变矩阵。选择的具体因素如下：

（1）企业的类型。小型多元化企业一般多采用产品/市场演变矩阵，大型多元化企业则多运用通用矩阵。大部分特大型多元化企业会考虑同时使用这两种矩阵，但其应用条件有所不同。一般来讲，在特大型多元化企业中，通用矩阵用来阐明企业内各个战略经营单位的经营状况，而产品/市场演变矩阵则用来反映每个战略经营单位中各个产品/细分市场的经营状况。

（2）经营业务的集中程度。如果企业的各项业务处于松散状态，则应运用通用矩阵确定企业的经营状况。如果企业大部分业务集中在少数几个密切相关的产品或细分市场上，则应选用产品/市场演变矩阵。尤其是战略经营单位的产品处于生命周期的初期发展阶段时，更应选择后者。

在实际操作中，有两类企业不适于运用上述三种矩阵来分析企业的总体战略：一类是刚刚开始多元化经营的单一产品系列的企业，另一类是主要经营业务与次要经营业务密切相关的主导产品系列的企业。对于前一类企业来讲，由于原有的经营业务与新生的经营业务在规模上和重要程度上都处于不稳定的状态，企业即使充分地考虑到产品/市场综合发展的各种条件，也很难用投资组合矩阵充分表明这类企业中不同经营业务之间的相互关系。而对于后一类企业来讲，由于其主要的经营业务与次要的经营业务在资源配置、竞争优势和协同作用上通常是有区别的，需要分别研究，而这类企业还没有进行多元化经营，也就更不适合应用上述三种投资组合矩阵。

第二节　扩张战略

扩张战略是指现有企业积极扩大经营规模，在原有业务范围内增加生产能力与产品供应量，或投资于新的事业领域，以促进企业的不断发展。扩张意味着扩大投资，带来生产扩大、产值增加，加剧竞争；扩张又直接表现为组织规模扩大，管理更趋复杂化。可见，这一战略的核心就是通过扩张来达到使企业发展和壮大的目的。

一、市场份额增加战略

（一）含义

市场份额增加战略是指企业通过大量投资，大幅度、持续地提高企业的市场占有率，从而改变企业原有的竞争地位。战略要点包括：

1. 目的

实施市场份额增加战略的目的就是要彻底改变企业原本的较弱竞争地位。

2. 幅度

市场份额改变的幅度要根据企业所在行业的结构而定，一般情况下，这种变化幅度为目前市场份额的 50%～150%。

3. 资金

企业实施市场份额增加战略，需要投入高于其他企业以及其他一般战略的大量资金，资金的主要来源是企业内部自筹和外部融资。外部融资通过各种形式与外部其他企业进行联合来增强竞争优势，从而促使企业市场份额的增长。

4. 时机

实施市场份额增加战略的行业背景应是该业务所在的行业正处于行业生命周期的初始阶段或调整阶段。这些阶段，行业发展往往不稳定，竞争基础经常发生变化，企业会进行战略调整，采取市场份额增加战略可建立新的竞争优势。在行业的初建阶段，有关产品以及进入该行业的企业数量、规模都不稳定，尤其是还未形成统一的行业标准时，企业的竞争焦点为产品的设计、质量等；而在行业的整顿阶段，企业的竞争基础则转向市场细分、产品定价、销售以及售后服务等方面。

(二) 适用条件

1. 市场状况

当企业的产品或服务在当前市场中还未达到饱和时，采取市场份额增加战略是具有潜力的，能为企业提供市场发展的空间。

2. 企业实力

企业必须拥有扩大经营所需要的资金、人力和物质资源。

3. 业务

企业的经营业务如果处于正在迅速全球化的行业，可以为企业增加市场份额提供动力。

4. 有效性

实施该战略，使企业市场份额有很大程度的增加，且较大的销售规模能够为企业带来显著的竞争优势，这时战略是有效的；如果市场份额的增加所产生的大规模销售量却导致企业的亏损，该战略就是失败的。

(三) 具体实施方式

1. 市场渗透

市场渗透是指企业利用自身资源，选择既有的优势产品，在原有的市场上继续渗透，提升销售的收入。进行市场渗透的具体办法有：

(1) 通过转变非使用者，努力开发潜在顾客，以各种促销活动激发新顾客的购买欲望，把产品卖给从来没有使用过本企业产品的顾客。例如，通过宣传全民补钙，把奶制品的消费者从过去的儿童，扩大到各个年龄段，使过去许多不爱喝牛奶的人主动养成每天喝牛奶的习惯。

(2) 把竞争者的顾客吸引过来。这实质上是一种重新瓜分市场的竞争策略，比如提高产品质量、降低价格、服务周到，使竞争对手的顾客来购买自己的产品。例如，某电视台运用有趣节目的编排，把观众吸引过来，以扩大收视率，增加品牌价值，从而增加其广告收入。

(3) 增加产品附加值，即提升产品品质、增加产品特点、改变产品式样、增加产品用途，从而促使用户更加频繁地使用本企业的产品。

一般来说，当整体市场在扩张时，不仅市场领导者可以增加市场份额，那些只占有少量市场份额和新进入市场的企业也比较容易扩大它们的销售。例如，由于基本建设规模急剧扩大,对钢材和电力的需求迅速增加,不仅大型钢铁企业和发电厂生意兴隆,利润丰厚,那些小型钢铁厂也扩大了生产规模和销量,同时还出现了很多小型发电厂。

相反,在稳定和下降的市场中很难实现市场渗透,这两类市场的需求已趋于饱和,基本上已经没有潜在顾客可以争取。在这种情况下,占有少量市场份额的企业很难再扩大它们的市场份额,市场领导者的成本结构或品牌效应会阻止这些企业的进一步渗透。当然,这并不意味着占有少量市场份额的企业完全没有市场渗透的机会,当某一细分市场容量过小,对领导型企业来说已经无利可图,或者其疏于防范时,小企业就可以通过这一细分市场向更广的市场进行渗透。

2. 市场开发

所谓市场开发是指用老产品去开发新市场,当老产品在原市场上已经无进一步渗透的余地,或者新市场的发展潜力更大,新市场的竞争相对缓和时,企业都可以考虑采用投资新市场的战略。市场开发包括进入新的细分市场,为产品开发新的用途,或者将产品推广到新的地理区域。如美国强生公司生产的婴儿洗发液,原面向婴儿市场,不料产品推出后,颇受成年女性青睐,于是大力向成人市场推广,结果销售量大增。杜邦公司也通过为产品开发新用途而实现市场开发,该公司生产的尼龙最初用以制作降落伞,后来成为妇女丝袜的材料,之后又成为男女衬衣的原料。每一种新用途都使尼龙进入新的生命周期,延长了产品的生命,从而为杜邦公司带来源源不断的利润。

将产品推广到新的地理区域是实现市场开发的又一条重要途径。例如,可口可乐、麦当劳汉堡包、肯德基炸鸡享誉世界,相关公司成为跨国企业,其重要战略就是在全球范围内不断开拓市场。

能否采取市场开发战略来获得增长,不仅与所涉及的市场特征有关,也与产品的技术特性有关。在资本密集型行业,企业往往拥有专业化程度很高的固定资产和有关服务技术,但它们很难转产其他产品。这种情况下,企业的核心能力主要来源于产品,而不是市场。这类企业不断通过市场开发来挖掘产品的潜力就是其首选的方案。

3. 产品开发

所谓的产品开发是指企业进行研发投资,用改进老产品或开发新产品的办法来增加企业在老市场上的销售量。这就要求增加产品的规格、式样,使产品具有新的功能和用途等,以满足目标顾客不断变化的要求。毫无疑问,产品开发和市场开发的投资往往是同步或相继进行的,二者有着紧密的联系。一方面,进入新的细分市场(市场开发),要求开发出现有产品的替代品或新的功能和特性(产品开发);另一方面,产品的更新和再设计,也需要新的细分市场的支持。因为很多产品,尤其是耐用家电以及高档时装的使用期比较长,这些产品的老用户不会在短期经常更换,而新顾客已经通过老用户了解到现有产品的特点和不足,并对性能方面等提出了新的更高要求。所以,企业必须设计出新产品或对老产品加以改进,才能满足这些新用户的要求。换句话说,产品开发和市场开发往往是交替进行的。

(四) 应注意的问题

1. 要正确认识行业市场的生命周期

一般来说，行业市场生命周期包括开发期、成长期、成熟期和衰退期。但有的行业的发展并不完全符合这种变化规律，比如技术含量较高的产品市场生命周期比较短——初期市场增长较快，而迅速的更新换代导致市场衰退也比较快。对于这些产品来说，在产品生命周期的初始阶段，竞争基础就偏向于价格、生产能力以及销售渠道，并不完全遵循一般规律。

2. 要掌握竞争对手的竞争策略，尤其要了解该行业市场领导者的战略

如果市场领导者在产品生产技术上面临重大突破，或者正在实施产品市场份额增加战略，其他企业就应该考虑实施这一战略的可行性。如果市场领导者出现战略失误，同样也会对其他竞争对手实施战略产生相应的影响。

二、增长战略

增长战略是指企业在迅速扩张的市场上维持和发展现有的竞争地位。这是一种在现有基础上向更高水平发展的战略。它要求通过发展来克服企业的各种困难与压力、弱势与威胁，在充分利用现有资源的基础上，扩大产销规模，增强优势，提高竞争地位，尽可能地提高现有市场占有率或开辟新的市场。其主要特征为：随着市场的增长，企业可以取得所需要的资源，以保持企业现有的竞争地位；而当企业增长速度减缓，进入调整阶段时，则运用新的方式进行竞争。

(一) 原因

企业为什么选择增长战略？原因之一是企业管理层所持的价值观——许多管理者把企业的增长等同于他们个人的效能。也就是说，企业增长意味着作为管理者的效能更高。而且，许多企业管理者拥有股票期权，只要企业增长、股票价格上升，他们拥有的资产直接受益。

有研究表明，增长战略能够产生较好的企业绩效。在同样的条件下，实施增长战略的企业的销售额和利润增长率更高。一个市场战略利润效应（PIMS）研究项目对北美 57 家著名企业进行了跟踪研究，结果发现：在增长战略和投资利润率之间存在一种直接的、积极的关系。采用增长战略的另一个理由是经验曲线理论，该理论认为，企业随着规模和经验的增长，效能会得到相应的提高。

(二) 适用条件

1. 行业状况

如果企业处在高速增长的行业，会有充分的增长空间。尤其当宏观经济形势有利、行业经济状况良好时，企业更容易取得资源，满足消费者增长的需求。而如果处在不景气的经济环境中，企业所需的融资渠道就会被堵塞，消费者也会减少购买量。此时，企业如果仍采取增长战略，势必会陷入发展困境。

2. 资源

毋庸置疑，采用增长战略的企业必须有能力获得充足的资源，包括物质资源、货

币资本、人力资源、信息资源等。企业如果在某一方面缺乏保障，就无法保证战略的顺利实施。例如，某服装企业经过迅速发展积累了一定的资金，但仓促地在房地产等多个领域实施增长战略，由于在人力资源、管理经验、资金和信息资源等几个方面都缺乏保障，最后企业陷入困境。

3. 销售渠道

增长意味着产量提高，而产品销售要得到保障，企业必须开发出新的可靠、经济、高质量的销售渠道。

4. 生产能力

企业生产能力要有扩大的空间，能够满足新市场的需求，否则效果不会好。

5. 信誉和美誉度

企业以及产品如果拥有很高的市场信誉，且过去的产品或服务是成功的，就应避免去发展一种冒险的产品，以免破坏商誉。

6. 文化基础

企业采取增长战略，其文化也应以增长为主旋律。企业文化是一个企业在长期发展中形成的一套根深蒂固的价值观念。如果一个企业的文化是稳定或消极被动为主的话，当企业采取增长战略时，势必会遇到重重阻力。但是，企业文化也不是一成不变的，可以根据战略的需要，对企业文化进行培育和完善。

（三）具体实施方式

一项对53个奉行增长战略公司研究表明，他们通常采用下面的一种或几种方式来实现增长目的：①选择一个发展速度高于宏观经济增长速度的主要经营领域；②选择一个具体的部门扩展特别迅速的细分市场；③在要经营的领域中选择一个处于早期增长阶段的；④综合运用内部扩展、兼并和收购等方式以实现增长；⑤通过国外销售和国外制造两种方式进入国外市场。

（四）增长战略的优劣分析

1. 优点

企业通过增长战略可扩大自身的价值；通过不断变革能够创造更高的生产效率；在激烈的竞争中企业可保持竞争实力。

2. 缺点

企业采用增长战略获得初期效果后，很可能导致盲目发展和为发展而发展；过快的增长可能降低企业的综合素质，使其应变能力变弱；增长战略可能使管理者更加注重投资结构、收益率、市场占有率，而忽视产品和服务的质量。

（五）注意事项

虽然增长战略对许多经理、股东和投资专家都具有吸引力，但在实际操作中也不乏失败的例子。20世纪60年代初，美国无线电公司和通用电气公司都曾试图进入计算机市场，但这两个公司的努力都失败了。一个企业在决定开始执行一项增长战略之前，应该注意下列问题：

1. 产品的生命周期

企业应认清产品生命周期规律,确定其当前所处的生命周期阶段,从而决定是否采用增长战略。

2. 避免经验主义

企业要避免管理人员个人经验主义的负面影响,处理好当前要采取的战略与以前执行过的战略的关系,还要注意规避以往成功的战略的影响。

3. 观念与结构

企业要有适应日益复杂化的外部环境变化的经营观念与组织结构。

4. 管理资源

高速增长可能导致企业规模超出管理能力的问题,尤其要注意避免出现无效率或低效率的情况。

5. 资源配置合理

企业实施增长战略必然要对原有的资源配置结构作出相应的改变,而对于一个成熟的企业来说,资源配置结构的改变是很困难的,往往需要较长时间。

对于业务比较单一的企业来说,可能没有多种经营的管理技术方面的优势,或缺乏适应外部环境的能力,这时可以采取其他替代战略。企业可以外聘一些有经验的相关人员,也可以联合有优势的企业进行,从而获得所需技能和资源。

三、盈利战略

盈利战略是指企业进入产品/市场演变的成熟阶段后,依靠现有的资源和技能来提高收益。一个行业进入成熟阶段时,市场发展趋于平缓,行业内竞争趋于稳定,大部分企业已减少对业务领域的投资。这种情况下,企业应将经营战略的重点从市场开发和资产联合转向市场细分与利用现有资产上,注重业务的获利能力而非增长率。企业的投资重点可放在已经规划好的市场营销项目上,夺取竞争对手的市场份额。

(一)实施条件

1. 认识当前阶段实施盈利战略的必要性

企业应考虑宏观经济技术环境和行业所处生命周期阶段。如果宏观经济处于低速增长阶段,科技创新未足以淘汰现有的产品,就会使市场需求保持稳定态势;如果处在行业生命周期的成熟阶段,产品需求、市场规模趋于稳定,产品技术成熟,新技术的开发和以新技术为主的新产品就难以成功,而且行业内竞争情况也趋于稳定,这时提高市场占有率、改变市场地位的机会就很少。如果企业再追加投资去发展,可能盈利率反而会降低,此时宜采取盈利战略。

2. 有效配置企业现有的资源,发挥资源的整体协同效应

经过一段时间的高速发展后,企业会出现物质资源相对不足、技术力量趋于落后、管理需要改善等一系列情况,这时企业就要调整,协调自身的发展速度、管理力量以及现有资源的关系。

3. 对外部环境及其发展趋势有充分的预测

对那些会影响企业现有竞争实力的环境要素及其发展趋势要作出较为准确的预测，以趋利避害，不断提高企业的盈利水平。

（二）资产效能分析法

1. 敏感性分析

该方法与可变分析、弹性分析一起运用，能够判断出可以削减成本或增加利润的领域。表6-5列举了这种分析应该考虑的各种类型的缩小差距的选择方案。这里所列的选择方案假定其他因素不会发生变化，例如涨价的选择方案是在假设数量、销售组合、成本、资产等方面不会发生变化的情况下制定的。

2. 标准分析法

其根据市场战略对利润的影响，详细说明各种企业应该取得的标准投资收益率。在实际的经营活动中，企业可以用自己的实际投资收益率与标准收益率相比较，确认自己在其他条件相同的情况下所具有的改进潜力。然后，根据标准分析法进行计算，确定企业在缩小差距上所应采取的行动及其程度。

3. 增值收益判断

对从原材料到最终产品的生产链，企业可以运用增值收益判断的方法在产品/市场演变的成熟阶段、饱和阶段改进资产的使用和效能。企业可以将价值增值和经验曲线结合起来进行考虑，指明节约的机会以及具有削减成本潜力的领域。

表6-5 企业缩小差距的选择方案

选择方案	影响差距的类型		
	收入	利润	投资收益率
价格增加	+	+	+
单位数量	+	+	+
销售组合变化	+	+	+
	−	±	+
产品削减		+	+
成本削减		+	+
资产削减			+
联合	+	+	±

一般情况下，企业利用这三种分析法可以更充分地配置资源，形成超过再投资所需要的流动资金。这些超额的流动资金一般用于向处于增长阶段的战略经营单位进行再投资。但是，在行业的成熟或饱和阶段、经济周期下行或通货膨胀剧烈时期，行业中市场领导者的地位会下降，有时产品形式发生的重大突破也会对企业造成不小的影响。这种情况下，企业则应把超额的流动资金用于成熟阶段或饱和阶段。

第三节　市场集中和资产减少战略

市场集中和资产减少战略是指在产品/市场演变的成熟阶段或衰退阶段，企业重新选择自身的经营范围和资产配置水平，从而执行有利于企业盈利，实现远期发展目标的行动。这种战略常常涉及缩减经营范围、减少投资、收回资产等方面。

一、战略适用情况

（一）成熟阶段的选择

在产品生命周期的成熟阶段，行业发展比较缓慢，竞争地位比较稳定，一些实力较弱的企业为了维持或改善市场地位，可以选择市场集中和资产减少战略。一般来说，企业某经营业务的市场销售量占市场领导者的15%以上，就值得保留，但必须进行内部业务整合，集中力量开发自己具有最大优势的细分市场。而对于那些销售量占市场领导者5%以下的业务，企业可以采取以下战略：

（1）联合或并购。通过联合或并购几家状况类似的企业，使销售量增加到市场领导者的15%以上。或者该业务成为某企业的并购对象，该企业能够提供必需的资金及其他资源，这时可以考虑出售该业务。

（2）集中到专有市场。企业把目标市场转向某一特殊的细分市场，该细分市场中的顾客需求及偏好存在一定的差异性，这样能够形成一定的抵御其他企业竞争的能力。

（3）撤销该项经营业务。企业还可以实施转移战略或撤退战略。

（二）衰退阶段的选择

当行业处于衰退期时，企业如果由于各种原因（如高退出壁垒、实力弱等）选择不退出该行业，唯一的选择就是集中所有资源于某一细分市场。一般来说，当一个行业进入衰退阶段后，整体销售量会出现下降，企业利润趋于消失甚至出现亏损。但该行业的某一细分市场的销售量可能会维持不变甚至可能出现增长。企业在选定细分市场后，为了维持该市场，就有必要集中资源来建设，以此获得自己的相对优势。

二、配套方案

（一）企业内部例行节约，提高资源利用效率

为实施市场集中和资产减少战略，整个企业都要努力降低运行费用，提高资源使用效率和利润，措施包括：减少现金需求，推迟更换设备，关闭效率差的工厂，重新设计和组织内部工作流程，降低存货，减少新职员的雇用，调整企业职员的规模等。

（二）减少资产或收回资产

减少资产，方法包括出售与企业基本生产活动关系不大的土地、建筑物和设备；关闭一些工厂或生产线；出售某些在用的资产，再以租用的方式获得资产的使用权；

出售一些盈利但非主营的业务，以获得急需的资金等。

收回资产，方法包括降低企业的存货量，必要时处理一批存货；通过各种方式尽快收回应收账款；出售库存产成品等。

（三）进行业务调整

业务调整通常就是对现有业务单位进行淘汰，有时也会建立新的业务单位。列入被淘汰行列的一般包括：现有业务单位中那些竞争能力差或者绩效波动不定，处于不具吸引力的行业中，以及不再适应企业战略的业务单位。例如，飞利浦公司曾出售了一家运转良好的全球性工程技术咨询公司。这种战略调整的目的是获取更大的战略效益，将企业有限的资源集中到某一细分市场上，在这个特定市场上获得收益。新业务单位的建立往往针对某一个细分市场的特定需求进行。

第四节 转变战略和撤退战略

一、转变战略的目标

转变战略一般是为了阻止和改变企业的衰退或消亡，从原有领域逐步收回资金和抽出资源，向新的领域发展，在新的事业中寻找出路，推动企业更好的发展。具体而言，转变战略是指企业在现有的经营领域不能维持原有的产销规模和市场，不得不缩小产销规模和市场占有率，或者企业面临新的更好发展机遇，对原有业务领域压缩投资、控制成本，以改善现金流，从而为其他业务领域提供资金。此外，企业在财务状况不佳时也有必要采取转变战略，这一般发生在物价上涨导致成本上升或需求降低使财务周转不畅的情况下。

实施转变战略的前期工作包括三方面：①要评价所在市场的吸引力，以及企业在该市场内潜在的竞争地位；②企业需要选用适当的方法，评估继续在该市场经营的价值与清算的价值；③要评估企业近期的经营状况，如果某项业务面临大幅度亏损，应分析造成这种状况的原因，如宏观经济下行对企业的冲击；内部管理水平落后，不能适应环境的变化等。如果企业经营失败的原因是企业战略问题（如执行战略不当），就要改变方法，或改变现行战略。

二、转变战略的选择

企业所能选择的转变战略基本上有四种：增加收益战略、降低成本战略、减少资产战略以及混合战略。企业在选择这些战略时，应该考虑企业可以运用的资源价格和成本结构，以及目前经营低于盈亏平衡点的程度，具体情况如下：

（1）如果企业的直接人工成本高或者经营状况相对接近盈亏平衡点，这时最好采取短期的降低成本战略。因为企业在短期内适当地大幅度降低成本一般是可行的，也易于接受，而且相对于提高收入战略，见效较快。

（2）如果企业的直接人工成本比较低，固定费用低，或者是经营状况远离了盈亏平衡点，这种情况一般采取增加收入或减少资产的战略。企业要对战略转变后的中长期潜力作出评价，才能选择增加收入或减少资产战略，如果在2年内企业还可以利用现有能力，应采取增加收入战略；如果在4~5年以至更长的时间里企业不能利用现有能力，则应采取减少资产战略。

(3) 如果企业在2~4年内仍须利用现有能力，最有效的战略是混合战略。混合战略就是综合平衡地使用增加收入战略、减少资产战略以及降低成本战略，实施这种混合战略可以使企业获得最大数额的流动资金。在这种战略的指导下，企业降低成本、减少资产后，其短期利润率要高于增加收入战略。均衡实施三种战略企业可以在当前条件下实现利润最大化。

(4) 如果企业面临资源短缺、经营难以改善，就应该把战略重点放在最大限度地收回现金上，企业可以减少存货、提高价格、改变销售组合、出售剩余的生产能力、延长应付款时间、加速收回应收款等。

三、收割战略

收割战略是指企业为了达到削减成本和提高现金流的目的，减少在企业某一个特定部门（如一个战略经营单位、业务分部、产品系列、特定产品或商标上）的投资，由此带来的现金流量用于新的或增长的部门。在执行收割战略时，应对销售量或市场份额的减少或下降做好准备。实施收割战略的一般方法包括削减经费和成本、减少资产、削减产品。在一个企业内部，实施收割战略的部门常常具有下列特征：①该经营单位处于一个稳定的或正在下降的市场中；②该经营单位占有的市场份额较小，而且增加市场份额成本太高，或者虽然具有一个大的市场份额，但保护或维持这一市场份额的成本越来越高；③该经营单位并不产生效益，或正在发生亏损；④销售额不会由于减少投资而下降很快；⑤企业对闲置出来的资源有更好的用途；⑥该经营单位不是企业业务组合中的主要部分；⑦该经营单位对企业业务组合的其他经营目标（稳定销售额或声誉等）没有什么帮助。

四、迅速放弃战略

迅速放弃战略一般是指在行业衰退期，企业把相关的业务单位出售，从而最大限度地回收投资。当行业发展到衰退阶段时，企业应预见行业的衰退趋势，迅速地退出该行业，对固定资产立即转让，对经营业务尽早处理，这往往比较有利。早期出售资产通常可以找到更多买者，获得较高收益。一旦行业衰退趋势明朗化，买方就处于极为有利的讨价还价地位，资产出售的良机已失。当然，对于早期出售资产、迅速退出的企业，存在对行业前景预测不准的风险。

本章小结：

1. 投资战略是指企业或经营单位根据自身经营组合的性质和水平，在人力、物质和财务资源方面投入，以形成企业的竞争优势。该战略与三种基本竞争战略联系紧密。

2. 投资战略的基本形式有六种：市场份额增加战略、增长战略、盈利战略、市场集中和资产减少战略、转变战略和撤退战略。

3. 投资战略的定量评价方法有投资回收期法、净现值法、现值指数法、内部报酬率法。

4. 波士顿矩阵是把企业生产经营的全部产品或业务组合作为一个整体进行分析的一种投资组合分析方法，常用来分析企业相关经营业务之间现金流量的平衡问题。

5. 通用矩阵是在波士顿矩阵基础上改进的一种投资组合分析方法，与波士顿矩阵相比，它在两个坐标轴上增加了中间等级，战略变量增多了使之对需求、技术生命周期曲线的各个阶段以及不同的竞争环境均可适用。企业利用通用矩阵比较其经营业务以及决定其资源的分配方式时，必须估测行业吸引力及经营业务的竞争地位。

6. 产品/市场演变矩阵是美国学者霍夫针对通用矩阵的局限性设计出的一个具有15个方格的矩阵，用来评价企业的经营状况。

7. 对三种矩阵进行选择时，需要考虑的因素包括：企业的类型和经营业务的集中程度。

8. 企业的扩张战略包括：市场份额增加战略、增长战略以及盈利战略。

市场份额增加战略是指在产品/市场演变周期的开发阶段或整顿阶段，企业采取措施，以能够大幅度且持续地提高企业的市场占有率。市场份额增加幅度一般为50%~150%。为实施该战略，企业需要高于行业内同等规模企业的投资水平。

增长战略是企业在迅速扩张的市场上用来维持或发展现有竞争地位的战略，具有两个重要特征：随着市场的增长，企业能够取得所需要的资源，保持现有的竞争地位；随着增长速度的迅速减缓，企业进入整顿阶段，需要开发新的方式，有效竞争。

盈利战略是指企业处于产品/市场演变的成熟阶段时，稳步回收投资、注重获取利润。

9. 实施市场集中和资产减少战略一般是为了重置企业的经营范围和资产配置，改善企业短期盈利和长远发展。这常常涉及缩小经营范围，大幅度减少投资。这种战略适用于产品/市场演变的成熟阶段以及衰退阶段。

10. 转变战略是指为了阻止和改变企业衰退而采取的战略重点转变。企业可以采取的转变战略基本有四种：增加收入战略、降低成本战略、减少资产战略以及混合战略。企业要考虑现有的资源结构、数量、成本结构，以及企业经营偏离盈亏平衡点的程度。

11. 资产清算和撤退战略一般是为了从竞争地位弱的经营业务或企业中撤出，以获得尽可能多的现金，可以采取两种方法：收割战略、迅速放弃战略。

思考与练习题

1. 实施增长战略应注意的问题有哪些？
2. 简述盈利战略的实施条件。

3. 运用波士顿矩阵分析方法，分析某一具体企业的投资框架。
4. 试比较常用投资战略的特征。

案例分析

案例：GW 公司的投资框架

投资开拓新市场、增加市场份额是 GW 公司适应经济全球化发展和国内外电力建设市场环境变化的重要战略选择。近年来，国内电力市场趋于饱和，海外工程承包对保障和促进我国电建企业生存与发展发挥了重要作用。自 20 世纪 80 年代 GW 公司走出国门以来，承揽实施的工程项目已涵盖印度、印度尼西亚、苏丹、尼日利亚、沙特阿拉伯、巴西等 20 多个国家和地区，基本形成了以南亚、中东和非洲为主的多层次、宽领域的市场格局。旗下部分企业在国际电建工程市场激烈竞争中脱颖而出，跻身国际一流工程承包企业行列，获得了较好的经济效益和社会效益。

近年来，GW 公司的安全风险管理水平不断提升，职业健康、安全与环境（HSE）体系、风险点分析等先进管理方法的引入，进一步夯实了安全管理基础。但是从境外工程项目的情况看，各电建企业的安全管理意识、安全管理集约化程度及对海外施工环境的适应能力均有待进一步提高。

（一）理念问题

随着我国对外开放进入新的发展阶段，GW 公司对外承包业务也进入快速扩张期，越来越多的电建企业开始瞄准国际工程承包市场，大力推动国际化发展，项目规模、技术含量和管理水平不断提升。国际化发展对安全管理提出了更高的要求，沿用国内传统的安全管理理念指导和实施境外项目，逐渐出现诸多深层矛盾和不足：一是安全管理封闭运行，就安全论安全，对境外项目安全与经营的互动效应和深层关联考虑不够，尚未形成以提升国际化经营管理水平为基础、从根源上防范境外工程安全风险的战略定位和制度安排；二是局限于现场安全管理，对非现场安全管理重视不够，在境外人员日常生活和社会交往中的风险防范、人身安全、心理健康等方面，缺乏系统化和可操作化的安全管理办法；三是现有的安全管理体系围绕施工过程监控而形成，偏重事中控制，对项目前期阶段的延伸和覆盖不够，尚未建立系统、规范的安全可行性调研和评价方法，导致项目安全事前控制不力；四是安全管理趋于静态化和截面化，在实时监测施工现场和外部环境的动态变化并研判、防范其对安全可能产生的影响方面，重视程度不够，措施不到位；五是长期沿袭以"究责"为核心的负强化型安全管理文化，忽视正强化和奖励手段在安全管理中的运用，导致部分基层单位逐渐形成向分包单位、设计单位和其他境外外部因素卸责的不良安全管理意识。

（二）资源投入

当前境外电力建设项目规模持续扩大，市场份额逐步加大。根据 GW 公司 2009 年相关统计，境外火电项目装机容量已达 3 533 万千瓦，其最大分公司境外项目多达 16 个，承建工程的装机容量达 1 770 万千瓦，其基本建设总公司海外项目占主营业务收入的比例已超过 50%。随着境外项目规模不断增加，安全管理资源不足的矛盾更加突出。影响境外项目安全的一些深层次问题，如恶性竞争、不合理低价中标、过度压缩工期、施工机械老化等，仍然没有得到有效解决，海外项目利润率偏低，电建企业整体经营状况不佳。部分企业和海外项目部安全管理组织不健全，专业人员配备不齐全，现场安全执行力不强，安全管理工作效果差；部分工程项目安全投入不到位，安全设施不完善，安全防护不彻底，存在事故及人员伤亡的隐患。特别是，能够系统从事境外项目管理及施工安全管理的人员数量基本没有增加，境外项目安全管理人才资源尤为紧缺。相当一部分中方安全管理人员身兼数职，忙于安全事故后期处置或行政事务性工作，甚少直接指导或负责现场的安全风险防范和管控。2009 年以来，GW 公司境外工程连续发生多起较大以上人身伤亡事故，暴露出境外工程安全管理资源保障体系较为脆弱，群伤群亡事故风险大的严峻现实。

（三）项目分布

根据 GW 公司 2009 年相关统计，境外工程项目涉及 26 个国家和地区，共有 10 731 人在境外从事相关工作，分布在印度、沙特阿拉伯、印度尼西亚、孟加拉国、塔吉克斯坦、尼日利亚、赤道几内亚等，其中绝大多数为发展中国家，当地社会和自然环境与国内有较大差异。部分国家政局不稳定，存在反政府武装和国际恐怖主义分子，爆炸袭击事件时有发生；部分国家社会治安状况差，贪腐盛行、盗抢犯罪频发；部分国家宗教和民族问题比较突出，经常引发矛盾和摩擦；部分国家医疗卫生状况差，典型传染病较多，大规模发病风险随时存在；部分国家极端天气以及地震、海啸、泥石流等地质灾害较多。与国际上成熟企业相比，GW 旗下各电建企业涉足国际市场时间较短，在国家风险识别、预警、应急处置等方面的经验不足，盲目性较大。随着海外项目分布范围进一步扩大，国家风险日益突出，对境外项目、资产和人员安全均产生较大不利影响。

（四）管理层级

境外电建企业在项目所在国的身份是独立自主经营项目的实体，本身应该是安全风险管理的主体。但是，目前的境外工程项目管理体制管理链条过长，责任不清，许多电建企业缺乏境外工程安全管理的积极性，只是被动地执行安全管理法规和制度。这种境外工程项目安全管理存在的体制缺陷，再加上安全风险管理过程中存在处罚不严、问责不力等问题，使得许多电建企业对境外工程风险管理没有正确的定位，企业内部安全风险管理机制不健全，安全意识淡薄，增加了境外工程的运行风险。

（五）项目类型

随着海外市场规模不断扩张，GW 公司承接境外项目的类型也更加多样化。从承包方式看，涉及 EPC 总承包、施工分包、管理咨询、材料供应等多种承包模式；从项目内容看，有输变电、燃油电站、燃煤电站、水电和其他工业建设项目；从施工环境看，涉及高温、高寒、沙漠、沿海、雨林等特殊条件。不同类型的项目，施工技术特点差异较大，给常规安全管理模式带来诸多挑战，特别是一些比较特殊的风险点和风险源，对其辨识和管控存在一定难度。此外，境外项目现场条件复杂多变，前期的设计施工方案和安全技术措施经常不符合现场实际情况，需要随时进行调整和优化。而受到交通、通信等条件的限制和工期压力的影响，设计单位、施工单位以及业主之间时有沟通不及时、协调不到位，问题不能在第一时间得到有效解决等情况，成为引发安全风险事故的直接原因。

（六）项目运作

境外工程项目运作经验欠缺在部分基建企业尤为突出，主要表现为三个方面：一是项目前期安全风险分析和策划不细致。部分基建企业在进入国际市场之前，缺乏对项目所在国细致的国别风险分析，未能制定有效的风险识别、预警和应急处理体系，盲目性较大，致使部分安全风险因素未能有效利用合同手段进行有效规避预控，为后期的项目实施过程埋下了很大的安全隐患。二是项目现场安全风险控制水平亟待提升。部分基建企业缺乏国际市场运作经验，境外项目安全风险管理制度不完善；欠缺有效识别和评估现场安全风险的能力，不能对现场安全风险进行动态跟踪；现场作业风险控制程序不规范，风险控制措施不能有效落实；信息交流不畅通，对突发事件应急能力差；忽视员工日常生活管理，对驻地安全关注不够；安全风险管理资金投入不足，现场安全生产基础设施和条件差。三是对风险管理工作监督、评价力度不够。部分主管部门对境外电建企业安全风险管理工作的监督与评价不够重视，缺乏对境外电建企业安全风险管理工作进行有效监督、评价的机制和手段，导致不能全面了解和跟踪境外企业安全风险管理状况。境外电建企业不能适时对自身安全风险管理的有效性进行检验，不能对安全管理工作中存在的缺陷及时加以改进。

（七）分包环节

境外项目分包管理情况较为复杂，包括分包给国内分包商，分包给国外分包商，使用国内劳务分包商、劳务人员，使用国外劳务人员等情况。许多国家执行控制外国劳务人员入境的签证政策，导致境外工程分包量较大，对当地分包商的依赖程度较高，而当地分包商技术水平和人员素质整体偏低等问题对境外工程安全管理构成了极大威胁。例如，印度近年来严格限制中国劳务人员入境，工程施工只能大量分包给当地施工企业，而当地分包商安全意识淡薄、安全设施投入严重不足、施工技术落后、施工人员习惯性违章现象随处可见，现场安全管理形势不容乐观。更为严峻的是，由于印度近年来基础设施建设发展迅猛，大批国际工程承包商进入印度市场，当地具备相关资质的分包商短缺，造成分包商处于强势地位，总承包商的安全管理措施和要求很难充分渗透和落实到分包商层面，形成了安全管理盲区。境外项目安全事故，特别是比较严重的群体性事故，绝大多数出现在分包环节，分包管理方面存在着一系列亟待破解的难题，其根源在于中外安全管理文化方面的差异、冲突与隔绝，这是境外工程安全管理中极为突出的问题。

（八）技术标准

标准和规范贯穿于整个境外工程建设项目的全过程，在绝大部分境外工程的项目管理中，从工程项目的设计到材料设备的制造安装，再到安装调试阶段的众多单体实验，往往面临当地技术标准、规范与我国不符的现实问题，导致项目相关各方沟通协调困难，造成极大安全隐患。这主要表现在三个方面：一是我国技术标准在项目所在国难以落实到位。在一些欠发达国家，缺乏相关工程领域专业的技术标准和规范，企业在境外往往采用我国的相关技术标准，但是使用的过程中往往出现与项目所在国法律法规、自然条件等因素相冲突的情况，我国的技术标准和规范不能适应项目所在国的具体要求。而且，这些国家的劳动力素质和施工管理水平普遍较低，相关工程技术标准和管理规范很难落实到位，对安全风险管控构成威胁，不利于重大人身事故的防范。二是我国技术标准与项目所在国要求存在差异。在一些较发达国家，工程建设领域一直沿用英国、美国的技术规范和标准。虽然现在我国相关技术标准在很大程度上等同或高于上述国外标准，但在具体应用方面尚存在一定的差距。在设计方面，国内大部分设计单位对国际通用的标准尚不能完全把握，不了解设计和施工的标准差异、地区差异，经常会遇到业主因为设计标准未响应合同要求或文字表述等问题，要求我们的设计人员对设计图纸反复修改。在土建工程和设备安装方面，由于语言沟通存在障碍，承包方和业主方技术人员不能有效沟通，造成施工中出现技术偏差，质量达不到设计要求，甚至发生安全事故。与项目所在国存在的标准差异，使得境外工程安全管理要兼顾我国与项目所在国有关的工程建设和安全生产法律法规，大幅增加工程承包商、业主和分包商之间沟通协调的难度，造成安全管理隐患。

案例讨论：
1. 运用适当方法剖析 GW 公司投资战略上产生问题的原因。
2. 通过比较战略特征提出 GW 公司应倡导的战略导向。

第七章　行业环境与企业战略

学习要点与要求：
1. 描述企业所处的各种行业环境，理解五种行业环境的形成及其特征。
2. 解释行业环境对企业战略的影响。
3. 分析在各种行业环境中企业的不同战略选择。

第一节　零散型行业中的企业经营战略

行业集中度低是零散型行业最显著的特点。现实中，零散型行业是一种重要的结构环境，在这一行业结构中，参与竞争的企业很多，任何企业都没有显著的市场份额，个别企业的行为不会对整个行业产生重大影响，即不存在左右整个行业的市场领袖。一般情况下，零散型行业由很多中小型企业构成，涉及服务、零售、农产品、汽车修理、饭店、计算机软件开发、服装制造和服装零售等，范围很广，在技术方面差别也很大。

一、零散型行业形成的原因

（一）基本经济原因

企业要在这类行业中生存与发展，制定竞争战略时需要分析形成的原因，许多零散型行业本身的基本经济特性就是主要原因之一。

1. 进入壁垒低或存在退出障碍

若行业的进入壁垒低，只要存在一定的获利潜力，就会形成较强的吸引力，投资可以轻易地进入该行业。对于进入障碍较低的零散型行业，人们能用小额投资开始创业；投资人只以较小的投资规模在该行业经营，在获取利润的同时，又避免无法退出而造成较大的损失。那些面临退出障碍的企业，可能在行业进入成熟阶段后开展兼并，挤垮竞争对手，这种行为会使行业中的企业数量减少。

2. 多种市场需求使产品高度差异化

在某些行业中，顾客需求的集中度不够，顾客希望产品有不同款式、色彩或其他特性，不愿意接受标准化的产品，更愿意也能够为此付出代价。这种需求多样性在大众消费行业表现得非常明显，如餐饮、理发、女性时装等行业。另外，市场需求区域或地区的差异也导致需求零散。需求零散使产品高度差异化，顾客对某一特定产品式样的需求很小，数量不足以支持规模生产，难以发挥大企业优势。

3. 不存在规模经济

大部分零散型行业在其运营活动的各个主要环节（如制造、市场营销、研究与开发等）都不存在规模经济。有些行业即使存在规模经济，也由于各种原因难以达到。如在某些建筑材料行业中，高运输成本限制了高效率企业的规模及生产地点，制约其市场及服务范围，抵消规模经济性。库存成本过高或市场销售不稳定会使企业由于产量波动而不能实现规模经济，此时大企业的灵活性不如小规模企业。另外，产品的高度差异化及快速变化也可能产生规模不经济。换言之，如果存在规模经济性，这类行业就一定会逐渐走向集中。

4. 行业处于生命周期的开发期或成长期

一些新兴行业在初期阶段可能会因技术标准、游戏规则等方面的不成熟而出现分散投资，但随着行业的发展和一些企业领导者地位的形成，零散状态会趋于消失。

（二）非经济原因

零散型行业形成的非经济原因包括企业自身特性和政策影响两个方面。

1. 企业自身特性

企业自身特性包括以下三点：

（1）现有企业缺乏资源或技能。有时企业具有克服零散的潜力，可以发展规模经济，但缺乏资金或专业技术等战略资源，无法发展大规模设备体系、分销机构、服务网络等可能促进行业集中的能力。

（2）现有企业目光短浅或自我满足。即使企业具有促进行业集中的资源条件，也可能因留恋传统，或感觉不到行业变化而无法实现。

（3）未被其他外部企业注意。有时行业内存在集中的对象和条件，但因外部企业没有发现而未注入资源以促进集中。

2. 政策影响

政策对一些行业企业规模的限制表现在两个方面：

（1）审批。政府对较大规模的项目审批程序严格，这会迫使投资人采用较小的投资规模，从而避开严格的审批，一定程度上造成小规模重复建设。

（2）法规。有些政府法规及管理方式会对投资规模产生一定的限制，例如地方政府对本地投资的偏袒和扶持。有时政府出于抑制垄断的考虑，对具有自然垄断性质的社会基础设施会开展一定程度的分散投资，使不同地区的市场供给均有独特性，这就限制了这类产品或服务在更大范围内的专业化发展。

在零散型行业的发展过程中，一些行业发展到成熟期后，企业之间会出现重组或调整，激烈的竞争将淘汰实力较弱、效率较低的企业，同时某些企业则通过集中崭露头角，而一些行业由于其经营的产品或服务的性质，则停留于市场零散型状态。还有一些行业由于现有企业缺乏相应的实力，无法推动重组，一时难以摆脱零散型状态。

二、零散型行业的战略选择

（一）克服零散，集中零散型行业

零散型行业的特点是进入成本低，行业内竞争弱，因此集中将会有较高的回报。克服零散的可能性源于零散型行业本身是一个互相联系的系统，克服造成零散的经济因素会引起整个行业结构改变。克服零散的基本思路是清除造成行业零散结构的基本经济因素，方法一般有以下几种：

1. 建立和使用标准化设施

某些行业零散的原因是没有规模经济性或顾客需求零散，如餐饮业和家政服务业。建立和使用标准化设施战略，可在有利的地点以最低成本建立标准化分店，然后根据经验提炼出一整套标准化的组织和运作方式，各分店用统一高超的标准经营和运作，以实现规模经济效应。分店分享企业的无形资产、外部关系、管理技能和生产经营方式等，企业则通过获得的合并购买力，向供应商要求更优惠的供货价格；建立区域性分销中心，在节约运输成本和存货成本的同时，保持对顾客和商店需求响应的最大化；统一投放广告，提高广告效果和节约促销费用；统一研发以提高产品质量和效率等。可以采取的具体模式有连锁经营、特许经营等。美国的麦当劳和日本的 7-11 连锁店均实施了这一战略，在所处的零散型行业中获取了较高的利润。

2. 利用新技术

新技术的到来可为企业提供发展新商业模式、进行行业合并的机会。例如，亚马逊利用互联网创造了新的图书销售模式，成功地推动了行业的集中，许多实体书店被迫关门。成组技术的发展，使产品标准化与多样化结合，满足顾客多样化的需求，可以一定程度地克服零散。

3. 尽早发现行业趋势

有些行业在产生、发展和成熟过程中会自然形成集中。例如，我国家电销售业早期是一个零散行业，但随着家电连锁经营方式的发展，这个行业已经产生了市场领导者。

（二）适应环境，建立竞争优势

有时，造成行业零散的基本经济因素是不易克服的，企业要通过提高在行业中的战略地位取得竞争优势。其基本思路是在零散型环境下寻求成本领先、差异化、集中化等，使企业的战略姿态与零散型行业的特殊性质相匹配，或者使行业中存在的激烈竞争中性化。

1. 建立集中控制的分权体制

零散型行业的特点是需要对顾客的需求作出快速反应，可以严密管理下的零散化作为重要的竞争策略，尽可能地用自治代替在一个或少数几个地点增加经营规模的方式。下属的各单位虽小但自主经营，通过报酬制度或利用分配制度保持集中控制，并加强协调。

2. 专业化战略

创造性地划分市场的集中化战略有助于企业应对零散性，可以通过以下几种方式获得专业化：

（1）产品专业化。当造成行业零散的原因之一是产品系列中存在多项不同产品时，产品类型或产品细分就是一种有效的实现高于平均利润水平的战略。企业可以通过使其产品达到足够大的规模来增加与供应商的议价能力，还可以利用专门技能提高细分市场的产品差异化程度。这种集中化战略可使企业更迅速地获得产品领域信息，并使企业引导顾客的能力得到提高。这种战略的代价是可能会对企业的发展前景形成某种限制。

（2）顾客类型专业化。企业专注于行业中一部分特定顾客也可以获得潜在收益。这些顾客可能因为购买量小或规模小而议价能力较低或对价格不敏感，有的还需要企业为产品和服务提供附加价值。像产品专业化一样，顾客类型专业化也可能限制企业发展前景，但可能因此获得更高利润。

（3）地理区域专业化。有些行业难以在全行业达到显著的市场份额或不能实现全国性的规模经济，但在某地区范围内可能实现重要的经济性。企业可以集中设备、营销注意力，如选择更有效率的广告、使用唯一的经销商等获得经济性。食品行业的区域覆盖战略效果非常好，尽管存在一些大型全国性企业，但食品行业仍具有零散型行业的特点。

3. 低成本、低价格战略

许多零散型行业竞争激烈和利润低，此时以低间接费用、低技能雇员、严格的成本控制以及对细节坚持是最简单、有力的战略，能使企业在价格竞争中处于有利地位，并得到高于平均水平的利润。

4. 适当的纵向一体化，增加顾客获得的价值

零散型行业的企业往往处在产业价值链的某些环节上，前向一体化或后向一体化可能有助于降低产品成本，增加顾客价值，从而在顾客中建立声誉。例如，食品企业拥有自己的原料生产基地，以保证产品的独特品质。此外，适当的纵向整合也可以帮助企业实现在两个以上的产业价值链环节上经营，扩大获利的机会。

5. 增加产品的附加值

某些零散型行业的企业提供的是标准产品，或是不具备显著特征的产品，因此不能形成对市场的特殊吸引力，这时为产品增加某些特征或附加价值是一种改变现状的方式。例如，纯净水业务在我国刚出现时，其市场相当集中，但随着生产厂家的增加，市场出现了零散状态，纯净水业务本身的标准化特征迫使一些生产企业不得不在服务上创新，以创造更多的价值。

6. 特色经营

特色经营是指企业生产和经营的产品或提供的服务具有与众不同的特色，以独特的差异化取胜。特色经营的实质是将差异化做到极致，使竞争对手难以效仿。例如，在饮食行业中，一些传承多年的老店提供极具特色的食品，这些食品使用独特的加工

方式，甚至成为当地文化的一部分。

三、避免潜在战略陷阱

零散型行业独特的环境会造成特殊的战略陷阱，企业在选择时要注意避险。

（一）避免寻求支配地位

零散型行业的基本结构决定了寻求支配性市场份额的努力是无效的，除非从根本上产生变化。行业零散形成的基本经济原因会使企业在增加市场份额的同时出现低效率，产品失去差异性。波特以美国 Prelude 公司为例说明了此种失败——该公司曾宣布其目标是成为"龙虾业的通用汽车公司"，它组建了一支昂贵的、有先进技术装备的巨型龙虾船队，设置了内部维修机构，并修建了船坞设施，甚至纵向整合了运输车队和餐馆。但龙虾捕捞行业的特性决定了其船队要支付高额管理费用、固定成本，并会引发行业内价格大战，而业内较小规模的公司，由于成本较低，并不寻求过高的投资收益率。最终，Prelude 公司并未在龙虾捕捞业形成预期的支配地位。

（二）保持严格的战略约束

为在零散型行业中进行有效竞争，保持其有效的战略约束力是必需的。行业结构要求市场集中或严格专注于某些战略原则，而执行这些原则需要有勇气舍弃某些业务，要求组织内部的资源配置具有相对的稳定性。一项缺乏约束力或机会主义的战略可能在短期内发挥作用，但从长远来看会降低企业的竞争力。

（三）避免过分集中化

许多零散型行业的竞争本质在于人员服务、当地联系、近距离控制、对波动及式样变化的反应能力等。许多情况下，集权化组织结构与生产效率背道而驰，它会延缓反应时间，降低激励水平，造成熟练人员流失。同时，零散型行业的经济结构往往造成集中的生产或营销组织不存在规模经济，甚至是不经济的。这些领域的集中甚至会削弱企业的竞争力。

（四）避免对新产品过度反应

在零散型行业中，卖方众多、竞争激烈，买方几乎总是具有强大的力量。一种新产品的出现也许会使企业进入无竞争层次，但零散型行业需求的多样性导致规模经济难以实现，企业对新产品的大量投资并不容易收回，或者很难获得较高收益。因而企业对新产品过度的投资，可能使成本和管理费用上升，导致在零散型行业的价格竞争中处于不利地位。

第二节 集中型行业中的企业经营战略

集中型行业处于开发期时，产品易为市场接受，新企业不断进入，行业趋于零散；当行业进入成长期，产品销售额迅猛增加，利润率很高，更多的企业加入行业，行业进一步趋于零散；但当行业进入成熟期，产品销售额增长率逐步下降，需求的价格弹性提高，竞争加剧，一部分成本较高、实力较弱的企业会主动退出或被淘汰、兼并，因而产生明显的集中趋势。进入成熟期行业保留下来的都是具有较强实力的企业，它们相互制衡，数目保持基本稳定，很少有企业进出行业，行业供求逼近相对均衡点。而待行业进入衰退期，一部分企业退出，行业重新洗牌，将呈现再集中趋势。

集中型行业中的企业规模较大，数目较少，注重发挥规模经济性。企业这时必须明确自己在行业中的地位，并结合自己的优势，确立相应的竞争战略。根据竞争地位，集中型行业中的企业大致可以分为市场领导者、挑战者、追随者和利基者。

一、市场领导者企业的经营战略

市场领导者是指在相关产品市场上实力最强、效率最高的企业，通常在市场竞争中居于统治地位，在价格变化、新产品开发、营销渠道建设和促销力度等方面的主导地位为行业所公认。它们是市场竞争的先导者，也是其他企业挑战、效仿或回避的对象。市场领导者要依据环境状况进一步采取合适的战略来巩固和提高已有的地位，可选择的战略包括进攻战略和防御战略。

（一）进攻战略

市场领导者选择进攻战略的目的是保持竞争优势，提高竞争地位。因此，其进攻战略的实质是不断地追求改进和革新。

1. 扩大市场需求总量

当一种产品的市场需求总量扩大时，受益最大的无疑是处于领导者地位的企业。市场领导者可以从三个方面扩大市场需求量：

（1）发掘新的使用者。一个香水制造商的做法是：说服不用香水的妇女使用香水；说服男士使用香水；向其他国家推销香水。

（2）开发产品的新用途。碳酸氢钠的销售在多年间没有起色，后来发现该产品可以用作电冰箱的除臭剂，碳酸氢钠的销量因此大增。

（3）增加使用量。说服消费者每次使用该产品时增加使用数量。例如某公司的牙膏广告中向顾客暗示牙膏要挤满牙刷，实际并不需要那么多。或者说服消费者增加产品的使用频率，如向消费者灌输牙刷用过一段时间后就应该更换。

2. 不断创新

保持竞争优势的最佳选择是建立差异化或维持低成本。市场领导者可以率先推出新产品，使产品具有更好的性能，不断提高质量，改善顾客服务，持续地降低成本。这些方法不仅可以帮助企业不断进取，还会致使竞争对手的产品和生产工艺落后，始终处于被动的防守位置。

3. 提高市场占有率

企业采取进攻战略意味着要做到市场增长率比整个行业高，并从竞争者手中夺取市场份额。PIMS研究项目发现，盈利率随市场份额线性上升。这一研究结果使许多公司把扩大市场份额作为其战略目标。例如，通用电气公司要求所属企业在每一个行业市场中都成为第一或第二，否则就退出，并因此放弃了计算机和空调业务。

但是也有人对 PIMS 的研究结论提出质疑，认为提高市场份额未必能自动增加盈利，他们提醒企业要考虑以下三个因素：

（1）引起反垄断的可能性。许多国家有反垄断法，企业的市场占有率超过一定限度时，就有可能引来指控和制裁。

（2）为提高市场份额所付出的成本。当企业的市场份额越过某个临界值后，继续扩张会使盈利受到损失。由于各种成本的存在，追求太高的市场份额有时得不偿失，而放弃一些疲软市场上的份额可能会获得更高的收益。

（3）所采取的营销组合策略。有些营销策略对提升市场份额很有效，却不一定能增加收益。只有两种情况下高市场份额才能带来高盈利：一是单位成本随市场份额的增加而减少；二是提供优质产品所获得的溢价大大超过为提高质量投入的成本。IBM、卡特彼勒、米其林等公司都执行过这种有利可图的市场份额成长战略。

（二）防御战略

对于市场领导者来说，防御战略的目的在于牢牢保持现有的市场份额，巩固现有的市场地位，保护公司所拥有的一切竞争优势。一个行业中，竞争对手既可以是行业的新进入者，也可以是寻求改善既有地位的现有企业。防御战略的目的是降低被攻击的风险，减弱任何竞争性行动带来的影响，提高新企业进入行业的难度，保护公司最有价值的资源和能力不被模仿。

1. 采取一系列战略措施保护竞争地位

（1）提高广告费用，提高顾客服务质量，增加研究开发费用，从而尽量提高挑战者和新进入者的门槛。

（2）扩大产品生产线，推出更多的品种或型号，与挑战者已有或将要生产的产品相竞争，或者占领竞争对手可能忽略的市场。

（3）增加个性化的服务以及其他能够提高顾客忠诚度的项目，并使产品和服务的价格保持合理，提供顾客满意的质量，给用户提供免费或低成本的培训，增加顾客转向竞争对手产品的难度、成本。

（4）投入足够的资本保持成本优势和技术进步。先于市场需求建立新的供应能力，阻止较小规模的竞争厂商增加生产能力。

（5）同最好的供应商、分销商和特约经销商签订独占性合同，增加竞争对手获取同等质量零部件的难度；完善提供给特约经销商和分销商的融资服务，避免与为竞争对手服务的供应商打交道。

（6）在管理程序方面对竞争对手的产品或者惯例提出挑战。

（7）提高资本运营的能力与灵活性，迅速适应新的发展态势并超越竞争对手。

2. 采取措施阻止竞争对手的进攻行为

（1）公开宣告将维持企业现有的市场份额。

（2）公开宣告计划形成足够的生产能力来满足预计的增长甚至超过行业容量。

（3）提前发布有关新产品、技术突破以及计划推出的重要新品的有关信息。目的在于推迟挑战者的行动，迫使它们等待这些被宣告的行动是否真的会发生。

（4）公开宣告在价格或其他方面执行与对手形成竞争的政策。
（5）保持一定的战略储备现金和可转换债券。
（6）偶尔对弱小的竞争对手所采取的行动予以强烈的反击，从而树立企业坚强防卫者的形象。

采取防御战略的条件是，企业已经获得了市场统治地位，同时也不希望面临政府反托拉斯行动的风险；另外，行业的成长前景很低，或者进一步扩大市场份额已无利可图。

要保证防御战略的成功，公司必须保持至少与行业一致的增长率，避免市场份额的下滑，而且要求在业务中投入足够的资金，保护行业领导者的竞争能力。

二、挑战者企业的经营战略

挑战者是指那些在市场上处于次要地位，但又想努力争取市场领先地位，向市场领导者发起挑战的企业。作为挑战者，首先应确定自己的战略目标和挑战对象，然后再选择适当的战略向竞争对手发起挑战。

（一）确定战略目标和挑战对象

要取得竞争战略的成功，必须选择合适的进攻目标，企业可以选择下列挑战对象：

1. 力量弱化的市场领导者

力量弱化的市场领导者有以下特点：消费者不满意，产品线不如其他竞争者，缺乏以成本领先或差异化为基础的优势，对曾经首创但现已老化的技术不愿放弃，设备落后，多元化过度，盈利水平一般或下降。挑战市场领导者的结果通常有三种：一是企业改造价值链或完成技术创新，获得低成本或差异化的竞争优势，则有希望夺取市场领导者地位，成为新的市场领导者；二是只从市场领导者手中获得了一部分市场份额，成为行业亚军；三是投入大量的资源，最终一无所获。

2. 与自己实力相当的企业

对于这类企业，挑战者可以选择其中经营不善甚至发生亏损的企业作为对象，夺取它们的市场。

3. 小型企业

小企业资源、能力有限，挑战者较易夺取其市场，甚至兼并它们，从而扩大自身规模。

（二）选择进攻战略

挑战者在确定了战略目标和挑战对象后，就应该考虑采取何种进攻战略方能更有效实现战略目标。

1. 正面进攻

正面进攻，即集中全力向对手发动正面攻击。它是向对手的实力挑战而不是攻击它的弱点，其结果取决于谁有更强的实力和持久力。挑战者必须在产品的差异化或低成本方面超过对手，并做好充足的准备，否则不可采取此战略。

2. 侧翼进攻

侧翼进攻，即采取避实就虚的战略，集中优势力量攻击对手的弱点，有时也可采取声东击西策略，佯攻正面实际攻击侧翼。侧翼进攻可以从两个战略角度展开：一是地理进攻，即寻找对手经营不善、力量薄弱的地区发动进攻；二是细分性进攻，即寻找竞争者尚未服务的市场缺口，并迅速填补这个缺口，将其发展为强大的细分市场。

3. 包围进攻

包围进攻，即采用一种全方位、大规模的进攻战略。这种战略从多个方面向对手进攻，使对手首尾难顾，从而速战速决。当进攻者具有资源优势，并相信包围可完全且足够快地击破对方的抵抗时，可采取这一战略。

4. 迂回进攻

迂回进攻，这是最间接的进攻战略，要避开任何直接指向竞争对手正在专注的领域，只进攻较容易进入的市场，以扩大自己的资源基础。实施这种战略有三种措施：多样化经营无关联的产品；以现有产品进入对手不涉足的新市场；跳跃式研发新一代产品以取代现有产品，建立自己的优势。

5. 游击进攻

游击进攻，即向对手的不同领域进行小的、断续的攻击，以骚扰对手使之疲于应付、士气低落，并最终在市场上站稳脚跟。这种战略主要适用于规模较小、力量较弱的企业，它们无力发动正面进攻或有效的侧翼进攻。

在确定进攻战略后，挑战者要创造性地运用营销组合策略来进行攻击，以改善自己的市场地位。

三、追随者企业的战略

追随者是指在市场竞争中力求维持现状、不愿冒险发动挑战的企业。追随者不同于挑战者，它不向市场领导者发动进攻并图谋取而代之，而是跟随市场领导者，自觉维持和平共处格局。这种局面在产品同质的行业中很普遍。

（一）追随者的战略

1. 紧密追随战略

这种战略要求追随者在产品、广告等方面及时仿效市场领导者。这使得追随者看起来与挑战者非常相似，但只要它不从根本上侵犯市场领导者的地位，就不会发生正面冲突。

2. 距离追随战略

这种战略要求追随者在目标市场、产品创新、价格水平和分销渠道等方面追随市场领先者，但与领先者仍然保持一定差异，力图给目标市场带来某些新的利益。

3. 选择追随战略

这种战略要求追随者不要盲目追随，而是择优追随。追随者在某些方面跟随市场领导者的产品，而在另一些方面主动地改变或改进，以形成自己的产品特色，从而选择与领导者不同的细分市场。许多选择追随者将来有可能成为挑战者，不少日本企业都曾运用这一战略。

（二）追随者要注意的问题

成功的追随有两个要素：一是快，即让领先者去承担创新成本，而仅有很短的时间独享创新收益；二是改进，即敏锐地察觉到市场领导者的不足，在仿效时发挥创造性，为自己的目标市场带来特色优势。追随者必须了解如何掌握现有顾客，并争取更多的新顾客。追随者往往是挑战者的主要攻击目标，追随者必须时刻保持低的制造成本和高的产品品质和服务，以免遭到攻击。无论追随者采用哪种战略，都必须依其实力，在仿效的同时发挥创造性，以免沦为造假者。追随者并非被动的模仿者，相反，追随者必须自行决定一条不会引发市场领导者报复的成长途径。

四、利基者企业的战略

利基者是指那些市场占有率比较低、企业优势不明显、综合实力较弱的企业。对于一个实力较弱但仍具有一定财力的企业来说，可以采取以下几种基本战略。

（一）补缺战略

补缺战略是从众多的细分市场中发现那些被大企业忽视或无暇顾及的细分市场，或拾起那些被别的厂家放弃的市场，开发和生产适合这些细分市场所需要的产品。补缺战略是集中化战略的一种，可供中小型企业选择。很明显，独具慧眼地捕捉、选择那些对于大企业来说微不足道的专业化市场机会，是补缺战略成功的关键。实力较弱的企业可以仔细分析市场，充分利用优势，选择某一顾客群、某种特殊性能的产品或在某一地区开展经营，为顾客提供专门而有效的服务。

（二）积极防御战略

当企业在一个细分市场中获得的利润超出平均水平后，各种竞争力量会来争夺这一细分市场。这时必须采取积极防御战略，即不断提升自己的优势，并利用各种手段来维护自己的产品销量、市场占有率、市场地位等。

（三）进攻战略

对于经营状况好、处于上升势头的利基者，可采取赶超型的进攻战略。企业采取这一战略时，必须以降低成本或某一新的差异化产品作为基础，投入足够的资金和力量，针对市场内部的缺口或薄弱环节进行攻击。

（四）抽资战略或直接放弃战略

1. 抽资战略

抽资战略是指通过内部成本控制、减少新设备投资、削减营销费用等方式，逐渐减少业务投入，以取得最大的现金流量，并准备有计划地撤出。根据美国科特勒教授的研究，企业采用抽资战略的原因有：行业的长期趋势缺乏吸引力或不甚乐观；企业所从事的业务成本过高或不能获取足够的利润；为维护目前的市场占有率所需成本在逐渐上升，等等。

2. 直接放弃战略

直接放弃战略，即通过出售或放弃企业某些业务，从而部分或全部终止经营。

（五）联合战略

联合战略是指与其他实力一般的企业联合，形成一个较有实力的联合体。利基者由于势单力薄，与行业中的强者竞争时往往处于不利地位，与其他企业组成联盟，就可优势互补，与竞争者相抗衡。实施联合战略时，应避免与领导者正面交锋，要努力稳定行业市场，充分利用联合后的有利条件，在特定的市场环节上保持一定的竞争优势。

第三节 新兴行业中的企业战略选择

一、新兴行业的产生与特点

（一）新兴行业的产生

新兴行业是新形成的或重新形成的行业，其形成的原因是技术创新、相对成本关系的变化、新消费需求的出现，或者经济社会其他条件的变化，将某些新产品的商业机会提升到了形成新行业的程度。比如，由于技术创新而产生了计算机、电信、家用电器等行业；因出现新需求促使快递、礼仪等行业产生；我国的住房改革使房地产行业获得高速发展。社会、技术、文化的进步，使新兴行业不断地被创造出来。

（二）新兴行业的特点

1. 不确定性

从战略制定的角度看，新兴行业的基本特征是不确定性，而不确定性既是风险又是机遇。

（1）技术的不确定性。新兴行业中有关产品的技术、工艺和操作过程都还不成熟，需要不断地调试，使生产过程达到最高效率并在生产技术上进行创新。技术的不确定性要求企业不断投入研究开发，引起企业成本构成的变化。

（2）战略的不确定性。在新兴行业中，产品技术的不确定性导致市场的不稳定——市场需求及竞争对手的不确定性，使企业很难获得可靠的销售量和市场份额等方面的信息，企业在产品市场定位、营销、服务等方面无法确定长远的战略，只能随机应变。

（3）组织的不确定性。新产品的试制及生产必然引发企业内部组织状态的变动，这种变动的作用及影响一般难以精确预测，而且对企业的文化、内部分配格局都会产生影响。

2. 风险性

风险性是指企业在信息约束和多种因素突变的干扰下，企业战略的实际结果可能与预测背离，从而导致损失。创新活动存在各种不确定性，当然有失败的可能性。

3. 相对优势

这里的相对优势是指技术创新活动较之常规活动所具有的多方面积极进取效应实现的可能性。新兴行业尽管存在风险,但同时也存在很多发展机会。技术创新不仅能给企业带来更高的经济效益,而且是全面加速企业发展的根本动力。例如,创新活动对企业成员素质的提升和发展、对技术管理水平的提高都是一种巨大的推动。

4. 不断出现初创企业和另立门户现象

新兴行业在一段时期内初创企业会占据较大比例,这时缺乏成形的游戏规则,也不存在规模经济的障碍。另外,还有许多企业另立门户——即那些出走的雇员创立的新企业。这种现象的产生源于许多因素:一是在迅速发展和充满机会的环境中,与企业工资相比,权益投资的收益更具有吸引力;二是行业新兴阶段,技术和战略的流动性使企业员工有条件、有机会出走另立门户。

5. 缺乏统一的行业标准和完善的社会协作体系

在行业初建阶段,业内企业的规模、数量、管理以及技术等方面存在诸多不确定性,行业活动、行业规则、行业关系等普遍标准尚未形成。这时,先进企业往往可以使自己的产品特征、经营方式、分销渠道、组织方式或销售组合成为行业标准的基础,从而形成特殊优势。这种优势将是阻止其他潜在竞争者进入市场的有力工具。此外,新兴行业也未形成完备的行业协作系统。此时进入该行业的企业得不到行业分工体系的支持,而只能依靠自己的力量形成为核心业务服务的能力。

二、新兴行业的进入和发展

(一) 新兴行业的早期进入障碍

与行业发展后的进入障碍相比,新兴行业的进入障碍有很大不同。常见的早期障碍有:①专有技术;②分销渠道;③适当成本和质量的原材料与其他投入;④经验造成的成本优势(由于技术和竞争的不确定性使其更为显著);⑤风险使资金的有效机会成本增加,提高了有效资本壁垒。

一般来讲,早期壁垒不是巨大资源,也不是规模经济、资本或品牌效应,更多的是承担风险的能力、技术上的创造性,以及作出前瞻性决策以储备投入物资与分销渠道的能力等。因此,率先进入新兴行业的,一般不是在其他行业已立足的企业。这类企业进入新兴行业,投资的机会成本更高,也缺乏对新兴行业必然存在的技术和产品风险的应对措施。

(二) 新兴行业的发展障碍

新兴行业在发展时期会面临不同程度的限制,这些障碍产生于行业发展对经济实体以外的其他因素的依赖,以及发展过程中引导消费者购买本行业产品去替代其他产品而引起的外在性。

1. 原材料、零部件短缺

新兴行业的发展要求有新的供应商,或现有供应商增加新的产出甚至改造原材料和零部件,以满足行业需要。这一过程中易出现原材料和零部件短缺。另外,在行业发展早期阶段，供求严重的不均衡也许会导致重要原材料价格的大幅上涨：一方面来自供给和需求之间的经济作用，另一方面是由于供应商认识到产品对于行业的价值而采取统一的行动。但当供应商逐渐扩大生产能力后，原材料的价格会迅速下降。

2. 产品、技术缺乏标准

新兴行业由于产品和技术水平存在不确定性，未形成统一的产品和技术标准，难以实现原材料和互补产品规模化，阻碍成本下降。同时，新兴行业经常面临基础设施缺乏的问题，如分销渠道、服务设施等。

3. 顾客困惑

新兴行业经常遭遇顾客困惑，原因是产品方案、技术种类众多，竞争者互相冲突的宣传等。这些现象也是行业缺乏技术标准或技术协议的表现，这种混乱可能增加顾客的购买风险并限制行业销售额。同时，由于缺乏标准、技术不确定等，新兴行业的产品质量不稳定，给行业形象和信誉造成不利影响，进而影响企业取得低成本的融资。

4. 被替代产品的反应

面临新产品替代威胁时，原生产企业会采取各种方法降低替代产品的威胁，其最佳战略可能就是降低成本，逼迫新兴企业陷入经验不足、规模不够又必须降低产品售价的被动局面，给新兴企业的发展增加难度。

由于存在诸多障碍，新兴行业的失败率是较高的，但新兴行业的结构环境也存在一定的发展机遇。

三、新兴行业面临的关键问题

新兴行业若要取得竞争胜利，要具备企业家精神、实施创新行动并愿意承担风险，对消费者的需求有正确直觉。新兴行业中的企业面临两个关键问题：一是在销售额上涨之前怎样为业务的初始运作筹集资金；二是要瞄准哪些细分市场才能获取、形成竞争优势并确保市场领导地位。

以低成本或差异化为基础的竞争战略通常是可行的，如果企业的财务资源有限、行业中存在多层技术，可以考虑集中战略。新兴行业没有既定的游戏规则，参与者可以运用各种各样的战略，如果企业有强大的财务资源并形成了完备的战略体系，可以制定行业规则，并成为市场领导者。

四、企业的战略选择

毋庸置疑，新兴行业的发展存在着较大的风险和不确定性，如行业结构不确定、竞争规则不确定等。这些特点也决定了企业战略自由度大，战略选择的影响严重，制定战略的重点是处理好风险和不确定性。

（一）选择进入的适当时机和领域

何时进入新兴行业是一个战略选择，早期进入面临高风险、低障碍，但可能获得高收益。

1. 早期进入的环境与优势

一般来说，企业具有以下特征时，进入新行业较为适宜：企业的形象和声望对顾客至关重要，企业作为先驱者容易建立并提高声望；行业中，学习曲线很重要，经验很难模仿，并且不会因持续的技术更新而过时，早期进入可以较早开始学习过程；顾客忠诚非常重要，首先赢得顾客获益颇丰；早期获得原材料供应、分销渠道等承诺可带来绝对成本利益。

2. 早期进入的风险

早期进入的企业在建立竞争基础后，可能会面临以下风险：高转换成本；开辟市场代价昂贵，包括顾客教育、法规批准、技术开拓等，而企业却不能独享开辟市场的利益；行业发展后，早期建立的小企业将被更有实力的企业取代；早期与小企业竞争会付出较高的代价；技术变化将使早期投资过时，并使后期进入的企业因拥有最新的产品和工艺而获益。

3. 领域选择问题

大多数新兴行业都具有一些共同特征，如发展迅速，行业内现有企业多数盈利，最终行业规模巨大等，这都将吸引企业进入新兴行业。但不同领域市场的发展趋势、发展速度、竞争对手状况是存在差别的，因而行业整体盈利水平存在差异。如果一个新兴行业的回报最终高于平均水平，并且企业能够在行业中建立长期防御性地位，则进入后获得生存、发展的可能性较大。

（二）塑造行业结构

新兴行业中主要的战略问题是考虑企业是否有能力促进行业结构趋于稳定且成型。通过战略选择，企业可以在生产方式、市场营销和价格策略等方面建立游戏规则。在行业基础经济性和资源限制的范围内，企业应以某种方式建立有利于发展的行业法则，以获得长远的有利竞争地位。

（三）注意行业发展的外在性

在新兴行业的发展阶段，企业在争取自身的市场地位时，有可能会损害行业发展。行业形象、可信性、行业吸引力、顾客困惑、与其他行业的关系及与政府、金融业的关系等，都与企业发展状况有关，而行业内企业的发展也依赖于企业间的协调及行业的发展。因此，一个重要的战略问题就是对平衡行业的倡导和追求自身利益最大化。必要时，企业要放弃短期的自身利益而选择推动行业的发展。

（四）注意行业机会与障碍的转变

新兴行业的迅速发展可能会使原有的障碍与机会发生变化。比如，当行业规模扩大，企业站稳脚跟之后，供应商和销售渠道可能会发生变化。供应商方面，如产品规格、服务和交货期等；销售渠道方面包括广告或其他促销活动等。当行业技术逐渐成熟后，企业就不能再依靠专有技术或独特产品等维持自身行业地位，行业的发展可能吸引规模更大、更有资金和市场营销实力的企业进入，购买者和供给者也可能以纵向一体化的方式进入。企业尽早预估这些变化，可以发现战略机会并规避战略风险。

第四节 成熟行业中的企业战略转变

行业从高速发展期逐渐进入稳定发展阶段，也意味着进入了成熟期。这一时期，行业竞争环境会发生根本性变化，企业要适应行业环境，作出战略性转变。

一、成熟行业竞争环境分析

（一）市场竞争更激烈

当企业原有市场饱和时，企业无法以保有市场份额的方式维持增长速度，此时竞争将转向行业内部，企业间相互争夺市场份额。竞争的加剧要求企业对自身市场占有率、市场地位等目标进行重新定位，并分析、评价竞争对手的反应及行动。业内竞争者可能变得更具攻击性，也可能发生非理性竞争，在成熟行业，广告、服务、促销、价格战等是常见的。

（二）竞争趋向成本和服务

在成熟行业中，产品在质量、性能等各方面已日趋稳定，技术逐渐成熟，客户在知识和经验方面也日益丰富，已购买或多次购买的客户，注意力从决定是否购买产品转向在不同品牌之间进行选择。这种市场需求的变化使竞争趋向成本和服务领域，企业要重新评估自身竞争战略的适应性。

（三）行业利润下降

成熟行业需求稳定、增长缓慢，企业面临战略转变的不确定性，这意味着行业利润在短期内将下降，市场份额小的企业受影响较大；利润下降将使现金流量减少，股票价格下跌，融资出现困难。

（四）生产能力过剩

当新兴行业逐渐走向成熟时，市场增长速度减缓，对生产能力的需求降低，企业在设备、人员等方面的发展目标应适应行业状况。许多企业在行业转变阶段对生产能力过度投入，加剧了价格、广告、服务等方面的竞争。

二、成熟行业中企业的战略选择

与新兴行业相比，成熟行业在基本结构的各主要方面都发生了变化：新兴阶段行业的高速发展可以为各种战略的有效实施提供条件，而在成熟期，行业中很多问题都暴露出来，此时企业要重新进行战略分析、选择。企业可以选择一种基本竞争战略，同时要注意以下几个方面：

（一）强化财务意识，提高成本分析水平

为了提高市场竞争地位，企业必须优化产品组合并合理确定产品价格，此时成本分析变得更加重要。在新兴行业，企业可以选择众多的产品系列和型号，有利于快速发展；但在成熟行业，竞争已转向成本和市场份额，企业要削减产品种类，将注意力

集中于技术、成本和形象等方面，并进行成本分析，以实现产品组合合理化。此外，定价也要有新招数。

（二）满足现有顾客需求增长

在成熟行业，获得新客户意味着要与竞争对手争夺市场份额，代价高昂。此时，提高现有顾客重复购买率比寻求新顾客更有利。企业可以通过提供外围设备和服务、产品升级、扩展产品系列等方法来扩大现有顾客需求范围。这种战略可能帮助企业进入相关行业，而且代价较低。

（三）低价购买资产

成熟行业由于发展减缓，行业内一些企业的发展速度会降低。此时，企业可以购买退出的资产，以改善资产和盈利状况，此战略可以在技术创新较少的情况下实现低成本扩张。

（四）重视创新

由于行业逐渐成熟，竞争加剧，企业应该更加注重技术创新，以建立持久的竞争优势。技术创新要注意研发项目应与企业基本竞争战略协调一致，如表7-1所示。

表7-1 产品/工艺技术创新与基本竞争战略的关系

	基本竞争战略			
	成本领先	差异化	成本集中	差异化集中
产品技术创新	产品开发：通过降低材料消耗、方便制造、简化后勤要求、减少产品成本	产品开发：提高产品质量、增加特色、降低转换成本等	产品开发：使产品仅能满足目标细分市场的需要	产品设计：使产品在满足一个具体细分市场方面比竞争者更好
工艺技术创新	改进学习曲线；获得减少材料使用的方法、降低劳动力投入；工艺开发；促进规模经济性	工艺开发：支持更严格的质量控制、更可靠的进度设计、缩短响应订货时间并提高买方价值	工艺开发：使价值链与细分市场的需要协调，降低为细分市场服务的成本	工艺开发：使价值链与细分市场的需要协调，提高买方价值

需要注意的是，企业的技术战略要超越传统意义上的产品和工艺研究开发。技术渗透于企业价值链各环节的成本和差异化之中，是整个价值链的函数。因此，全面系统地考察一个企业的技术，可以有效揭示降低成本或促进差异化的各个方面。例如，当今一些企业的信息系统部门对技术变革的影响可能比研究开发部门更大。其他诸如运输、材料处理、通信和办公自动化等技术也值得重视。为了确保一致性，企业必须注意协调所有技术领域里的发展，注意它们之间的依赖性。

（五）向国际市场扩张

如果国内市场已趋于饱和，企业可以寻求有吸引力的国外市场，并通过出口、合作、合资、独资等方式打入这些市场，这样可以避免在饱和市场上的激烈竞争。进入那些行业仍处于不成熟阶段的国家和地区，充分利用他国的经营资源使企业的生产经营更为经济，可以获得比较优势。

（六）转移战略

在激烈的市场竞争中，企业可以采取向相关行业转移的战略，以充分利用已经拥有的资金实力、技术、核心能力。在转移过程中，企业可以采取创新战略、整合战略和多元化战略。实施创新战略，即利用以原有成熟业务为新业务的发展提供稳定的现金来源，然后以新产品淘汰原有产品，提前结束原有产品的生命周期；多元化战略，即利用现有业务提供资金支持以进入新的行业，同时分散资本风险；而那些不具备资本和技术优势的企业，可以通过合资的方式，利用自己的市场或其他资源的优势，转入其他行业。

成熟行业的企业在选择战略前要全面分析行业现状，预测行业发展趋势，评估自身优势和劣势，从而选择适当的战略。还要注意防止对成熟业务的盲目投资，切忌过分依赖创新，轻易放弃现有业务的市场占有率。在缩减成熟业务的同时，企业要考虑充分利用过剩的生产能力。

三、战略选择中应注意的问题

（一）转变意识

企业在发展过程中要不断树立自我形象并及时转变意识，比如"我们居于质量领导地位"等思想意识会影响战略的制定。当行业走向成熟时，市场环境、竞争状况会发生变化，企业对行业、竞争对手、客户、供应商等方面原有的分析判断准确性已受影响，企业应重新评估包括自身在内的行业环境。

（二）合理投入，避免现金陷阱

在成熟的增长缓慢的行业内，企业为创造市场地位而投入现金是冒险的。行业越成熟越不利于长期提高或保持利润，因为现金流入不能补偿现金流出，不利于回收投资。成熟行业投入现金成功的机会很小，此时应注重获利能力而不是总收入。

（三）注重长远利益

行业向成熟转化时大多发展缓慢，企业的利润面临较大压力，这是行业发展过程中的一个必然阶段。有些企业为保持已有的获利能力而放弃市场份额或减少市场营销、研发活动和其他方面的投入，这会影响企业长期的竞争能力和市场地位。

（四）树立正确的质量观念

追求高质量是企业的基本目标之一，但在成熟行业中，顾客可能会在熟悉的市场中选择有质量差异但价格更低的产品。企业应注意这种需求的变化，适应市场在价格、营销方面的竞争，不盲目地提高质量，而是积极参与竞争，以合适的产品质量、较低的成本获得竞争地位。

（五）正确对待过剩生产能力

行业发展初期过量的投入将造成成熟期生产能力的过剩，此时企业面临的压力不仅是闲置浪费,更重要的是如何发挥过剩的生产能力。这可能要求企业再加大投入,但最佳战略也许是削减过剩生产能力或将其出售。

第五节 衰退行业的企业战略运用

衰退行业是指那些在相当长的一段时期内,产品销售量持续下降的行业。这种衰退可能是缓慢的,也可能是迅速的。

一、行业衰退的动因、特征及影响

(一)行业衰退的动因

1. 技术上的替代性

由于技术创新产生替代产品,或由于相关产品的成本及品质变化而产生更优的替代产品,原有行业发展速度减慢,甚至停滞,例如数码相机替代了传统的相机和胶卷,而手机又在一定程度上替代了数码相机。

2. 需求的变化

社会因素或其他原因使顾客的需求或偏好发生变化,转向那些更能适应时代特征和生活需要的新产品。

3. 人口因素

如果某一地区的消费者与某种行业的产品或服务联系比较密切,当该地区人口发生变化时,可能引起这一行业的衰退,从而引起该行业上下游产业的需求发生变化。

(二)衰退行业的特征

1. 整个行业产品销量下降,利润水平很低

顾客需求的饱和或消费偏好、习惯转移,致使行业需求量下降,从而影响利润水平。

2. 大批竞争者开始退出市场

由于市场需求下滑,利润水平很低,一些企业开始实施转移战略,退出该行业。

3. 消费者的偏好和习惯已经转移,形成新的需求结构

这里要注意,在行业总体衰退的情况下,企业原有的部分细分市场的需求可能保持不变,甚至会有所增加,企业可以利用这些细分市场,获得竞争优势。

4. 存在退出障碍

一般来说,绝大多数处于衰退期的行业都会存在不同程度的退出障碍,退出障碍越高,对企业就越不利。造成退出障碍的因素包括:企业有成本较高的耐用资产或专门化资产;退出费用高,如安置劳动力的费用;管理上或感情上的障碍;政府或社会的障碍,等等。

5. 行业衰退的方式和速度不确定

企业对衰退行业中的未来需求的估计存在不准确的可能性——有时行业直线衰退,速度很快;有时却是渐变式的,速度较为缓慢,会被一些短期因素所影响,使得

企业难以判断行业衰退是平缓的衰退，还是由于经济的周期性波动造成的短期现象，从而难以选择合适的战略。

（三）行业衰退的影响

行业衰退对本行业企业产生的影响最大，而且主要是负面影响。它不仅影响企业的利润，而且会影响企业的组织结构、战略等，尤其是当行业存在高退出壁垒，企业难以转移资源，寻求更大的发展，只能在衰退行业中求生存，最终甚至无法生存下去。但从整个社会的角度出发，行业衰退是生产力发展、技术进步的结果，对社会具有积极的影响。

二、衰退行业的战略及企业的选择

（一）衰退行业的战略

1. 领导战略

领导战略，即在市场份额方面争取领导地位。实施这种战略首先要明确一点：只会有少数企业留下，其他竞争者正在或将要逐渐退出。这种行业结构的特点使坚守的企业有机会获取超出平均水平的利润——可以通过提高产品质量、扩大销售规模，在质量和成本上形成优势，从而在市场占有率方面处于领先地位。实施领导战略的途径如下：

（1）增加部分投资，承担一定的风险。企业增加用于市场营销或其他有关扩大市场份额的经营活动的投资来取得领先地位，但必然要承担一定风险。

（2）通过收购其他企业来获取竞争者的市场份额。这种途径同时也可降低竞争者退出行业的门槛，促使它们尽快退出行业。

2. 局部领导战略

局部领导战略也称定位战略，即创造或捍卫在某一特定细分市场中的优势地位——这种细分市场的需求不但保持稳定（也许缓慢下降），而且拥有结构特色，并能带来高收益。企业应定位于特定的细分市场，在这一市场一段时期内形成或维持较强的地位。在行业内部一些企业已经实行了领导战略的情况下，局部领导战略仍然可能收到一定成效，但最终仍要转变为收割战略或迅速放弃战略。

3. 收割战略

收割战略也称收获战略，具体方法是实施有控制的撤资，并从优势中获利——企业要逐渐减少投入，优化业务现金流，把已有投资的潜力挖尽，最大限度地收回资金，以获取较大的利益。实施这一战略可选择的途径有：

（1）削减或取消新的投资，尤其是减少生产设备的投资。

（2）紧缩研发费用、管理费用和销售费用，尤其是广告费用。

（3）压缩销售渠道、某些服务项目。企业利用原有的信誉和部分主要销售渠道，继续销售产品，以获取最后的收益。

（4）减少品牌的数量，压缩产品系列。

采用收割战略的前提是过去存在企业能赖以生存的真正优势，同时衰退阶段的行业环境不至于恶化为"战争"。

4. 迅速放弃战略

迅速放弃战略是指在行业衰退加剧时，企业将拥有的部分或全部固定资产通过转让或出售的方式转移，达到尽快收回投资的目的。一般来说，此时企业出售越早，售价越高。在行业衰退早期，发展前景不明朗，一些企业可能未作出行业衰退的判断；而当行业的衰退已经确定时，行业内外的购买者就有较强的议价力量来压低企业的售价。所以，企业不能在实施收割战略之后再采用迅速放弃战略。

（二）衰退行业的战略选择

衰退行业企业选择战略的关键问题是将企业的相对地位与留在行业中的价值相匹配，如表7-2所示。

表7-2 企业在衰退行业中的战略选择

		企业相对竞争地位	
		在剩余需求上有对竞争对手的相对优势	在剩余需求上没有对竞争对手的相对优势
留在行业中的价值	行业结构有利于衰退	领导战略 或局部领导战略	收割战略 或迅速放弃战略
	行业结构不利于衰退	局部领导 或收割战略	迅速放弃战略

（1）当行业不确定性低、退出壁垒低时，拥有优势的企业可以寻求领导地位或捍卫局部领导地位，这取决于在绝大部分剩余市场上竞争或是选择一两个特定细分市场，二者哪一个在结构上更有价值。而不具备优势的企业则应该采用收割战略或迅速放弃战略。

（2）当行业具有高不确定性时，企业面临高退出壁垒和竞争环境的不稳定性，此时如果企业有很强的优势地位，可以选择收缩战略保护局部市场，或运用收割战略从优势中获利。如果企业不具有相对优势，最好尽快退出。

三、衰退行业战略选择的误区

（一）对行业形势估计不足

（1）没有意识到行业衰退的到来。一些企业缺乏对外部环境的了解，对行业前景过于乐观，采取与衰退行业完全不符的战略，例如继续增加设备投资和广告方面的投入，导致企业经营的失败。

（2）对行业发展持过于悲观的态度，过早地判断行业衰退到来而退出行业，从而错过在行业内获利和发展的机会。

（二）长期的消耗战

行业已进入衰退阶段，而部分企业仍对竞争对手的行动采取强烈的反应，如继续增加销售、广告、研发、生产上的投入，结果耗费大量的资源，加速企业的衰退。

(三) 不合理地采取收割战略

前面已经讲过，只有当衰退阶段的行业结构极为有利时，具有明显优势的企业才可以采用收割战略。而当企业对行业结构和自身实力作出误判，或者未注意收割战略所需的内外部条件时，采用收割战略可能失去战略时机。企业在选择收割战略前，必须对将要承受的竞争风险、管理风险作出明确的评估。

本章小结：

1. 零散型行业的显著特征是行业中的任何企业都未能占据足以影响整个行业和其他企业的较大市场份额。行业分散的主要经济原因包括：行业的低进入壁垒和高退出壁垒；多种市场需求使产品高度差异化；不存在规模经济性；行业处于生命周期中的开发期或成长期。行业分散还有一些非经济原因，主要是企业由于自身原因不能克服零散，以及政府政策助长行业的零散。

对于零散型行业中的企业可以选择的战略，主要存在两种思路：第一种是克服零散，将零散型行业集中化。第二种是适应环境，建立竞争优势，在零散型行业环境下寻求实现成本领先、差异化和集中化等基本竞争战略的方法，使企业的战略姿态与零散型行业中特殊的竞争性质相匹配。另外，在进行战略选择时，要避免潜在的战略陷阱。

2. 集中型行业的主要特点是：行业内企业规模较大、数目较少、讲究规模经济性。根据各自在市场上的竞争地位可以把集中型行业中的企业大致分为四类：市场领导者、挑战者、追随者和利基者。

市场领导者是在行业中处于市场领导地位，在资金、技术、规模等方面都占有绝对优势的个别企业。领导者可以采取的战略为防御战略和进攻战略。

挑战者是指那些在市场上处于次要地位，但又要努力争取市场领先地位，向竞争对手发起挑战的企业。作为挑战者，首先应确定自己的战略目标和挑战对象，然后再选择适当的战略向竞争对手发起挑战。

追随者是指在市场竞争中力求维持现状、不愿冒险发动挑战的企业。追随战略有紧密追随战略、距离追随战略和选择追随战略。成功的追随有两个要素：一是快；二是改进。

利基者是指那些在行业中市场占有率较低且综合实力较弱的企业。利基者企业可采用的战略一般有补缺战略、积极防御战略、进攻战略、抽资战略、直接放弃战略和联合战略。

3. 新兴行业的主要特点包括：不确定性（表现在技术、战略以及组织方面）；风险性；相对优势性；不断出现初创企业和另立门户现象；缺乏统一的产业标准和完善的社会协作体系。新兴行业中存在一些特有的进入障碍和发展障碍。新兴行业中企业面临的关键问题有两个：一是资金，二是对目标市场和竞争优势的选择。企业应选择适当的进入时机和领域，促进行业结构形成，正确对待行业发展的外在性，注意行业机会与障碍的转变等，帮助企业获得竞争优势。

4. 成熟行业的主要特点是：生产能力过剩，利润率下降，市场竞争更激烈，竞争趋向成本和服务等。成熟行业中的企业应该考虑提高财务意识水平，改进成本分析，满足现有顾客需求增长，低价购买资产，重视创新和发展国际化经营等策略、行动。在战略选择上要注意转变意识，合理投入，注重长远利益，树立正确的质量观、正确对待过剩生产能力。

5. 衰退行业的主要特点表现在：整个行业产品销量长期下降，利润水平很低；大批竞争者开始退出市场；形成新的需求结构；行业衰退的方式和速度存在不确定性。衰退行业中的企业为了生存发展，可以实施领导战略、局部领导战略、收割战略和迅速放弃战略等，在一定范围内获得、保持自己的优势。企业在战略选择时要注意确认衰退，避免打消耗战，合理地采用收割战略。

思考与练习题

1. 为什么行业会出现零散状态？
2. 零散型行业中的企业该如何选择战略？
3. 试比较集中型行业中各类企业的特征及其战略。
4. 进入新兴行业要面临哪些风险？
5. 以某一企业为例，说明成熟行业中企业的战略选择。
6. 分析行业衰退的原因以及企业如何应对行业衰退。

案例分析

> ### 案例：空中客车——从挑战者到领导者[①]
>
> （一）进入航空工业市场
>
> 1970年空中客车工业公司成立时，商用机市场完全被以波音为首的美国飞机制造厂所控制，它们是波音公司、麦道公司和洛克希德公司。进入这样一个市场，困难可想而知。
>
> 20世纪70年代，航空工业处在一个转型时期。美国航空市场的结构限制了已有航空公司之间的价格战以及新航空公司的进入。然而，由于允许已有的航空公司在一条航线上进行任何数量的飞行，因此受欢迎的航线上飞行数量越来越多。航空公司发现使用波音飞机（波音727系列）频繁飞行，非常昂贵。所以，对于拥有双引擎和双过道，有250座容量的宽体飞机

[①] 引自梅森·卡彭特，等.战略管理：动态观点[M].北京：机械工业出版社，2009.本书进行了部分删改。

有很大的需求量。然而，波音对于生产这种型号的飞机没有兴趣。尽管麦道公司和洛克希德公司生产宽体飞机，但他们的飞机有三个引擎，可以连续飞行3 500英里。空中客车注意到被美国飞机制造商所忽略的细分市场，决定生产拥有双引擎，连续飞行里程达到2 100英里的宽体飞机，并于1974年研制出了它的第一个产品——A-300，这是一种拥有双引擎和双过道的宽体飞机。同年，空中客车决定开发一款新机型——A-310（A-300的拓展机型）。这两款飞机使空中客车挤入了航空工业市场。

（二）创新产品开发

很快，空中客车意识到，要想更好地与波音在所有产品类别中竞争，就要扩大自己的产品范围。20世纪90年代，空中客车集中研发新机型，在此期间，它推出了九款飞机，共四个系列。同时期，波音只推出了717和777两个系列，在其他产品线上仅是翻新它的旧机型。

空中客车最终对波音构成严重威胁的是A-320飞机系列的成功，它包括A-318、A-319、A-320和A-321。空中客车靠推出创新产品来使自己与波音区别开来的，而不是去模仿波音的产品。例如：空中客车为每个机型提供相似的驾驶舱，而不像波音一样为每一架飞机设计不同的驾驶舱。对于航空公司来说，这种完全相同的驾驶舱设计是一个很有效的冲击。同样的驾驶舱意味着航空公司在所有的空中客车飞机上都可以使用同样的驾驶员。

空中客车在飞机设计上也有别于波音，例如A-320机型的机舱比波音737机型宽了7.5英寸，给航空公司额外的空间去增加更多的座位。

为此，航空公司开始转向空中客车，以分摊维修保养费用。联合航空公司的财务副总裁波拉斯在评论使用空中客车飞机的经济性时说："一旦你在飞机队伍中加入一架空中客车的产品，你一定会想要它的更多产品。它们确实生产出了非常经济的好飞机。"

多年以后，空中客车已经围绕市场需求生产出了一系列的飞机，同时技术上也在不断创新。它不像波音的飞机，全是其747机型技术的延伸。波音在推出它的超大型喷气式客机之后，没能更好地在它的商用机型中采用新的技术。

而空中客车于1984年推出的A-320机型采用了新的技术，它拥有更好的性能，运行起来更有效率。A-320是第一架采用电传操控和侧操纵杆的商用机型，而且它是为短程航线而设计的。1986年，空中客车推出了中等座位容量、可进行远距离飞行的A-330和A-340。

（三）生产的效率

1995年，为了从空中客车那里把客户拉回来，波音开始在竞价中提供约25%的折扣。然而，尽管在那一年它得到的订单比空中客车多，却不能按时完成交货计划。它的两家生产工厂由于零部件和工人的短缺停产了。因为交货延迟，很多客户取消了与波音签好的订单，转向空中客车，结果使空中客车的市场份额超过了波音。

正如很多分析家所说的那样，波音的主要问题是它的生产流程仍然停留在第二次世界大战时期，之后再也没有改进过它的生产流程。它一直在沿袭传统的飞机制造方法。在波音公司的工厂，飞机都被停靠在车间一侧的隔间里。每一架飞机旁边都放着舷梯，工人们把零部件一个个找到并安装上去。到了晚上，那些半成品飞机被起重机吊走，以待下一步装配。

与波音那种几十年前的烦琐的生产过程相比，空中客车的生产过程更精密、高度发达。空中客车采取生产线制造，装配飞机的过程变得更简单了。波音为每架飞机雇用216个工人，而空中客车却仅需要143个工人。

空中客车也受益于它的一些组织结构的跨国因素。它在四个成员国中挖掘更专业的意见和更专门的技术，这带来了更低的设计和制造成本，进而使得空中客车制造出来的飞机价格比波音的要低。空中客车有遍布全欧洲的制造工厂，有些制造驾驶舱，有些制造机身，还有些制造机翼。

空中客车的人力资源的问题也比波音的少。20世纪90年代中期，在订单签约后，波音雇用38万人，并对他们进行培训。然而由于生产方面的问题，1998年末，又被迫裁减了约26万名员工。90年代后期，波音的员工工资和一般管理费用已经占去了总成本的约30%，这对任何公司来说都是很高的。另外，波音与它的工会组织之间也存在问题。1998—2002年，工会组织了四次以上的罢工，对公司的生产造成了严重影响。

而空中客车的人事管理比较好。尽管空中客车经常被指责，它的建立是为了给欧洲人提供就业机会，但空中客车的劳动力比较精干。由于欧洲有严格的解雇规定，从一开始空中客车就一直聘用合同工，它可以在订立聘用合同的基础上增加或减少工人的数量。有效的制造流程也使得它可以雇用较少的员工。

（四）豪赌

1998年，空中客车宣布它正在研发一种超大型喷气式客机。如果计划成功，空中客车的A-380将会结束波音在400座以上细分市场中的垄断地位。空中客车宣称，A-380是一架双层飞机，可容纳555人（比波音747还要多137个座位）。

波音对于空中客车注资开发超大型喷气式客机是否明智表示质疑。空中客车和波音都预期，在未来20年中，航空运输将以每年5%的速度增长，二者对于市场所需机型的预期上却有所差别。空中客车认为航空公司将会购买大型飞机，以适应日益增长的客户需求。然而，波音认为航空公司将会购买像波音777那样的小飞机，以满足点对点的需求。

空中客车调查了全球的60多家机场，以确定它的超大型喷气式客机能否很方便地起降。为了减轻飞机重量，空中客车开发了一种新材料。在飞机的设计上，设计者想出了双层甲板的座位安排方式，这样可以使乘客很容易地快速从飞机内疏散出来。双层甲板的飞机另外一个优点是不会要求更多的跑道空间。为了避免乘客发生幽闭恐惧症的问题，空中客车宣布，他们将在飞机上营造出一种休闲的氛围。有人担心超大型喷气式飞机的运营成本会很高，空中客车的有关人员回应说，新科技的使用意味着A-380机型运行起来将比波音747便宜15%。空中客车还说，656座的A-380在运行成本上将会节约25%左右。

但"9·11"恐怖袭击后，航空旅行人数急剧下降，航空工业日渐萧条。2002年10月，空中客车签下276架飞机的订单，而波音仅仅签下186架。分析家认为，可能是空中客车飞机较低的运行成本导致了这样的情况。然而就A-380项目来说，空中客车需要约100架的订单才能实现盈亏平衡，但截至2002年底，它只收到了50架的订单。

正当空中客车准备利用它的A-380来巩固地位时，波音为了夺回自己在市场上的领导权，也开始重新把焦点集中在运行效率上。2003年6月，波音推出了一款新机型7E7，该机型的座位容量在200人至250人之间。来自波音的消息称，在新技术和新操作流程的帮助下，波音公司将会在三天内就装配好一架飞机。

波音已经开始着手去面对空中客车的挑战了，那就让我们看看空中客车的领导地位能够维持多久。

案例讨论：

1. 21世纪初，空中客车在全球航空市场工业占据了主导地位，分析空中客车与波音之间竞争的本质。在过去的几十年里，空中客车为了生存和取得成功采取了哪些战略？从长期发展来看，你认为这些优势能持续多久？请给出充分的理由。

2. 本案例的资料截至2003年，请查阅近年来世界航空工业又发生了哪些变化，并评估这些变化对产业竞争的影响。

3. A-380已于2007年开始商业飞行，运行的飞机已经超过100架，请查阅相关资料，分析空中客车关于超大型喷气式客机的决策是否成功。

第八章 企业战略的制定与实施

学习要点与要求：
1. 阐述企业战略形成和选择的影响因素，以及战略制定的程序。
2. 了解战略制定的方法及战略计划的作用。
3. 解释战略选择矩阵、战略聚类模型和五种战略实施模型。
4. 描述企业任务说明书的基本要素以及战略变化的五种类型。

战略的制定是战略管理的重要任务之一。在制定战略时，企业不仅要对已经使用或正在使用的战略的效果作出评价，而且要确认这些战略与企业内部能力、外部环境变化和趋势是保持一致还是差距较大，从而作出恰当的战略决策。恰当的战略选择可为战略的有效实施奠定合理和坚实的基础。战略的实施是战略制定的延续，即企业把总体战略意图付诸实际，实施一系列的企业行为，完成企业的总体目标。在战略实施中，企业应把握长期目标与短期目标的特性，建立相应的标准，使其有利于战略的顺利实施。

第一节 企业战略的形成

战略形成是战略管理过程的第一阶段，也是战略活动的起点，直接影响企业战略管理活动的全过程。

一、战略形成的影响因素

由于企业总是在一定的环境系统中生存和发展的，企业的生产经营活动尤其是企业的战略管理活动，一定与系统内外的各种因素发生相互作用、相互影响并形成各种关系。所以，企业在制定战略时，必须分析各种因素的现状和将要发生的变化对企业战略管理过程的影响，从而相应作出灵活的战略决策，以实现企业的战略目标。影响企业战略形成的因素主要包括外部和内部两个方面。

（一）企业外部的影响因素

1. 宏观环境

宏观环境是指企业所处国家（地区）的人口、社会文化、政治法律、科学技术、宏观经济等方面的环境因素以及现代企业所面临的全球环境。一般来说，宏观环境的发展变化是企业难以准确预测的，如国家政策、利率、通货膨胀和外汇汇率，中期或长期的宏观经济发展状况等。由于各方面因素的影响，现代企业所面临的宏观环境不断趋于复杂化，对企业的影响也越来越大。例如美国政府曾一度重新评估反托拉斯法，因为它的某些规定影响美国公司从事合作研究和开发活动。这种情况表明，科学技术的发展可推动政治和法律环境的变化。所以，企业在形成自己的战略时，必须考虑到这些宏观环境因素可能造成的影响。

2. 微观环境

微观环境是指企业所处的行业市场环境，可以从行业生命周期和行业竞争程度两个角度进行分析。

(1) 行业生命周期。我们在前面的章节已经详细阐述了有关行业生命周期不同阶段的特征以及企业的战略选择。这里强调的是要在战略形成以前分析企业所在行业所处的生命周期阶段，根据该阶段的行业特征及企业内部能力而制定相应的战略。尤其是一些企业业务涉及多个行业，只有对所在的各个行业的性质都有深入的了解，才能制定出顾全企业整体目标的战略，从而避免太大的风险。

(2) 行业竞争程度。行业内的企业一定会围绕市场占有率而竞争，企业除了对行业整体竞争状况进行分析以外，还要对本企业在行业中所处地位及主要竞争对手进行分析，这些因素都将直接影响企业的战略。

(二) 企业内部的影响因素

1. 企业文化和领导的价值观

企业文化是一个组织共有的行为哲学，是群体内成员共享的一种价值观和信仰体系，其把一个组织中的成员结合在一起，形成一种共识。企业文化除了具有管理作用外，其约束力也可能产生负面的影响，如对企业一些战略活动产生的抑制作用等。企业进行变革创新或收购合并时，将面临新的价值标准与传统习惯的冲突，二者相互影响，使得企业文化成为企业制定战略时必须重视的因素。

战略的制定和实施，是企业管理人员尤其是高层领导的重要职责。战略管理的效果很大程度上取决于领导者的素质和能力，企业领导者要有超前的思想观念、创新能力和社会责任感，还要目光长远，具备很强的适应能力。如果企业管理者缺乏这些能力，会制约企业战略的制定与实施，从而影响战略管理的效果。许多企业领导者曾对本企业的文化和战略选择产生重大影响，如 IBM 公司的老托马斯·沃森，国际电报电话公司的哈罗德·吉尼恩，福特汽车公司的小亨利·福特等。

2. 企业的经营资源能力

企业的经营资源能力是指企业用于推行战略行动和计划的现有人力、物力、财力资源的总和。它一般包括生产能力、产品实力、研究开发能力、人力资源实力、资金实力，也包括产品品牌、企业形象等无形资产方面的实力，各项资源的有效组合即构成企业采取某些行动时的能力。企业的这些能力将影响战略的形成及实施的整个过程，如果没有内部相关资源的支持，企业战略就无从谈起。企业只有合理地进行战略资源配置，才能真正对企业发展起到积极作用。

3. 企业的战略目标

这是企业战略形成的最直接的影响因素，企业战略形成必须以企业战略目标为指导。企业的战略目标包括生存、发展、盈利等方面，但对多元化经营企业来说，其目标还有进入新的经营领域、提高所进入领域的业绩、降低经营风险、实行战略整合等方面。这些将直接影响企业所制定战略的类型。

（三）企业战略形成要注意的问题

1. 要有明确的目标

一个较为完善的企业战略，其总体目标应该具有较高的透明度，而且能够被组织成员所理解和接受。此外，目标应具体，切忌模棱两可。在总体目标一定的情况下，各经营单位的基本战略可以进行适当的改变或调整，但其目标也应清晰、明确，方向与企业总体目标相一致。战略只有目标明确，才能顺利实施，才有可能真正实现。

2. 要考虑获利能力

企业三大经济目标之一就是盈利，这也是企业的主要目标。如果一项战略没有考虑获利能力，战略实施没有经济效果，甚至根本不能使企业获利，那么不仅会影响企业眼前利益，也会影响企业长远发展。

3. 主动性、可行性和灵活性

战略应当具有一种创造力，使企业主动对外部环境和内部环境的变化作出反应，能在企业经营活动中起引导作用，否则就可能使企业失去一些可利用的市场机会。可行性是企业战略应具备的首要特征，即在实际运行中具有可操作性，并能取得一定的成效。此外，企业制定的战略要具有一定的应变能力，当今的环境复杂而多变，为了更好地适应环境变化，减少环境变化可能导致的负面影响，就要保证资源分配的灵活性。同时，还要充分考虑各种具体战略调整的大致转换成本。

4. 集中性

一项战略方案形成后，必须保证战略所需资源的支持，这就要发挥企业自身资源优势，集中形成合力，顺利实施企业战略。

5. 要考虑社会效益

企业在制定战略时，要考虑战略可能对社会环境造成的影响。例如，企业面临保护生态环境的要求，管理者就应该建立能保护自然资源并控制污染的战略。此外，企业还应考虑对社区、社会的影响，尽可能避免产生负面效应。

二、战略制定的程序

企业的战略制定是战略管理过程的核心部分，也是一个复杂的系统分析过程。战略的制定过程实际上就是战略的决策过程。亨利·明茨伯格认为，战略决策是解决战略问题的过程，战略是由管理、组织和环境三者之间相互作用而形成的。一个完整的战略决策过程主要由战略分析、战略制定和战略选择三个阶段组成，如图8-1所示。

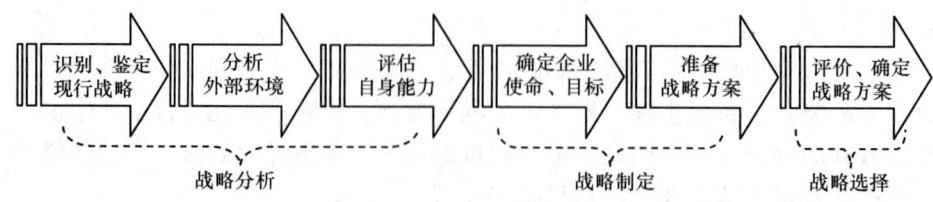

图 8-1　战略决策过程

（一）识别、鉴定现行战略

企业决定制定新战略的原因有很多，例如，企业以前根本就没有相关的战略；或者原有战略已经不能适应新的环境和企业发展。因此，企业在制定新战略时，要识别现在是否存在相似战略，若存在，就要鉴定其是否与企业当前的目标、所处的环境相适应，是否存在缺陷；在识别、鉴定的基础上，企业再作出是否制定新战略的决策，或者新战略应在哪些方面进行改进和完善。

（二）分析外部环境

现代企业处在一个复杂多变的环境中，要想作出有效的决策，就必须了解目前所处的外部环境，如宏观环境和行业市场状况；要收集与企业有关的国内外政治、经济、文化等信息及其发展的一般趋势；还要收集有关本行业，尤其是主要竞争者的运行动态；并利用科学系统的方法去观察、分析各种可变因素，预测中短期竞争中竞争者可能采取的战略；了解市场潜在进入者的目标、数量和规模。当前，企业一般利用SWOT分析法来分析潜在的外部机会和威胁。

（三）评估自身能力

评估自身能力即分析企业内部环境，确认企业所具备的战略实施条件和素质，包括生产经营活动的各个方面，如业务能力（衡量指标为投入-产出比或单位产品成本），产品（衡量指标为销售量、产量等），盈利能力（衡量指标为利润额、投资利润率、股份收益率等），资本资源（衡量指标为资本结构、普通股数量、现金流量、营运资本等），人力资源（衡量指标为战略管理层的能力、培训）。企业通过对自身素质的评估，可以发现所具备的优势和存在的问题，以便在制定和实施战略时扬长避短，发挥优势，有效地利用企业自身的各种资源。SWOT分析法也可用来分析企业内部环境，了解企业潜在的内部优势和劣势。

企业通过对内外部环境的分析，可以找到内部优势与外部机会结合的有利位置，从而制定相应的战略。

（四）确定企业使命、目标

企业的战略目标是指通过执行战略，预期想要达到的成果。企业的战略目标因企业类型和使命的不同而各不相同，一般可分为盈利、服务、员工和社会责任四个方面。企业战略目标应该是积极的，能够起到引导和激励作用，而且是可以实现的，还应符合社会道德标准。企业战略目标的设定，应以适应环境变化和企业的能力为原则。在确定具体目标时，企业应根据需要并考虑主观努力程度，而不是只依据可能性。

（五）准备战略方案

企业在分析内外部环境并确定战略目标后，管理者将与战略专家、其他有关人员一起参与企业战略方案的规划，即制订实现战略目标的详细行动计划。初步战略方案可能是多样化的，但一般包括以下几个方面的内容：

（1）反应。即如何对变化的环境条件作出反应，如新的市场机会、与企业相关的新的宏观经济政策、顾客需求变动等。

（2）竞争。即如何在现有的行业中开展竞争，如所要采取的主要竞争战略。

（3）资源配置。即如何配置企业的资源，主要是配置企业的人力资源和资本资源。

（4）协调。这包括各事业部或主要经营单位及职能单位的协调，也就是根据环境和企业战略的总体目标，确定采取什么行动和方法使各单位的战略相互衔接和协调一致，从而使整个企业形成战略合力。

（六）评价、确定战略方案

1. 战略方案的评价

战略方案评价的目的是确定各个战略方案的有效性，主要分析由研究人员设计的若干战略方案将对整个企业和各事业部未来经营管理产生的影响，比较各方案的优缺点、风险和效果。这是一个分析判断的过程，可以分为以下几个主要方面：

（1）分析各战略方案是否与宏观环境和行业的关键发展趋势相适应。

（2）结合企业的战略目标，评价各战略方案的有效性如何，存在何种差距。

（3）分析评价各种战略方案与企业组织和管理模式的协调情况，主要分析企业现在的组织结构和管理现状（包括管理体制、领导体制、决策方式、职能部门设置等）是否满足各战略方案的要求，组织与管理上应作哪些调整才能保证战略的顺利实施。

（4）分析各战略方案与企业现有资源的匹配问题，主要涉及企业资源现状、资源结构和资金利用情况。

（5）分析各方案内部的一致性。即分析各方案对企业内部的研发、生产、营销、人力资源、财务资金等方面的要求是否协调一致，有无相互矛盾。

2. 原则

战略评价应遵循一定的原则，除一般的可行性、适应性和客观性原则之外，还有以下几条原则：

（1）风险原则，即根据战略方案的效益高低和风险程度进行评价。一方面，要考虑哪个方案能够在一定的约束条件下以最低代价、最短时间实现既定目标，给本企业和社会带来最大的效益；另一方面，要考虑每个方案可能给本企业以及社会带来的负面效应，实施该方案要承受的风险大小。据此比较分析，从中选择最佳的方案。

（2）价值原则，即衡量各战略方案的实施是否能给企业带来价值以及价值多大。

这里的价值既包括经济价值或物质价值，也包括社会价值。

（3）公益原则，即在战略方案的评价过程中应该特别注意方案是否有利于建立本企业的良好形象和声誉，是否有利于满足社会公众的要求，维护社会公众的利益，从而与社会公众建立良好的关系。

3. 确定战略方案

这是企业一项重大的战略决策，决策者通过对所制定的几种方案进行评价与比较，从中选择一种较满意的战略方案，是企业战略领导者专业知识、实际经验、领导作风和艺术的集中体现。这一过程是战略评价分析工作的继续及必然结果，其中应遵循的基本原则包括择优原则、民主协调原则和综合平衡原则等。

三、制定战略应注意的问题

（一）可操作性

制定战略的目的是通过一定的战略实施过程达成企业战略目标，为使制定的战略能顺利实施，战略必须具有可操作性。例如，运用一些量化的指标和方法把整体战略分解为各个部门的战略或把时间段细分等，最大限度地使企业战略变成可操作的具体业务。

（二）制度化

制定的战略要想真正被企业全体成员所接受，就要通过一定的组织结构方式、资源分配方式融入企业的日常生产经营活动中。

（三）控制与反馈

在战略实施中，外部环境或企业自身可能出现某种变化，使既定战略在实际运行中出现偏差，此时需要及时反馈到决策部门，对战略进行控制、调整。制定的战略不仅要具有可操作性，而且也要便于实施控制。

四、战略制定的方法

由于不同企业的规模、经营环境、领导体制及组织结构等均不同，各个企业制定战略的方法也有所不同，各具特色。例如，一些小型的家族企业一般都是业主自己凭经验和知识来决策，制定战略；而一些大型企业尤其是跨国公司的决策则是比较规范的，即通过一定的方法、渠道使各级管理层甚至基层人员都参与战略的制定。

（一）自上而下的方法

自上而下是指首先由企业总部的高层管理人员制定企业的整体战略，然后各部门再根据自己的实际情况以及总部的要求，形成本部门具体的战略计划。这种方法一般在实行集权制的企业中采用。

这种方法的优点是高层管理者容易把握经营方向，可以对各事业部提供有关经营方向的指导，而且由于企业的高层管理者一般都具有丰富经验，具有战略眼光，能很好地把握企业的经营方向，制定出可以达到战略目的且可贯彻实施的战略。此外，这种方法还便于高层管理者对各部门实施有效的控制。

其缺点是，如果高层管理者没有充分考虑企业各部门的实际情况，制定出的战略有可能脱离企业实际，甚至无法达成企业目标。此外，企业采用自上而下制定战略的方法，基层的员工可能缺乏对战略的深刻认识，甚至连基本认识都没有。员工的个人目标就难以与企业目标相一致，导致战略无法有效地实施，企业领导不得不进行详细的指导。这种方法还可能使一些管理者或基层员工感到受约束，不能很好地发挥他们的积极性和创造性。

（二）自下而上的方法

企业在运用自下而上的战略制定方法时，高层管理者对事业部不给予任何指导，而是要求他们自己制定本部门的具体战略。企业总部从中掌握主要的机会/威胁、主要的目标（如市场占有率）、所需资源等信息。经过协调和平衡，再对这些初步战略进行必要的修改，然后将可行的战略返回各事业部去执行，同时形成企业的总体指导战略。这种方法一般在分权制的企业中使用。

这种方法的优点是能集思广益，形成符合企业实际的可行性战略，而且战略也更容易贯彻和落实。这种方法使各部门受约束较少，所以能充分调动各部门和各级管理人员的积极性和创造性。

其缺点是，一些事业部习惯于自上而下的指导方式，其管理人员会感到无所适从，从而影响战略的完整性和综合性；由于各部门的目标、指标、思路各不相同，部门之间难以协调，给高层管理者制定总体战略增加了难度。

（三）上下结合的方法

上下结合的战略制定方法是指企业在战略制定过程中，总部的管理人员与事业部的人员都参与战略的制定；总部的管理者和事业部人员利用沟通和磋商过程，根据实际情况不断改变或调整战略，最终形成具有可行性的战略。这种上下结合的方法多为分权制的企业所采用，尤其是在现代学习型组织。这种方法的优点是可以产生较好的协调效果，企业利用较少的时间和精力形成更具创造力的战略，所制定的战略有很强的可操作性。

（四）成立战略小组

成立战略小组是针对重大事件或紧急情况而采用的战略制定方法，主要目的是处理企业所面临的问题。战略小组的工作内容、人员构成具有很大的灵活性，可以根据企业所遇到的问题而采取各种不同的措施。这种方法的优点是针对性强，效率高且效果好，在应对市场的急剧变化以及宏观环境转变时的效果很好。但必须注意，企业负责人不可过分强调个人权威，否则难以收到良好效果。

第二节　企业战略的选择

一、影响企业战略选择的领域

影响企业生产经营活动的领域有三类：涉及企业宏观环境下合法生存的社会

领域；企业生产经营项目所在的经营领域；涉及企业行业市场竞争地位的竞争领域。

（一）社会领域

社会领域中影响企业生产经营，尤其是战略决策的群体主要有顾客、供应商、股东、政府、社区公众等利益群体。每一群体在向企业提出各自合法要求的同时，都对企业提供不同程度的支持，成为企业的利益相关者。所以，企业战略的变化会受到上述各群体的影响，企业必须在经济和社会心理上给企业的利益相关者提供相应的利益，满足各方面的期望。例如，顾客需要物美价廉的产品，股东希望股票的收益增长，政府要求企业合法经营、合理纳税等。因此，企业在选择战略时，要认真考虑协调企业战略与各利益群体的需求。

（二）经营领域

经营领域即企业所选择的产品及产品市场所在的领域。管理者在这方面需要决策的问题包括：如何给产业分类？企业应选择整个产业还是其中的某个环节？如果选择了某个产业，是选择整个产业还是其中的某个行业？企业在选择战略时，必须找到适合自身特点的经营领域，或针对已经选定的经营领域制定相应的产品战略和市场营销方面的战略。

（三）竞争领域

在竞争领域中，影响企业战略选择的主要因素有产品生命周期、实际存在和潜在的竞争对手以及相关产品技术的变革。企业选择战略应分析企业产品所处的生命周期的阶段，针对该阶段的一般特点，确定相对应的战略。企业主要竞争对手的主要经营活动，尤其是它们有关产品、营销方面的战略都会对本企业的战略选择产生一定的影响。企业为了维护市场竞争地位，有时必须深入分析竞争对手，知彼知己，百战不殆。此外，企业还应密切关注与产品、生产相关的技术发展、变革动态并相应调整或改进自己的技术和能力。

二、行为因素对战略选择的影响

企业的战略选择对未来战略实施将产生重大影响，所以必须非常慎重，而且应考虑相关人员的知识、经验、有关背景以及感情等因素的影响。了解这些相关因素对企业管理者制定合适的战略方案是非常重要的。

（一）现行战略的继承性

企业制定战略往往从回顾过去的战略，审查现行战略的有效性开始。这些企业曾经执行过的战略或是正在执行的战略，特别是那些已取得成效的战略对管理人员选择未来战略会产生很大的影响。企业经营具有连续性，未来战略一定程度上是对目前战略的继承；现行战略在实施中已经投入时间、精力和资源。一般来说，一项战略执行的时间越长、效果越好，对新战略的选择影响就越大，也就越难用其他战略替换。由于条件不断变化，有时一项战略已经明显地不再适用，而企业管理人员仍然试图弥补而不愿更换新的战略，这是一种潜在的风险，必要时可作出人事调整，以克服这种惯性。

(二) 对外界的依赖程度

1. 政府

政府为国民经济发展而采取的一系列财政、货币政策和约束企业行为的法则形成了企业合法经营的环境。一般来说，政府要求企业在国家政治、法律的规范下合法经营，同时为企业创造并维护一个公平竞争的环境，并希望企业为社会经济发展作出贡献，如增加税收等。此外，政府还希望企业承担一定的社会保障责任，如在失业率较高的时期，政府会干预企业大量解雇员工。

2. 社会

现代企业具有以下几个方面的社会责任：自觉保护环境；在追求个体经济利益、竞争地位和发展的同时考虑社会利益和稳定；对社区建设和社区福利事业作出贡献。

(三) 管理风格

1. 管理者对待风险的态度

任何战略评价方法均无法消除战略选择决策中的风险，而不同战略方案的收益和风险配比是不同的。在战略选择中，具有不同风险承受能力的决策人员对风险收益的配比持有不同态度。一些战略管理者乐于承担风险，战略选择的范围较大，希望较多地利用机会。他们倾向于选择那些灵活多变，虽较陌生但有更多发展机会、时间跨度较长的战略，如发展战略中的创新战略、国际化战略、多样化战略。而某些管理者则对风险有强烈的回避倾向，他们可选择的战略范围较小，会人为地创造相对稳定的经营环境，尽可能回避与其他企业的直接竞争，不选择那些时间跨度较大的战略。例如，采取防御战略时，只有在环境变化时，才不得不调整；在发展战略中，会倾向于选择集中战略、整合战略，而且十分偏好使用过的战略。划分上面两种面对风险的态度的前提是战略管理者是理性的，在面临同样风险的情况下首先选择能带来更大收益的战略，而在同样收益的情况下选择风险较小的战略。

一些大型企业都试图通过同时拥有风险承担型业务单位和风险回避型业务单位来求得总体上的某种平衡。例如，通用电气公司的平衡型业务包就很好地说明了这种风险平衡技术。总之，企业对待风险的态度影响进入考虑范围的战略方案的数目，会提高或降低某些特定战略方案被采纳的可能性。

2. 组织结构

与企业战略的变化频率相比，企业的组织结构是相对稳定的。由于较大的组织结构调整会引起内部各种关系的大量调整，而且容易引发对变革的抵制，因此现存的组织结构实际上会对战略的选择形成约束。企业的规模越大、内部的管理层次越多，企业战略的刚性就越强。

(四) 企业相关利益集团的压力

1. 企业的股东、债权人

股东作为企业资产的所有者，对企业的生存与发展最为关注。尤其是企业法人股东，他们投资于企业的主要目的是获得较高的投资报酬率，取得平衡的投资组合以降低资产风险或者为了取得企业的控制权等。为了达到这些目的，他们更重视企业的长期发展能力，成为企业长期的利益相关者。而企业的个人股东往往关心企业的短期获利能力，因为他们投资企业的目的是获得稳定和可观的股息，并取得股票市场的价差。当他们预见到企业的长期发展战略可能存在很大的风险，或是要暂时减少股息分配时，就会抛售股票，脱离企业。企业的债权人对企业的要求是保证按期还本付息，所以债权人一般愿意资助那些具有较强长期发展潜力，而面临暂时资金困难的企业。

2. 员工

员工包括管理人员和一般职工。管理人员中的高层管理者对企业的期望是通过企业的发展使个人的成就感得以实现，并获得较大的个人利益。这些期望促使他们更重视企业的产品销售、资产及利润增长、长期发展和企业地位提高等反映企业总体经营状况的因素。一般职工对企业的期望是获得良好的工资待遇、工作环境及个人发展的机会。因此，只要企业能让员工看到良好的未来前景，有改善待遇的可能性，他们一般愿意放弃短期利益要求，以支持企业的长期发展。

3. 顾客

顾客对企业的期望是获得物美价廉的产品、良好的服务。虽然企业的未来发展不是顾客必须考虑的，但当顾客对一个企业的产品依赖性很强时（如垄断企业，或者企业与顾客之间建立了长期稳定的供应关系），其往往能认识到企业发展对自己的好处，因而对企业的长期发展提供支持。

4. 供应商

供应商对企业的期望是良好的付款信誉、连续稳定的订货和长期供应关系。这些要求大多具有长期性，使得供应商关注企业发展潜力、长期经营效益。实际上，企业对供应商也具有一定的依赖性，供应商满足企业要求的能力会成为制约企业战略选择的重要因素。

（五）竞争者的反应

在进行战略选择时，还需要分析和预测竞争对手对本企业战略方案的反应。如果企业采取直接针对某竞争对手的攻击性战略，竞争对手势必会采取相应对策，甚至是多个竞争对手联合进行集体反击，这样会影响企业战略的实施效果，甚至可能迫使企业不得不放弃自己的战略。所以企业必须对竞争对手的反击能力以及对手的反击对企业战略的影响作出恰当的估计。

企业战略选择受竞争对手的影响程度是由企业所在的市场结构决定的。从经济学角度进行分析，市场结构分为完全竞争、完全垄断、垄断竞争和寡头垄断四种。在完全竞争市场结构中的企业，由于产品的同质性，一般采用市场集中战略，企业战略较少受竞争对手战略的影响。完全垄断市场由于存在高进入壁垒，其中的企业基本没有对手的影响。垄断竞争市场结构下的企业存在一定的对抗性竞争关系，企业主要依靠差异化产品来竞争。寡头垄断的市场结构中，企业之间存在很强的对抗性竞争关系，某一企业在产品价格或产出数量上的变化都会影响其他的企业，从而迫使它们作出应对。这种结构中，任何企业的战略都必须考虑对手的反应，并作出正确的估计。例如，IBM 公司在产品系列、价格政策或企业结构等方面作出的变革往往使行业内其他有实力的公司不得不重新评价自己的战略。

(六) 时间因素的制约

时间因素对企业战略的制约主要表现在战略决策时间、战略执行时间和战略影响期限等三个方面。

1. 战略决策时间

战略决策时间，即允许企业进行详尽的战略分析和慎重选择时间的长短。例如，克莱斯勒公司曾面临一次财务危机，公司的战略决策选择被限制在一个很短的时间段内。时间的压力不仅会减少可收集的用于方案选择的信息数量，同时也限制了可能进入考虑范围的战略方案的数量。这时的决策时只能考虑主要的因素，甚至只能采取应急性战略。

2. 战略执行时间

太长时间的等待和太匆忙的介入同样有害，一个优秀的战略在不适当的时间执行也会产生不利的结果。例如，在利率普遍较高、股票价格低于资产的账面价值时，利用兼并实现战略目标是降低发展成本的有效方法，但这一方法在利率较低的时期使用就不会有效。

3. 战略影响期限

有些企业从短期着眼选择战略，而一些企业则从长期出发选择战略。美国杜邦公司 1982 年作出兼并负债很高的 CONOCO 公司的决策。从短期来看，这种兼并是得不偿失的，但杜邦公司的决策部门为使公司成为多种石油产品的生产商，兼并无疑有利于公司长期稳定地维持竞争地位。

三、战略选择矩阵

(一) 战略选择矩阵的构成

战略选择矩阵的基本思路是结合企业自身优势、劣势和企业内、外部资源，通过克服弱点或增强优势，从而达到企业内外发展的协调。战略选择矩阵由两个变量组成，即公司战略的基本目标和企业发展的资源来源。其中包括四项因素：克服弱点、增强优势、利用内部资源和利用外部资源。详见图 8-2。

1. 根本依据

企业基本战略目标的选择，其根本依据是企业的经营宗旨和形成能力的资源的可获得性，目的是扬长避短。

2. 来源

企业的发展资源有两个来源：一个是内部资源经过重新分配，依靠自己的力量获得发展；另一个来源则是通过兼并和联合等途径，利用外部资源获得发展。利用外部资源实现发展，可以形成竞争上的时间优势，使企业得以把握机会；但利用外部资源也会引起管理、结构、文化等方面的诸多矛盾和成本变化。发展资源来源的选择，不

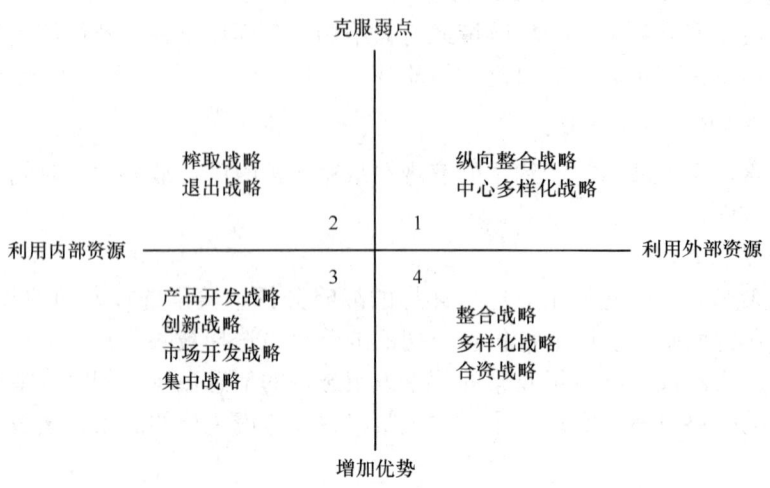

图 8-2 战略选择矩阵

但要考虑资源及任务本身，还要考虑内、外部资源结合过程中可能产生的矛盾，以及企业的承受能力和应对能力。

（二）矩阵模型分析

在图 8-2 的区域 1 中，企业面临较大的风险和较少的发展机会。对它们来说，利用外部资源克服企业经营上的弱点是较为合适的战略。一般地，选择纵向整合战略可以降低企业在供应渠道和用户方面的不确定性。此外，企业还可以选择中心多样化战略，既扩大了有利的投资领域又不远离原来的业务。一般来说，利用外部资源克服企业弱点的战略成本较高，开展其他业务需要大量的资金和时间，特别是选择中心多样化战略时，一定要防止在克服某一弱点的同时又形成了另一弱点。

在图 8-2 的区域 2 中，企业为克服弱点采用较保守的战略，一般是将内部已有的资源从某一业务活动转移到另一项业务活动。这虽然没有改变企业所拥有的资源总量，但却能鼓励一些经营成功的业务，起到增强已有竞争优势的作用。当某项业务成为企业获得成功的阻碍，或克服该业务弱点的成本过高时，企业应采取退出该业务的战略。

在图 8-2 的区域 3 中，企业通过内部增强优势来增加市场份额，从而提高企业获利能力。企业可以采取集中战略、市场及产品开发战略和创新战略。最为常用的是企业集中在一项业务上进行市场渗透。当企业认为现有产品可以被新的用户群体接受时，就会选择市场开发战略；而企业的强势表现在新产品设计或独特技术开发上时，加速现有产品的淘汰便有利于促进本企业销售额的增长，此时企业无疑会选择创新战略。

在图 8-2 的区域 4 中，企业积极扩大业务范围，即当企业大幅扩大经营规模使业务优势达到最大时，一般选择注重外部因素的战略。其中，横向整合可以使企业迅速增加产出能力，合资经营可以从外部增加资源能力并使企业的强势扩展到新的领域。

在实践中，没有哪个企业的资源态势会始终不变，企业也不会始终坚持一种战略，当内部或外部条件发生变化时，就要适时地调整战略。

四、战略聚类模型

战略聚类模型是在对波士顿矩阵加以修正的基础上得出的一种企业发展战略选择模型。该模型主要考虑两方面的因素：市场发展率，划分为市场发展迅速和市场发展缓慢两类；企业竞争地位，分为强竞争地位和弱竞争地位。详见图8-3。

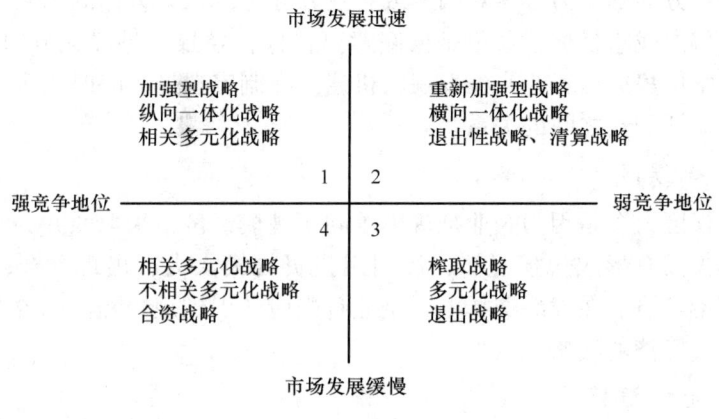

图8-3 战略聚类模型

在图8-3的区域1中，企业业务市场发展迅速且处于强竞争地位，即处于最有利的战略地位，宜采取发展性战略（集中战略、纵向整合战略和中心多样化战略等）。具体来说，如果现有业务可挖掘潜力或已经形成了竞争优势，则对现有企业宜继续采取集中战略。如果企业拥有超过集中战略所需的资源量，可以考虑选择纵向整合战略。为消除风险，可以考虑采取多样化战略。

在图8-3的区域2中，企业必须对这些业务在市场上的行为进行审查，找到没能实现目标的原因以及是否有能力最终实现目标。在这种情形下，一般可以重新制定集中战略，但如果企业缺乏必要的竞争要素或不具备取得竞争性成本效益的经济规模，可以考虑横向整合战略。对于那些多产品企业来说，如果退出某一项业务能使整个企业实现战略目标，则可以采取退出性战略，不仅可以节省资源，还能保持和发展其他有潜力的业务。如果企业整体业务恶化甚至经营失败，还可以采取清算战略，当然这是最后的选择。

在图8-3的区域3中，企业的某些业务不仅市场发展缓慢而且处于较弱的竞争地位，这时可以减少对该项业务的资源投入量，通过采取榨取战略一定程度上实现退出战略。由此节省下来的资源可用于拓展新的业务，形成中心多元化战略或混合多元化战略。最后的选择同样是退出性战略。

在图8-3的区域4中，企业业务在缓慢增长的市场上处于较强的竞争地位。这类业务既有一定的潜力且具有现金流量大、所需发展资源较少的特点，一般可以选择中心多元化战略，即进入能利用其原有优势的行业；或者选择混合多元化战略，以降低投资风险；此外还可以选择合资战略等。

五、避免战略选择误区

（一）利润误区

利润误区是企业在制定战略时最容易误入的区域。具体表现为，企业管理者为追求短期利润而放弃企业的长期目标，从而形成以短期利润为轴心的经营模式。这种情况一般是由投资方面的压力等客观因素或企业领导主观认识方面的因素造成。走入利润误区的企业偏离战略目标，甚至是彻底背离目标，导致一种漫无方向的成长策略，必然会忽视竞争优势的培养，丧失发展的机遇。在制定选择战略时，企业一定要平衡好长期利益与短期利益之间的关系。

（二）规模误区

进入规模误区大多是因为企业把规模等同于规模经济，采取兼并、购买方式扩展业务，最终不仅没有形成规模经济，反而因投资规模太大，出现资金、管理上的失控，导致规模不经济。在战略选择上，企业首先应认识到规模经济的内在规律，寻求可行的实现规模经济的战略。

（三）多元化误区

许多企业领导者认为多元化经营一定能降低风险，盲目追求市场机会。适当程度的多元化确实可能分散企业的经营风险，但多元化经营本身就具有不确定性。若多元化经营失败，不但不能分散风险，反而会造成一定的损失。在战略选择上，企业要客观、准确地分析内外部环境，尤其要考虑企业自身优势与所面对机会的匹配性，切不可盲目进行业务的多元化扩张。

第三节　企业战略的实施

企业的战略形成之后，战略管理的重点就转移到战略的实施。伯纳德·赖曼说："如果不能得到很好的实施，再好的战略也注定要失败。"有效的战略实施可以使适当的战略走向成功，一定程度上弥补不适当的战略的不足，反之也会使适当的战略面临困境。

一、问题诊断与变化分析

（一）问题诊断

企业要实现自己的战略目标，不仅要正确地制定战略，还要有效地实施战略。在战略实施之前，要分析战略制定和战略实施的不同组合。诊断模型见图8-4。

在成功象限中，企业不仅制定适合的战略而且能有效地实施，为战略制定与实施的最好组合，可促使企业目标的顺利实现。

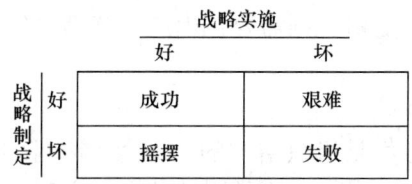

图 8-4　战略问题的诊断

在摇摆象限中，企业没能完美地制定自己的战略，但执行过程是严密、有序的，这样可能出现两个结果：一是尽管企业认真执行了这一不适当的战略，但仍然失败了；二是经过良好的实施，企业克服了所制定战略的不足，取得一定程度的成功。如果企业战略处于这个象限，战略实施中应及时对战略发展及环境变化进行监控，并适当调整。

在艰难象限中，尽管企业已经制定了较为完善的战略，但战略的实施却不如人意，战略目标不能顺利实现。在这种情形下，企业应分析整个战略实施过程中存在的问题及其原因，并作出相应的调整。

在失败象限中，企业未能制定适当的战略，也不能有效地实施战略。这样的战略一般较难取得成果。

通过对战略问题的诊断，我们可以看出，战略实施与战略制定同样重要，管理者应重视战略管理过程的每一个环节。战略实施无效时，不仅要分析已制定战略本身是否完善，而且要分析战略实施过程是否存在问题，诊断出战略失败的原因，以便找到补救的方法。

（二）变化分析

企业在实施战略前，首先要清楚地认识到企业会发生什么样的变化，才能成功地实施战略。在实践中，实施战略所引起的变化程度各不相同，有些战略只要求某一方面作出微小变化，而有些战略则要求彻底改变业务。按企业战略对变化的要求程度，可将战略变化分为以下五种类型：

1. 原有战略变化

在环境比较稳定且原有战略已取得一定效果的条件下，一般是继续实施原有战略，即在新的环境中实施已执行过的战略。由于管理人员对战略执行过程比较熟悉，只要保证各项活动按照预定的计划进行，就能成功地实施。

2. 常规战略变化

常规战略变化，即在正常的生产经营活动中，为吸引顾客和产品重新定位而实施的一些常规变化，如使用不同的定价策略，变换广告、包装形式等，有的也通过改变销售分配方式来进行。此时要分析和预测市场的反应，继而调整相应的生产经营活动。

3. 有限战略变化

有限战略变化，也称局部的战略变化，是指在原有产品系列的基础上，开发面向新市场的产品时，只作出有限的改变，这种产品更新一般只是形式上的变化。若涉及技术或其他产品特征的彻底更新，则需要在生产和营销上作出重大举措，这将会给战略实施带来复杂的问题。

4. 彻底的战略变化

彻底的战略变化，一方面是组织结构的调整（如事业部合并或调整职能部门），从而促使组织结构的扁平化；另一方面是同外部企业实现合并或建立战略联盟，形成一个新的联合体进行组织调整，以开发新市场或形成新的企业文化等。

5. 企业转向

企业转向，即改变原有的经营方向，一般有两种情形：一是向原行业的相近行业转变，如从纺织行业转到服装行业；二是向截然不同的行业转变（如从机电行业转向食品行业），这样的转变一般难度较大，战略的实施将变得十分复杂。

二、战略计划

战略计划是具有一定战略高度的长期计划，是将战略方针、目标、环境因素、内在条件等要素融为一体的过程。它是用来指导企业在一定时期内合理分配有限资源，以达到战略目标的具体管理活动。

（一）战略计划与一些相关概念的区别

1. 与长期计划的区别

长期计划是企业在稳定的经营环境下所制定的、实现自身目标的过程，即企业在分析、评价、选择可预见的机会的过程中，系统地开发能达到预定经营目标的各种行动和项目；而战略计划侧重于制定当环境发生突变时可使用的一些权变措施。二者的分析方法不同，长期计划一般使用历史数据来预测未来，而战略计划则采取另外一些分析方法，如前景分析、竞争分析、战略组合分析及环境分析等，以确定最佳决策。

2. 与经营计划的区别

经营计划追求近期企业利益，往往是针对一次具体的业务活动制定相应的目标及计划；而战略计划则是谋求企业的长期发展，着眼于企业的未来。二者的出发点不同。

3. 与预测的区别

预测是在不确定条件下探求一些确定性和渐进性因素；而战略计划不仅要预测将来，而且要考虑不确定性环境对战略方针的影响，使企业战略适应形势和环境的发展，从而具有一定的主动性。

（二）战略计划的目的

西方企业管理学家对战略计划的目的有不同的看法。斯坦勒认为，一个战略计划可能有若干目的，主要包括：

（1）调整和选定企业未来的经营领域；

（2）加速增长和提高企业的盈利能力；

（3）缩减业务，将资源集中于重大项目，或配置于最有潜力的领域；

（4）进行机会和威胁分析，提供相关信息，使企业更清晰地认识到自己的优势和劣势；

（5）淘汰经营效益差的单位或业务；

（6）为企业的其他计划如预算、作业计划提供参考性框架；

（7）为高层管理人员提供有效的信息，以便他们作出正确的决策；

（8）建立完善的沟通体系，进行有效的内部协调活动；

（9）控制企业的生产经营活动，根据环境所需，及时调整企业的发展方向；

（10）培训管理人员，使他们了解企业所面临的环境变化，提高其应变能力。

这些目的彼此交融，共同构筑起企业整体战略计划系统。

（三）战略计划的作用

1. 指导并支持战略管理

彼得·德鲁克指出，高层管理的首要任务是制定与实施战略。他认为要通过企业的使命来思考管理的任务，即提出问题：我们的企业是什么样的企业？应该是什么样的企业？为回答这一问题，企业就要建立自己的目标，制订战略计划，在今天就为明天的成果作出决策——这一切实际上就是战略计划过程。从一些大型企业来看，制定与实施战略的框架就是规范的战略计划系统。

2. 战略计划是所有管理者的职能

企业各个层次的管理人员都应参与到相应的战略制定和实施过程中去，参与的程度和方式因所在的管理层次以及与战略的相关程度不同而有所差异。从实践来看，企业的管理人员很难按不同的职能将工作加以区分，尤其是那些高层管理者，往往是许多职能混合在一起，共同发挥作用。管理人员在承担计划工作任务的同时，通常也扮演组织者、指挥者等角色。战略计划是每个管理者的职能，起到指导战略管理，维系、协调战略管理与具体业务管理之间关系的作用。

（四）战略计划系统的设计

1. 分析影响因素

在战略管理中，不存在一个可以普遍适用于所有企业的战略计划模式，企业战略计划系统会受到许多不同因素的影响，一般包括以下几个方面：

（1）企业的规模。企业规模对战略计划的影响主要表现在：从企业形态来看，小企业一般较灵活、宽松、非正式程度高，因此小企业战略计划趋于非规范化且较为简单；而与小企业相比，大企业计划的规范程度更高，计划程序化，内容较为详尽。从人员扮演角色的角度来看，小企业参与计划的人员较少，其战略计划较为简单，小企业的管理者大量时间和精力花在生产经营上，很少有时间进行战略思考；而大企业的战略计划较为复杂，各层管理人员各负其责，高层管理者有更多的时间去研究全局性的战略问题。从组织结构来看，企业的组织方式，尤其是大企业的组织方式对计划系统有很大的影响。一般来说，集权制的企业，如果生产经营业务比较单一，企业的计划系统会相对简单一些；而分权制的企业，由于经营业务广泛且独立，企业的计划系统会较为复杂。

（2）企业高层管理人员的管理风格。企业高层管理人员的思维方式、管理哲学、问题解决方式以及他们领导下属及协调沟通方面所表现出来的风格，对企业战略计划系统的设计都会产生影响。研究企业领导者的管理风格可看出该企业计划系统的特色，以有针对性地采取相应的实施措施或竞争战略。

（3）企业生产过程的复杂性。一般来讲，企业的生产过程越复杂，越需要相对正式、详尽的计划系统，如高科技企业和资本密集型企业。而如果企业的生产过程简单，所需的计划系统也趋于简单。如果企业处于一个相对稳定的环境中（行业竞争势力弱，宏观环境长期稳定），一般很少有战略计划，只要按部就班运营即可；而如果企业处于复杂多变的环境且竞争压力较大，不仅要制订相应的战略计划且计划一定要有灵活性。

（4）企业面临问题的性质。如果企业面临的问题较为复杂，解决的难度较大，就需要考虑制订详细的战略计划；而如果面临的问题易于处理，则只需建立简单的计划系统，甚至不需要具体的战略计划。

除上述主要因素外，还有其他影响因素，如战略计划的目的、改变组织结构的能力、有效制订计划的信息等。不同条件的企业，影响因素及其影响程度都会有所不同。在设计战略计划系统时，企业要从实际出发，找出关键影响因素进行分析，切忌照搬其他企业的战略计划。

2. 企业战略计划的制订程序

制订程序一般分为三个步骤，涉及三个管理层次，即总部、经营单位（事业部）及职能部门。

（1）建立企业的总体目标，制定事业部的战略方案。建立企业总体目标一般是由企业总部的管理者和事业部的负责人进行初步讨论，规划企业的整体目标方向，根据总方向确定各事业部的战略方向，各事业部再根据战略方向来制订计划。最后，企业总部在均衡配置企业各项资源的基础上，阐明企业的总体战略。

在企业总体目标确定以后，各事业部要制定详细、具体的战略方案，说明该事业部所确定的经营活动范围和活动目标，提出近期各项业务的目标。各事业部明确界定自己的生产经营范围，可以降低相互竞争的风险。各事业部制定战略方案后，由企业总部对相关方案进行协调和平衡。

（2）事业部与职能部门的协调。这涉及实施近期战略计划行动的协议，协议内容一般是概括性的，不明确指出具体的销售目标或利润目标。计划如果太过详细，会束缚职能部门的活动，使之丧失主动性和创造性。在临时协议的约束下，职能部门制订本部门的简单计划，重点是把事业部的战略转化为本部门的指挥、协调活动，以保证总体战略的实施。当然，职能部门计划的范围（如涉及项目的数量、时间等），取决于企业战略目标。比如，一个多元化经营的企业，某产品的事业部经理需要重点考虑本事业部的产品系列与企业整体资源的配合，而销售部门的经理考虑的是在计划期内完成扩大市场占有率的任务。

（3）事业部与总部的协调。这一阶段，事业部领导需要与总部就工作重点再次协商，决定、分配计划实施所需的资源，主要是安排资金预算。需要注意的是，总部与事业部之间应加强沟通，避免在资源分配和工作计划中出现不衔接的问题；事业部确定工作计划以后，总部可根据实际情况限定资源分配期限，以便更灵活地使用现有和潜在的资源。在资源分配上，总部除了考虑各事业部的需要外，还要从企业整体利益出发进行平衡。

（五）企业任务说明书

1. 概念

企业任务说明书是企业战略计划制订过程中，用来说明企业的经营领域、服务对象、存在目的等问题的重要文件。企业任务说明书以书面形式详细说明企业自身的特点，阐明企业的产品和市场的经营范围。它不仅将企业战略决策者的哲学具体化，还揭示了企业所要树立的形象，反映企业的价值观。微软公司对企业任务是这样描述的："努力开发那些会使个人计算机的使用者更有力量和得到更广泛信息的与互联网相关的技术。作为全球领先的软件提供者，微软公司将努力生产那些满足用户不断增长的需求的创新性产品。"

2. 企业任务说明书的要素

企业任务说明书的要素主要包括：

（1）企业目标。在企业战略管理过程中，目标的制定及其合理与否十分重要。彼得·德鲁克认为，企业的目的和使命必须转化为目标。他说，并非先有工作，后有目标；相反，正是因为有了目标，才能确定每个人应做的工作。一个领域如果没有特定的目标，这个领域必然会被忽视。一个企业如果没有与大方向一致的分目标来指导每个人的工作，企业规模越大，人员越多，发生冲突和浪费的可能性也就越大。企业一般都有三大经济目标：生存、发展、盈利。

生存是实现其他两大目标的前提。在实践中，一些企业的管理人员往往过分注重眼前利益，而忽视企业长期生存的问题。企业发展包括多方面的内容，既包括企业整体实力的增长，也表现在产品市场占有率提高、业务范围扩大、企业整体规模扩大、各项财务指标增长上。发展意味着企业竞争能力的提高，意味着企业适应环境能力的提高。具备发展能力的企业的生存和盈利能力更强。发展问题还涉及对企业任务的定义，企业规定了主营业务后，要考虑一些可能出现的问题：在考虑扩大生产规模或扩大市场时，一般要分析外部机会可能给企业带来的长期增长率和盈利能力，分析风险的可接受程度等。企业只有在合适的情况下，才可能采取行动。盈利是企业追求的主要目标，但制定战略应着眼长期盈利能力，而不能只关注短期获利能力。如果过于追求短期利益，可能使企业忽视长期利益和发展的基础，从而削弱长期能力，企业的生存将受到威胁。

美国惠普公司对经营目标是这样描述的："……获得足够的利润为公司的发展提供资金和其他资源，以实现公司的其他目标。……公司从经营中获得利润是公司发展和繁荣的唯一来源。利润是衡量公司长期经营效果的唯一基本指标，只有实现了利润目标，才能实现其他目标。"可见，生存、发展、盈利三个目标之间是相互依赖和促进的关系。

(2) 经营理念。经营理念反映或阐述了决策者在企业管理过程中的基本信念和价值观。它伴随着企业的任务或作为任务的一部分出现，主要通过企业对外界环境和内部环境的态度来体现。一个企业的经营理念，对外体现在处理与顾客、社区、政府等关系时的指导思想，对内则表现为对其投资者、员工及其他资源的基本态度，最终形成企业内一种普遍适用的行为准则，控制着企业的组织行为，并强化自我约束。一般来说，企业的经营理念受文化的影响很大，不同国家的企业在经营理念上有明显的差别。美国企业在经营理念的描述上着重于企业在市场上获得成功的因素，例如IBM公司认为："IBM的事业不是出售机器，而是出售产品的功能，因此必须切实为顾客解决问题。"而日本企业的经营哲学大多在于向员工表明企业的远景，唤起员工承担责任的激情和创新精神，例如松下电器公司的经营理念是："像自来水那样不断生产，创造无穷的物质财富，建设人间天堂。"

(3) 产品市场与技术。产品市场与技术共同决定着企业目前与未来的经营活动范围和能力，是企业任务说明书的基本组成部分。产品或服务是企业生存目的的主要表现形式，也是形成企业活动类型的基本因素，而产品在市场上的销售和收益是企业经营成败的关键因素。IBM公司对产品和服务的描述是："向顾客提供计算机硬件系统而且还附有一套完整的服务，包括软件系统、咨询、维修、培训及各种保证服务措施等。可以说，公司是向用户销售一套完整的产品系统，而不仅仅是一台电子计算机。"市场是企业生存的基础和前提，对市场的描述主要是说明企业的产品满足哪些顾客群体的需求。企业的技术及其水平状况将反映企业所提供的产品或服务的质量，有助于明确企业的技术竞争力。

(4) 自我观念。其也称自我认知，即通过对自己的经营优势和劣势的客观分析来确定自身在行业和市场上的位置，从而与外部环境进行有效的协调。

(5) 公众形象。企业任务说明书的另一个内容就是企业形象的反映，即顾客和社区公众对企业的期望。企业要树立良好的公众形象，必须重视对品牌的培养和维护，坚持正确的商业道德，坚持依法经营，在商务活动中注意环境保护，重视维护客户的利益，支持社区建设和教育事业等，这些都是企业建立积极的公众形象的典型活动。

(六) 应变计划

在选择了战略之后，企业还应制订相应的应变计划，即当战略的前提条件发生变化，或战略没有达到预期目的时，企业要采用的临时措施。制订应变计划，首先要识别潜在的机会与问题，主要是市场的重大变化，尤其是主要竞争对手的战略变化或企业内部的资源、组织结构的变化等。在确定了这些潜在问题和机会后，还应估计这些问题或变化发生的概率及其对企业潜在的影响程度，然后根据分析结果确定相应的预防措施和权变战略。

三、战略实施模式

(一) 指挥型

在指挥型战略实施模式中,战略是由企业高层管理人员指挥制定的,即企业高层管理人员或者亲自参与制定,或者指示战略管理人员去制定企业所要采取的战略。他们一般不介入战略的具体实施过程。采用这种模式,企业一般使用行业竞争分析和份额增长矩阵作为分析方法。这种模式的缺点是不利于调动职工的积极性和创造性,因为普通职工一般没有战略制定的参与权,只是处于被动执行的地位。这种模式的使用范围一般是一些稳定行业的小型企业或是企业实施战略不需要太大的变化时。

(二) 变革型

在变革型战略实施模式中,企业高层管理人员要研究并参与战略的实施,为有效实施战略创造良好的组织环境,开展一系列的变革,如建立新的组织结构、信息系统,扩大或缩小经营范围等。在这种模式中,管理者重点考虑如何有效实施战略,尤其是一些复杂且难度较大战略的实施。这种模式的局限性是,不适用于环境多变行业中的企业,而且自上而下实施,员工很少参与战略的制定,不利于调动员工的积极性。

(三) 合作型

采用合作型战略实施模式,企业高层管理人员的主要任务是引导其他战略管理人员充分发挥他们的主动性,考虑战略制定与实施问题,提出不同的战略方案,高层管理人员只对其中的重要问题进行协调。这种模式的优点就是让更大范围内的管理人员参与战略的制定与实施,一方面可以获得准确的、符合企业实际的信息,另一方面可以调动员工的创造性和积极性,从而克服指挥型和变革型模式的不足之处。其缺点是,方案是对不同意见综合协调的结果,一定程度上缺乏创造性,而且需要的时间较长,可能会错过执行战略的时机。

(四) 文化型

文化型战略实施模式是在合作型的基础上进一步扩大参与战略制定和实施人员的范围,让企业基层的员工也参与进来。首先,由负责战略制定与实施的高层管理人员提出对企业目标、任务等的看法,然后要求企业员工根据企业目标规划自己的工作活动。这种模式的实施方式多样,如利用企业规章、企业宗旨及类似日本企业社训等,易形成企业员工共同遵守的道德规范和价值观念。其局限性在于要求企业员工拥有较高的素质,否则很难成功。

(五) 增长型

增长型战略实施模式中的高层管理人员要鼓励中下层管理人员制定、实施自己的战略,从而使企业获得更快的增长。这种模式是自下而上提出战略,高层管理者只需对战略作出判断,并不强制下层执行。中下层管理者可以有机会直接制定战略,及时把握机会,自主调整并执行战略。这种模式适用于变化较大行业中的大型企业。

上述几种战略实施模式与管理实践是紧密联系的。企业认为管理者需要拥有绝对权威时，指挥型模式就是必要的；出于有效实施战略的目的而调整企业的组织结构时，变革型战略实施模式就是合适的选择；而合作型、文化型和增长型则是创新模式，是为了适应现代化管理的需要而产生的。实践中，往往几种模式交叉使用，同一个企业在不同环境中也会使用不同的模式。

本章小结：

1. 战略形成的影响因素包括外部和内部影响因素。外部影响因素包括宏观环境因素和行业市场环境因素；内部影响因素主要包括企业的经营哲学和领导价值观，企业现有的经营资源和能力，以及企业的战略目标。

2. 战略制定的步骤为：识别现有战略；分析外部环境和评估自身能力；确定组织目标；准备战略方案；评价和比较战略方案；确定战略方案。

3. 战略制定的方法主要有自上而下、自下而上、上下结合以及成立战略小组几种方法。

4. 影响战略选择的行为因素包括：现行战略的继承性；对外界的依赖程度；企业管理风格；企业相关利益集团的压力；时间选择；竞争者的反应。

5. 战略选择矩阵是通过分析企业自身优势、劣势，利用企业内外部资源，选择适当的战略来实现企业内外发展相协调的一种模型。

6. 战略聚类模型是一种用以选择企业发展战略的模型，主要利用分析市场增长率、企业竞争地位两方面的因素来选择企业适当的发展战略。这种模型基于波士顿矩阵修正而来。

7. 企业战略选择误区主要包括利润误区、规模误区以及多元化误区。战略变化分析包括原有战略变化、常规战略变化、有限战略变化、彻底战略变化和企业转向五种。

8. 战略计划侧重于制定当环境发生突变时可使用的一些权变措施，指导企业在一定时期内合理分配有限资源，以达到管理的目标。

战略计划制订的影响因素包括企业的规模、管理风格、环境复杂程度、所面临问题性质等。企业战略计划制订的程序为：首先，建立企业总体目标、制定经营单位（事业部）的战略方案；其次，在事业部领导与职能部门领导间进行协调；最后，事业部领导与总部协商工作重点。

9. 企业任务说明书是用来说明企业的经营领域、服务对象、存在目的等内容的重要文件。企业任务说明书的要素包括企业目标、经营理念、产品市场与技术、自我观念、公众形象等几个方面。

10. 五种战略实施模式为指挥型、变革型、合作型、文化型和增长型。

思考与练习题

1. 企业面临哪些相关利益集团？它们对企业各有什么样的期望？

2. 当企业的竞争地位较弱，而业务所处市场发展较快时，可以采取哪些战略？

为什么？

3. 试比较四种战略制定方法的优缺点。

4. 比较各种战略实施模式。

5. 分析论述行为因素对战略选择的影响，并举例说明为什么当前成功的战略有时反而会对未来战略产生不利的影响。

6. 试举例说明各种战略变化形式的特点。

7. 公司战略选择矩阵建议对处于象限1的业务可以采取纵向整合或中心多元化战略。企业利用外部资源而采取这两类战略，分别为了克服哪些弱势？

案例分析

案例：SZ 电脑的战略制定[①]

以 DIY 电脑周边产品板卡和显卡起家，一路发展到台式机和笔记本市场，SZ 电脑依靠低价格炸弹型产品，透过压倒性的供应力闪电般攻占市场的策略证明——在被公认为"市场饱和、竞争激烈、几乎无钱可赚"的低增长市场，仍然可以实现远高于行业平均水平的倍速增长。

SZ 电脑在成立之初就显得与众不同。2001 年进入市场之初，SZ 就推出了一系列低价的台式电脑。靠着这种低价策略，不到一年的时间，SZ 就杀入中国 PC 行业的前五名。2003 年，SZ 电脑又以超低价格进军笔记本电脑领域，最低配置的笔记本电脑只需 5 999 元，再次让业内哗然。公司总裁表示，SZ 电脑比排名前十位的任何品牌的电脑都便宜 10% 以上。低价，成为 SZ 电脑的制胜法宝。

到 2006 年，SZ 电脑已成为国内领导厂商之一，市场占有率仅次于联想，并将业务延伸扩展到韩国、德国等海外市场，海外月销量已登上 2 万台的台阶。SZ 电脑迅速从市场跟随者成为产业中坚力量，得益于公司独特的发展战略。经过对消费者的客观分析，SZ 电脑认为市场还存在大量没有被开发的新消费群体，这些消费群体的消费观念不是以技术为核心，而是以基本功能获得满足为前提。比如学生和普通上班族，这部分消费者不是技术玩家或者目的性很强的商务用户，他们更加重视性价比，这些市场成熟期的"后期大多数"恰恰就是 SZ 电脑的目标顾客。

因此，在 SZ 的研发部门有一个基本原则：如果某种功能有百分之七八十甚至更多的人需要，那就必须开发；但如果这种性能只有 10% 甚至更少的

[①] 引自威廉·博依斯，李自杰. 新管理经济学[M]. 北京：中国市场出版社，2008. 本书有删改。

人需要，则不开发。比如笔记本，某些型号的产品就把 PCI、红外线接口和 1394 接口去掉了，因为不能让 90% 的人为不到 10% 的需求去付费。

曾经有消费者投诉称产品不注重外观，但 SZ 却很固执，称外观不是主要矛盾，电脑是拿来用的，不是拿来看的。在绝大多数中国家未拥有电脑时，为消费者提供性能优良而价格适中的产品来满足他们的使用需求是 SZ 的主要目标。SZ 电脑总裁就产品品质打过一个比方："有人做一双鞋，向用户承诺说它能穿两年。如果两年之内鞋子有个地方坏了，那就是产品品质出了问题，这是我们绝对不允许的；如果两年之后鞋帮坏了，鞋底还能用一年，这就叫品质过剩，也不符合我们的总成本领先战略。所以总成本领先有品质控制、限制成本的概念。"

对于这种"够用就好"的品质控制理念，SZ 电脑企划部经理坦言："不可能做完美的东西，特别是在快速成长时更不能完美，追求完美可能连一个产品都无法做出来。所以对研发工程师来说，不要追求完美，因为我们是以速度取胜的。不可能做追求完美的事情，如果是追求完美的工程师，不适合在 SZ 做研发，他可以去苹果和索尼去做研发，因为公司的策略是不同的。如果追求完美，等东西快做完了，别人会告诉你已经没有用了，而且我们也没有这么多的研发基金提供。"

SZ 的低价策略，一方面填补了细分市场的空白，另一方面从根本上动摇了一直由巨头们控制的高价品牌电脑的市场策略。低价在企业发展的初期有一定的意义，但要真正成为行业的中坚力量，必须不断提升品牌的价值。SZ 电脑曾经利用差异化的价格策略开拓了市场，但在品牌形象和产品质量方面仍有改进的空间。

案例讨论：

分析 SZ 电脑的战略决策过程，未来该公司应如何制定、选择长远发展战略？

第九章 战略控制

学习要点与要求：
1. 解释战略控制的基本原则及特点。
2. 分析影响战略控制的因素。
3. 描述战略控制的六种类型以及三种主要的控制方法。
4. 描述战略控制的基本过程。
5. 分析战略控制的四种方式及其选择方法。

第一节 战略控制的性质

一、战略控制的必要性

作为企业管理的一个重要职能，控制是由管理者以计划标准来衡量计划的实际执行过程，纠正实施过程中的偏差，从而保证计划目标基本实现的管理活动。战略控制是指企业管理者依据战略计划的目标以及战略控制方案，对战略的实施情况进行评价，发现偏差并纠正偏差的活动。广义的战略控制还要保证战略系统的方向正确，并且保障这个正确的战略系统得到贯彻和实施。

战略管理的一个基本设想就是选定能够实现企业目标的战略。然而在战略实施过程中，一方面，由于企业的主观原因（如缺乏必要的能力、认识、信息以及对所要做的工作不甚了解），不知如何做得更好，从而出现行为上的偏差；或者是高层管理人员在把自己的部分权力授予下级时用人不当，导致战略失控或失效；有时，企业内部的分工和专业化也会导致职工的行为偏离整体目标或战略意图。另一方面，在战略执行过程中客观环境局部或整体发生了变化，与原来的预测结果不同，或是战略实施所需要的资源与现实资源之间出现缺口，导致战略在实施过程中或实施后所取得的实际结果与原定目标之间存在一定的差异。

为了保证战略控制的实际效果符合预定的目标要求，一个完整的战略管理过程必须具备控制环节，对战略实施进行修正、补充和完善。首先，战略控制要分析评价原计划，确认战略实施是否沿着原来计划的轨道运行，还要分析是否按计划实现了预期的目的；然后，分析实际效果与计划目标的差距，从而提出更符合实际的改进措施；最后，还要注意战略控制是存在于战略实施过程中的，而不是战略实施后另外的一个步骤。总之，具备有效的战略控制才能切实完成企业的使命，实现企业的目标。

二、战略控制的基本原则

（一）领导参与的原则

战略管理是对企业的生产经营活动实行总体性管理的过程，是关系企业生存、发展的管理活动，需要企业的领导层进行指挥协调。战略控制对影响全局的主要问题进行严格的控制，企业管理者必须制定控制标准，并充分发挥各职能部门控制体系的作用，协调各方，解决矛盾。

（二）可行性原则

一方面，企业一旦选定了战略就必须认真考虑能否成功地实施，即确认企业是否具备足够的财力、人力及其他组织资源优势等核心能力以有效地实现战略目标。如果可行性存在疑问，就需要将战略研究的范围扩大，直至确认战略可行为止。另一方面，战略控制的目的就是运用科学的方法纠正战略实施过程中的偏差，确保实际绩效与目标相符。战略控制应依据企业外部环境和自身条件，提出切实可行的具有可操作性的措施和方法，确保及时正确地识别误差、评价误差并纠正误差。

（三）例外原则

为什么要遵循例外原则呢？一方面，即使是一些小型组织的战略实施过程也会产生大量的信息，如果每次都对所有的活动信息进行监控，要耗费大量的人力、财力、物力，不但战略控制的及时性无法实现，而且控制也不可能有效；另一方面，强调例外原则使管理者能抓住重点，提高工作效率。有效的战略控制只要对关键性的问题提供足够的信息，就可以满足决策者对控制的要求。例外原则实质上是分清主次、把握重点的一种处理问题的方法。

（四）经济性原则

经济性原则是有效控制需要重点考虑的问题。经济性是指在控制过程与组织结构相符合的情况下，尽可能简单、灵活，减少不必要的人力、物力、财力消耗，从而降低因控制而产生的费用。经济性原则的前提是要保证组织通过控制过程准确、全面地获得有用信息，从而确保战略目标的实现。

（五）伸缩性原则

伸缩性即战略控制的弹性。一方面，战略控制中若使用单一的控制方式（单一的纠正偏差的方式），则无法应对在战略实施过程中的突发性和多变性问题，所以战略控制的方式设计或系统设计要具有一定的回旋余地，以免产生负效应；另一方面，对不同的问题要采取不同程度的控制，有时需要严密控制，有时要适度、弹性控制。只要保持与战略目标的一致性，可以有较大的弹性。

（六）稳定性与灵活性相结合的原则

战略控制要依据企业总体目标使战略计划顺利实施，实现预期效果，这就要求战略控制具有稳定性。由于外界环境的骤变或其他不可知因素，战略实施过程有时无法完全按原计划进行，此时战略控制就应采取灵活的手段和方法（如重新审视环境，制定新的战略方案，进行新一轮的战略管理等），使企业战略行动更好地与所处的环境及要达到的目标相协调。此外，设计战略控制系统，要考虑一些权变措施，以应对环境的复杂变化。

三、战略控制的特点

（一）开放性

现代企业面临环境的多样性及其对环境的依赖性决定了企业必然要利用外部的各种资源，加上自身的内部资源，达成一定的目标。对于企业战略来说，其形成、实施、控制的过程都涉及与外界信息的交流。企业战略的形成，首先要动态分析企业所面临的外部环境，战略实施过程中同样要实时监控外部环境，并从外部源源不断地引进资源以实施战略；战略控制的过程很重要，原因之一就是企业外部环境的变化使执行的战略有可能偏离计划，需要进行适应性调整。可见，战略控制具有开放性。

（二）总体控制

战略控制是企业战略制定者对战略实施的总体控制。战略的实施会涉及各方面的细节问题，如战略问题的具体诊断、战略的变化、战略的实施方式等。考虑到控制的成本及纠偏的时效性，战略控制不可能涉及所有方面，而只对某些部分或环节进行总体或重点控制，确保战略实施总体上与企业战略目标相一致。

（三）客观性

这里的客观性是指对企业战略实施过程所进行的客观衡量和评价。战略控制首先要对正在进行的战略实施过程作出评价，检查是否在原定轨道上运行。在这个过程中，战略控制的执行者应抛弃主观偏见，进行实事求是的分析和评价，判断企业对外界环境的分析正确与否，原来确定的经营思想、领域、目标等是否恰当，选择的方案和手段是否有效，等等。进而作出符合实际的评价结果，为下一步的控制方式选择提供真实的依据。否则，即使采取细致控制措施也可能是徒劳的，甚至产生负面效果，破坏战略的整体效果。

（四）交互性

现代企业面临的环境控制因素多样且相互依赖，企业必须与外界信息来源进行适应性的相互交流，以有效利用所获得的信息。如英特尔公司正是借助这种交互性设计压倒了许多庞大、有计划的官僚机构。战略控制要求企业保持工作效果、态度、服务和形象等，这有助于提高战略的可靠性。由于许多复杂因素的影响，企业还必须进行适当的检验、反馈和动态信息收集、分析、检验，从而实现有效控制。

（五）系统性

有效的战略一般是从一系列战略子系统中产生的。子系统主要是为实现某一个重要的战略目标而相互作用的一组活动或决策，每一个子系统均有自己独特的、与其他子系统不相关的时间和信息要求，但它在某些重要方面又依赖于其他子系统。因此，为实现企业战略的总体目标，必须采取有目的、有效率、有效果的管理技巧把各个子系统整合起来，实现系统性的动态控制。

四、战略控制应注意的问题

（一）建立相应的组织结构

有效的战略控制是在组织内实施的，所以形成与战略相适应的组织结构是十分必要的。首先，组织内部的责、权、利要明确且一致。如果组织内责、权、利不明，在战略控制执行过程中就会出现有责无权或有权无责的现象，势必造成混乱而失去控制。其次，组织结构中人员的能力要与各岗位的职能要求相匹配，否则不仅不利于发挥员工的工作积极性，而且会妨碍控制过程的有效运行，不利于战略目标的实现。再次，组织的职能要与战略相适应，否则，战略目标必然得不到良好的实施，战略控制也将毫无作用。一个便于控制的组织结构，应及时对战略实施情况进行衡量、评价，并保证反馈的信息能得到及时、有效的处理。

（二）防止短期行为

企业战略控制应该从长远出发，关注企业战略与环境条件如何相互适应并保持企业发展方向的正确。在实践中，经常出现急功近利的短期行为，这种现象的原因可能是多方面的。例如，外部环境的不确定性，管理人员对长期战略缺乏足够的认识，考核激励机制不当等。企业的管理人员要树立一种长远的观念，对战略实施过程中出现的短期化导向及其原因进行深入分析，并及时采取措施予以纠正。

（三）与资源分配相适应

资源分配必须支持战略目标的实现，主要是财务资源和管理资源。企业经营业务不同存在不同的现金流量和投资方向，因此必须检测财务资源与战略的匹配关系，保证实现战略目标。对于企业的管理资源（主要包括技术、经营管理能力、领导者素质和企业文化等），要考虑如何使管理资源满足战略需要，企业的管理资源和能力状况决定其竞争能力。

（四）支持战略的组织执行计划

战略控制的目的是纠正偏差行为，确保实现预定的战略目标。所以，实行战略控制的主要依据就是战略计划，组织要有具体的行动计划来支持控制过程。

（五）相应的企业文化

企业文化最直接的体现就是员工共同的价值观、信念和行为规范，而这些共同的理念可使企业员工自动调整个人的目标和行为，使之符合企业的目标。同时，企业文化也为战略管理的一系列过程（如战略形成、实施、控制），提供正确的指导思想和健康的精神氛围。所以，战略控制要与企业文化相匹配。

（六）战略控制的防范系统

实施战略控制需要一个可靠的预警系统，以便及时提示、防范战略实施过程中潜在的问题和偏差，使管理者尽早发现、解决问题。

（七）依据总体目标

总体目标即企业发展的总目标，其中之一就是战略目标，企业通过战略管理要取得或改善长期市场地位、竞争能力以及满意的绩效。战略控制通过纠正战略实施过程中出现的问题来实现战略管理，其依据的是企业的总体目标。

五、战略控制的制约因素

企业在制定和实施战略的过程中要考虑一些不确定、不可知的因素，以及心理或其他需要定量分析的因素。这些因素中，一些来自企业自身，因为各企业之间都存在差异；另一些因素取决于行业性质和环境制约，这使一个行业中的企业在战略上具有相似之处。无论何种行业，尽管各种因素的影响力度不同，但影响战略控制的因素基本可概括为以下四类：

（一）人员

这里的人员既包括战略控制实施的主体，又包括战略控制的客体。为了实现组织的目标，企业需要一些战略制定者，其应具有一定的战略管理方面的能力。战略控制人员的认识因素也制约着战略控制的进行。各职能部门的领导是战略计划及其实现的直接领导者、执行者，如果存在部门利益至上或认识片面等问题，甚至不理解企业战略，必然导致战略实施的扭曲。在实践中，经常出现生产经理过分强调短期的生产指标和业绩水平，而忽视企业的整体战略及长期发展；部门经理为了短期经济利益，而回避一些见效慢、潜力大的项目，等等。

作为战略控制的客体，一部分人员的行为也会成为企业战略控制的障碍。例如员工对战略的理解和重视不够，将个人利益置于组织目标之上，从而影响战略控制的进行。所以，战略管理必须使企业中的所有人员适合战略的要求。

（二）组织

组织因素包含两方面的内容：一是企业的经营理念、权力结构、控制系统等组织结构方面的因素；二是组织的资源。

企业经营理念较为重要。现代企业注重培养顾客的忠诚度，与企业的关联者保持和谐融洽的关系，同时重视业务流程管理和整合业务功能，也重视战略联盟和网络组织。这些都会对战略控制产生影响，不再遵循传统的控制方式或控制系统，而采取更能适应新的经营观念的控制措施。此外，组织自身的结构设计也会影响战略控制，如对各职能部门的控制程度与分配自主权之间的平衡程度等。

组织现有资源（包括人力、财力、物力）的有限性也会制约战略控制，尤其是控制过程中的资金短缺问题会使一个原本可有效控制系统的设计及其运行失去保障。

（三）企业文化

作为企业员工共同遵循的价值标准、基本信念及行为规范，企业文化必然会对战略控制的各方面产生影响，尤其是企业文化氛围对战略控制的影响。美国战略管理专家威廉·R. 金和戴维·I. 克里兰提出:"一个组织的长期规划成功与否同用于制定规划的具体技术关系不大,更多的是取决于使规划的制定得以实现的整个文化系统。"可见,积极而健康的文化氛围对于企业战略控制的实施非常重要。

(四) 市场与顾客

顾客在作出购买决策时关注产品的质量和所能得到的潜在价值,如服务质量和企业的知名度,他们的指导思想是以最小的成本获得最大的利益。顾客与市场是现代企业战略管理必须面对的关键问题,顾客需求倾向的变化及市场的变化必然对企业战略控制产生一定的影响。

第二节 战略控制的类型及方式设计

一、战略控制的类型

作为战略管理的一项重要工作,战略控制的有效性是通过各种不同的方式来实现的。这里介绍几种主要的控制类型。

(一) 前馈控制

前馈控制又称事前控制,是指在战略行动成果尚未实现之前,对战略行动的结果趋势进行分析预测,并将预测值与既定的标准进行比较和评价,如果发现可能出现战略偏差,则提前采取预防性的纠正偏差措施,使战略推进始终沿着正确的轨道运行,从而保证企业战略目标的实现。前馈控制包括实施战略前的有效设计和选择战略计划。

前馈控制建立在事先预测的基础上,通过预测发现战略行动的结果是否会偏离既定标准,因此对预测所涉及的因素进行分析是非常必要的。

1. 投入要素

投入要素对战略实施所投入资源的数量、质量及种类进行分析,预测这些投入要素对实施结果可能产生的影响。

2. 环境因素

环境因素包括内部条件和外部环境,即根据战略实施前及实施前期的环境及其变化来预测这些因素对战略实施结果产生的影响。

3. 前期的部分结果

前期的部分结果即根据早期的实际运行结果来预测后继过程可能的结果。

前馈控制通过对战略实施中的发展趋势进行预测,并对后继行为进行调节校正,从而起到防患于未然的作用,是一种很有效的控制方式。但是在实际操作中,由于各种因素存在不确定性,要准确地进行事先预测有一定的难度。

(二) 反馈控制

反馈控制也称事后控制,一般是指战略结果形成后,将战略的行动结果与预先制定的标准进行衡量比较，然后根据偏差的大小及其发生的具体原因对战略行动采取纠正措施，使最终结果尽量符合既定的标准。反馈控制根据行动结果总结经验教训，来指导未来的行动，以便战略推进保持在正确的轨道上。但由于纠正偏差不及时往往造成战略损失在先，战略纠偏行动在后，它的运用大都局限在经营环境较为稳定的条件下。

1. 目标导向形式

这种形式要求企业的员工参与战略目标的制定及工作业绩的评价，这样不仅员工会对企业战略有更深层次的认识，增强自己的使命感，通过参与评价工作业绩，还会使员工认识到不足，从而自我调整，与组织目标接轨。

2. 联系行为方式

联系行为方式是指在战略行动中，把员工的工作行为与对员工的评价控制联系在一起。通过行动评价，实现合理分配，有助于强化员工的战略意识，使员工明确战略行动的具体导向，将个人行为与企业战略导向相衔接。此外，通过行动评价的反馈信息可以进一步按战略要求来修正战略执行过程。

（三）过程控制与开放控制

过程控制是指连续控制战略执行的过程，以准确的战略实施过程作为目标实现的有力保障。而开放控制则是指在战略实施过程中，依据某一种标准来评价正在进行中的工作，以此决定工作是否继续进行。

（四）事中控制

事中控制又称开关型控制，是指在战略实施过程中，按照既定的标准来检查战略行动，确定战略实施是否正常运行，以此来决定要采取的行动。其基本原理是：在战略实施过程中，及时发现偏差并采取纠正措施。这种控制就像开关的开与关一样，能及时确定行与不行。例如，在质量控制过程中，产品质量检查按照既定标准判断产品是否进入下一道工序。事中控制主要包括以下几种具体方法：

1. 直接领导

直接领导指企业管理者对战略活动进行直接指挥和指导，发现差错及时纠正，使其行为符合既定标准。借由领导的权威性及其战略管理经验能够及时找到正确的方案。

2. 自我调节

自我调节指执行者通过非正式、平等的协调和沟通，按照既定的标准自行调节行为，解决战略执行过程中出现的矛盾与偏差。

3. 共同愿景

共同愿景指组织成员对目标战略使命认识相一致，在战略执行过程中表现出一定的方向性和使命感，在协调配合的良好氛围中执行战略，从而实现组织的目标。

4. 过程标准化和成果标准化

过程标准化即管理者对规范化和可预先编制程序的工作制定出操作规程、规章、制度等，间接地控制和指挥执行者的行动，以协调整体行动。成果标准化是指管理者只规定最终目标，不规定达到目标的具体手段、方法和途径，只要工作成果符合标准，个人的行动就符合战略目标的要求。

事中控制适用于控制过程标准化的战略。

（五）业务控制

业务控制是指对企业内部各部门业务的控制，主要包括以下几个方面：

（1）生产控制，包括对产品数量、质量、服务、品种规模的控制。

（2）销售控制，包括对销售量、销售成本及售后服务等的控制。

（3）财务控制，包括对产品直接成本、各项其他费用及预算的控制。

（4）质量控制，包括对工作质量和产品质量的控制。其中，工作质量包括生产工作在内的各项工作的质量；质量控制是动态的，着眼于目前和未来的工作质量、产品质量。

二、控制的方式及可行性

（一）战略控制的方式

战略控制的方式包括回避控制、对具体活动的控制、绩效控制和人员控制等几个方面。

1. 回避控制

回避控制是指采用一些适当的手段消除不适当行为产生的条件和机会，从而达到不需要控制就避免一些不适当行为发生的控制方式。实施回避控制的具体做法有：

（1）管理集中化，即把战略管理的权力集中到高层战略规划者或实施者手中。这样既可以减少决策时间，保证决策的及时和有效，又可以避免在分权控制过程中产生权责方面的矛盾。当然，集中化管理的可行性有一定范围，并非所有的战略决策都适合采用集中化的方式，一些决策允许低层管理人员介入，实际的效果可能更好。

（2）高效自动化是指利用计算机系统实现规范的自动化管理，从而使管理工作保持稳定，整个运行过程依照企业的预期自动进行。实行以计算机为基础的自动化可以帮助企业改善控制，进而减少控制过程中出现的问题，但这类做法只适用于环境相对稳定的企业。

（3）转移或放弃某种经营活动是指企业管理人员出于回避潜在风险的目的，或者由于主观原因对某些经营活动无法驾驭，从而采取承包或出售转让的方式放弃一些经营活动，在转让的同时，也消除了有关的控制问题。但这种做法存在很大的局限性，尤其对于知名企业来说，如果轻易转让可能对企业的品牌形象产生负面影响。企业即使出于规避风险的目的选择这种方式也应慎重，风险和收益一般是同方向变化的，有时承担一定风险对企业可能是有利的。

（4）风险共担，即通过各种经营策略或方式使企业之外的组织与企业共同承担风险，通过与他方合作开展活动，增强自身对环境的适应性，使面临相同风险的经营单位集合起来，以降低或分散风险。知名企业可以依靠自身的品牌效应、企业形象及实力，实行集约化生产、集团化经营，通过联合、连锁等资本运营方式，大力发展规模经济，来分散风险。此外，与保险公司共同承担风险可使企业不必担心员工的一些工作行为影响自身利益，甚至对企业形成威胁。

2. 具体活动的控制

具体活动的控制就是确保员工的行为符合企业的整体目标或具体要求的一种控制方式。一般可以采用的形式有以下几种：

（1）行为限制。行为限制是指通过一些行政管理或物质的手段来限制员工的行为。具体可以分为两个方面：①行政管理方面的限制。企业通过行政指令或具体制定一些书面的规则为标准，员工必须按规定工作，避免不符合标准的行为。②物资设备方面的限制，即利用设备装置来限制企业员工的行为。

（2）工作责任制。它是一个在企业所允许的行为界限内，员工依标准进行工作的控制系统。这一系统的具体要求是：①确定企业所允许的行为界限，一般是制定一些书面的规章制度，员工的工作则以这些制度作为直接依据；②检查员工在实际工作中的行为是否符合行为准则；③比较实际工作中的行为表现与所界定的行为标准，严格实行奖惩制度。这一系统是不断循环的，具有反馈功能。系统不仅可以检查、考核职工的行为，还能激励员工，发挥他们的工作积极性，从而提高工作效率。这种做法有助于企业形成一种以共同价值观为中心的文化氛围。

（3）事前审查。在工作完成之前，可采取审核、直接监督、预算等方式对员工的工作进行审查，以避免或纠正对企业易产生负面效应的潜在行为，从而实现有效的控制。

3. 绩效控制

这种控制方式围绕工作绩效，通过明确绩效范围来衡量实际工作效果，以实现企业预期目标，具有反馈和不断循环改进的作用。具体做法是，首先根据岗位工作分析要求和历史工作绩效数据、确定绩效范围（要符合实际并考虑环境条件的变化）；然后以客观性原则考查和评价实际工作绩效；再用绩效标准来衡量实际工作效果；最后是奖优惩劣，即对达到绩效标准的员工予以奖励，而对没有实现绩效标准的员工实施惩罚。

可以看出，绩效控制和工作责任制具有相似性，即二者的出发点都是使员工行为符合企业预期。两者的不同之处在于，工作责任制强调员工工作过程中的行为，而绩效控制则偏重工作成果。

4. 人员控制

人员控制指组织依靠成员为组织作贡献，同时帮助组织成员解决困难，依靠员工的自我激励和自我约束形成一个系统。这种方式依赖组织成员的自我控制实现控制目标，可以采用以下手段：

（1）实施职工培训。企业在帮助现有岗位的员工提高相应技能和应变能力时，要遵循人岗匹配的原则。

（2）加强沟通。一方面是加强上下级的沟通，使员工认识到自己在组织中的地位及重要性，增强对组织目标、组织文化的认同感，继而增强使命感；另一方面是加强员工之间的沟通，组织为员工创造良好的企业氛围，促使员工之间相互理解，主动协调解决组织内各类群体之间的矛盾，提高工作效率，自觉地为组织目标努力。

（3）建立高效的团队。现代管理模式要求企业向学习型组织转变，而学习型组织的一个典型特征就是形成具有凝聚力的高效率团队。团队认同企业文化，形成凝聚力，可使整个组织高效率运作，改变传统的自上而下的控制方式。

（二）战略控制方式的可行性

能否正确选择战略控制的方式很大程度上取决各种控制方式的可行性，企业一般要选择适用范围较广的人员控制。

现代学习型企业要依靠员工的自我约束、自我激励形成自我管理机制。但企业仍然需要绩效控制，控制具体的活动，或者二者配合使用。对具体活动的控制要求管理人员充分了解企业的标准，掌握活动的动态，熟悉员工的工作责任，可以通过直接观察或参与活动过程，也可以研讨书面材料。

对关于绩效控制的可行性，主要是判断企业能否有效评价预期的成果，这种能力主要表现为准确性、及时性和客观性三个方面。

三、控制方式的选择及其应考虑的因素

（一）控制方式的选择

控制方式的选择取决于战略管理人员所掌握的相关知识以及评价绩效的能力。为了正确选择控制方式，组织可以将两者进一步细分为丰富与匮乏、高与低来进行图示分析，如图9-1所示。

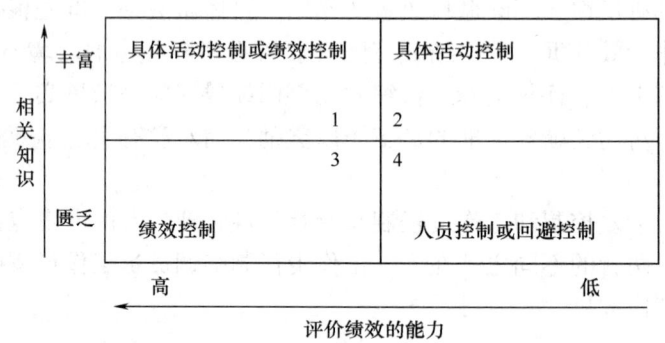

图9-1 控制方式的选择

在象限1中，管理人员所掌握的相关预期具体活动方面知识比较丰富，具备高水平的业绩评价能力。这时可以采用具体活动控制和绩效控制，或两种方式配合使用。

在象限2中，管理人员虽然所掌握的相关预期具体活动方面的知识很丰富，但缺乏评价绩效的能力，宜采取具体活动控制的方式。例如，企业作出一项长期投资决策后，由于时间跨度大，对绩效做到及时、准确评价是不可能的，最佳选择就是对具体

的投资活动加以控制。

在象限3中，管理人员具有良好的绩效评价能力，但是比较缺乏相关预期具体活动方面的知识，所以采取绩效控制的方式能够产生较好的控制结果。这种控制可以使高层的管理人员明确企业预期的绩效以及各自的责任，从而达到控制的效果。

在象限4中，企业管理人员对相关预期具体活动不太了解，对有关绩效领域不能作出很好的评价。这种情况下，企业很难实施有效的控制，一般只能采取人员控制或回避控制。

（二）控制方式选择应考虑的因素

1. 控制的要求

控制对象的行动表现是否对企业整体利益有重大影响就是控制的依据。控制要适度，并集中在重要环节或项目上，而不是全方位实施细致控制。

2. 控制量

各种控制方式所能提供的控制量取决于最初的控制计划，并受该种控制方式在实际运行中对环境适应度的影响。人员控制虽然能在一定程度上取得效果，但不能提供失误的预警，如果机会、环境发生变化，人员控制会很快失效。相对而言，具体活动控制和绩效控制所提供的控制量的变动范围很大。

3. 控制成本

控制成本包括两方面的内容：一是控制实际发生的成本；二是控制失效产生负面效应而导致的成本。从第一方面看，如果企业人员的素质较高，环境稳定且控制方式得当，则发生的控制成本相对较低。各种控制方式特点不同，产生的成本也各不相同。具体活动控制需要一定的考核手段，往往会延长生产过程，导致费用增加。若采取的方式不恰当，可能造成负面影响，也必然增加成本。在绩效控制过程中，如果衡量绩效的标准存在问题（如质量标准较低），则达不到控制的目的；同样，如果绩效控制出现数据偏差，也会产生不良影响。

第三节 战略控制的过程

有效的战略控制过程大致可分为四个基本步骤：①制定效益标准；②利用标准衡量实际效益；③评价实际效益的优劣，并把结果反馈到战略决策部门；④采取纠正偏差的措施，实施权变计划。必要的时候还要进行战略调整。

一、制定效益标准

战略控制必须有依据才能实际应用于控制过程的衡量、评价，战略控制的依据一般是根据制订战略计划的前提假设和战略计划本身来确定的。

确定效益标准分为两个步骤：首先确认战略计划制订的前提条件，其中主要包括分析和估计组织的文化，内部环境、外部市场的变化及其趋势，了解竞争对手；然后确认战略计划的进展情况和各个时期所要达到的目标，找出企业目前需要努力的方向，明确实现目标所要完成的工作任务。由于战略计划的前提假设及计划本身的详尽程度、复杂程度不同，在制定衡量、评价标准时，需要将前提条件和战略计划尽可能地具体化、数据化，使衡量和评价过程得以准确、顺利地实施。

（一）定量标准

定量标准是采取一些数学模型或数据来说明效益的标准。定量标准直观、精确度高，可以帮助决策者迅速、明确地知道战略实施的进程和所取得的成效。企业常用的定量标准主要用于以下几个方面：

（1）生产方面。用数字说明企业在战略实施过程中及实施后要实现的产量、产品合格率、资源利用率等。

（2）市场方面。产品销售量、市场需求/供应状况、竞争对手的市场占有率、本企业的目标市场占有率、相关股票价格等。

（3）盈利方面。企业在战略实施过程中想要实现的销售额、每股平均收益、投资回收额、纯利润等。

（4）实力方面。与同行业其他企业相比较而言，企业的资产、产量、整体实力及其在行业中所占据的位置等。

使用定量标准要注意两方面的问题：一是定量标准基于历史数据、经验判断并运用数学统计方面的模式来确定，适用于相对稳定的行业环境。如果环境波动比较明显，用定量标准所得到的指标很难契合实际。二是使用定量标准容易导致企业追求短期利益而放弃长远目标。

（二）定性标准

定性标准是指对企业内外部经营环境、市场供需动态、行业竞争状况、资源供给等变化趋势的定性估计，主要包括以下几方面的内容：

（1）外部市场。整体的行业产品供需状况、行业竞争状况及企业在竞争中所处的地位等。

（2）企业内部状态。资源供给方面的优势、劣势及趋势，战略与资源的匹配度，企业品牌及形象在行业中的影响力等。

（3）宏观环境。宏观环境变化及其发展趋势（尤其是宏观经济环境），企业战略与宏观环境的适应性，战略执行的风险等。

定性分析要求决策者具有良好的综合分析研判能力，比较准确地把握形势发展变化的趋势，并作出相应的决策。但定性分析是对整体状况的大致评估，缺乏精确的预测结果。

二、衡量实际效益

衡量实际效益主要是对企业战略实施的实际效益作出判断与衡量。管理者主要收集和处理战略实施过程中的实际数据并进行具体控制，观察企业内外环境的变化，按照效益标准取得所对应项目的实际效益。同时，组织应确定具体的衡量方法及衡量范围，操作过程中的困难在于衡量方法、时间段和地点的选择等。

三、评价实际效益

评价实际效益的第一项工作是用实际的效益与标准相比较，掌握两者之间的差距，估计战略实施的发展趋势。两种效益标准中，定量标准能够比较精确、直观地说明问题，但实际上许多状态和指标是难以量化的，如对资源供给状况的衡量。美国汽车工业由于缺乏对石油供给状况的准确估计而在1973年和1979年遭受了巨大的打击，而日本汽车工业因为对能源供给状况的估计正确，采取了预防措施，从而安全度过并有效利用了两次石油危机。

第二项工作是分析实际与标准产生差距的原因，主要有战略目标不现实、执行人员主观失误、缺乏激励、环境变化、企业内部缺乏信息沟通等。明确产生差距的原因有利于在战略实施进行过程中采取预防措施，及早地纠正偏差。

第三项工作是将衡量和评价所获得的信息及时传递给有关的战略决策者和实施者。这项工作必不可少，没有反馈，战略决策者就无法准确、及时地得到信息，管理者也无法采取有效的行动或作出合理的决策。反馈还可以根据评价的成果提出创新需要。要注意的是，如果环境变化具有一次性（即不再重复），则反馈的信息在管理上用处不大，所以就考虑成本，根据具体情况决定采用何种反馈手段。随着环境复杂程度的提高，计划所能涵盖的时期变得更短，要注意两方面的问题：一是评价业绩要讲究时效性，以便及时采取相应的措施；二是确定实际成绩与评价目标之间允许的偏差，避免管理人员花费时间去研究不重要的问题，而忽略了重要的问题。

四、纠正措施与权变计划

企业在战略实施过程中要进行动态监督和控制，发现战略实施行为失误或偏离目标时，分析问题，审时度势，以使战略继续执行，并获得预期效果，这就是纠正。

（一）采取纠正措施

采取纠正措施主要有三种可供选择的模式：

1. 常规模式

常规模式，即企业采取通用的纠正措施来解决所出现的偏差。常规模式用途较广，但缺乏针对性，解决问题的时间较长。

2. 专题解决模式

专题解决模式，即企业根据目前所出现的偏差，具体分析产生的原因，从而采用独特的、专门性的措施解决问题，更具针对性。但是这种模式要求及时，否则无益于问题的解决。

3. 预先计划模式

预先计划模式，即在战略实施前根据以往的经验对实施过程中可能出现的偏差预先作出纠正的计划，这样可以减少反应时间，但不适于处理意外事件。

（二）权变计划

权变计划也称为应变计划，是指在特定关键事件没有按预期发生的情况下可采取的变通战略。战略制定者不能也没有必要对所有领域、所有可能发生的事件都预先作出计划，只有那些非常重要的领域才需要权变计划。一般情况下，权变计划应尽可能地简单。企业广泛采用的权变计划主要有：

市场对企业产品的需求超过预计，采取何种措施满足。

市场存在对企业的敌意企图，如专利被盗用，对此采取什么行动。

主要竞争者突然从特定的市场退出，企业如何作出反应。

企业现行战略的内、外部基础发生重大变化时，权变计划可以很快对变化作出反应。例如，原来对于经济形势的假设被证明是错误的，利用权变计划，管理者可以立即实施变革。有些内部、外部条件的变化会给企业提供一些意料之外的机会，权变计划可以帮助企业及时地抓住并利用这些机会。钱德勒和利纳曼认为："权变计划给予杜邦公司、埃默森电气公司等大企业三种益处：迅速对变化作出反应，防止在危机中陷于慌乱，以及通过使管理者更加意识到未来是如何变化多端，而提高他们的适应能力。"

五、战略调整

在战略实施过程中，企业通过比较实际效益与效益标准，如果两者间存在较大偏差，就需要对企业战略进行全面调整。战略实施过程中，在企业出现盈利能力突然下降、市场竞争突然加剧、环境剧烈变迁、产品技术重大进步等事件发生，实际效益和效益标准相比出现较大偏差时，就要对战略进行全面调整。

第四节　战略控制方法与系统

一、战略控制方法

战略控制需要综合、正确地运用各种现代控制方法，控制方法的选择恰当与否直接关系到控制的效果。

（一）预算

预算是一种用来表示有关预期成果或要求的财务和数量指标，可使企业或战略经营单位的决策者在战略活动中受到有效的约束。具体形式包括财务报表、人力资源计划、销售增长幅度、资源配置指标等。使用量化指标进行预算便于衡量和评价战略实施成果，能使各战略经营单位间具有可比性，比经营绩效更有利于管理者对企业进行合理控制。

但预算控制也存在局限性：①这种方法只能反映可计量的业务活动，而对于那些取得成效而不易计量的企业活动，如企业文化、企业研究计划等重视不够；②预算控制中的长期预算不适于环境变化快的企业或时期；③当战略实施状况与预算发生偏差时，预算控制很难准确地反映出偏差的真实原因，如由于员工或战略管理者情绪的巨大变化而引起的产品质量和产量下降；④企业管理者通过预算来为各经营单位规定职权范围及各项相关经营指标，可能使相关经营单位偏重把经营开支控制在预算范围内，而对实现企业的战略目标没有积极性。尽管预算控制存在一定的局限性，但仍不失为一种有用的控制方法。

(二) 审计

美国会计协会对审计的定义是："客观地收集并评价有关判断经济行为和事件的证据的系统化过程。其目的在于确定这些判断与已确立的标准之间的符合程度，并将这些成果传达给感兴趣的使用者。"本书将审计定义为系统地对企业战略实施过程中全部人员的工作成效进行评价、审核与监督。无论如何定义，战略审计的重点在于战略管理的成效，而不是评价战略工作的目的或其他。审计依据企业的战略目标衡量战略实施的成果，审计人员不仅要清楚企业财务状况，还要对企业文化、组织结构、政策、市场地位等内外部环境进行全面、客观的了解和评价。此外，审计人员还要对战略管理本身及其过程有明确的了解，以保证审计的可信、真实和有效。审计一般分为内部审计和外部审计。

内部审计一般由企业内部的审计机构对本企业的有关经济业务活动及其反映的财务指标进行监督与审查。企业内部机构执行审计的优势在于可以在战略实施过程中随时进行；审计人员对企业的组织结构、文化和各种业务活动都比较了解；相关资料容易获得，较易实现有效控制。不足之处是易因审计人员的主观偏向而造成不真实审查。

外部审计通常由企业外部的专门审计机构对企业的会计资料进行审查和监督。外部审计的优势是具有独立性和公正性。但外部审计也存在着一些不足：外部审计人员缺乏对企业文化、组织结构、工艺流程等特点的了解，可能造成审计结果片面；或因耗时过长，导致时效不佳和审计成本的增加。

尽管如此，审计仍有利于我国企业管理水平的提高。

(三) 目标管理

目标管理通过集体参与目标设置，对组织各经营单位的目标作出明确的规定和说明，并据此评价每个经营单位的工作成效或贡献。彼得·德鲁克在《管理的实践》一书中最先提出目标管理和自我控制的理论，并对目标管理的原理作了较全面的概括。他认为："企业的目的和任务必须转化为目标，各级战略经营单位必须以此目标为依据，来实现组织的总目标。"目标管理产生初期主要用于主管人员，后扩展到企业的各项工作，现在已被许多企业运用到战略管理中。

目标管理通过建立目标、计划行为、定期检查和业绩评估等几个过程实现对企业的全面控制。建立目标，是确定每个人的工作与岗位指标，并记录在案；计划行为指各层次的管理人员都根据目标作出实际、相应的决定；定期检查的核心强调自我控制与主观检查相结合；业绩评估则是指在工作完成后，按照历史记录评价每个员工的业绩水平。

目标管理在战略控制中已得到广泛运用，并取得一定成效。目标管理强调集体参与目标设置，具有一定的优势。比如，能够真实反映战略单位的经营情况；各层级都参与制定目标，使得各经营单位进行自我控制成为可能；易于调动基层员工的积极性等。

实行目标管理的关键是制定目标，包括战略总目标和战略经营单位的分目标。要注意，制定的目标必须在企业能力范围之内，只有通过努力能实现的目标才容易被接受。

二、战略控制系统

战略控制系统由战略控制方法、手段、组织等共同组成，能够更好地完成战略控制的功能，是保证企业计划执行符合预定规程、各项指标达到一定要求的一种约束机制。

（一）战略控制系统的作用

1. 战略控制系统为企业提供了适应环境变化的方法和途径

从战略目标的确定到目标的实现需要一定的时间，这段时间里的宏观因素、市场竞争等外部环境或企业内部的战略因素都可能发生变化。战略控制系统通过追踪这些变化，及时反馈并提醒决策者尽快作出适当反应。

2. 限制失误，修正偏差

战略控制系统能够及时地发现战略实施过程中的问题，找出并纠正失误，避免偏差对企业的总体战略和长期经营产生负面影响。

3. 处理各种复杂情况

现代大型企业，不仅组织结构日趋复杂，生产经营活动所涉及的领域也越来越广。战略控制系统能够及时反馈信息、搜集各类情报、反映各项工作进展，使复杂情况明晰化，从而帮助管理者有效控制和驾驭企业。

（二）控制系统有效的基本前提

控制系统有效的基本前提是战略目标的现实性和科学性，即企业的战略目标符合实际、科学合理。战略目标的现实性主要指企业战略目标的制定要与其实际经营能力相匹配，即企业在能力范围内通过努力可以实现目标；战略目标的科学性是指战略计划要根据科学的方法，在分析企业内外环境的基础上，对市场变动趋势和竞争对手实力进行分析，企业在内部将计划合理分解，不同战略经营单位承担与自身特点和能力相符的分计划。反之，如果战略目标设置不科学，根据计划所制定的衡量标准就失去了意义，控制也达不到理想效果。

三、管理信息系统

管理信息系统一般是为了便于战略实施而设计的，其主要作用是通过系统化和整体化的方式为管理人员提供用于决策和控制的准确、适时的信息。管理信息系统作用于整个组织及其所使用的资源，使控制系统更加完善。

（一）管理信息系统在控制系统中的作用

1. 管理信息系统可以产生并提供用于决策、控制的信息

健全的管理信息系统可以向组织提供市场供需预测、同类产品主要技术经济指标等，管理者可以此制订组织的长远计划、战略决策和经营方针等。此外还能提供一些组织的内部信息，如产品产量、质量、品种、利税、资金利用率指标、经济合同完成情况等。这些信息可以帮助不同层次的管理者作出决策、采取行动。

2. 管理信息系统可以提高获得信息的效率

管理信息系统改变了传统的沿着权力结构垂直交流信息的方式，允许更多的正式信息以横向或越级方式进行交流，利用内部网络及时、有效地完成工作。这样不仅提高了控制的效率，而且降低了控制的成本。

3. 管理信息系统可以提高管理者决策和控制的能力

信息系统具有扫描、过滤、处理、保持和传送信息的功能，提高了信息处理的数量和质量，有利于管理者及时、准确地采取控制措施。

（二）管理信息系统的设计原则

1. 必须满足战略决策管理人员的需要

也就是说，设计和运用管理信息系统要与企业战略相匹配，以提高其应用价值。

2. 合作

设计和运用管理信息系统需要管理人员和系统分析人员的紧密合作。

3. 输出的适用性

管理信息系统的输出要符合管理者实施控制的需要。

4. 灵活性

孔茨在《管理学》中提出，"要使控制工作在计划出现失常或预见不到的变化情况下保持有效性的话，所设计的控制系统就要有灵活性"。一个有效的管理信息系统必须在设计上和系统运行上具有灵活性。

本章小结：

1. 战略控制监督战略实施进程，及时纠正偏差，确保战略有效实施，使战略实施结果基本符合预期的计划。也就是说，战略控制是企业根据战略决策的目标标准对战略实施的过程进行的控制。广义的战略控制要求企业保证战略系统方向正确，并且得到有效的贯彻和实施。

2. 战略控制的基本原则有领导参与原则、可行性原则、例外原则、经济性原则、伸缩性原则、稳定性与灵活性相结合的原则。

3. 战略控制的主要特点有开放性、总体控制性、客观性、交互性和系统性等。制约战略控制的主要因素有人员、组织、企业文化和市场与顾客。

4. 战略控制的主要类型包括前馈控制、反馈控制、事中控制、过程控制与开放控制以及业务控制等。

5. 战略控制的过程分为四个基本步骤：①制定效益标准；②衡量实际效益；

③评价实际效益;④采取纠正措施或实施权变计划。必要的时候还要进行战略调整。

6. 战略控制方式有回避控制、具体活动控制、绩效控制和人员控制四种。战略控制系统在很大程度上依赖于各种控制方式的可行性。在四种控制方式中,人员控制的适用面较广。从某种角度看,所有的企业都有赖于员工的自我管理和自我激励。在大多数情况下,企业需要运用具体活动控制或绩效控制,或者混合使用,共同支持人员控制。

7. 战略控制系统由控制方法、手段、组织等共同组成,能够更好地完成战略控制的功能,是保证企业计划执行符合预定规程、各项指标达到一定要求的约束机制。

思考与练习题

1. 从企业内部角度分析为什么要进行战略控制。
2. 简述战略控制应注意哪些问题。
3. 战略控制受到哪些因素的制约?试分别进行分析。
4. 根据本章的控制方式选择图说明如何选择控制方式。
5. 试述战略控制的过程,说明制订权变计划的必要性。

案例分析

华为、海尔对外直接投资(FDI)战略对企业竞争优势的影响

作为发展中国家,中国企业的FDI已经逐渐显现出有利于提升企业竞争优势的迹象。华为、海尔是中国企业开展FDI的成功范例。然而,两者FDI战略的选择却有明显的差异。华为最初选择的是在亚非拉地区进行投资,时机成熟之后,才逐渐向欧美等发达国家进行投资,即采取的是"先易后难"的战略。而海尔则是先打开发达国家市场,而后进入发展中国家市场,即采取的是"先难后易"的战略。

(一)华为FDI区位选择与竞争优势

1996年,华为确立了对外直接投资的战略。1997年,华为在俄罗斯乌法市建立了贝托-华为合资公司,俄罗斯成为华为对外直接投资的起步市场。随后,华为又逐步发展对拉美、非洲、东南亚等地的FDI。1997年,华为投入3 000多万美元在巴西建立合资公司,同年进入非洲市场。2003年,华为与埃塞俄比亚电信公司签署了2 000万美元的产品交换合同。华为在区位选择上一般是沿着中国的外交路线走。中国与周边国家的友好关系由来已久,华为对亚洲地区的投资一般是利用当地华裔在电信运营上占据的优势来开拓市场。随着华为对国际市场的开拓,其知名度逐步上升,国际竞争

力逐渐增强，在发展中国家同行中的竞争优势较为明显，于是开始尝试进入欧美市场。2001年，华为以10G SDH光网络产品进入德国，与当地著名代理商合作，又成功进入法国、西班牙、英国等发达国家。2003年华为与美国3COM公司合作，2006年与加拿大北美电力公司合作，成功进入欧美发达国家主流高端市场。其在数据通信、网络接入等方面的国际市场影响力不断扩大。其区位选择过程如下：

俄罗斯 → 亚非拉 → 欧洲 → 北美洲

（二）海尔FDI区位选择与竞争优势

海尔国际化的最终目标是创造世界品牌。它采取"先难后易"的策略，首先对美国、日本、德国等发达国家投资，试图在这些国家成熟的市场和激烈的竞争中锻炼自己，获取当地的先进技术和管理经验，转化为自身的所有权优势，迅速成长，创出海尔国际化品牌，占领市场制高点，然后再各个击破发展中国家市场。与其他品牌在印度、越南等与中国距离较近的发展中国家建厂不同，海尔率先在美国建厂、雇用当地的员工，这样的高成本在当时看来没有几个企业可以承受。1999年4月，海尔在美国南卡罗来纳州设厂。2001年，海尔并购了意大利的一家冰箱厂，设立海尔意大利电器股份有限公司，将海尔品牌引入欧洲市场。2003年10月6日，海尔中东电器有限公司约旦本土制造的第一台海尔洗衣机顺利下线，中东海尔全面启动，海尔将目光又投向了亚非拉地区。其区位选择的进程如下：

美国 → 欧洲 → 亚非拉

（三）华为FDI产业选择与竞争优势

华为是全球领先的电信解决方案供应商，其业务涵盖了移动、宽带、IP、光网络、电信增值业务和终端等领域，致力于提供全IP融合解决方案。

最初对发展中国家的FDI主要是因为华为所从事的产业相对于东道国具有比较优势，在发展中国家同行中的竞争优势较强、市场潜力较大，能够满足东道国发展的需要，因而受到东道国的欢迎，在东道国迅速打开市场，扩大品牌的影响力。随后，华为开始进军欧美等发达国家市场，对发达国家高科技产业进行学习型FDI，通过与发达国家电信运营商合作，并不断在发达国家或地区建立研发机构，获取先进技术，增强技术创新能力和国际竞争能力，不断提高企业的国际竞争优势。

（四）海尔FDI产业选择与竞争优势

相对于许多发展中国家而言，中国的制造业具有一定的比较优势，技术成熟稳定，有些已达到国际先进水平。海尔从最初的只生产冰箱，后来逐渐生产多种家电，如今成为世界白色家电制造知名品牌，其在家电制造行业的国际竞争力逐渐增强，其中，FDI功不可没。

起初，海尔对发达国家投资设厂并建立研发机构，对其制造业进行学习型FDI，在发达国家成熟的市场和激烈的竞争中不断锻炼自己，获取当地的先进技术等战略性资产，并转化为自身的所有权优势，迅速成长，创出了海尔的国际化品牌。随后，海尔开始将目光投向发展中国家，依然从事家电制造业这个自身具有较强国际竞争优势的产业，并取得了不错的经营业绩。

无论是华为还是海尔，它们在产业的选择方面始终坚持自己所擅长的单一产业，这样有利于其所有权优势的集中，并利用FDI在各自的领域不断获取竞争优势。

无论是对发展中国家还是发达国家进行FDI，华为一般采用与当地企业合资合作的方式，比较符合东道国吸引外资的相关政策规定，可以利用合资方的营销网络，迅速占领市场，并且与合资方实现优势互补、风险共担、利益共享。同时，还可以利用当地的人才资源以及技术的溢出效应，从事自主研发工作。

海尔的FDI一般采用新建或并购的方式。采用新建方式，企业自身对规模、资金的控制力较强，可以按照自己的意愿策划和安排生产经营、管理制度等各个方面，经营管理文化统一；采用并购方式，直接获取被并购企业的战略资源，转化为自身的竞争优势，同时快速进入目标市场，获得生产和销售网络。当然，在一些特殊情况下，海尔还采取"吃休克鱼"的方式并购陷入困境的企业，降低成本，低价获得资产。

案例讨论：

运用近期数据进行比较分析：两家企业过去实施了什么样的战略控制形成了国际竞争优势？现在应如何实施战略控制来保持并持续增强自身的优势？

第十章 组织结构与企业战略

学习要点与要求：
1. 阐述企业组织设计的基本理论和组织结构的构成要素。
2. 解释纵向分工的高长型结构和扁平型结构以及组织内部管理的主要问题。
3. 描述横向分工的五种基本类型和基本协调机制。
4. 分析企业战略与结构的关系以及组织的四种战略类型。

第一节 企业组织设计

组织设计就是管理者设立或变革一个组织的结构的工作。组织应该在哪一层次作出哪些决策，或者需要制定哪些标准、规则让员工遵守，实际上也是组织设计的内容。如果将组织结构的三大部分（复杂性、正规化和集权化程度）进行结合和匹配，可以创造出各种组织设计。

一、企业组织设计的基本理论

组织设计的两项基本要求是分工与协调。分工取决于工作性质和技术体系，它将企业的总体任务按照一定的要求进行分解，保证工作的效率；协调则涉及控制和信息沟通，使已经分解的任务顺利完成，从而达成组织的目标。企业管理层对企业的活动和结构进行设计的目标是为企业建立信息沟通、明确权利和职责的正式系统。

早在20世纪20年代，管理的实践者和理论研究者就提出了组织设计的经典原则。这些原则在今天对我们仍然具有参考价值。目前，组织设计理论上影响较大的有以下六个学派。

（一）古典设计学派

20世纪初，管理的实践者、法国工业家亨利·法约尔等人就开始关注管理者的活动，并且把个人的经验上升为理论。他们提出了组织管理的一系列重要概念，如劳动分工或专业化、工作标准化、职权层次、权责一致、纪律与秩序、统一指挥及统一领导、控制幅度、直线与参谋、分权制、部门化和管理过程。在同一时期，学术界的代表人物、德国的马克斯·韦伯发展了一种权威的组织结构设计理论，描述了一种理想的组织结构模式。他认为，官僚行政组织体现了劳动分工原则，有着明确定义的等级和详细的规则与制度，以及非个人关系的组织设计模式。尽管该设计模式是理想化的、现实中不存在的，但代表了一种可供选择的现实世界中组织的重构方式，可以用来推论一个大型的组织中应该有哪些工作，如何从事这些工作。韦伯的行政组织理论的特征如下：

1. 劳动分工

劳动分工，即工作任务应当分解，并力求简单、经常重复和分工明确。

2. 职权等级

职权等级，即按等级来安排组织内的各项职位，下级要接受上级的控制和监督。

3. 正式的选拔

正式的选拔，即所有的组织成员都需要经过培训、教育，或通过正式考试取得技术资格，进行选拔。

4. 正式的规则和制度

正工的规则和制度，即管理者必须依靠正式的组织规则来保证目标一致、行动统一。

5. 非人格性

非人格性，即一视同仁，规则和控制的实施要前后一致，避免掺杂个人感情。

6. 职业定向

管理工作是一项职业，管理者不一定是单位的所有者，他们可以领取固定工资并在组织中追求职业生涯的成就。

按照该学派的观点，在这些严格、稳定的概念指导下，企业可以依据一种理想的标准模式去设计组织结构。

（二）人际关系和组织行为学派

行为管理理论始于20世纪20年代，早期被称为人际关系学说，之后发展为行为科学，即组织行为理论。行为管理理论工作者认为古典管理理论忽视了人的因素，人被简单地看成组织机器上的一个齿轮，因此该学派将研究重点放在小群体内部的行为规范和非正式组织的行为模式上，而且更注重实证研究的方法和结论。1933年，心理学家、管理学家、哈佛大学教授埃尔顿·梅奥，对其领导的霍桑试验总结成书——《工业文明中人的问题》，阐述了与古典管理理论不同的观点——人际关系学说，主要内容包括：

1. 工人是社会人，而不是经济人

科学管理学派认为金钱是刺激人们工作积极性的唯一动力，把人看作经济人。而梅奥认为，工人是社会人，除了物质方面的条件外，他们还有社会、心理方面的需求，因此不能忽视社会和心理因素对其积极性的影响。

2. 企业中存在非正式组织

企业成员在共同工作的过程中，相互间必然产生共同的感情、态度和倾向，形成共同的行为准则和惯例，要求个人必须服从。这就构成一个体系，即非正式组织，非正式组织以它独特的感情、规范和倾向左右着成员的行为。古典管理理论仅注重正式组织的作用是很不够的，非正式组织不仅存在，而且与正式组织相互依存，对生产率有重大影响。

3. 生产率的提高主要取决于工人的工作态度以及他与周围人的关系

梅奥认为，提高生产率的主要途径是提高工人的满意度，即工人对社会因素，特别是人际关系的满足程度。如果满意度高，则工作的积极性、主动性和协作精神就高，即士气高，从而生产率就高。

除了梅奥，亚伯拉罕·马斯洛提出了需求层次理论，道格拉斯·麦格雷戈阐发了X理论和Y理论，也为人际关系运动作出了贡献。20世纪60年代中期，"组织行为"一词代替了人际关系，强调注重职工高层次的需求，设计更有人情味的组织，运用参与制和自我控制来代替专业化、直接指挥和行政式控制。这时，组织行为研究已转向学院式研究。人际关系和组织行为理论的核心是研究组织里的人，而不是组织本身。从组织设计方面看，有关人的研究是恰当的，但忽视了组织中的客观因素。

（三）卡内基学派

美国卡内基理工大学的学者们提出的组织理论被称作卡内基学派。与组织行为学派相同的是，卡内基学派也强调注重组织中人的作用；但与组织行为学派不同的是，该学派更加注重研究组织中个人决策的理性行为。他们认为，人类处理信息的能力是有限的，不可能对所有信息都进行理想的处理，因此决策人在决策中只要达到满意的目标即可。另外，古典学派和人际关系理论都认为，企业组织只有单一的目标，即企业所有者或高层管理人员的目标，组织中出现矛盾是组织决策不当的结果。而卡内基学派则认为，企业的目标是组织中各个利益集团讨价还价的结果，企业组织要求各个具有自身目标的下属单位联合决策，出现矛盾是必然的，这种矛盾只有通过充分讨论，达成一种妥协，权衡各方面的利益才能解决。为了真正解决矛盾，卡内基学派重新考察了组织的目标，认为企业目标确定以后，在短期内可以相对稳定，但当各个群体之间发生权力转移时，目标也会发生变化。卡内基学派虽然没有提出任何组织设计的方法，但在对待企业组织中出现的矛盾问题上，探讨了组织影响信息的过程，在组织决策理论上作出了贡献。

（四）权变理论学派

20世纪80年代以来，有学派用权变原理来取代过分简单化的管理原则。之前的学派大都认为自己建立了普遍适用的管理原则和组织假设，但在实践中却出现了许多不符合所谓普遍原则的例外现象，单独用某种理论无法作出合理解释。比如，劳动分工是有价值的，但保险公司发现，通过扩大而不是缩小工作范围才能提高工作效率；有些组织即使建立了理想的官僚行政组织，有时也会失效，而在另外一些组织中，专断比全员参与决策更有效。

权变理论有一个直观的逻辑性，即组织在规模、目标、任务等方面是多样化的，如果存在放之四海皆准的原则反倒令人吃惊。试图找到起决定作用的变量就成为权变理论研究者的重点。权变理论学派在100多个变量中选出了四个具有一般性的变量进行描述，认为这四个变量对管理实践的影响最大。其中，前两个变量与组织结构有密切的关系。

1. 组织规模

组织规模越大,需要协调的问题就越多,某种组织结构对大型组织有效,但对小型组织可能无效。

2. 任务技术的例常性

有些组织所采用的技术是一般的、经常重复的,所要求的组织结构、领导风格和控制系统肯定不同于必须按用户要求定做、有技术创新的组织。

3. 环境的不确定性

组织在政治、经济、技术和社会文化等因素可预见、较为稳定的环境中出色运营,但可能完全不适应变化迅速、不可预见的环境。

4. 个体差异

员工个人在成长、自主、理解力等方面是有差异的,这对管理者选择激励方法、领导风格和工作设计是很重要的。

权变理论学派认为,各种管理理论都是正确的,关键是针对不同的对象要使用不同的方法。根据权变原理,管理的科学化应当经过四个阶段:

(1) 充分了解各种管理理论、方法及应用技巧。

(2) 弄清各种理论与方法的作用及其局限性,进而预测某种理论或方法实施后的结果。

(3) 确认组织的特性和目前所处的环境。

(4) 选择适当的管理原则或方法提高组织绩效。

尽管权变理论学派只是提出了一种确定方向和处理问题的基本思路,但他们所依据的原理更能说明企业管理的性质。其强调多种因素的相对性和动态性,促使管理者在处理问题时关注环境,有选择地结合运用各种知识和方法,进行创造性的管理,避免简单化、一般化的无效管理。所以,权变理论学派所提出的"分析→选择→创造"的思路,不仅是验证已有管理理论和方法的过程,更是发现新理论和新方法的过程。

总之,权变理论研究组织间的差异,探讨不同结构的组织取得成功的原因,力图解决组织设计和权变因素之间的配合问题,有创见性地指出,只有充分考虑规模、技术和环境三个因素,才能使企业组织产生效率和效益。

(五) 人口学派

与前几个学派相比,人口学派是一个新兴的学派。该学派将人口生态学和自然选择的概念运用到组织研究之中。

在这个学派的理论体系中,有四个重要因素是不容忽视的:分类、等级、进化和人口生态学。其中,分类和等级说明组织中特定的人口,以及这些人口与其他人口的关系;进化解释不同人口的形成原因和保持差别化的能力;而人口生态学则重在阐述组织与环境的关系。

该学派的理论虽然没有说明组织应采取的管理行动,但可使人们认识到组织是有生命力的,可以演化和发展的;组织结构是动态的,研究组织生态学有现实意义。

(六) 市场机制与行政等级管理学派[①]

市场机制与行政等级管理学派认为,企业各经营单位之间的交换活动是一种经济交易活动。关于企业规模问题,弗兰克·奈特的答案是:在处理和管理复杂事务中,企业家的能力显然是有限的。这种解释需要的一个前提条件——大企业必定比小企业复杂,企业规模的扩大导致经营管理上的极限。奥利弗·E. 威廉姆森采用比较的观点,分析了一种组织体制模式与另一种相比是否要求更高的代价或更多的费用。这种分析通过找出不同体制之间的费用或损失差异来确认各自的利弊。

1. 两种体制模式比较

下面遵循威廉姆森教授的思路来进行市场组织体制和企业组织体制的费用或损失比较:假设两种组织体制中所包容的业务量和工作量是相等的,独立的企业 S 和 B 可以有两种基本的组织体制:①继续各自独立,两者之间的交易通过市场来完成;②实行一体化,成为一家大企业的两个部门,两者之间的交易在内部行政管理体制下进行。

按照奈特的观点,一体化后的管理活动增加,肯定导致较高的费用,但我们假定两种模式下的业务量和工作量是相等的。这样,在市场体制下,S 和 B 都为追求各自的利润最大化而考虑问题,出现许多纠纷,这些纠纷通过谈判来解决是可以的,但是代价高昂(包括时间资源的损失)。当费用到达超过一体化组织管理费用的时点后,S 或 B 中的一方也许会提出合并的建议,通过一体化来避免企业之间的纠纷。

不妨假设企业 B 兼并了 S,如果(最好的情况是)S 在一体化的企业中仍然可以保持较低的生产成本,进行技术革新等,双方的交易关系由 B 来调整,双方不再出现市场体制下的纠纷。这种模式是非常理想的——既保持市场体制下的较低生产成本,又降低纠纷带来的谈判费用——只带来收益,未增加成本(与奈特的结论恰好相反)。这种一体化大企业模式显然比独立的小企业模式效益更高,依此类推,我们可以一次又一次地进行这种一体化,将所有独立的企业都组织到一体化的超大型企业中去。遗憾的是,现实是无论在何种社会制度或经济体制中,都否定了这样的选择。换句话说,奈特的结论并没有错,一定是一体化过程中有一部分增加的费用或损失被我们忽略了。

2. 若干经济学分析

与独立的小企业相比,一体化大企业所增加的费用或损失到底在哪里?我们仍以企业 S 和 B 的一体化为例进行深层分析。假定一体化体制实施后,部门 S 的产品供应给部门 B,其利润仍然留在本部门,但产品的价格由原来的市场价 P_m 调整为内部转移价 P_i,其单位产品的利润是:

$$\pi_s = P_i - V_s - (d+O)$$

式中,V_s 是部门 S 的可变成本;d 是折旧费(以对原企业的资产评估为基础);O 是管理费用,由一体化企业分摊。

[①] 该部分主要内容曾以"规模不经济原因及对策"为题发表在《经济管理》2001 年第 5 期上。

这时，如果不附加新的机制（附加新机制的同时会引起新的费用）来控制，就不能排除在强烈而复杂的追求自我利益倾向的诱导下，产生三方面的后果：①S 部门可能会为了获取短期的高额利润而滥用资产。②在产品价格从 P_m 到 P_i 的调整过程中，部门 B 有更大的控制权使 $P_i<P_m$，同时通过会计制度的变动使 d 和 O 提高，从而将一部分利润转移到部门 B。这是一种一体化企业的决策者利用组织资源追求局部目标的倾向，企业内部更强烈的政治性偏好无疑会减弱对 S 的刺激动力。③兼并使管理人员从 S 中晋升到一体化企业中更高职位成为可能，使原来以经营才能为基础的晋升标准（企业 S 内部扩张）变为带有政治性的标准，迫使部门领导在企业内部做更多的周旋协调工作，失去了很多兼并前的进取行为。综合上述三方面的分析可以看出，"资产的滥用和对刺激动力的损害"是一体化所带来的意料之外的费用或损失。

当然，建立一体化组织的费用是意料之中的，但有时它高得可怕——高到超过规模扩大所带来的收益。显然，其中仍有尚未揭露出来的费用或损失的影响因素，是它们的扰乱使组织费用高涨或损失大大增加。

威廉姆森教授对等级结构组织缺陷的研究告诉我们：不同性质的组织容忍失误的程度是不同的——家庭组织具有很强的原谅失误的倾向，而市场体制则是铁面无情的，它从不宽容失误，一旦失误必然遭受惩罚（即付出代价）。但在一体化大企业中（不妨仍假设 B 兼并了 S），许多失误在很大程度上可以通过解释得到谅解——比如 S 的成本上升，它可以找出很多原因来讨个说法，如果这些理由有说服力，其行为则很容易被默许，这时成本上升的现实就不会再被改变。而市场体制是不会听从任何解释的，成本上升就意味着利润减少，未被兼并时的 S 只能通过超常的努力改善现状。

借助阿尔文·古尔德纳的互惠规范学说，我们不难发现，与独立企业之间的关系相比，大企业内部的各部门之间相互包庇、相互维护的倾向更为严重。在某些情况下，企业中现有的部门领导都不愿取消本部门而导致自身领导权的丧失，产生一种相互包庇、相互助长的倾向，使企业中本来已经没有存在意义的部门得以保留；另一种更为严重的情况是相互维护而形成企业关系网，决策者有可能会因信息不充分或被错误的信息蒙蔽去因人设事，导致企业投资膨胀或不合理扩张，由此而产生费用或损失。

3. 大企业病防治策略及其经济学解释

日本著名企业家立石一真总结自己半个多世纪的经营经验后，于 1986 年提出"86 行动计划"。在该计划中，立石一真将已经发展起来的成功了的大企业存在的隐性问题比喻为大企业病，归纳出"发展停滞、效益增长缓慢、增长原因不明"三类 17 种具体症状，并提出了治疗方法。其基本思路是：把生产经营活动看作几种主要职能（如技术开发、销售、生产、运输、回收等工作）的循环交替，要求由各职能所构成的经营循环流有最快的运转速度，从而保证整个生产经营周期的缩短。比如，从职能循环流的角度来看，收到了付款票据并不能视为回收职能工作的结束，必须将票据兑换成现金和现金支票后，这项工作才真正完成。

在大企业中，由于管理层次较多，下级工作人员提出的建议和意见，在什么时间、多大程度上能被有关部门接受不易确定，特别是由于信息反馈不及时，或者实际出现的问题不能反映到管理高层，就会使意见缺乏针对性，决策计划也不易为执行部门所理解。立石一真的"86 行动计划"从整体循环的角度考虑解决问题，其结构包括三个方面：①采用新型的矩阵式组织结构，在企业内部形成竞争机制，以培养整个公司在市场上的竞争力；②从社会上聘请专家，充分利用公司外部有关人员为公司出谋划策，并通过"借脑工程"提高各矩阵小组的工作效率；③把改革创新的业绩列入对管理人员考评的内容，调动管理人员创新的积极性。

通过实施该计划，完善各职能活动构成的循环系统，企业经营速度加快，周期缩短，生产经营中存在的各种各样的问题统统暴露出来，特别是大公司总部过分集权、对风险经营缺乏辩证认识等方面的问题。比如，从事某种风险性产品开发时，要由总部拍板并相应地给予开发事业部以资金上的支持，导致总公司费用支出过多。如果将人、财、物尽量下放，总部只起会诊医生或战略咨询的作用，就可以更及时地对客户新的需求作出反应，更快地采取具体行动。"86 行动计划"受到美国哈佛大学商学院 M. E. 多特教授的高度赞赏，被誉为"最优秀的企业战略组织模式"。

实际上，立石一真先生的行动计划与威廉姆森教授等专家的观点不谋而合——计划中提出的对策恰恰使（综合专家们的观点所发现的）病因逐项得以根除：企业内部竞争机制解决了滥用资产问题，并在一定程度上限制了原谅失误的倾向；"借脑工程"发挥出来的旁观效应遏制了相互包庇、相互助长行为和企业关系网的形成；将改革创新的业绩列入考评内容，迫使管理人员不去为满足晋升的政治标准在内部周旋上花费更多精力，减少对刺激动力的损害。而立石一真所列出的三类 17 种症状也正是深层探析所发现的病因的表象。经过这种不谋而合的经济学解释，建立一体化组织时所谓的意料之外的费用在很大程度上变为意料之中，"致病"因素被逐项揭露并引起充分注意，大企业病的防范与治疗也就顺理成章了。

按照市场机制与行政等级管理学派的观点，在企业组织中，管理层可以通过三种方法中的一种或几种来指导这些交易活动：

第一，如果将市场机制引入企业内部，可以通过竞争的压力，促使各经营单位降低生产或服务成本，从而形成正常的经营单位之间或者经营单位与外部顾客之间的交易。

第二，企业内部实行行政层级式的管理，可以在一定的规章制度和协调机制的保障下，实行正常的交易，这一点正好可以弥补市场机制的不足。

第三，发挥团队精神，可以使一个团队的成员拥有共同的目标和高度的内在动力，彼此之间不需要正式的协调机制，甚至不需要上级制定规章制度、加以指导。

二、组织结构的构成要素

组织结构是描述组织的框架体系，是组织为实现共同目标而进行的各种分工和协调的系统。选择合适的结构在组织演进过程中起着至关重要的作用，可以平衡企业内专业化、整合两个方向的要求，运用集权或分权的手段对企业生产经营活动进行组织和控制。所以，我们要考虑如何分析组织结构，优秀的组织结构方案设计需要注意哪些要素。组织结构的基本构成要素是分工与整合。

（一）分工

分工是指企业为创造价值而对其人员和资源的分配方式。一般来讲，每个企业都有一些工作任务需要有熟练的技能才能完成，剩下的可由未经训练的人来完成。分工使企业不同的员工已有的多样技能得到有效利用。如果没有分工，所有的员工都要从事工作过程的每一个步骤的活动，他们必须既做最容易的工作，又做最困难的工作，这就导致员工必须同时具备各种技能，而且除了在完成需要最高技能的任务时段之外，大部分工作都是在低于其技能水平的状态下进行。这样一来，企业要支付更多的工资，造成资金和劳动力资源的浪费。所以，企业组织内部不同职能或事业部的数目越多，就越专业化，企业分工的程度就越高。

为了更好地创造效益，企业在组织分工上有两种选择：

1. 纵向分工

纵向分工，亦即企业高层管理人员必须在如何分配组织的决策权上作出选择，以便更好地控制企业创造价值的活动。

2. 横向分工

企业高层管理人员还必须在如何分配人员、职能部门即事业部方面作出选择，从而增强企业创造价值的能力。

（二）整合

整合是指企业为实现预期目标而用来协调人员、职能的手段。企业是由各种生产要素组成的，在运营过程中制定战略，划分层次和部门，分配任务，规定职权，但在实现企业任务目标的过程中难免会出现各类矛盾、冲突和低效率问题。为此，企业必须建立相应的组织结构，协调不同职能部门与各事业部的生产经营活动，以有效地执行企业的战略。

整合的方法有很多，可以通过组织结构来协调，用建立、变革或创新企业的组织结构来消除不协调因素，保证企业战略目标的实现。

1. 设立委员会

委员会是一种有机的附加结构设计，是将多人的经验和背景结合起来，跨越职能界限处理一些问题的临时性或永久性结构。委员会的成员仍然隶属于各自的职能部门，定期或不定期地聚集在一起分析问题、提出建议或作出决策、协调有关活动、监控项目进展情况等。高等院校等组织经常使用委员会结构来处理招生、员工晋级和校友联系等事宜；许多公司也设立委员会来评审经理的工资奖金方案，客观地评估企业的各种活动等，甚至作为企业的中心协调机构。

2. 组织结构变革

变革是由于组织内外环境的变化，如竞争者推出新的产品和服务，顾客产生新的需求，政府修改法规或员工的需求变化等，迫使管理者改变组织的战略，从而对组织的设计作出相应的改变。促使组织结构发生变革的外部力量有多种来源，如市场中新的竞争者的出现、政府法律和条例的变革、技术的变革、劳动力市场的波动、经济形势的变化等。这都会对组织系统的输入和输出产生重大影响，迫使组织采用新的结构。促使组织结构变革的内部力量最初可能产生于组织的内部运营，也可能产生于外部变化的影响。当管理层重新制定或修订战略时，当然会带来一系列的变化；劳动力队伍的组织也很少是静止的——人员构成会在年龄、教育程度、性别等方面发生变化；新设备的引进更是促使组织结构变革的一种内部力量，随之而来的是对员工工作的重新设计和培训等。

3. 组织结构创新

如果企业采用新的技术和原则来设计组织结构、变换结构模式，就是在进行组织结构的创新。随着组织规模的扩大和组织层次的增加，企业内部信息交流受阻，工作效率下降，近年来欧美各国的企业纷纷在减少管理层次上下功夫，组织的金字塔结构渐渐向扁平方向发展，同时在扁平型组织中广泛设立工作小组，以获得组织结构的有机灵活性。

第二节 纵向分工结构

一位管理者能有效指挥的下属的数目目前尚难以形成一致的意见，但古典学者们都主张窄（不超过六人）的管理幅度。他们认为只有这样才容易对下属保持严密控制。管理幅度为什么重要？因为它在很大程度上决定了组织的管理层次和管理人员的数目。近年来，出现了企业以较宽的管理幅度来设计扁平型组织结构的趋势。

一、基本类型

纵向分工是指企业高层管理人员为了有效地贯彻执行企业的战略，选择适当的管理层次和正确的控制幅度，并说明连接企业各层管理人员、工作以及各项职能的关系。纵向分工结构有两种基本类型：高长型组织结构和扁平型组织结构。

（一）高长型组织结构

高长型组织结构是指具有一定规模企业的内部有很多管理层次，每个层次管理人员的控制幅度较窄。高长型组织结构具有管理严密、分工明确、上下级易于协调的优点。但管理层次的增多带来的问题也不少：管理层次多，需要更多的管理人员，更多的管理人员需要更多的设备和开支，彼此之间的协调工作也更多，从而花费更多的精力和时间。管理层次的增加还会导致上下级的意见沟通和信息交流受阻，高层管理人员所要求的目标、制定的政策和拟订的计划，由于与下级相隔太远可能不被下级理解，或者因沟通障碍而在层层传达后出现失真。不仅如此，管理层次增加，市场的信息上传至高层管理者的速度变慢或不够清晰，易延误决策时机，而管理过分严密会影响下级员工的主动性和创造性。

总之，高长型组织结构有利于企业的内部控制，但对市场变化的反应较慢。一般来说，拥有3 000名员工的企业平均有七个管理层次，如果类似规模企业的管理层次达到了九个，那就是选择了高长型组织结构。

(二) 扁平型组织结构

与高长型组织结构相反，扁平型组织结构是指具有一定规模的企业内部管理层次较少，每个层次管理人员的控制幅度较宽。扁平型组织结构有利于缩短上下级之间的距离，密切上下级关系，信息上传下达的速度快、失真少；与高长型组织结构相比，扁平型组织结构只需要较少的管理人员，需要的设备、开支、协调工作较少。但由于管理幅度较大，上级监督下级的力度不够，上下级协调、同级间的沟通上容易出现问题。

在实践中，如果拥有3 000名员工的企业只有四个管理层次，这就是选择了扁平型组织结构。这种结构可以及时反映市场的变化，并作出相应的对策，但容易造成管理的失控。

管理层次和管理幅度的选择没有固定的模式，企业应根据自己的战略以及战略所需要的职能来选择。资料表明，发达国家拥有1 000名员工的公司一般设置四个管理层次，即总经理、部门经理、一线管理人员以及基层员工；如果公司员工达到3 000人，管理层次一般会增加到7~8个；当员工人数超过3 000人，甚至达到10 000人时，管理层次一般也不超过9~10个。经验告诉我们：企业达到一定规模后，组织的管理层次应保持稳定，组织结构尽可能扁平化。事实证明，企业的管理层次过多则战略难以顺利实施，管理成本大幅度增加，从而降低企业的效益。

二、组织内部管理问题

设计和建立合理的组织结构，随企业外部环境的变化来调整组织结构，目的都是更有效地实现企业目标。企业内部可通过设计组织管理层次，建立并维持组织纵向分工结构，更好地实现企业目标。这涉及集权与分权、中层管理人员安排、信息传递与反馈、协调与激励等管理问题。

(一) 集权与分权

企业为了保证有效的管理，必须实行集权与分权相结合的管理体制，该集中的权力集中起来，该分派的权力授权给下级，以加强组织系统的灵活性和适应性。如果企业所有的权力统统集中在管理层，不仅会使高层管理者湮没于烦琐事务当中，还会助长官僚主义、命令主义和文牍主义作风，忽视企业战略性、方向性的大问题。因此，企业的高层管理者必须将相应的职责、决策权力授予下属，职、权、责相符，调动下属积极性，提高管理效率。同时，分权还可以减轻高层管理者的负担，让他们集中精力研究、制定企业发展战略并监督战略计划的执行。

不同的企业组织选择集权或分权并没有一个统一的模式，各企业有不同的适用条件，要根据企业的具体情况来决定。

1. 集权

集权是指企业的高层管理人员拥有主要的决策权力。某些企业的信息自下而上传递给高层管理人员，由他们选择合适的行动方案——决策是高度集中的。

企业实施战略管理的过程中，集权制可以使高层管理人员比较容易地控制、协调企业的生产经营活动，以顺利实现预期的目标。在企业遇到危机时，集权制显得更为重要，能够保证企业迅速对外部环境变化作出反应，制定相应的对策，并保证企业内部步调一致。

2. 分权

分权是与集权相对的概念，指将权力分派给事业部、职能部门以及较低层次的管理人员。分权并不意味着放弃权力，关键是恰当与否。企业不能把任务全部交给下级，却不清楚阐明应该做的具体工作、行使自主权的范围、应该达到的绩效水平和任务完成的时限等要求。

企业管理层的时间和精力均有限，不可能事必躬亲，想要工作更有成效，就必须分权。

分权需要注意两方面的问题：首先，必须接受下属可能犯的一些错误；其次，要确保错误的代价不超过学习的价值，为此需要进行充分的控制。如果没有反馈控制机制，这种分权等于放权。

企业通过分权制可以降低内部管理成本，减少沟通协调过程中出现的问题。同时，如果企业中低层的管理人员拥有一定的权力和责任，会激发他们的责任心，有利于提高企业管理的有效性。

（二）中层管理人员安排

中层管理人员的安排与企业所选择的管理层次和指挥链密切相关，高长型组织结构需要较多的中层管理人员，会增加行政管理费用。从成本角度来看，较宽的管理幅度效率明显，可以减少管理层次，精简管理人员，节约管理费用。如果企业员工经过良好训练，具有丰富的经验，管理幅度可以较宽。一个组织设计管理幅度时，要考虑员工工作任务的相似性、工作地点的相近性、标准程序的使用程度、组织管理信息系统的先进程度、组织文化的凝聚力以及管理者的风格等。为了降低成本，让组织结构更有效率，企业应尽量减少管理层次。

（三）信息传递与反馈

企业内部信息传递是企业组织管理中的一个重要环节，现代社会对信息的依赖越来越强，管理活动中绝大多数的工作都与信息传递直接相关。人类进入信息化社会后，企业的经营管理活动日益依赖市场信息、经济技术信息和社会政治信息。日本早在20世纪80年代初就建立了全国性的信息网络，日本国内主要市场的主要商品供求信息在24小时内可以汇集到各中心，世界市场的信息可在72小时内汇集到东京信息中心。可见，影响组织结构的主要因素，除了目标与战略、工艺和技术、环境和人际关系以外，还有信息管理方式和手段。

然而，管理信息系统虽然统一管理起企业内部的各种信息，加强了企业对生产经营活动的计划与控制，大大改善了中层管理工作，提高了整个企业的效率，但对企业的上层管理并没有产生决定性的影响。企业上层管理的主要任务是确定目标、制定战略和进行重大决策，因此重要的不是工作的效率，而是决策的效果，即不在于"正确地做事",而在于"做正确的事"。信息传递必须更直接地面向决策,满足不断变化的环境中不断变化的信息需求。决策支持系统可为高层管理人员提供信息,帮助他们作出决策,是未来组织结构设计要考虑的重要问题。

与组织结构相关联,企业内部管理层次越多,信息传递过程中发生不同程度的扭曲和失真的可能性就越大,信息传递完整、准确尤为困难,而且会增加管理费用。因此,企业应慎重选择高长型组织结构。

(四) 协调与激励

从上述论述可以看出,企业的管理层次过多会妨碍内部员工与职能部门间的沟通,增加管理费用,指挥链越长,沟通越困难,会使管理没有弹性。高新技术企业如果采用高长型组织结构模式,会遇到各种协调障碍,不能有效地实现企业的目标,扁平型组织结构是企业更好的选择。

在认识人的基础上,许多学者对人的需求、行为进行了研究,包括:如何激发动机,如何分析需求,如何判定行为等。按照激励理论,必须从四个方面着手,以求达到激励的目的。

1. 从满足人的需求角度来调动组织成员的积极性

组织把成员的利益联系在一起,组织在完成目标的前提下应尽可能满足个人需求,以提高成员的努力程度。

2. 从目标设置角度研究如何调动人员积极性

目标设置要能鼓舞人心,同时又不脱离实际。目标切实可行,人员就会努力工作,并较长时间地保持稳定的绩效水平。

3. 刺激

对人的行为肯定或否定都可以起到强化作用,肯定是正强化,否定是负强化。强化可使人们自觉维护组织利益,进而实现或满足个人的需求。

4. 及时反馈

管理者应时刻掌握激励过程各个环节的详细情况,从而把握人们行为的目的,充分发挥激励的作用。

高长型组织的管理人员行使权力往往会受到各种限制。组织如果层次过多,个人努力与目标实现、需求满足之间不能密切关联,目标设置不能具体、明了,导致反馈缓慢,各层次人员无法及时看到自己的绩效,难以强化刺激,人员易相互推诿,不愿承担责任。扁平型组织中的管理人员一般都拥有较多的职权,并对自己的职责负责,可以清楚地看到效益,并得到较好的报酬,因此比高长型组织结构更能调动人员的积极性。

第三节 横向分工结构

企业产品或产品线单一时,战略比较简单,结构形式松散,决策也可以集中,组织的复杂性和正规化程度都很低。但当企业规模扩大以后,战略计划变得更加复杂,企业战略可能从单一产品向纵向一体化,再向多样化经营转变。

一、基本结构

根据企业战略理论,有机式设计方案可以选择简单直线型、矩阵型、战略经营单位结构,机械式设计方案可以选择职能型、事业部型结构。

(一)简单直线型结构

简单直线型结构是初级组织形式,是一种低复杂性、低正规化、职权集中的扁平组织,一般只有两三个纵向层次,人员队伍松散,依赖个人决策。这种结构在所有者与经营者合一的个人业主制企业中最常见。比如,一家零售商店中有一个老板、一个收款员和几个营业员。其特点是所有的战略决策和业务决策高度集中,由企业所有者兼经营者一人做出。小型的企业多采用这种结构。

这种结构的优点有三个:①便于管理者控制全部业务活动;②对产品和市场的变化反应灵敏、决策迅速、责任明确;③激励、奖励和控制系统简便灵活。

但这种结构也具有不可避免的缺点:①对业主兼经营者的要求高,他们既要熟悉市场变化,具有战略眼光,还要主持日常运营,及时决策;②决策权长期集中不利于培养管理人员;③管理者忙于日常事务而无暇注意未来战略。

(二)矩阵型结构

矩阵型结构创造双重指挥链,是对统一指挥原则的一种违背。这种结构在原有按直线指挥系统与职能部门组成纵向垂直领导系统的基础上,又建立一个横向的以产品(项目)为中心的领导系统,两者合成一种矩阵型结构。这种结构在权力、效益责任、评价和控制上都有两个渠道,旨在兼取职能专业化和产品(项目)专业化所长。矩阵型结构中的员工有两个上司:所属职能部门的经理、所工作的产品或项目小组的经理。两位经理共同享有职权——项目经理对项目小组成员行使有关项目目标达成的权力,职能部门经理掌握晋升、工薪和年度评价等决策的权力。两位经理必须经常保持沟通,并协调他们共同所属员工提出的要求,才能使矩阵型结构保持有效运作。这种结构常见于拥有许多共同具有重大战略意义的产品或业务的项目的大公司。图 10-1 是某航空公司的矩阵型结构。

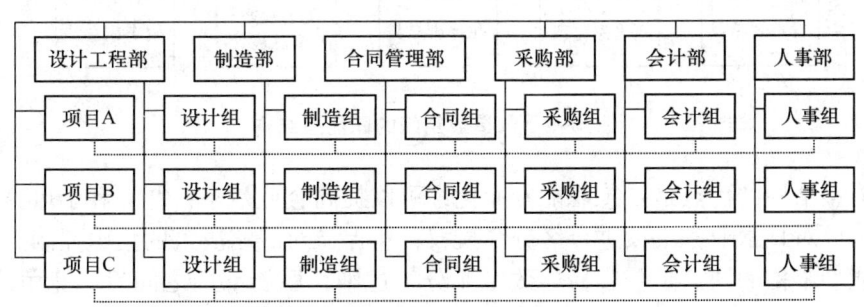

图 10-1　某航空公司的矩阵型结构

矩阵型结构的优点一目了然：①适于进行大量以项目为中心的经营活动；②有培养战略管理人员的良好场所；③能有效地发挥职能部门管理人员的作用；④能激发创造性，有利于开展多种业务项目；⑤中层管理人员可以更多地接触企业战略问题。

其缺点在于：双重负责容易导致政策的混乱和矛盾，增加组织的模糊性，并有权力斗争的隐患；必须进行大量的横向、纵向协调工作。

企业是否采用矩阵型结构，要看职能经理与项目经理之间能否相互协调，必须妥善地权衡利弊。

（三）战略经营单位结构

如果以企业经营单位所服务的独立的产品或市场部分为基础，将若干个事业部或其某些部分组合成一个单位，可以形成战略经营单位结构。这种结构的特点是经营单位内部的部门和组织都具有共同的战略因素。

战略经营单位结构的优点比较明显：①在战略经营单位内部，各事业部具有同样的战略利害关系和产品-市场环境，部门之间容易协调一致；②可以加强大型企业的战略管理和控制；③有利于区分公司一级、经营单位一级的计划；④不同经营单位的经济责任较为明确。

战略经营单位结构并不完美，也存在相应的缺点：①企业总部与事业部之间又增加了一个管理层次；②可能增加总部资源分配上的不良竞争；③集团副总裁的职责范围难以划分；④集团副总裁与事业部经理的自主程度很难确定。

（四）职能型结构

将相似或相关职业的专家们结合在一起的组织结构即职能型结构。其特点是，通过将组织中相同的任务和活动分别集中组合成不同的专业职能，如生产作业、市场营销、研究开发等，从劳动分工中取得效率性。管理者可以在各自的职责范围内对下级行使管理职能。职能型结构的形式见图10-2。

图10-2 制造业组织的职能型结构

职能型结构的优点是：①职能专业化，可以提高企业效率；②有利于培养职能专家；③可以对日常业务决策进行区分和授权；④保持对战略决策的集中控制。

职能型结构的缺点是：容易导致专业分工过细，职能部门之间发生竞争或冲突；职能难以协调，不易作出职能间决策；直线职能与参谋职能之间易产生矛盾；企业内部难以培养全面型的管理人才。

（五）事业部型结构

事业部型结构由通用汽车公司和杜邦公司在 20 世纪 20 年代首创。事业部型结构企业中的每个单位或事业部一般都是自治的，由事业部经理全面负责，拥有充分的战略和运营决策权力。其特点是把企业的生产经营活动按照产品或地区等的划分，建立生产经营事业部。每个事业部都是一个利润中心，在总部的领导下实行独立核算，自负盈亏。这种结构体现出"政策制定与行政管理分开"的原则，公司总部能集中精力进行全局性战略决策，不为日常具体行政事务所扰。图 10-3 是赫尔希食品公司的结构。

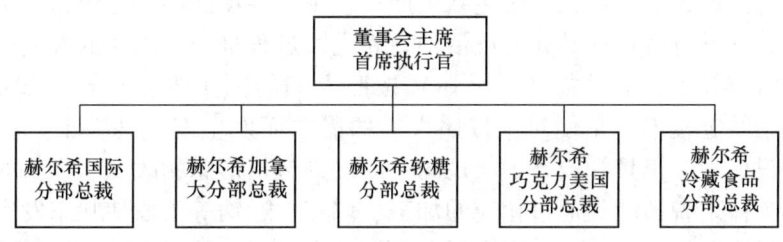

图 10-3　赫尔希食品公司的事业部型结构

事业部型结构具有较多的优点：①把协调工作和必要的权力下放到适当的层次，有利于对环境变化作出快速反应；②战略的制定与实施更切合事业部的特定环境；③业务负责人可集中精力考虑范围更广的战略决策；④各事业部经济责任明确；⑤事业部里仍然保留职能专业化的功能；⑥事业部是培养战略管理人员的良好场所。

这种结构的缺点是：①各事业部会在企业资源分配上形成不良竞争；②总部向事业部管理人员授权的程度不易掌握；③各事业部的政策可能出现不协调；④不同事业部都负有盈利的责任，如何分配企业间接费用成为难题。

二、基本协调机制

协调机制是建立在企业的分工、协调基础上的制度，用具有约束力的纪律、规则、条例、规章制度来统一和规范组织成员的意志和行为，使他们相互配合、协调行动。合理的组织结构是实现组织目标的基础，没有一套严密的、合乎科学的规章制度，就无法保证组织和谐、有效的运行。企业组织的协调机制一般有六种类型。

（一）相互适应，自行调整

组织内人与人之间的关系往往对组织的协调有很大影响，如果成员相互了解、信任，工作中就会自觉、主动地协调。相互适应、自行调整是组织成员一种自我控制的方式，他们通过非正式的、平等的沟通直接协调，相互之间不存在指挥与被指挥的关系，也没有来自外部的干预。这种机制适合于简单的组织结构，在复杂程度高的组织中，由于人员构成复杂，工作事务不能全部规范化，可采用这种机制使组织成员边工作边调整，互相适应、协调。

（二）直接指挥，直接控制

这一机制下，组织的所有活动都按照一个人的决策和指令行事，由这位负责人发布指示，监督工作。在组织相对简单时，这种协调机制是合乎逻辑的，应该严格遵循直接指挥、直接控制的原则。但当该协调机制出现不适应时，组织就应该有相应的变通。

（三）工作过程标准化

企业通过预先制定的工作标准来协调生产经营活动，称为工作过程标准化。工作标准是为实现整个工作过程的协调，提高工作质量和工作效率，对各个岗位的工作制定的标准。这里所说的工作，不仅包括生产过程中的各项活动，也包括为生产过程服务，对生产过程进行管理的其他各项活动。就生产过程来说，工作的含义是指人们使用所要求的特定技术，把对象（如毛坯）按照人们的愿望改变状态（如加工成品）的活动。所谓特定技术，是使对象按照人们的愿望而发生变化的保证。在多数情况下，它是通过体力、工具和设备等实现的。改变则包括形态的改变、场所的改变、时间的改变。具体地说，就是通过相应的加工、储存、运输等手段使状态发生改变。

在生产过程开始之前，企业应向员工明确工作内容，制定操作规程及规章制度，然后要求工作过程中的所有活动都按标准进行，以实现协调。

（四）工作成果标准化

工作成果标准化是指企业通过预先制定的工作成果标准，对组织中的各种活动实现协调。这种协调只规定最终目标，不限定途径、方法、手段和过程。

（五）技艺（知识）标准化

为了便于信息交流，增进相互理解，提高工作效率，促进生产协作，企业通常需要对使用的术语、符号和标志等加以统一定义，以保证良好的沟通效果，或对有关的技术要求统一规定抽样和试验方法，以保证评价、判定依据共同的准则。企业一般会对员工所应用的技术、知识加以标准化，这是一种超前的间接协调机制。企业的一些工作专业性强，工作过程和工作成果无法进行标准化，此时员工要在任职前接受必要的、标准化的训练，具备标准化的知识和技能，以在实际工作中相互配合、协调。

（六）共同价值观

所谓共同价值观是指组织全体成员对以下三个问题取得一致的看法：①组织的价值是什么？②哪些对象对组织的发展有价值？③在体现组织价值的各种结果中，在对组织发展有价值的各种对象中，什么是最有价值的？这种一致不可能轻而易举地达到，但一旦建立共同价值观，其意义是非常重大的：

首先，在各种情况下，组织全体成员的努力都会集中到一个方向上来，即最高价值。

其次，在领导面临多种选择时，共同价值观有指导决策的作用，全体员工了解到企业所面临的局势后，很容易理解、支持。

最后，形成共同价值观后，员工知道什么行为是有价值的，什么行为是没有价值的，从而拥有了行动的自主权。

总之，共同价值观有利于组织内全体成员对组织的战略、目标、宗旨、方针形成共同的认识和价值观念，充分了解组织的处境和自己的工作在全局中的地位和作用，互相信任，彼此团结，有使命感，使组织内的协调和控制达到理想的状态。鉴于企业内部条件和外部环境都是不断变化的，对内要及时调整，发挥创新精神、协同效果和整体优势，对外要灵活适应，快速行动。

实际上，企业不大可能只依靠一种协调机制，往往根据不同任务侧重点的不同，混合使用多种协调机制。在同一个企业内部，对协调机制的运用可能会形成螺旋式的循环：企业组织相对简单，只需相互适应、自行调整的协调机制；组织规模扩大后，需要单独执行控制任务，就产生了直接指挥、直接控制的机制；当工作变得更加复杂时，企业需要成果标准化或技艺标准化；当工作极其复杂、难以标准化时，企业往往又转回到相互适应、自行调整这种简单又灵活的协调机制。

第四节 企业战略与组织结构的关系

组织结构是帮助管理者实现组织目标的手段，组织目标产生于组织的总战略。组织只有让其结构与战略紧密结合才能顺利运行，而组织结构必须服从于组织战略。

一、战略的变化与组织结构的变化

钱德勒（Alfred Chandler）对美国 100 家大公司（包括杜邦、通用汽车、西尔斯等）发展史进行了 50 年的追踪调查后得出结论：先有企业战略的变化，然后才有组织结构的变化，而且是企业战略的变化引发了组织结构的变化。

（一）战略的前导性与组织结构的滞后性

组织结构的功能在于分工和协调，是保证战略实施的必要手段。通过组织结构的设计，企业的目标和战略转化成一定的体系或制度，融入企业的日常生产经营活动中，发挥指导和协调的作用，以保证企业战略的实现。

企业战略与组织结构的关系基本上是受产业经济发展制约的，在不同的发展阶段，企业应有不同的战略，企业的组织结构也要作相应的调整。企业最先对经济环境变化作出反应的是战略，而不是组织结构，即在反映变化的过程中存在着战略的前导性和组织结构的滞后性。

1. 战略的前导性

企业战略的变化先于企业组织结构的变化就是企业战略的前导性。企业一旦意识到外部环境和内部条件的变化提供了新的机会和需求，首先会在战略上作出反应，以此谋求经济效益。而当企业自身积累了大量的资源后，也应据此提出新的发展战略。当然，一个新的战略需要新的组织结构来支撑，至少要在一定程度上调整原有的组织结构。如果没有新的组织结构或组织变革作为支撑，企业所实施的新战略就难以取得预期的效果。

2. 组织结构的滞后性

在经济快速发展的环境中,企业组织结构的变化往往滞后于战略的变化,这就是组织结构的滞后性。组织结构的滞后性会使组织内各部门和机构的职责在变革过程中出现模糊性,造成这种现象的原因是:①组织新、旧结构的交替要有一定时滞,要有一个过程,因为组织结构的滞后性,原有的结构在新战略制定后也有一定的惯性,原有的管理人员仍习惯运用旧的职权和沟通渠道去管理新、旧两种经营活动。②管理人员对新的战略、新的结构会有抵触情绪,尤其是在组织结构的变化威胁到个人的地位、权力,甚至心理上的安全感时,往往会以行政管理的方式去抵制需要作出的变革。

从战略的前导性和组织结构的滞后性可以看出,在经济快速发展的环境中,企业切不可错失良机,一定要制定相应的经营、发展战略,一旦制定出新的战略,还要正确认识组织结构的滞后性,不可操之过急。企业要努力缩短组织结构滞后的时间,促使组织结构尽快变革,使之尽早适应新的战略。

(二)企业发展阶段与组织结构

企业发展到一定阶段,其规模、产品和市场都会发生变化。如果企业针对内、外环境的变化制定了新的战略,其组织结构也必须作出相应的调整。有关企业发展阶段的研究从另外一个角度进一步说明了战略与结构的关系,见表10-1。

表10-1 企业发展阶段与组织结构

发展阶段	企业特征	结构类型
1	简单的小型企业;只生产一种产品,或生产一个产品系列;面对一个独特的小型市场	从简单结构到职能结构
2	在较大或多样化的市场上提供单一或密切相关的产品、服务系列	从职能结构到事业部结构
3	在多样化的市场上扩展相关的产品系列	从事业部结构到矩阵结构
4	在大型的多样化市场进行多种经营,提供不相关的产品、服务	从事业部结构到战略经营单位

1. 增加产量战略与组织结构

如果企业所在的行业正处于发展阶段,且外部环境中不存在激烈的竞争,则企业的主要任务就是增加产品数量来满足更多的消费者需求。在这种形势下,企业不需要比原来更复杂的组织结构,只需提高各职能部门的效率即可。

2. 地区扩大战略与组织结构

随着行业的进一步发展,行业内的竞争日趋激烈,本企业的产品可能在一定时期或一定区域内形成买方市场。在这种竞争环境中,企业是"逆水行舟不进则退",必须顺应形势获得更大的发展。这时,只在一个地区进行生产或销售已无法满足企业对发展速度、商誉影响的需求,必须将产品或服务扩展到企业尚未进入的其他地区。为了协调这些产品和服务，实现标准化和专业化，企业要建立相应的职能部门结构，比如跨国进行生产或销售，需要增加国际业务部。

3. 纵向整合战略与组织结构

纵向整合战略是在原行业内扩大企业的竞争范围和竞争实力的一种战略。在行业增长阶段的后期，竞争越来越激烈，为了降低竞争压力并增强企业的竞争力，企业需要拥有部分原材料的生产能力，或拥有产品的销售渠道。在这种情况下，原来的职能型结构企业一般会转向事业部制结构。

4. 多种经营战略与组织结构

企业实施多种经营战略的目的是寻找企业新的增长点，而不是局限于现有的产品领域或现有目标市场。如果企业所在行业进入了成熟期，竞争加剧，风险增大，企业为了避免投资或经营风险，会进入其他行业来为自己的产品系列开拓新市场，或者开发与原有产品不相关的产品来开拓新领地，甚至用全新产品渗透到多个行业。这种业务领域的扩展使企业原有的组织结构穷于应付，必须根据新的生产规模和市场状况，分别采用矩阵结构或战略经营单位结构。

二、组织的战略类型

20世纪70年代以前的管理者在制订长期计划时，大都存在这样一种假定：未来会比现在更好，未来的计划是过去的延伸。但是，之后日益加剧的环境冲击（能源危机、交易规则的改变、技术革新、竞争的全球化等），改变原有的游戏规则，迫使管理者重新分析环境，评价自身的优势及劣势，并努力建立竞争的优势。此时，战略的重要性开始逐渐被认知。

企业战略的一个重要特征就是适应性。战略强调企业组织要运用已有的资源及可能占有的资源去适应企业组织的外部环境、内部条件。这种适应是一个复杂的、动态的调整过程，企业要在加强内部管理的同时，使组织结构不断适应环境。经验表明，企业在适应环境进行战略选择的过程中最常用的是防御型、开拓型、分析型和反应型的战略组织结构。

（一）防御型战略组织结构

防御型组织寻求维护自己狭窄的细分市场，努力防止竞争者进入。防御型组织追求一个稳定的环境，关注的问题就是稳定性。它以价格、质量或服务作为竞争手段，通过对细分市场的渗透和有限开发获得成长。

采用防御型战略的组织，一旦选定有限的一组产品和整个（或潜在）市场的一小部分后，就运用大量的资源解决自身的工程技术问题，尽可能有效地生产、销售产品或提供服务。一般来说，防御型组织要开辟一种可以预见的经久不衰的市场，技术效率是成功的关键，组织要创造出一种成本效率很高的核心技术。有的防御型组织会通过纵向整合来提高技术效率，即将从原材料供应到最终产品销售的整个过程合并到一个系统里来。

在组织结构上，防御型组织的行政管理追求严格控制效率，为此它往往采用机械式组织结构。机械式组织结构由生产、成本控制专家组成管理高层，注重成本和其他效率问题，采用集约式计划、广泛分工的职能结构，实行集中控制，有正式的沟通渠道等，最终形成明显的稳定性。

防御型组织比较适合于环境稳定的行业，其面临的危险是在与市场环境互动的过程中处于被动地位，不能随市场环境作出重大改变。

（二）开拓型战略组织结构

开拓型组织追求创新，在动态环境中运用自身实力发掘新的产品和市场机会。开拓型组织要解决的关键问题是灵活性，即在寻求新机会的过程中拥有从整体上把握环境变化的能力。

开拓型组织要对环境条件、变化趋势进行分析、预测并付诸实践，不仅要求它的技术、行政管理要具有很大的灵活性。开拓型组织不局限于现有的技术能力，而是根据产品结构确定技术能力，它的工程技术的主要问题就是如何避免长期局限于单一的技术，通常要开发机械化程度低、例外性的多种技术和标准来解决问题。在行政管理方面，开拓型组织奉行灵活性的原则，生产不采取集中的计划、控制的方式，而是在大量分散的单位和目标之间调度和协调资源，组织的结构必须采用有机式的，即由市场、研发方面的专家组成管理层，注重产出结果的指导性（粗放式）计划、分散式控制以及横向和纵向的沟通。

开拓型组织可适应动荡的环境，能减少环境变化给组织带来的冲击。这类组织所面临的风险是较低的利润和资源的分散——在工程技术上，由于多种技术同时存在，难以将生产效率提到很高的水平；在行政管理上，由于涉及较多的点和面，常常出现人力、物力和财力错误配置的问题，组织难以提高工作效率，获得最佳效果，从而难以保证更高的利润。

（三）分析型战略组织结构

分析型组织靠模仿生存，它们复制开拓型组织的思想。分析型组织不善于创新，它只在竞争对手证实了市场之后推出性能更优越的产品。分析型组织要解决的关键问题是快速响应，即对各种战略进行理智的选择，力求以最小的风险来获得利润。

分析型组织是通过模仿开拓型组织已开发成功的产品或市场完成转变的，依靠一批相当稳定的产品和市场保证其主要的收入。成功的分析型组织必须紧随领先的开拓型组织，同时在自己原有稳定的产品和市场上保持较高的生产效率。

分析型组织的工程技术具有明显的两重性特点，即灵活性和稳定性。这两种不同的特性要寻求平衡，企业必须将生产活动分成两部分，形成双重技术核心。其稳定的技术核心与防御型组织类似，按职能组织起来，使技术达到高度的标准化、例行化和机械化，获得成本优势；而其具有相当灵活性的技术核心则与开拓型组织相仿，分散控制较多例外性技术。它会利用一个应用研究小组来模仿新技术，而不是像开拓型组织那样付出大量的研发成本。

在行政管理方面，分析型组织必须适应既稳定又变化的业务，使两种业务实现相对的平衡，所以一般采用矩阵式结构。矩阵式结构可以对市场和生产的各职能部门制订集约式的计划，而对新产品应用研究小组和产品经理制订粗放式的计划。矩阵结构可在职能部门中实行集权控制机制，而对产品开发小组使用分权式控制。

分析型组织稳定性、灵活性并存，一定程度上限制了组织的应变能力。它不得不建立双重技术中心，还要管理并不完全一致的计划系统、控制系统和奖惩系统。如果一个分析型组织不能保持战略与结构关系的必要平衡，导致的后果就是既无效率又无效果。

(四) 反应型战略组织结构

反应型战略是一种被动的战略，企业实施上述三种战略不能取得成效时只能随波逐流实行反应型战略。这种组织结构对环境和竞争所作出的反应总是慢一拍。

在外部环境发生变化时，反应型组织基本不能形成稳定、一致的调整模式，不能随机应变，往往在犹豫不定后作出反应。这种被动应变因为对战略含义不能彻底理解而往往采取了不适当的经营行动。所以，反应型战略是企业适应环境获取优势的最差战略，只有在上述三种战略都无法运用时，才不得已而为之。

采用反应型战略的组织，其结构必然处于不稳定状态，没有战略上的主见，不能随机应变，只能不断调整，导致组织无法取得战略与结构的相对平衡。

一个组织成为反应型组织是由其战略的明确性、组织结构的适用性和对环境变化反应的及时性三种情景变量所导致的。

1. 企业战略不够明确

这类企业在经营过程中只有某一个或几个人掌握企业战略，但没有明确的企业战略表述，其他人员大都不了解企业的战略。企业陷入一种近乎战略空白的状态，各个经营单位失去总体目标，发展方向模糊，各自为特殊市场和产品争取资源和利益。这种情况下，企业很难提出统一的行动方案，或犹豫不决，或盲目模仿，不能果断一致地行动。

2. 企业组织结构不能适应战略的要求

企业的战略需要具体的计划、决策和行动方案来支持。如果企业的经营、技术和行政管理决策不能与战略统一起来，企业战略就会成为纸上谈兵，不能成为行动的指南。例如，某企业考虑进一步发展一经营领域，规定由某事业部来完成任务，但该事业部是职能结构，其批量生产的技术与其他事业部共用。这种情况下，该事业部很难对市场机会作出迅速反应，这个组织结构不能适应战略的要求。

3. 不注重对外部环境条件变化的分析

很多企业都走上这样一条路——创业时期轰轰烈烈，发展时期实力大增，但取得一定的绩效和市场地位后却畏首畏尾。此时开始采用防御战略，为了降低成本、提高效率，将生产经营业务削减成少数几类产品，整合经营业务。但企业所在的市场已经饱和，大多数产品丧失了利润空间，如果这时还固守防御型战略，不随环境变化作出重大调整，或者遭遇冲击后才去模仿其他企业，就必然沦为反应型组织。

总之，如果企业不能在一定时期或一定范围内形成行业垄断，或者未生存于被某种力量高度操纵的行业内，一般不应形成反应型战略组织结构。已经采用了这种战略的企业也应该尽快对外部环境进行详细分析，明确战略，并逐步调整组织结构，创建防御型、开拓型或分析型战略组织结构。

本章小结：

1. 组织设计的两项基本要求是分工与协调。企业组织设计的基本理论学派包括：古典设计学派、人际关系和组织行为学派、卡内基学派、权变理论学派、人口学派、市场机制与行政等级管理学派。

2. 组织结构的基本构成要素是分工与整合。分工是指企业为创造价值而分配其人员和资源的方式。整合是指企业为实现预期目标而协调人员与职能的手段。

3. 纵向分工是指企业高层管理人员为了有效地贯彻、执行企业的战略，选择适当的管理层次和正确的控制幅度，并说明连接企业各层次管理人员、工作以及各项职能的关系，有高长型组织结构、扁平型组织结构两种基本类型。

4. 组织内部的管理问题常涉及集权与分权、中层管理人员安排、信息传递与反馈、协调与激励四个方面。集权是指企业的高层管理人员拥有主要的决策权力。分权是指将权力分派给事业部、职能部门以及较低层次的管理人员。中层管理人员安排与企业所选择的管理层次和指挥链密切相关。企业内部管理层次越多通常协调障碍越多的。

5. 根据企业战略，有机式设计方案可以选择简单直线型、矩阵型和战略经营单位结构，也可以在机械式设计方案中选择职能型和事业部型等横向分工结构。每种结构都有自己的特点和优缺点。

6. 协调机制是建立在企业的分工、协调基础之上的制度。一般认为，企业组织的协调机制有相互适应、自行调整，直接指挥、直接控制，工作过程标准化，工作成果标准化，技艺（知识）标准化，共同价值观六种类型。

7. 先有企业战略的变化，后有组织结构的变化，战略的变化引发组织结构的变化——这就是战略与结构的关系。企业对经济环境作出反应的过程中，战略的变化先于组织结构的变化即战略的前导性；组织结构的变化滞后于战略变化就是组织结构的滞后性。

8. 企业发展到一定阶段，其规模、产品和市场都会发生变化。如果企业制定了新的战略，组织结构也必须作出相应的反应。

9. 企业在适应环境进行战略选择的过程中，常用的有防御型、开拓型、分析型和反应型四种组织结构。

思考与练习题

1. 什么样的企业可以采用扁平化的组织结构？
2. 简述事业部型组织结构的利弊。
3. 组织结构的各种协调机制、应用条件是什么？
4. 试述企业战略与组织结构的相互作用关系。

案例分析

案例1："海筑暖通"组织结构的嬗变

山东海筑暖通工程有限公司（简称"海筑暖通"）在经营初期是一个小型企业，产品仅有地暖施工，组织结构也非常简单——虽然设立了若干职位，但每位员工在各司其职的同时还要兼顾其他工作，所有员工都围绕一个项目开展工作。

随着企业的发展，海筑暖通承接的项目越来越多，逐渐发展成了以工程部为组织单元的部门结构，由部门负责人带领团队完成公司指派的项目。组织结构变为"拟事业部"形式——每个工程部相当于一个事业部，独立完成项目的承接、施工、售后等全部工作。

经过多年的扩张，目前的海筑暖通早已改变了"一只拳头打天下"的局面，产品类型遍及暖通行业的全品类。近几年，又顺势成立了两个经营事业部和一个后勤事业部——组织结构趋于扁平化。

2016年，海筑暖通工程事业部制定了"北上、南下、西进、东拓"的战略目标，增加了第二盈利曲线——空调工程。工程事业部下属四个工程分部，其中三个以房地产工程配套为主，一个以共建项目及系统客户为主。各分部以济南为中心，以项目为依托，以人才为保障，稳步向周围省市拓展延伸。截止到2020年，海筑暖通在北京、河北、徐州、太原、郑州、青岛各地均有项目落地，完成了既定的战略目标。目前，各工程事业部职能完善，具备强大的独立经营能力。

同样是在2016年，海筑暖通舒适家事业部制定了"四轮驱动，相辅相成"的战略目标，实现了舒适家全品类经营。每个品类都设有独立的经营小组，各小组实现了项目之间的有机合作，共同完成战略目标。

随着组织结构的变化，公司也由业绩考核转变为利润考核，全部员工的绩效考核均与利润挂钩，追求"上下同欲者胜"。同时实施人才战略，执行"能者上、平者让、庸者下"的新制度，利用积极的激励制度强化危机意识，激发员工的主观能动性。

在业务量逐年稳定增长的同时，为了使管理水平与日益增长的业绩相契合，公司对内部的制度和流程进行持续的优化，通过实施规范化管理，并利用办公软件"钉钉"实现了"线上考勤、智能人事、智能薪酬、线上审批、线上报销"等日常工作网络化运行，大大提高了内部管理效率，每年节约人力、物力成本数十万元。

案例讨论：
1. 试分析海筑暖通组织结构的适应性。
2. 结合本章内容预测海筑暖通未来的战略与组织结构类型。

案例2：LF公司拓展对日外包业务的战略计划

LF公司成立两年，对日业务部刚刚成立半年多，品牌知名度低，公司规模较小。除财务部和人力资源部外，公司组织结构分为国内业务部和对日业务部两大事业部。目前主营以国内业务部为主，该部门也担负着公司主要的盈利指标。对日业务部虽然处在发展初期，但公司领导对其十分重视，从人力资源招聘、内部员工激励等政策上给予很大倾斜。公司希望对日业务部的发展和对日人才的引进、培养能够改善国内业务部存在的一些问题，提高整个公司的管理质量和水平。

一、背景

日本政府由于灾后重建而作出的投资转移会给震后的日本软件业带来一些影响，但日本企业会考虑长远发展，与重点合作伙伴（多数为大型公司）保持关系，保证一定的发单量，而中小企业为此就要经受更严峻的考验。订单的减少、员工的闲置、单金的降低，加之中小企业融资难、抗风险能力差，对于那些只做对日外包的企业来说，即将面临倒闭的危险。破产、兼并、收购、联合……国内对日服务外包市场将重新洗牌。

日本是个科技高度发达的国家，虽然经济发展经历了多年低谷，但发达程度仅次于美国。从知识领域看，许多前沿理论和技术都不是日本人发现或发明的，但将这些前沿的东西运用得最好的往往是日本。海啸将日本的大片国土夷为平地，日本如何建设，以何标准建设这块土地，创造性复兴将给日本经济一次再次提升的机会。而信息化——这一现代文明有力的支撑，必将使得日本软件行业再次繁荣，也必将带来对日服务外包市场的又一次大繁荣。

二、战略计划

从欲进入新业务领域企业的角度来看，收购和内部发展都是可行的进入方式。从目前的规模和业务类型上看，LF公司还不具备收购或兼并其他公司的实力，只能通过内部扩张的途径发展对日业务。而内部扩张又可分为两种形式：直接承接项目订单、员工派遣。

（一）直接承接项目订单

公司直接承接项目订单需要两个条件：一是要有一个完整的项目团队；二是要有丰富的项目经验。一个完整的项目团队，首先要求团队人员结构齐全：①要有一名 BSE（Bridge SE）即桥梁工程师，其担负项目组与日方客户之间沟通、协调的角色。BSE 不仅要求日语过关，能够与客户进行无障碍的交流，还要技术过关，对双方工作交流中的矛盾冲突直接的判断和协调能力。更重要的是，BSE 还要熟悉客户的文化背景、精通国际外包行业规则、具有国外市场开拓能力。②要有一名项目经理。项目经理在安排和协调团队内部工作上担当主要角色，对项目的完成情况负有主要责任。项目经理主要负责项目分工、进度把控、质量监督以及解决项目进程中出现的问题和协调冲突。③开发人员若干。对日软件项目中，要求开发人员严格按照项目规约和程序完成所承担的任务。对完成时间和完成质量有较高要求，另外对日项目文档化的要求较高，要求开发人员具有一定的日语读写能力。④其他角色。如 SQA、技术经理、配置管理员角色等，可根据需要单独设立或由合适的人员兼任。

有了完整的团队不代表就能接到项目订单。对日外包中，日方对承接方的审查是非常严格和谨慎的。首先要对公司的营业执照、营业范围、注册资金、成立日期、规模等进行审查；其次是对项目团队的组织结构，项目经理的实际能力和经验，团队的扩充和可持续性能力的审查。此外，还有对项目组成员的日语能力、人员稳定性、有无对日开发经验的审查。

(二) 员工派遣

派遣方式可分为团队派遣和单个派遣。团队派遣，即派遣方以项目组或小组的方式派遣人员，团队角色可以不全，但一定要有一名管理人员，负责带领团队完成项目分担的工作。这是客户比较欢迎的一种派遣方式，既节约沟通和管理成本，又利于项目的组织与协调。对于派遣方，这种方式的优点在于，客户重点审查整个团队和领导者的能力，对于个体特别是组员审查较弱，派遣方可借此锻炼一部分项目经验较少的人员，甚至可以在团队内插入没有工作经验的应届毕业生。

而单个派遣对个体的各个方面审查较严，一般都要求有相关技术的对日项目经验，有时甚至还有学历和毕业年限的审查。这种方式，客户方付出的管理成本更高，还要每月定期评价派遣人员的工作状况反馈给派遣方；对于派遣方，这种方式相对于团队派遣也是成本较高的。唯一的优点就是组织方式简单，不必把角色都凑齐了再派，什么等级派什么样的职位即可。

无论团队派遣还是单个派遣，对于企业来讲风险是很低的。唯一的风险就是人员的稳定性，这与保持客户的长期合作有着直接的关系。而承接项目订单，虽然利润更多，但风险同样更大。一旦项目非正常终止，公司还要负担合同内涉及的客户损失赔偿。

通过分析以上拓展对日业务的途径，人员派遣是最符合LF公司当前实际状况的选择。公司的对日业务部已经实现了单个的人员派遣。随着业务的发展，派遣人员的增多，公司可根据实际情况组织团队派遣。虽然LF公司已经与日本本土的两家企业建立了合作意向，但考虑成本和公司所能承担的风险，即使具备了接单能力，在市场预期不明朗的前提下，不建议公司考虑单独承接项目订单。

三、拓展战略

通过对LF公司的外部因素和内部因素以及拓展对日业务的途径分析，下面选择适合LF公司的对日业务拓展战略。

（一）短期计划

1. 短期目标：应对金融危机和日本大地震带来的影响，借机扩充自身实力。金融危机爆发以来，对日外包的中小企业越来越难接到订单，加之员工的流失、资金链的断裂使得很多中小企业陷入困境。LF公司正可借此化"危"为"机"，通过招聘和内部培养两种方式扩大对日外包队伍，并利用国内项目锻炼和提升这支队伍的技术水平，为将来对日外包市场好转占领市场打好基础。

2. 途径与措施：以对日人才派遣方式作为LF公司短期内发展对日业务的主要方式。①加强市场营销力度。继续加强市场营销力度，与更多的对日外包企业和日本本土企业建立良好的合作关系。通过派遣人员的实际能力获得客户对公司的认可。让越来越多的公司了解LF公司，让每一个合作伙伴看到LF公司的成长。②增强人力资源招聘力度。在严格的技术考核和综合素质考核两项笔试通过后，有两年以上对日项目经验者优先，日语国际二级以上者优先，有对日项目管理经验者优先。考虑到公司业务的长期发展，过滤掉频繁跳槽者。③对日业务尽量以团队方式派遣。在派遣人数达到一定规模后，着重考虑以团队方式派遣。一来加强公司派遣实力，二来充分锻炼自己的开发团队，为将来公司承接项目订单作准备。④以内部培养为目标的员工激励政策。鼓励员工自学日语，并以获得的国际日语等级证书的级别给予一次性1 000~2 000元的奖励；鼓励国内业务部员工主动申请到对日业务部工作，并根据所在项目实际情况和对日业务部需求，在适当的时机满足其要求，并视员工工作情况将工资提高5%~10%。⑤国内业务部和对日业务部员工的协调。在公司政策上，鼓励员工向对日方向发展。在公司闲置员工安排上，打破部门界限，使两个部门相互影响，取长补短，将对日项目的管理优势和国内项目的技术优势充分发挥出来。⑥建立公司内部员工交流平台。公司内部网站为员工搭建日语与技术交流的平台，并以知识库的形式存储大家有意义的发言，旨在让员工相互沟通，共同成长，增强公司的向心力和员工的归属感，并以此作为一项企业文化。

通过以上计划的实施，LF 公司争取在一到两年内，扩充自己的对日外包队伍，在经济不稳定的这段时期，练好内功，为将来独立承接项目订单，更好进军对日外包市场打下良好的基础。

（二）长期计划

1. 长期目标：建立同重点发包方长期稳固的合作关系，建立对日外包业务发展的长效机制，构建对日外包业务的独特竞争力。

2. 途径与措施：以直接进入日本市场方式作为拓展的主要方式。①确定对日服务外包的重点业务领域，争取高端技术项目订单。以派遣形式进入客户企业的项目，所涉及的业务领域是不能提前确定的。LF 公司应根据对日业务部实际的市场分析确定一到两项重点发展的业务领域，拓展市场，并争取高端技术项目订单。对日外包项目由简单的编码测试逐步向详细设计、概要设计迁移是发展的必然趋势。从项目造价上看，设计阶段占去了整个项目 60%~70% 的费用。LF 公司正可凭借自身技术优势，承接高端技术项目订单，获得更多利润。②设立海外分支机构。国际外包巨头和多数软件服务外包企业都会在发包方本土设立海外分支机构，一方面可使得营销能力大大加强，尽可能接到产业链上游的订单；另一方面可以随时响应客户的需求和对接客户需求与离岸开发人员；再者，还能够为离岸开发人员提供现场支持。LF 公司在海外设立分支机构将大大加强软件服务外包的企业竞争力，尤其是在售前和后期维护方面。③建立同重点发包商的战略合作伙伴关系。LF 公司在选定的重点领域中，挑选出重点发展的 3~5 家企业，以"中心模式"进行长期合作，以求为 LF 公司带来长期稳定的发展。

通过长期计划的实施，建立起的长效机制可使 LF 公司在对日外包市场具有相当的竞争力，也必然会使 LF 公司的对日外包业务获得长期稳定的发展。

案例讨论：

针对目前的战略计划，LF 公司应如何调整组织结构？

第十一章 企业文化与企业战略

学习要点与要求：
1. 阐述企业文化的概念。
2. 分析企业文化的类型。
3. 弄清研究企业文化的原因。
4. 明确企业文化的构成要素。
5. 了解企业文化与企业战略的关系。
6. 分析企业战略的稳定性与企业文化的适应性。
7. 学会如何进行企业文化再造。

第一节 基本概念

一、企业文化的含义

企业文化可作为一种低成本的创立和强化契约的方法。如果企业文化能节约交易成本而且不易被复制，就可以成为企业的一种战略资产[①]。

广义的企业文化是指企业在历史实践的过程中创造的具有本企业特色的物质财富和精神财富的总和；狭义的企业文化是指一个企业在历史发展的过程中形成的具有本企业特色的思想、意识、观念等意识形态和行为模式以及与之相适应的制度和组织机构，我们通常所说的企业精神、企业作风、企业风格等，都是一种狭义上的企业文化概念。

在这里，我们用企业文化这个术语来指代共有的价值体系。每个企业都拥有支配其成员的文化，企业中存在着随时间演变的价值观、信念、传说及实践的体系或模式。这些共有的价值观在很大程度上决定了企业成员对诸多事物的观点、态度和对周围世界的反应。当遇到问题时，企业文化甚至会影响员工对问题进行定义、分析和解决的方式。

企业文化的定义有两个层次：①文化是一种知觉。这种知觉存在于企业中，企业中具有不同背景或不同等级的人都会试图以相似的术语来描述企业的文化，这是文化的共有方面。②企业文化是描述而不是评价，主要反映企业成员如何看待企业，而不是反映他们是否喜欢企业。

---

① 威廉·博依斯，李自杰. 新管理经济学 [M]. 北京：中国市场出版社，2008：255.

企业文化是无法用规范性的方法来测量的，但研究表明，企业文化可以通过评价一个企业在 10 个特征上的程度来加以识别，包括：

(1) 成员的同一性，即企业员工与企业保持一致的程度。
(2) 团体的重要性，指工作围绕团队组织还是围绕个人组织的程度。
(3) 对人的关注，指管理决策要考虑结果对企业中人员的影响程度。
(4) 单位的一体化，是指运作方式中协作或相互依存的程度。
(5) 控制，指反映规章制度的完善及直接监督的程度。
(6) 风险承受度，指企业鼓励员工进取、革新及冒险的程度。
(7) 报酬标准，指与资历、偏爱或其他非绩效因素相比，以员工绩效决定工资增长和晋升等报酬的程度。
(8) 冲突的宽容度，指鼓励员工自由争辩及公开批评的程度。
(9) 手段-结果的倾向性，指注重结果还是更注重取得结果的技术及过程。
(10) 系统的开放性，即企业掌握外界环境变化并及时对这些变化作出反应的程度。

企业文化是这 10 个特征的复合体，但它仍然是对企业文化的一种描述，而不是对其优劣的评价。

二、企业文化的类型

尽管在文化的定义和范围上，专家、学者们还存在着很大的分歧，没有任何两个企业的文化是完全相同的。但查尔斯·汉迪（Charles Handy）在 1976 年提出的关于企业文化的分类至今仍具有相当重要的参考价值。他从理论上将企业文化分为四类：权力导向型、角色导向型、任务导向型和人员导向型。

（一）权力导向型

在权力导向型文化的企业中，管理者试图对下属保持绝对的控制，企业组织结构往往是传统的集权式框架，企业决策权集中在个人手中，可以迅速决策，但决策质量取决于管理者的能力。这种企业一个鲜明的特点是：企业的中心权力源决定了企业的变革。这类文化常见于家族式企业、初创企业或业主兼任管理者的小型企业中，追求个人威望，经常会忽视人的价值和一般福利。这类企业的文化常被描述为专横和滥用权力，企业运行过程容易导致中层管理人员出现士气低、离职率高，使企业蒙受损失。

（二）角色导向型

与权力导向型文化截然不同，角色导向型文化十分重视合法性、忠诚和责任。角色导向型企业的员工尽可能地追求理性和秩序，企业文化一般围绕着限定的工作规章和程序建立，理性和逻辑是文化的中心。如果出现分歧，大家会认为合适的办法是通过规章和制度来解决，稳定、自尊、相互尊重与能力同样被看重。这类文化下，决策权仍然集中在高层管理者，强调等级和地位，员工行为一般不能超越规定的权限和范围。这种文化常见于采用官僚行政机构组织结构的企业。角色导向型文化具有稳定、持续的优点，企业变革往往是循序渐进的，很少发生突变。在相对稳定的环境中，这类文化可以带来高效率，但显然不适合动荡的环境。

（三）任务导向型

任务导向型企业的管理者强调不断地解决问题和实现目标，对是否取得良好绩效的评估依据是为实现企业目标所作出的贡献。这类文化会营造一种氛围：强调速度和灵活性，拥有解决问题、实现目标的能力和专长就会拥有相应的职权和权力；为了完成某一特定项目，企业可以组成临时的单位或部门，一旦项目完成，人员将重新组合。与这种文化相匹配的组织结构是矩阵型结构，常见于新兴产业中的企业，如高科技企业。任务导向型文化具有很强的适应性，在动荡或经常变化的环境中容易取得成功。但由于必须不断地进行学习，建立并保持这种文化的成本是相当高的，而且会导致企业运营没有太强的连续性。

（四）人员导向型

有人认为，企业存在的主要目的是为企业员工的需求服务，企业是员工的下属，企业的生存也依赖于员工，职权往往是多余的。在这种文化影响下，员工们通过示范和相互帮助来影响他人，而不是通过正式职权所赋予的影响力，绝大多数决策由群体进行，每个成员的职位安排和职责范围划分都依据个人的爱好以及学习和成长的需要。人员导向型文化下的企业施加给员工的影响极小，对员工的管理较为宽松，有些企业会因此而不能长期存续。

汉迪的企业文化分类不可能囊括所有的文化类型，且同一个企业内部也可能存在多个不同的亚文化群。但这种分类较好地总结了大多数企业的文化状况，可以作为研究企业文化与企业战略关系的基础。

三、研究企业文化的原因

企业文化对成员的约束是不清晰的，往往也没有文字说明，甚至很少有人谈论它们，但它们确实存在。比如，以下是一个组织的价值观：即使不忙，也要看上去很忙；如果你承担风险并失败了，你会付出高昂的代价；决策要经过老板；质量只需达到竞争需要的程度即可；过去成功的经验会促进未来的成功；想取得优异成绩必须是团队中的一员……这种价值观与管理行为之间的联系是相当直观的。比如，一个企业的文化认为：削减费用能带来利润的增加，收入稳定增长能给企业带来最佳利益。在这种文化氛围中，管理者不可能制定追求创新的、风险较大或急剧扩张的战略计划，因为企业文化已经把"什么样的行为是合适的"传递给了管理者。

（一）企业文化影响企业制定、实施战略

如上所述，企业文化从宏观角度描述企业成员共享的价值观、思想意识等，它为战略管理的实践者、研究者提供了一种新的分析企业行为的方法，有助于企业制定、实施员工易接受的、与企业实力和共有价值观匹配的战略。

（二）有助于管理者更有效地管理企业

在组织职能方面，企业文化可能会约束员工的工作自主权，如任务是由个人还是

由小组来完成，或者企业中层管理者之间的联系程度如何。企业文化描述了企业的现实，管理层可以凭借文化分析来对企业的组织行为进行分析，以便更好地管理企业，提高效率。

（三）运用文化研究组织是一种依次递进的战略方法

明茨伯格指出，如果我们坚持以一种远距离的、粗略而局部的办法去研究组织的现实，我们决不会了解它们。通过了解支配企业成员行动的文化来研究组织，本身就是一种依次递进的战略方法。运用企业文化，可以研究企业成员正在做的事情，研究他们对诸多事物的观点、态度和对周围世界的反应，研究当遇到问题时员工们如何看待、分析并解决问题。这比采用离企业现实较远的调查表、统计数字、总结等形式来研究更准确、合理，并且具有战略高度。

第二节 企业文化的构成要素

企业文化是企业发展过程中形成的历史传统，是一种心理文化或观念文化。它不是物质文化，甚至也不是制度文化，虽然企业文化不能完全脱离物质文化和制度文化而存在。物质文化和制度文化是塑造企业文化的手段和方式，而不是企业文化本身。

一、共同价值观

共同价值观是指企业组织成员或群体成员统一的价值观念，对企业文化的性质起着决定性的主导作用。

这里所说的价值观念不是指个别人的准则，而是指一个商业上的基本概念和信仰，是企业全体成员"共同的心理程序"，是关于"企业是什么"的一种普遍看法。价值观不同，企业的发展及其文化的本质也不尽相同。价值观念不是凭空编造出来的，而是一个企业长期实践经验的概括，是企业成员在特定的环境中经过尝试后，认为什么可行、什么不可行的结论。

从发展过程来看，价值观念是企业文化发展变化的内在机制，追求价值、创造价值、实现价值是企业存在和发展的基本准则。这一准则的基本内容就是组织按照自身的需要和尺度去认识客体、改造客体，通过企业的经营哲学、宗旨、信念和道德风尚等一系列价值选择和价值评价表现出来。企业的结构、需要和能力是多方面、多层次的。企业形成的价值观念，如信誉观念、科技观念、人才观念、团队观念等，内容非常丰富，贯穿于企业发展的全过程。

价值观念一经形成，就以相对固定的观念模式存在、影响或规范着企业认识和实践活动的指向，抑制或推动着企业活动的发展。价值观念的变化，也或迟或早地会引起企业经营哲学、宗旨、信念、道德、人际关系等各方面的变化。一个企业已经获得、实现了的价值，会成为追求更高目标、作出更大贡献的起点。可以说，企业生存发展的动力就在于开拓进取，永不满足，不断地追求、创造、实现新价值，从而使企业的价值观念也不断地得到更新和完善。

二、行为规范

行为规范是指企业员工群体所确立的行为标准，可以由企业正式规定，也可以通过非正式的形式形成。行为规范一旦确立，就成为企业中调整各种关系的基本准则，是企业价值观在行动上的一种重要表现形式。规范不同于规章制度，规章制度是对人们行为的约束，而规范作为一种强大的精神力量和企业群体意识和信念，当它为人们所共识、共为、共信、共享时，就能转化为左右一个人的思想和道德的力量，显示出巨大的威力，使企业形成一种无形的巨大的吸引力和制约力。

在一个具有优秀文化的企业中，企业行为规范实际上成为一种道德准则，个人和所有正式、非正式组织必须使自己的行为符合这种行为规范，否则就要受到舆论的谴责和良心的责备。一般来说，企业文化必然影响企业的决策与行动，管理层要培育企业文化，按照期望的方式影响员工的行为。

在日本的企业中，员工的等级观念以及对团队和长辈的忠诚意识，使得日本企业形成一个命运共同体，企业员工的含蓄、谦恭、小心翼翼、自我克制和团队精神尤为突出。

三、企业形象

简单地说，企业形象是社会公众对企业整体的印象和评价，企业文化形象则是指有关本企业的基本文化与哲理含义的表达。一个企业的形象可以用来表示企业的共同信念、价值与理想；而企业形象也是企业文化、企业行为、企业绩效等各个方面的综合反映。

（一）企业形象的特性

1. 整体性

企业形象是企业在运行过程中各种要素的整体体现，既包括企业的硬件，如厂容厂貌、设备、产品、标志和企业专用品等，也包括企业的软件，如服务、公共关系、价值观念、经营思想、企业精神和企业目标等。任何一种要素在公众心目中地位的降低，都会严重损伤企业的整体形象。

2. 客观性

企业形象是企业各方面活动和所有外在表现等系列客观状况的反映，具有鲜明的客观性。尽管企业可以借助各种传播手段塑造形象，但企业形象要通过公众的主观意识与评价反映出来，任何脱离企业客观实际的虚假形象都是站不住脚的，迟早会被公众抛弃。

3. 主观性

企业形象虽然是在企业客观现实的基础上形成的，但它是这一客观现实在人的主观意识上的投射。作为认识、评价企业形象的社会公众，各自有着不同的认知能力、理解水平和思维方式，同一个企业的形象在不同公众心目中存在差异性。

4. 稳定性

企业形象一旦形成，一般不会轻易改变。企业形象一旦在公众心目中形成一定的心理定势，即使企业形象有了某些变化，公众也总是倾向于原有的企业形象，不会马上改变看法。这种相对的稳定性，使得有良好形象的企业可以借助已有的有利条件开展经营。

5. 可变性

企业形象具有稳定性，并不意味着企业形象就永远不能改变。只要企业的变化足够大，时间足够长，企业变化的大量信息就会引起公众的注意和感知，从而改变公众的印象和评价。

6. 传播性

企业形象塑造的过程，实际上也是企业客观现实状况信息向社会公众传播的过程。每一个企业都应该充分认识到企业形象塑造过程中成功运用和借助传播媒介的重要性。离开传播媒介有效而广泛的传播，企业形象塑造的过程就会失去引导和控制。

(二) 常用的企业形象与形象塑造活动

1. 企业的创始人、最初的企业使命

企业创始人的个人风格和经历可以形成极好的象征。1984 年 12 月，张瑞敏刚刚进入海尔集团，就制定了 13 条管理制度，奠定了海尔发展的基础。

2. 现代化的角色

利用现代化的形象，改变企业原有的形象，甚至可以在改变、传播企业形象的同时，兼具促销的广告效果。

3. 形象性活动

企业的管理层可以利用时间大量从事某些可以影响企业文化的活动，改变或提高企业形象。

4. 重新设计组织结构或变革部分组织结构

根据企业形象的要求，变革企业的组织结构，也是改变或加强企业员工共享价值观的重要手段。比如，企业可以根据形象需要设立专门的销售服务或产品开发部门，或者在特殊市场上设置专门的机构，扩大影响。

(三) 企业形象的塑造

要想塑造良好的企业形象，企业应明确不同的传播对象，有针对性地向他们传播企业期望的形象。其中，针对员工进行的形象塑造也是在培育优秀企业文化，通过企业文化影响员工行为，从而加强公众对企业文化的认同，提高企业形象的塑造效果。

1. 针对员工塑造企业形象

(1) 培养认同感，树立"企业是自己的企业"的观念。企业要经常向员工通报企业内外的有关情况，让每一位员工都了解企业的各种信息并要求员工根据这些信息调整自己的行为。

(2) 要培养员工的信任感，树立"企业可以依托和归属"的形象。企业可以用大量实实在在的事物去激发员工对企业的热爱，比如帮助解决困难，尊重、满足不同层次不同特点员工的需要等。

（3）要培养员工的愉快感，想方设法为员工创造一个良好的工作环境。这也是企业形象塑造过程中的重要环节，比如通过持之以恒的宣传教育，营造一种文明礼貌、协调和睦、共同向上的氛围，提倡一种畅所欲言、充满人情味的企业文化。

2. 针对顾客塑造企业形象

美国福特汽车公司认为，假如你把为顾客服务看作中心目标的话，利润就会随之而来。顾客心目中良好的企业形象就是第一流的服务，企业可以通过物（即优质的产品），也可以通过人（即完善周到的服务）来塑造企业形象。需要注意的是，如果有过一次违背诺言或欺骗顾客的事件发生，企业的形象在顾客心目中就会大打折扣，甚至形成极差的印象，这时企业再改变这种形象会非常困难。

3. 针对股东、公众塑造企业形象

美国通用食品公司曾经每逢圣诞节就准备一套本公司的罐头样品分送每一位股东，股东们为得到这一特殊礼品而感到十分骄傲，对公司产生了强烈的认同感，公司形象获得了极大的提升。企业可利用一切机会向股东展示自己的实力，借助一定的传播渠道来提高知名度，让现有的和潜在的顾客都认同企业的形象。

企业还应贯彻开放的原则，融洽社区关系，摆正国家利益与企业利益之间的关系，严格遵守有关法律法规、条例和政策，努力创造经济效益。任何置国家法律法规于不顾，一味我行我素的企业都无法在社区、政府和公众心目中树立良好形象，也很难拥有一个"天时、地利、人和"的生产经营环境。

第三节　企业文化与企业战略的关系

企业文化并不是一成不变的，会随着内外环境的变化不断发展和完善。一种文化形成后，不仅能反映员工的动机和价值观，而且可以据此建立有关制度和工作秩序，提供企业获得成功所必不可少的基础。但是，随着企业的发展和条件的变化，原有的企业文化也要及时地发展和完善，在一定条件下甚至可以完全抛弃旧文化，创立新的企业文化。可以说，企业文化的建设过程就是一个不断发展变化的过程。托夫勒曾经指出，当今世界经济的基础已经变成信息、知识、科技和文化。张瑞敏也认为"经济竞争的最高形式是文化的竞争"。因此，企业发展新的突破点在于形成企业的文化力，进而形成企业的核心竞争力，文化竞争已经成为经济竞争的核心。

一、企业文化是企业战略的基石

美国著名战略管理专家威廉·R.金和戴维·I.克里兰指出："在多年来对各种商业组织和公共机构制定和实施长期规划过程的咨询经历中，得出了一项已为经验所证明的结论：一个组织的长期规划成功与否，同用于制定规划的具体技术关系不大，而是更多地取决于使规划的制定得以完成的整个文化传统。"事实上，优秀的企业文化对于企业战略是非常重要的，它可以为企业战略的制定、实施、控制提供正确的指导思想和健康的精神氛围,见图 11-1。

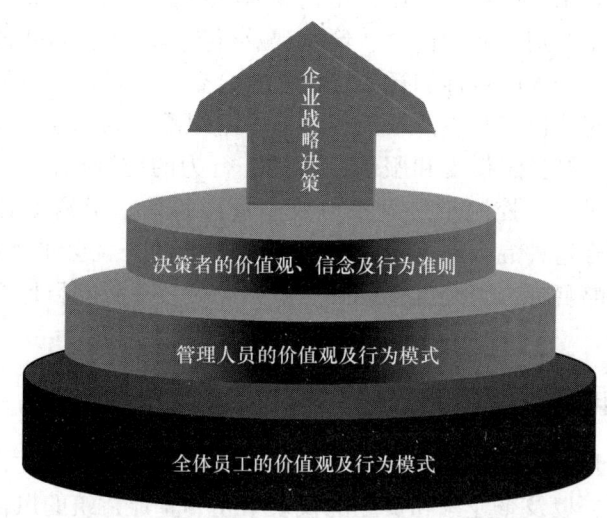

图 11-1　企业文化与企业战略决策氛围的关系

(一) 企业文化是成功制定企业战略的动力和基础

企业战略展开不仅取决于领导者及领导层的信念和价值观,还取决于整个企业的精神面貌和文化基础。在越来越激烈的市场竞争中,不良的、一成不变的企业文化对企业发展的危害是致命的,企业战略应该顺应现代市场经济发展,建立在企业自身的文化基础上。正确的战略能使企业在既定的环境中保持正确方向。当环境复杂多变时,只有企业领导者和其他成员保持正确的信念和价值观,才能制定正确的战略。所以,积极而健康的企业文化对于正确决策是绝对必要的,甚至可以说,企业文化决定着企业的战略,乃至兴衰成败。张瑞敏说:"海尔过去的成功是观念和思维方式的成功。企业发展的灵魂是企业文化,而企业文化最核心的内容应该是价值观。"

(二) 企业文化是战略实施的关键

企业文化中的共有价值观念一旦发展到习俗化的程度,就会像其他任何文化形式一样,产生强制性的规范作用。它会把企业的各种规则,通过价值体系、共同信仰和道德规范,以非正式的形式成为全体成员自愿遵从的规范和自觉的行动。这样可以减少摩擦,减轻内耗,形成一种和谐氛围,保证群体成员精神的愉悦。企业文化还可以为员工提供一个共同的环境,诸如价值观、规范、风格、精神等均经全体员工一致认同并遵守,形成一种共同的心理程序,以驱动员工的使命感和荣誉感,激发员工的热情,统一员工的意志,鞭策员工创造性地工作。

(三) 企业文化是战略控制的软性黏合剂

企业进行战略控制可以通过规章制度、计划要求等"刚性连接件"实现,但不如共同的信念、价值观、行为规范等这些"软性黏合剂"更为有效。企业文化一旦形成，员工就会在共同价值观的基础上，产生共同的理想、目标和规范，与企业建立起一种紧密的情感联系。这时，企业文化就成为一种黏合剂，使企业产生出极大的凝聚力和向心力。员工会把企业的信念、价值观及行为规范当作自我协调、自我控制的行动目标，自觉调整个人的目标和行为，使之符合企业的目标。这种将员工的自我控制、员工之间的非正式监督与不涉及具体细节的组织准则结合在一起的混合原则，往往比正式制度更容易被员工接受和服从，对员工行为的控制也比正式制度更为有效。所以，企业文化对员工的控制不是靠权力或监督，而是基于员工对企业的情感和依赖。员工一旦把遵守这种混合原则变为一种自觉的行动，就会主动修正自己的行为，使之符合企业的战略目标，否则就会感到不安，此时企业战略目标的实现就是顺理成章的了。

二、企业文化是维持企业战略优势的条件

企业文化是一种无形的经营资源，它通过企业的优质产品、优良信誉、真诚服务和员工的精神风貌，以及企业家和员工的仪表举止、企业建筑的风格等，在社会上形成一定的影响，从而提高企业的知名度，为企业赢得并维持竞争优势。但是，一种优秀的企业文化往往体现的是企业的历史积累，必须是特有且不易被模仿的。如果一个企业的文化与其他企业的文化相同或相似，它带给企业的战略优势很快就会消失。

美国的理查德·帕斯卡尔比较了日本和美国的企业文化之后指出，两国企业最主要的区别不在于他们的整体战略，他们的战略非常相似；不在于企业的组织结构，他们的组织结构也几乎是完全相同的；更不在他们的制度上，两国企业都有非常详细的计划和财务报表。真正的区别在其他因素上，即管理作风、人事政策以及最重要的精神或价值观。可以认为，日本企业崛起的制胜之道在于企业文化。

美国管理大师托马斯·J. 彼得在《成功之路》一书中也认为，日本企业的高效率是因为优秀的日本企业领导人在企业中培养了一种良好的文化品质，特别是树立了共同遵循的正确价值观，并且能够把它保持下去。

企业文化的个性化可追溯到企业理念，不同的企业有不同的理念和风格，随着企业发展，其理念和风格会得到进一步强化，成为企业独有的文化核心。

企业应充分挖掘并催生企业文化，赋予其时代特色和个性，使其成为推动企业发展，击败或避开竞争对手，继而获取并维持企业竞争优势的强大的内部驱动力。

三、企业文化与战略的适应和协调

英国《经济学人》刊文指出，企业并购失败率比美国好莱坞明星的婚姻还要高。究其原因，关键就是企业文化的融合，即企业文化与战略的适应和协调问题。

随着经济的发展，企业的组织规模越来越大，新的成员加入进来，无疑会给企业带来新的文化元素。价值观念的冲突，使企业必须融合多种文化元素并形成一种新的文化。企业如果有新的成员加入，就意味着战略必然有所变更，这时的新战略要求企业文化在原来的基础上有所改变，以便与新战略配合、协调。这并不像更新设备、转

换产品那样容易，企业文化的培育和变迁往往具有滞后性。企业文化作为一种意识形态，历史延续性强，变迁迟缓，所以，企业文化既可以成为实施战略的动力，也可能成为阻力。许多成功的企业都十分注重维护和完善企业文化体系中适应市场环境的成分，即注重创新和尊重企业要素的理念，并设法利用企业的规章制度来保持和强化企业文化的适应性。但一些企业，往往在发展初期红红火火，甚至依靠一定方式或手段获得了竞争优势，建立了准垄断地位，在较长时期内发展迅速，如日中天。但随着企业规模的扩大、市场环境的变化，原有企业文化中适应市场的优势慢慢弱化甚至失去，越来越不能适应组织的变迁，尤其是长期处于缺乏竞争状态下的企业文化中忽视创新、适应性的弱点逐渐暴露，这种状况不是一朝一夕能够改变的，结果企业中形成了缺乏适应性的病态的企业文化。在我国国有企业改革的过程中，有些企业换汤不换药，实际上就是这种病态企业文化在起作用——企业改制了，企业战略、组织结构、运营方式都改换了，但员工包括管理层头脑中固有的观念很难改变，改革的力量相对弱小，没有形成足够的力量去改变"企业之车"带着原有运行惯性向前走的趋势，企业只能像一列包着新外壳的火车沿着原来的轨道前行。

在国际上，德国奔驰与美国克莱斯勒的合并曾经被称作企业变革的典范，两个汽车业巨头以 360 亿美元的高价平等合并，之后股价一路飙升，大有驰骋世界、所向披靡之势。结果不久就发现，美国与欧洲的文化差异是如此之大，导致企业的观念和员工的行为完全难以融合：戴姆勒（奔驰）的生产模式是一板一眼，严格控制工艺流程，质量上精益求精，由作风严谨的工程师们统筹生产；而克莱斯勒却崇尚冒险精神，注重自由和创新，工程师与设计人员敏捷灵活，强调协作生产。甚至在行为上出现相当大的反差：两家公司的主管一起去纽约开会，奔驰的主管各自坐着由司机驾驶的奔驰顶级 S-Class 轿车，而克莱斯勒的主管们则挤坐在一部旅行车上。这种文化的落差和冲突导致合并后的企业于 2000 年第三季度亏损 5.12 亿美元，其市场资本总值已经低于原来奔驰公司的水平。

在合并的企业中实施战略管理，企业内两种（或数种）文化的冲突问题必须尽快解决，文化即便是截然不同，也要尽可能地相互融合，否则很难为企业实施新的战略提供成功的保障。对于中小型企业，随着企业规模的扩大和环境的变化，要注重对自身文化体系中适应市场环境部分的维护和完善，充分注意文化的演变，创建优秀的企业文化，以适应企业的发展战略。大型联合企业实行多样化经营或差异化战略时，可以根据生产经营的需要，在某个事业部和经营单位保留各自原有的文化，但企业决策层一定要做好全局性的文化协调工作。

四、企业战略的稳定性与文化的适应性

分析企业战略与企业文化的关系，一项重要内容就是关于企业战略的稳定性与企业文化的适应性。

企业战略的稳定性是指当企业实施一种新的战略时，企业的各种组织要素发生变化的程度。如果很多要素发生变化，则稳定性较差；如果发生变化的要素少，则稳定

性较好。这些组织要素包括企业结构、技能、共同价值观、生产作业程序等。

企业文化的适应性是指企业所发生的变化与目前的文化是否具有潜在一致性，以及一致的程度。一致性强，文化对新的战略较为适应；一致性弱，文化对新的战略不能很好地适应。

我们可以用一个二维四分图来表示企业战略稳定性与企业文化适应性的关系。图11-2中，以竖轴表示企业战略的稳定性，可以将"组织要素的变化"分为多、少两个维度；以横轴表示企业文化的适应性，可以将"潜在的一致性"分为有、无两个维度。这样就可以将企业新的战略与现有企业文化之间的关系划分为四个象限，并通过分析诊断出企业新的战略实施与现有企业文化之间存在的问题，对症下药，最终使企业新的战略使命与员工的价值观念达成一致，促进企业的发展。

图 11-2　企业战略稳定性与企业文化适应性的关系

（一）以企业使命为基础

图11-2中，象限1由"组织要素的变化多"和"有潜在的一致性"两个维度构成，表明当企业实施新的战略时，重要的组织要素会发生很多变化，这些变化与企业目前的文化具有潜在的一致性。在这种企业中，固有的文化观念崇尚创新，追求发展，一般会对企业所实施的利用重大机会、适应市场环境、进行产品改良和市场拓展的战略给予支持，实行新的战略措施没有阻力。在这种情况下，处理企业战略与企业文化的关系要抓住以下几个重点。

1. 企业重大战略变革与基本使命的联系

企业重大变革与基本使命有着不可分割的联系。企业使命是企业文化的基础，与企业使命相悖的战略，不可能使企业获得并维持优势。例如，一家国有控股企业员工共有的价值观念是"创新求变"，而高层管理者作出的重大决策却是"加大国有控股力度"，并对组织结构、作业程序等组织要素实施较大变革。虽然员工共有的价值观包含"求变"，但这种变革却不可能是员工所希望的。因为企业的使命是适应新的市场环境，构建在竞争性市场中的企业核心竞争力。

2. 发挥现有员工的作用

根据经验，企业如果一年内有1/3的管理人员发生流动，绩效将受到较大影响，因为人员流动性过大会给企业原有的价值观带来较大的冲击。企业文化不能"死水一潭"、没有丝毫变化,但混乱的、难以保持稳定一致的价值观必然导致行为准则的无序性。企业在实施重大战略变革时,一定要关注现有员工具有的价值观念和行为准则,保证企业在文化一致的条件下实施变革,以取得良好绩效。

3. 保持激励机制的一致性

新的企业战略必定有新的执行系统支撑,管理层在设计适应新战略的激励机制时,必须与企业目前的激励机制保持一致。如果报酬或奖励不能保持稳定和公平,会严重损害员工的积极性,丧失对企业新战略的信任,从而导致新战略的实施受到阻碍。

4. 不要破坏企业已有的行为准则

企业原有的文化基础具有稳定性,企业中绝大多数员工已经形成了默认的成文、不成文的行为模式和运行原则。企业新战略的制定和实施,必须与当前的文化相适应,一旦破坏已有的规则、习惯和价值观,就会给员工带来极大的冲击,甚至导致行动迷失方向,这对新战略的实施极为不利。

(二) 加强协同作用

在企业实施新战略时,组织要素变化不大,而且企业所发生的变化与现有文化在很大程度上有一致性,这是企业制定、实施新战略的理想情境,属于图11-2中的象限2,常常出现在企业采用稳定型战略(或维持不变战略)时。这种环境下的企业需要加强企业变化和文化影响二者的协同,形成合力,最大限度地激发企业和员工的潜能。

1. 巩固加强企业文化

研究表明,企业文化强对员工行为和企业绩效的影响是清晰、有力的,而且影响时间较长、范围较大;而处在企业文化弱氛围中的企业员工则不易找到统一的行为准则,影响较小且效果模糊。一个企业的现有文化与新战略有很大的一致性时,表明战略决策是在适应企业文化的基础上产生的。企业管理层要利用有利条件,巩固和加强现有企业文化,利用强文化的影响来促进新战略的实施,提高企业绩效水平。

2. 利用文化稳定性解决企业运营中的问题

与弱文化相比,强文化的稳定性较强,现有的价值观念可在较大范围内得到认同并且持续较长的时间。这种相对的稳定性使企业管理层不必经常扮演救火队员的角色处理文化冲突,有较多的时间和精力来发现、解决企业生产经营中的问题。企业管理层顺应企业文化处理问题,就易于得到大多数员工的认同,如果保持处理方式的前后一致性,即可形成常规程序和规则,问题得到顺利解决,同时新战略的实施也有了时间和制度上的保障。

(三) 根据企业文化的要求实施战略管理

图11-2中象限3表示的情境是这样的:企业实施一种新的战略时,虽然主要的组织要素变化不大,但与目前的企业文化没有一致性,或一致性程度非常低。实际上,企业的组织要素(包括企业结构、技能、共同价值观、生产作业程序等)并没有根本性的变化,但由于与原有文化存在冲突,因而企业新战略的实施会遭受来自企

业文化的阻力。

1. 研究变化给企业带来的绩效

实现经营目标是企业实施战略的目的，如果新战略带来的变革可以使企业达到较高的绩效水平，而且实施新战略不必付出太大的成本克服来自文化的阻力，那么可以考虑通过提高绩效水平来增强员工对变革的认同感。以此为契机，在原有文化基础上进行改良，塑造更为优秀的企业文化。

2. 根据企业文化进行管理

在强文化的氛围中，如果组织要素的变化与企业文化的一致性程度较低，新战略会面临来自企业文化的强大阻力，改良文化的成本非常高且成功的可能性小。在这种情况下，企业可以根据经营业务的需要，在不影响企业整体文化的前提下，对某种经营业务实行不同的文化管理。

（四）重新制定战略

企业在处理战略与文化的关系过程中，有时会陷入一种两难的境地：企业实施一种新的战略，组织要素会发生重大变化，这种变化与现有文化的一致性非常低，甚至遭受现有文化的抵制。"组织要素的变化多"和"无潜在一致性"两个维度一起构成了图11-2的象限4。

企业难以抉择的原因在于，无论选择哪个方向，都必须做大动作——要么重新考虑战略，要么变革甚至再造企业文化。

1. 重新考虑新战略

当实行一种将导致组织要素发生重大变化且引起现有文化强力抵制的战略时，企业首先要考虑是否有必要推行这个新战略。如果没有必要，则要重新考虑新战略——与企业现有行为准则和实践保持一致。

2. 变革甚至再造企业文化

企业外部环境发生重大变化，企业文化需要相应作出重大变化的情况下，企业应考虑自身长远利益，不可迎合企业现有文化。为了处理这种重大变革，企业需要从四个方面采取行动：①企业的管理高层痛下决心进行变革，并向全体员工讲明变革的意义；②外部招聘或内部提拔一批与新文化相符的成员，尽快形成符合设计原则的新文化；③利用激励机制，将奖励的重点放在具有新文化意识的事业部或个人身上，促进企业文化的转变；④设法让管理人员和员工明确新企业文化的行为准则，形成一定的规范，保证新战略的顺利实施。

第四节 企业文化的再造

企业文化的再造就是通过有意识的行动来重新设计符合企业环境的基本文化，塑造优秀的企业文化，增强企业运行、实施战略的文化动力。企业文化再造是一个完整的过程，需要长期的努力。整个过程可以分为分析影响因素、进行企业文化诊断、确定企业文化内容和培植企业文化等阶段。

一、分析影响因素

重新设计和再造一种企业文化必须要有长远的战略考虑。企业文化的形成受多种因素的影响，为了制定企业文化战略，需要对这些因素进行透彻的分析，以确定对策。优秀的企业文化必然融优秀的传统文化、时代精神和本组织的特点于一体。影响企业文化的因素包括外部因素和内部因素两部分。

（一）影响企业文化的外部因素

影响企业文化的外部因素主要包括民族文化、社区文化、政治和市场环境、科学技术因素等。

1. 民族文化

民族文化是一个民族在长期的历史发展过程中形成的独具特色的价值观、心理特征、行为规范等的总和。它的定型、变迁取决于广泛的社会历史条件。企业文化则是民族文化在一个企业内的整体反映，对企业文化有强烈的约束作用和控制作用，往往在不知不觉中支配企业成员的行为。企业文化很难脱离民族文化而独立存在。

2. 社区文化

企业总是处于一个特定的社会区域，而每一个特定的社会区域都有自身的文化，即社区文化。社区文化是人们所处的生活区域的价值观、行为规范、抱负水准等的综合反映，是民族文化的特殊表现。社区文化往往直接影响人们的行为方式，影响企业文化。

3. 政治和市场环境

政治是在一定的社会物质基础上产生的属于上层建筑领域的精神现象，是人的态度、信仰、感情和价值观念的总和，是社会一般文化的一部分，是一种特殊形态的文化。政治环境对企业文化的影响是必然的。在一个企业中，不仅存在社会关系、经济关系，而且存在文化关系和政治关系。要理顺这些关系，就必须建立企业良性的政治运行机制，良性的政治运行机制必然要受到外部政治环境的影响，也会影响企业文化的建设。

一个企业的文化是否具有生命力，主要看这个企业能否创造出一种以顾客为导向的竞争文化。为此，企业必须时刻注视市场环境的变化，以便预先在企业内创造相应的环境与文化，使企业获得并维持竞争优势。市场环境对企业文化的影响主要表现在以下两个方面：

（1）面临的顾客性质和所提供商品或服务的性质。顾客性质不同，服务内容有差别，需要不同的能力与不同的工作重点，从而影响企业文化的设计和塑造。

（2）企业市场地位的高低对企业文化设计的重点也有重大的影响。

4. 科学技术因素

科学技术是一种"毁灭性的创造力量"。科学技术的发展将会对企业运营产生多方面的影响，使组织文化发生变革。如日本田中制造所曾给每一个推销员都配备微型传真机，每天早晨公司把当天的工作任务传给每个推销员，推销员根据指示推销商品，每周向公司汇报一次，不用到公司上班。这样不仅使企业的组织结构发生了深刻变化，而且影响到管理层的领导风格和上下关系，以及企业的各种文化关系和员工的心理结构。总之，会对技术稳定或改变的程度，企业员工的态度和行为产生深远的影响，继而影响企业文化的设计和塑造。

（二）影响企业文化的内部因素

1. 人员构成

企业是由人组成并由人来推动的。不同类型的人以及不同人的组合方式会产生不同的文化。企业员工文化素质的高低，年龄与性别构成，在企业中的地位以及个性心理特征等，无不影响着企业文化的设计和形成。

2. 企业性质

企业文化常常因企业的性质差异而有所不同。在企业文化设计和再造过程中不考虑企业自身的性质，而去盲目照搬他人的价值观、精神标语等，势必湮没企业的个性和生命力。

3. 组织结构

企业的组织结构会影响到人的行为。在一个小型分权的单位中工作的人所表现出来的行为与一个在大型、集权组织内工作的人显然会有所不同。创新行为、冒险精神，以及个人参与比较可能出现在分权的单位中，而集权组织容易形成一致的行为、严密的控制，以及各种各样的模范人物，从而塑造出不同的企业文化。

4. 组织氛围

组织氛围即企业内部对风险、情感、奖罚等的基本倾向。就一家企业而言，管理者必须确定企业的哪些部门和员工冒何种风险，有哪种制度或习惯能帮助或阻止哪种不必要的冒险，以及未来如何加以改变。这些都牵涉到企业文化的设计和塑造。企业内的情感交流、奖罚规则等也会影响企业文化。

5. 企业领导者的能力、风格和企业家形象

这些也是影响企业文化设计和再造的关键性因素。企业文化的形成，既是企业成员互动的结果，更与领导者的行为密切相关：①领导者通过自己的感召力和整合力，把企业的价值观念等传导给全体成员，促进大家对企业文化的认同，引导其思想和行为；②企业内部各种人际关系的摩擦，会因领导者的整合而趋于和谐，这本身就是一项巨大的文化系统工程，对企业文化设计和再造必定产生重大影响；③领导者的企业家形象会在员工中产生模仿效应，促进企业文化的创新和发展。

二、进行企业文化诊断

在分析企业文化影响因素的基础上，还要进一步分析、确认现有文化因素中哪些是积极有效的，哪些是无效的，以便为企业文化设计和再造创造适宜的条件。

（一）企业文化诊断的内容

企业文化诊断的内容主要根据影响因素来确定，表11-1是企业文化的识别标志和要点。

表 11-1　企业文化的识别标志和要点

识别标志	计划标志	组织标志	激励标志	作风标志
识别要点	企业目标 { 社会利益 / 企业发展 / 当前收入 }　企业方针 { 质量取胜 / 价格取胜 }　公共关系 { 欺诈 / 公平 }	责任 { 明确、含混 / 个人、集体 }　权力 { 集中 / 分散 }　沟通 { 正式 / 非正式 }	激励标准 { 绩效 / 年资 }　激励重点 { 创新 / 达标 }　激励对象 { 集体 / 个人 }	待人 { 谦和、热情 / 傲慢、冷淡 }　处事 { 认真、严肃 / 马虎、拖拉 }　表达 { 实事求是 / 浮夸 }
识别要点	最重要资源 { 物 / 技术 / 人 }　预算及标准 { 高、低 / 硬、软 }	人际关系 { 等级森严 / 和谐 }　制度 { 严、细 / 粗、松 }　监督 { 严 / 松 }　用人 { 人情 / 效率 }	激励手段 { 物质 / 精神 }　激励时间 { 随时 / 定时 }　激励方向 { 合作 / 竞争 }	用钱 { 铺张 / 勤俭 }　语言 { 文明 / 粗野 }　衣着 { 整洁 / 随便 }　指挥 { 现场 / 遥控 }　决策 { 民主 / 专断 }

（二）企业文化诊断的方法

1. 观察

通过观察企业的建筑风格、工作现场装饰、办公布局、经营秩序以及员工的衣着、语言、交往方式和精神面貌等，可以收集到有关企业文化的许多信息。

2. 阅读

通过阅读企业各种文件，特别是规划草案、年度预算、总结报告、规章制度、会议记录、历年统计资料等，可以了解企业在计划、组织、激励、作风、发展历程等多方面的情况。例如，预算中培训费用的多少可以反映企业对人力资源的重视程度；资金分配统计表可以反映企业的激励政策，等等。

3. 会晤

与企业各层次人员的直接会晤是了解企业文化的重要手段，尤其在了解人们的价值观念和信念方面是其他方法难以比拟的。会晤中可以着重了解以下问题：

（1）企业的发展史，突出的时期、事迹和人物。

（2）企业取得的绩效，成功的原因，重大的失误，员工一致肯定或否定的事物。

（3）企业受重视的成员及其受重视的原因，员工的情感。

（4）企业各层次的决策方式，员工的愿望、态度和关注程度。

（5）企业内部广泛使用的口号，信念和思想，企业的象征，惯用语、禁用语及缩略语。

4. 问卷

通过问卷调查可以了解群体的目标、价值观、信念、行为准则的一致性及倾向，了解一定数量的企业员工对工作、社交及生活的一般态度。问卷设计必须要详细确定询问的项目，把握现有文化的特点。

三、确定企业文化内容

通过上述分析诊断，可以发现企业创建以来形成的传统，现有文化中应发扬光大的因素、应该摒弃的部分，根据变化了的环境设计新的文化，并进行文化再造。

（一）确立基本内容

1. 塑造共有的价值观体系

这对指导员工的努力方向，帮助决策层进行选择，确定员工行动的自主权范围有极大的作用。比如，一些企业的价值观体系中包括人的价值高于一切；为社会服务的价值高于利润；集体的价值高于自我，等等。

2. 培养良好的工作作风

员工的工作作风是其行为模式和精神面貌的具体表现，也是企业文化的重要组成部分。紧张、认真、务实、文明的工作作风是每一个企业所必需的。

3. 树立优秀的企业形象

企业形象是企业在社会公众中的信誉和评价，也是全体员工对企业各方面的综合认识和总体印象。设计并树立优秀的企业形象是企业文化设计和再造的基本内容。

（二）确立企业文化内容应注意的问题

不同的企业要根据自身的具体情况，把握企业的特点，确立企业文化的内容。

1. 抓住本企业的主要矛盾

企业文化要配合企业的战略，为促进企业发展服务，反映企业运行中的主要矛盾是确立企业文化的基本原则。

2. 发扬企业的优良传统

经营多年的企业往往有据以自立和发展的优良传统。企业文化的内容，一定要着力挖掘、反映具有积极意义的因素，结合现实，赋予新含义。

3. 鼓舞士气，便于理解和执行

企业文化所确立的价值观念等应当便于员工理解和执行，使大多数人受到鼓舞。

四、培植企业文化

企业文化的内容明确以后，要采取各种方法和手段使员工接受这种文化。这就要求设计企业文化时要考虑以下两个层次的问题，便于培植企业的文化。

（一）沟通与激发

企业的高层管理者要将崇高的理想与企业员工实现有效沟通，激发他们的工作积极性，在企业内部形成一致的价值观，最终形成优良的企业文化。

1. 进行企业文化培训

通过培训让每一个员工都明确企业文化的核心及其特征，明确员工应遵循的行为准则，以及自身的地位和作用。

2. 推行参与管理

参与管理可以使员工意识到自己就是管理的主体，从而以主人翁的态度自觉地按企业目标校正自己的行为，维护企业文化。

3. 重视非正式群体的作用

企业内部必然存在非正式群体，管理者应该引导他们接受企业文化，使团体的方向与企业趋于一致。

4. 重视企业历史的研究和教育

研究企业历史，通过教育帮助员工了解企业的传统和风格，增强其文化适应性，使企业文化的推动作用得以真正全面发挥。

（二）管理者身体力行

企业管理者本身就应该是企业文化的化身，要通过自己的行为向员工传达、灌输企业的价值观。企业高层管理者应了解日常生产经营活动的重要性，从小事做起，深入现场掌握第一手材料，管理好企业文化。从实践来看，当管理人员的日常行动与企业的价值观一致时，企业文化就会得到加强。企业领导者必须坚定信念，重视感情的凝聚力，以平等、真诚、友好的态度对待下属，取得他们的信任，引导员工的行动朝着设计的目标前进。

企业高层管理者要在实践中有效运用各种手段，不让价值观只停留在口头上。

（1）在企业内部树立典型，提供员工仿效的榜样。企业转型时，可塑造"改革英雄"；企业稳步发展时，可塑造"老黄牛"模范；企业士气不振时，可塑造"创新英雄"。

（2）加强制度规范的建设，加快员工价值观形成的个性心理累积过程。

（3）通过文化活动组合（生活福利型、文体娱乐型、思想教育型等）的潜移默化，努力创造文明、向上的组织气氛，充分展现企业的风采，使企业文化深入人心。

本章小结：

1. 广义的企业文化是指企业在历史实践的过程中创造的具有本企业特色的物质财富和精神财富的总和。而狭义的企业文化概念是指一个企业在历史发展的过程中形成的具有本企业特色的思想、意识、观念等意识形态和行为模式，以及与之相适应的制度和组织机构；通常所说的企业精神、企业作风、企业风格等，都是一种狭义的企业文化概念。本书用企业文化来指代共有的价值体系。

企业文化的定义有两个层次：第一，文化是一种知觉。这种知觉存在于企业中，企业中具有不同背景或不同等级的人都会试图以相似的术语来描述企业的文化，这是文化的共有方面。第二，企业文化是描述而不是评价，主要反映企业成员如何看待企业，而不是反映他们是否喜欢企业。

2. 查尔斯·汉迪（Charles Handy）1976年提出的关于企业文化的分类至今仍具有相当重要的参考价值。他从理论上将企业文化分为四类：权力导向型、角色导向型、任务导向型和人员导向型。

汉迪的企业文化分类较好地总结了大多数企业的文化状况，可以作为研究企业文化与企业战略关系的基础。

3. 研究企业文化的原因在于：企业文化影响企业制定、实施战略，有助于管理者有效地管理企业，运用文化来研究组织是一种依次递进的战略方法。

4. 企业文化的基本构成要素有共同价值观、行为规范和企业形象。共同价值观是指企业组织成员或群体成员分享统一价值观念，对企业文化的性质起着决定性的主导作用；行为规范是指企业员工群体所确立的行为标准，一旦确立，就成为企业中调整各种关系的基本准则，是企业价值观在行动上的一种重要表现形式；企业形象是社会公众对企业整体的印象和评价，企业文化形象则是指有关本企业的基本文化与哲理的表达，企业形象可以用来表示企业的共同信念、价值与理想，也是企业文化、企业行为、企业绩效等各个方面的综合反映。

5. 企业文化是企业战略的基石——即成功制定企业战略的动力和基础；是企业战略实施的关键；是企业战略控制的软性黏合剂。企业文化是企业维持战略优势的条件。企业文化要与企业战略相互适应和协调。

6. 企业战略的稳定性是指当实施一种新的战略时，企业的各种组织要素发生变化的程度。如果很多要素发生变化，则稳定性较差；如果发生变化的要素少，则稳定性较好。这些组织要素包括企业结构、技能、共同价值观、生产作业程序等。

企业文化的适应性是指企业所发生的变化与企业文化是否具有潜在的一致性，以及一致的程度。一致性强，文化对新的战略较为适应；一致性弱，则文化对新的战略不能很好地适应。

7. 企业文化的再造，就是通过有意识的行动来重新设计符合企业环境的基本文化，塑造优秀的企业文化，增强企业运行与实施战略的文化动力。企业文化再造是一个完整的过程，要作出长期的努力。整个过程可以分为分析影响因素、进行企业文化诊断、确定企业文化内容和培植企业文化等阶段。

思考与练习题

1. 如何理解企业文化？
2. 企业文化分为哪几种类型？各有什么特点？
3. 构成企业文化的基本要素是什么？
4. 请阐述企业文化与企业战略的关系。
5. 请分析企业战略的稳定性与企业文化的适应性。

案例分析

"正确的"企业文化提供正能量

信息与风险集中是工程咨询企业的明显特质，因此业内组织极其重要的任务之一就是"学习"。在这个特殊的行业内，企业要通过信息集聚和知识积淀来谋求风险规避并在竞争中脱颖而出，必须在符合行业法规及职业道德要求的前提下，构建"正确的"企业文化基础，为公司的定位和可持续发展提供正能量。

山东中明工程咨询有限公司（以下简称"中明咨询"）成立于2006年7月，短期内就获得了工程造价咨询甲级资质。2008年以来，连续6年获山东省住建厅"A级信用造价咨询企业"，2010年被山东省人民政府命名为"援建北川先进集体"，2012年、2014年连续两次获得中国造价管理协会"全国先进会员单位"荣誉称号。

（一）和谐文化培育"平等议事制度"

企业创建之初，管理者就强调把"和谐"作为立业之本，在一个信息与风险高度集中的组织内，"僵、乱"被视为大忌，而一旦形成了"畏上"的专制习惯或"乱杂"的无序状态，再去改善、优化会付出很高的代价。中明咨询建立和谐文化的抓手是议事规则，要求参与议事的成员都必须及时提供大量的、准确度较高的信息，并提前将信息传达到位，会上充分发扬民主、各抒己见、平等讨论，重大事项通过投票决定，绝对不搞"一言堂"。中明咨询在起点上就选择致力于培育"正确的"文化，决定了一个处在特殊行业的组织在开放、稳妥两方面的发展进路——开放要求信息来源广、准确度高、及时性强，稳妥要求决策集体有充分的酝酿时间、各抒己见并有一个平等讨论的氛围和平台，把种种可能遇到的风险与规避措施都考虑周全——所有的一切行动都指向和谐环境中的团结、平等原则。

（二）"严谨"文化造就规范的法人治理结构

借力"后发优势"，中明咨询从股东进出机制、股权结构、权力分配、董事会监管四个方面入手运作法人治理结构的建设。在股东进入方面明确规定，考核（考核标准中包括业务能力、沟通能力、道德品质、团结合作等具体事项）结果优秀的注册造价工程师才可以申请成为股东，然后经全体股东会议100%股权表决通过的申请人方可成为正式股东；对于退出股东，公司章程中规定了股权转让的标准程序，变"人治"为"制度约束"，从而杜绝了股权纷争的发生；在权力分配方面，公司的相关制度既明确划定了职权范围、分工边界又确保了相互制约、平等协商；在董事会的建议下，

《业务质量管理制度》等一系列规章制度先后出台,为防止经营活动中出现牺牲业务质量、追求短期效益的现象,公司专门设置了董事长直接领导下的业务质量监管部,对各项业务工作进行三级复核以外的事中或事后再检查——严谨的作风、严肃的态度、严格的监管,有效地纠正了质量偏差,规范的法人治理结构的制度效应逐步显现。

(三)"人本"文化优化员工队伍

工程咨询业是以人为主要资源的行业,这就决定了企业在文化建设中要特别突出以人为本的理念,培育"人合"意识,真正把人的潜能都发掘出来。中明咨询坚持"任人唯贤",用人时"能者上、平者让、庸者下",用科学合理的激励机制充分调动员工的积极性和创造性,客观公正地评价员工的价值与创造力。明确、具体、富有强大凝聚力的公司目标使员工之间产生共同的语言、共同的荣辱感、共同的责任心,从而增强组织的凝聚力和向心力。公司要求树立"善与人合"的精神,员工要学会并坚持与人合作,高效率、高质量地完成需要多人合作的大部分业务。中明咨询认为自身是一个靠人才、靠知识谋发展的组织,为培养和选拔人才,公司制定了一系列奖励政策——员工考取注册造价师、注册会计师、注册税务师、注册评估师等执业资格的,除一次性奖励外,每月还增发补助。自公司创建以来,奖、助金额达500万元;为提升中高层管理人员素质,公司迄今共投入经费180余万元鼓励员工攻读学位,先后有九人取得了硕士学位。目前,中明咨询已拥有注册造价工程师16人,注册会计师43人,注册税务师22人,注册资产评估师19人,注册房地产估价师、工程咨询师、监理师等30余人;其中获得"全国注册税务师行业高端人才"称号一人(山东省仅两人)、全国资深注册会计师一人、山东省百优建设执业师一人、山东省注册会计师行业高端人才一人,形成了结构良好、人才资本稳定的专家库和员工队伍。

(四)诚信文化提升组织素养

行业的特点决定了诚信应该成为工程咨询企业的灵魂。员工的素养决定了组织的素养,而组织的素养又全面体现在员工的素养中。在知识密集的工程咨询行业中,诚信是第一原则,中明咨询一直强调把诚信执业、诚信做人作为核心企业精神,强化"全员诚信、杜绝虚假"意识。诚信精神重要的载体之一是"精准深厚"的业务素养,专业人士仅有诚信意识和一丝不苟、严肃认真的工作态度还不够,必须同时具备深厚、渊博的专业知识,才能保证提供高质量、高效率的服务。中明咨询一方面采取措施鼓励员工培训、进修,另一方面通过座谈会、内部咨询等方式努力提高员工的专业素养。对共产党员来说，诚信还体现在政治上，与党中央保持高度一致，拥护党的纲领、遵守党的章程、履行党员义务、执行党的决定才是党员最大的诚信。汶川特大地震发生后，中明咨询的三名员工积极报名参加援建工作，在四川一干就是 26 个月，工作一丝不苟、毫无怨言，利用专业知识优势为国家和社会节约了大量援建资金。员工和公司分别被山东省援建指挥部评为"援建北川工作先进个人"和"援建北川先进集体"，他们的精神充分体现了公司诚信文化的精髓。

（五）学习意识促成学习型组织

与大多数组织的做法不同，中明咨询提倡员工在没有工作任务时上网学习、看新闻，注意通过学习"提高政治敏锐度和业务能力"，员工养成了看新闻、学新法规的习惯。公司配备了大型的多媒体教室，根据员工业务工作的节奏，每年都安排不同主题、不同层次、不同时段的分层次、分专业的学习计划——年人均累计学习时间不少于 40 小时，新到岗员工先接受不少于 20 小时的包括公司规章、职业介绍、专业知识、业务操作规范等内容的指导学习，并将测验、考试结果作为选拔、晋升的重要依据。学习型组织中，员工更容易融入企业文化之中，在组织的导向下树立终身学习的理念。

案例讨论：

1. 根据汉迪的企业文化分类判断，中明咨询的企业文化属于哪种类型？有什么作用？
2. 以企业文化为基石，中明咨询应制定并实施何种战略？

第十二章 国际化经营战略

学习要点与要求：
1. 明确国际化经营环境分析的重要内容。
2. 理解国家竞争优势的分析模型。
3. 熟悉进入国际市场各种方式及其优缺点。
4. 学会如何选择进入国际市场的方式。
5. 掌握四种国际化战略及其优缺点。

第一节 国际化经营的战略分析

一、国际化经营的动因

企业国际化经营是指企业在本土之外还拥有和控制着生产、营销或服务的设施，进行跨国生产、销售、服务等国际性经营活动。国际化是许多企业谋求进一步发展的重要战略，也是全球化竞争形势下企业经营战略的新趋势。实施国际化战略的主要原因是国际市场存在新的潜在机会，公司可以用各种方式进入国际市场，争取全球竞争优势。

（一）扩大市场规模

在国外市场销售公司产品和服务，开辟新的市场，能提高收益，特别是那些本国市场增长有限的公司，进入国际市场更有吸引力。

（二）充分发挥生产能力，尽快收回投资

对于大规模投资，包括工厂、设备和研发等，为得到应有的投资回报，需要巨大的市场规模，因此科研密集型的飞机制造业大多实行国际化经营。同时，技术发展速度加快，新产品生命周期缩短，由于不同国家专利保护水平不同，为此必须尽快收回投资。

（三）规模效应和学习效应

企业向国际市场扩张后，企业规模进一步扩大，可取得规模效应，如汽车工业。国际市场也为企业转移核心竞争力提供了机会，为跨越国界的资源和知识共享创造了条件。此外，不同的市场和不同的实践为跨国公司提供了很多学习机会，即使发达国家的企业也能从新兴市场的运行中学习新的东西。

（四）获得有价值的天然资源或竞争优势

资源型（如矿产、石油、天然气、木材、橡胶等）行业如受到国内资源的限制，就需要取得国外的资源。拥有国外资源将使企业在该产业赢得竞争优势，如 OPEC 成员国的许多油田都是美、英等国的石油公司在经营。此外，在劳动力、原材料或技术费用比较低的国家建立生产工厂可以降低成本。例如，欧美国家的制衣、制表、电子等产业的企业将其制造工厂转移到国外，明显加强了成本优势。

（五）分散商业风险

公司通过在不同的国外市场上经营可建立广泛的市场基础，与完全依靠本国市场相比，分散了风险。

二、国际化经营的环境分析

对国际经营环境的分析和评估是企业制定国际化经营战略的基础。与国内经营环境分析相近，国际经营环境分析也要进行宏观环境分析和行业环境分析，但是其复杂性和难度远大于国内，分析重点在于发现与国内经营环境的差异。下面仅对国际化经营环境分析中的几个独特的因素进行重点论述。

（一）国际贸易体制

国际化经营企业的目标是国际市场，因此应首先了解国际贸易的格局和体制。

1. 关税

关税是一国政府对进出该国的产品所征收的税金。各国的关税制度不完全相同，主要有单列税制和双列税制。单列税制是一个国家的关税对各国同一类商品采取一个税率；双列税制是一个国家对同一种商品采取两种以上的不同税率，对最惠国家实行低税率关税。关税可以是增加国家收入的关税，也可以是保护本国企业的保护关税。在后一种情况下，国家往往对进入的货物征收倾销税。根据《反倾销协议》，用倾销手段将一国产品以低于正常价格的办法挤入另一国贸易时，如因此对某一缔约国领土已建立的某项工业造成重大损害或产生重大威胁，或者对某一国内工业的建立产生严重阻碍，这种倾销应该受到谴责。缔约国为了抑制和防止倾销，可以对倾销的商品征收数量不超过这一产品倾销差额的反倾销税。因此，反倾销税是对商品倾销国货物征收的一种进口附加税，目的在于保护本国产业和国内市场，抵制外国进口商品的竞争。

2. 非关税壁垒

非关税壁垒是指除关税以外的限制商品进口的各种措施。非关税壁垒名目繁多，其中主要有进口配额制、进口许可证制、外汇管制、最低限价和禁止进口、技术标准及检验制度、卫生检疫规定、商品包装和标签的规定、繁杂的海关手续、政府的采购政策等。

3. 国际贸易的支付方式和汇率的波动

国际贸易需要将一国的货币兑换成另一国的货币，当汇率变动时，使用不同货币进行结算也会出现不同的结果。由于销售、交货与收回货款的时滞问题，汇率的改变可能会使国际贸易所得的收益化为乌有。另外，外汇汇率的变动使区域性成本优势变得复杂，可能使一个国家的低成本优势完全被抵消，也可能使原来成本很高的地方变得很有竞争力。例如，美元坚挺会使美国公司积极向国外发展；相反，随着美元对人民币的贬值，我国许多企业对美国出口产品的成本优势大幅度降低。

（二）政治法律环境

一个国家的政治法律环境是否有利于外国商品进口和外国投资，各国存在相当大的差别。国际化经营的企业决定在某国扩展经营业务时，必须考虑该国以下几方面的因素：

1. 对外国企业的态度

有的国家对外国企业表示欢迎，积极鼓励外国企业投资，为外国企业准备工业基础设施等。有的国家对外国企业持不友好的态度，如禁止外国独资企业，限制外国企业的投资份额，政府控制外国企业返还母公司的利润数量及货币种类等。比如，近年来美国多次动用国家力量限制中国高科技企业在美国及其盟国的生产经营。

2. 政治的稳定性和政府机构的运作方式

一个国家的政治形势现状和未来的稳定性是必须要考虑的因素，如果政局不稳，领导层频繁更迭，则对外国企业有没收、征用和收归国有的风险。如果某国政局不稳，与其直接投资，不如选择出口贸易；反之，如果一国政局比较稳定，则可以考虑直接投资。另外，还需要了解与国际化经营的相关手续、市场信息、制度实施和办事效率等。

3. 相关的法律

企业要研究与国际化经营有关的法律，如涉及海外子公司设立的公司法、劳工立法、商标法、专利法、所得税法，与竞争有关的法规，与进口有关的法规，投资保护法规等。此外，还包括国际法律规范形式的国际公约，如《1994年关贸总协定》《服务贸易总协定》《与贸易有关的知识产权协定》等。

（三）经济环境

企业进行海外经营还必须研究相关国家的经济状况和经济动向，特别要注意以下几个方面。

1. 经济发展水平

一个国家总体的经济发展水平不仅决定着出口该国商品的种类，也影响着投资类型和方向。对一国经济发展水平的划分有六阶段法和四类型法，下面介绍四类型法的划分标准。

（1）维持生存型：这些国家大部分从事农业，自给自足，很少进行商品进口。

（2）原料出口型：这些国家拥有一种或几种丰富的自然资源，国家主要收入来源是这些资源的出口，主要消费品依赖进口，如沙特阿拉伯的石油、智利的锡和铜，这类国家和地区是部分机械设备、材料加工设备、工具、器皿、运输工具以及高档消费品的良好市场。

（3）工业化型：这些国家的制造业在国民生产总值中的占比达 10%~20%，已逐步形成新的富裕阶层，中产阶层日益壮大，成为国外进口商品的主消费群。

（4）工业经济型：这些国家经济非常发达，是制成品和资本品的主要出口国。这些国家消费多样化、个性化，商品进口量也很大。例如，美国的出口额约占全球的

11%，进口额占全球的 12%，其市场容量大且变化迅速，消费需求包罗万象。

2. 国内生产总值总量及其分布

国内生产总值的总量反映了一个国家的总体经济实力，其增长率能判明一个国家的经济运行状况及前景，人均国内生产总值则反映了该国的贫富程度。企业还要考察国内生产总值的分布状况，即社会财富的分配模式。国内生产总值的分布模式可分为五种类型：全是低收入阶层，大部分是低收入阶层，低收入阶层和高收入阶层并存，低、中、高收入阶层并存，大部分是中产阶层。国内生产总值的分布模式除与该国总体经济发展水平有关外，更多地受政治制度的影响。国内生产总值的分布模式主要影响市场需求的结构和规模。

3. 通货膨胀率

世界上不同国家和地区的通货膨胀率差异很大，通货膨胀率影响原材料、劳动力及其他资源的支付价格，也影响公司产品和服务的价格水平。

4. 国际收支

公司进行国际化经营必须考虑所在国的国际收支状况。一方面，国际收支影响该国本位货币的币值，一个国际收支严重逆差的国家往往会贬值本国货币，扩大出口。另一方面，国际收支影响该国的经济政策以及对外来资本的态度。一般国家是欢迎国外直接投资的，这有利于本国经济的发展与国际收支稳定，但国际收支逆差会影响国际企业的利润汇出与原料进口。

5. 集团贸易与区域性经济

自从 20 世纪 80 年代以来，世界经济出现的一个重要趋势是区域性经济集团的兴起。如欧盟、北美自由贸易协定和东南亚国家联盟等，参加协议的各国相互间享受诸如关税、海关手续、特种所有权等多种优惠，这些区域性贸易和合作协议使全球竞争已经发生了变化。2020 年 11 月 15 日，中国、日本、韩国、澳大利亚、新西兰以及东盟十国正式签署了《区域全面经济伙伴关系协定》（RCEP），这标志着总人口、GDP、出口贸易总额以及全球投资总额均占全球总量 30% 的全球最大的自由贸易区成立了。

（四）社会环境

企业进行国际化经营的社会环境分析的内容，与国内经营环境分析时大致相同，重点要关注两者的差异。

1. 自然地理环境

自然地理环境主要包括自然资源、地理位置、地形、气候等因素。各国自然地理环境以及对自然地理环境的利用程度和利用效率方面有着很大的差异，其对企业跨国经营活动的影响主要表现在产品战略和营销体系的建立上。

2. 人口状况

人口总量、人口增长趋势、家庭结构、教育程度等因素直接影响产品的销售。企业还要考察生产经营所需的各类人员的可获得程度、教育水平和工资水平等，这涉及企业产品的人工成本和所需外派人员的多少等。

3. 基础设施

基础设施主要是指一个国家的交通运输条件、能源供应、通信设施和商业基础设施等。基础设施的水平是投资者关注的重要外部物质条件，直接影响企业的经营活动能否顺利进行。

4. 社会文化

不同国家的人有不同的宗教信仰和文化传统，这影响人们认知方式、行为准则和价值观念，也对商品需求和当地员工管理产生重大影响。

三、国家竞争优势的分析模型

在进行国际化经营时，企业需要分析自己的竞争优势。波特教授 1990 年研究了 10 个国家 100 个行业成功和失败的原因，出版了《国家竞争优势》一书，提出了公司在全球范围内取得优势所需要的四个要素：要素禀赋；需求状况；相关行业和支持行业；公司的战略、结构和竞争，如图 12-1 所示。

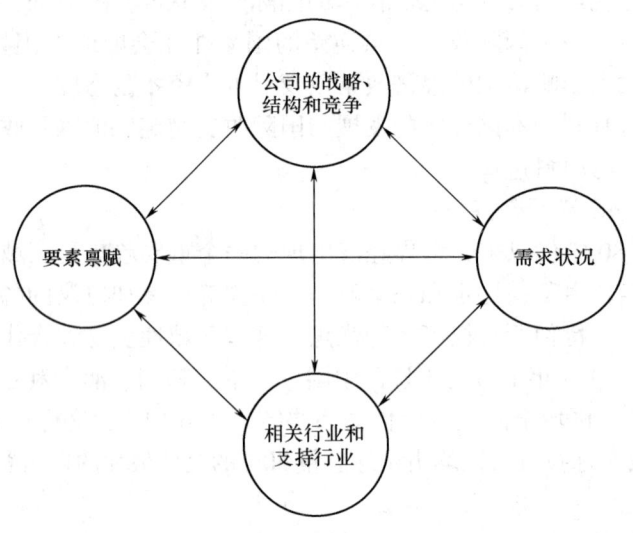

图 12-1　国家竞争优势的决定因素

（一）要素禀赋

要素禀赋是指一个国家生产要素所处的地位。生产要素分为基本生产要素和高级生产要素两大类。基本生产要素包括自然资源、地理位置、气候条件和初级劳动力等。基本生产要素决定了某些国家一些行业的竞争优势，如中东国家的石油开采、南非的钻石、瑞士的旅游等。高级生产要素包括受过高等教育的人才、发达的通信网络、科研与开发能力等，这些要素很难通过国际贸易取得，更为稀缺，也更为重要。一个国家或企业的基本生产要素是先天决定的，只有发展高级生产要素才能提高其国际竞争力。例如，日本缺乏矿产等自然资源，但政府在高级生产要素上进行了大量投资，创造出新的高技术资源，弥补了基本生产要素的不足，使得它在许多制造业领域获得了竞争优势。

（二）需求状况

需求状况是指国内市场对某行业的产品或服务需求的特点。如果一个国家的消费者精明而挑剔，则会对国内的企业造成压力，促进产品质量的提升和创新，从而使国内的企业获得竞争优势。如，日本存在一个小型静音空调的细分市场，因为日本家庭的房间通常较小且靠得很近。因此，需求状况也是构成竞争优势的一个来源。

（三）相关行业和支持行业

相关行业和支持行业是指一国内是否有具备国际竞争能力的同类型产业和上、下游产业。美国在计算机、网络、软件业中之所以处于国际领先地位，是因为在加利福尼亚的"硅谷"集中了大量相关行业，这些公司拥有众多的专家和技术人员。本国具有国际竞争能力的行业可以以各种形式为下游产业创造竞争优势。例如，20世纪80年代中期以前，美国在半导体工业的领先地位为美国的个人计算机及其他电子产品的成功发展提供了基础。同样地，我国之所以具有世界先进水平的高速铁路，离不开先进的高铁设计和制造技术体系，也得益于我国卓越的基建能力和水平。

（四）公司的战略、结构和竞争

公司的战略、结构和竞争，是指一个公司的战略、组织结构以及竞争情况。在这方面，波特提出两个重要观念：

1. 不同国家有不同的管理观念

有些管理理念对建立竞争优势有所帮助，有些则没有。在德国和日本公司里，工程技术人员处在公司的核心位置，因而相当重视生产工艺和产品设计的改进。而美国公司，特别是在20世纪70~80年代，公司的管理层相当重视公司的财务状况，过于强调短期收益，导致在以工程技术为基础的产业中（如汽车工业）失去竞争力。

2. 竞争

某行业激烈的国内竞争会促使公司提升自身的生产效率，能增强公司的竞争力，如我国家电行业的成本优势与国内激烈的竞争是分不开的。

上述四个决定因素构成了分析国家竞争优势的模型框架，各因素彼此互相影响，并决定了某个行业的国际竞争地位。在国家竞争力的分析中，企业还要注意政府政策与重大偶发事件也会对这个模型产生影响。

跨国经营的公司利用波特的竞争力模型，可判别企业在国内拥有的竞争优势和劣势，充分利用已有的竞争优势，弥补自身的劣势，从而在全球市场上获得竞争力。

第二节 企业进入国际市场的方式

企业选定目标市场之后，必须确定进入市场的最佳方式。可供选择的方式主要有贸易出口进入、合同进入和直接投资进入三大类。

一、贸易出口进入方式

贸易出口分为间接出口、直接出口和反向贸易等，企业类型、规模、实力不同，往往选择不同的出口方式。随着企业的发展，会由间接出口向直接出口的方式转变。

（一）间接出口

间接出口是指企业通过设在本国的各种外贸机构或国外企业设在本国的分支机构出口自己的产品和服务。间接出口的特点是经营国际化与企业国际化相分离。也就是说，企业的产品走出了国界，但企业生产经营活动却几乎完全在国内进行，并不参与自己所出口产品的国际营销活动。间接出口企业能够选择的销售渠道一般有以下几种：

（1）通过国外公司、机构驻本国的采购处、分公司、分支机构销售，将企业的商品出口到他们的国家或其他国家。

（2）通过大型贸易公司出口。大型贸易公司覆盖面很广，企业可以渗透进更大的市场。但大型贸易公司可能会同时经营几种互相竞争的产品，不能为企业提供最好的服务，所提供的目标市场信息不完全、不直观，难以保证企业产品的大量销售。同时，企业的谈判地位也较弱。

（3）通过出口管理公司出口。出口管理公司是一种专门为生产企业从事出口贸易的企业，它与专业性国际贸易公司的区别主要在于其业务以代理的形式进行。它们通常以生产厂家的名义，代表生产厂家向目标国家的中间商和用户推销产品。与通过大型贸易公司的形式相比，这种方式对价格和营销方式有一定程度的控制权。对于人手和资金都不足的中小企业来说，通过出口管理公司出口，等于企业设立了一个"出口业务处"。如果选择得当，企业可以利用出口管理公司现成的销售渠道，更快地渗透到外国市场。但是，出口管理公司的经营越是成功，则越可能被企业直接出口所取代。随着出口数量的上升，利用中间商的经济效率相对下降，企业会在其产品成功打入国外市场后考虑自行出口。

（4）利用具有外贸自主经营权的出口企业已经建立的国外渠道和经营能力出口——即"搭便车"出口——一个企业承担全部海外营销活动，成为"车头"企业；另一个则是"拖车"企业。对"车头"企业来说，拉"拖车"可以填补其产品缺口，丰富其可供产品品类，增强自身整体竞争能力，或交叉弥补淡旺季渠道不足的现象。对于依靠"车头"出口的"拖车"企业来说，搭便车的方式提供了现成的出口渠道，而且"车头"企业与"拖车"企业的产品之间往往具有互补性，对双方扩大销售、降低流通费用都有好处。但是，"拖车"企业也要注意，不要因此而忽略了自身出口能力的建设，影响企业的长远发展。

间接出口有两个好处：首先，这种方法所需的投资较少，企业可以在不增加固定投资的前提下开展国际业务；其次，所承担的风险较小，企业可充分利用其他企业的专有知识、经验和资源，能少犯错误。

间接出口方式也有一些缺点：一是出口利润的一部分将为中间商获得，降低了企业的出口效益；二是中间商往往对企业的生产情况和生产工艺、技术特征了解不深，给营销活动带来困难；三是企业不能迅速准确地掌握国际市场信息，不能获取国际经营经验，很难在国际市场上树立形象和信誉。所以，它通常在企业进入国际市场初期使用。

（二）直接出口

直接出口是指企业不通过中间机构，把生产的产品直接卖给国外的客户或最终客户。直接出口的形式有以下几种：

1. 国内出口部

国内出口部是国内销售部门的分支机构，由销售经理和工作人员一起经营产品的对外销售，并根据工作需要寻求市场上的援助。随着企业出口业务的发展，这个机构可能逐步发展成企业所属的自营出口部门，专门从事国际营销活动，并有可能发展为一个独立的利润中心。

2. 公司驻外办事处

这种机构直接负责本公司产品的销售，并收集市场信息、提供维修服务。海外办事处一般都设在市场潜力较大，并有希望向更高经营阶段过渡的国家和地区。

3. 国外销售子公司

它与驻外办事处在职能上相似，两者的区别在于，国外销售子公司在法律上和税收方面具有相对独立性，企业能更深入地介入国际化经营活动。

4. 直接卖给最终客户

这种方式适合于大型设备或专有技术的出口，如大型成套电力设备、高技术产品等。

5. 外国的经销商或代理商

外国的经销商购买产品，并拥有这些产品；外国的代理商则代表公司销售商品。他们可以被授予在那个国家代表制造厂商的独家经（代）销权，或一般经（代）销权。

与间接出口相比，直接出口使企业进一步掌握了主动权和市场的控制权。企业能够直接掌握国际市场的需求状况、发展动态，对市场变化能作出迅速的反应。另外，直接销售产品可以加强品牌的市场渗透，提高企业在国际市场的知名度和信誉，潜在的收益也会大些。这种方式要求企业有自己的国际营销体系，有专门的管理部门，投资较大，企业需要承担较间接出口更大的风险。

总的来讲，企业选择以直接出口方式进入国际市场风险较小，可以节省在东道国建立制造设施的大量成本。同时，通过集中制造然后向其他国家出口，企业可以通过全球销售获得显著的规模经济效应。

直接出口也有许多缺点：第一，如果在海外有更低成本的制造地点，则本国制造出口的模式并不理想。第二，运输成本可能使出口缺乏经济性，特别是大宗产品。解决这一问题的方法之一是进行地区性制造，在获得一定程度规模经济的同时控制运输成本。第三，关税壁垒也会使出口丧失经济性，当出口数量较大时，出口主要的竞争方式是价格竞争，会引起进口国的配额控制约束或反倾销抵制。

（三）补偿贸易进入方式

补偿贸易是一种与信贷相结合的贸易形式。买方以信贷的方式，从卖方进口设备和技术，然后用产品或劳务予以偿还。通过这种贸易方式，买方可以利用外资和技术发展本国经济；卖方则可以突破进口国外汇支付能力的限制，扩大商品和技术出口。补偿贸易主要有以下几种形式：

（1）产品返销，即买方用从卖方进口的设备或技术制造出来的产品来抵付进口贷款。这是最典型的补偿贸易，进口方都愿意用直接产品偿付全部设备或技术价款。

（2）互购方式，即设备技术出口一方，必须在一定时期内从对方购买一定数量的其他产品来补偿其出口货款。

（3）部分补偿，即买方对进口的技术和设备，部分用产品补偿，部分用货币偿还。补偿的产品可以是直接产品，也可以是间接产品；偿还的货币可以是现汇，也可以用贷款在后期偿还。

（4）第三国补偿贸易，即在国际补偿贸易活动中，进出口双方不直接发生联系，由国际中间代理商从中周旋。而增加一个环节，就能够减少谈判双方冲突或僵持局面，更便于讨价还价，各抒己见。对货款的渠道和偿还的方式应灵活多样，即便要多付佣金，但是能够尽快促使双方达成协议，且还可以要求进一步扩大补偿范围。

在进行对外贸易时，我国企业往往需要引进外国的技术、设备，进行企业技术改造和扩大生产规模，如果能采用补偿贸易形式，在引进国外先进设备和技术的同时，还能带动本企业产品出口，一举两得。当然，企业也可用这种方法扩大自己产品和技术的出口。

二、合同进入方式

合同进入方式是一个国际化经营的企业与目标市场的企业之间在转让技术、工艺等方面订立的长期、自始至终、非投资性的合作合同。该方式与出口进入方式的主要区别是：企业主要输出的是技术、工艺、品牌和管理等，尽管它可能也会开辟产品出口的机会。

（一）许可证贸易

许可证贸易指授权人（许证方）与受权人（受证方）签订合同，提供专有技术或工业产权，并收取相应的费用和报酬。授权的内容有专利使用权、专有技术的使用权、商标使用权等。许可的方式有独占许可、排他许可、普通许可、可转售许可等。这种方式一般适合中小企业，大企业也可用于市场测试或占领次要市场。

许证方不用冒太大的风险就能打入国外市场；受证方不必完全从零开始，就能获得成熟的生产技术、生产名牌的产品或使用名牌的商标。嘉宝公司的婴儿食品打入日本市场靠的就是许可证协议。可口可乐公司的国际营销就是在世界各地以许可证协议形式设立装瓶厂，由可口可乐公司供应生产可口可乐所需的糖浆。

许可证贸易与直接对外投资相比经营风险小，许多新兴国际公司及资金不足或缺乏经验的公司通过此种方式进入国际市场和实现国际市场的扩张。同时还能有效保护专利和商标，带动产品的出口，提高许证方在某国家市场的知名度。但许可证方式也存在一些潜在的不利因素，主要是：对被许可方控制程度低，不如自己设厂。如果受证方经营得很成功，许证方就会丧失利润，一旦合同期满或中止，它就会发现新添了一个自己培养的竞争对手。为了避免这些危险的后果，许证方应该与受证方建立一个互利的合作关系，其关键是许证方要不断进行革新和严格地保密，使受证方产生对许证方技术的依赖。

（二）特许经营

特许经营是由特许授予人准许被授予人使用他的企业商号、注册商标、经营管理制度与推销方法等从事企业经营活动的经营方式。这是商业和服务业中跨国公司经常采用的一种方式，如麦当劳。在这种方式中，总店都是在顾客中享有较高声誉的企业。营销总店对营销分店以有效协助并进行监督与控制，营销分店给总店支付一定的费用。特许经营和许可证贸易有类似之处，但在动因、提供的服务和有效期限等方面是不同的。在特许经营中，除了转让企业商号、注册商标和技术外，特许授予人还要在组织、市场及管理等方面帮助被授予人，以使专营能持续下去。

（三）合作生产

企业与国外制造商签订合同，由对方生产产品，本企业主要负责产品销售，一般是将产品销往制造商所在国家的市场或其他地区。为了使制造商生产的产品达到规定标准，企业一般要向其转让技术和提供技术帮助。合作生产的优势在于：企业仅需要较少的资金和管理资源的投入，可以很快地进入目标市场，避开有关政策的限制，对销售过程和售后服务实行控制；如果具有成本优势，则可以提高企业产品的竞争能力。合作生产的缺点在于：对生产过程的控制力很小，改善产品所取得的利益完全归制造商。

（四）管理合同

管理合同是指向国外企业提供管理经验、情报信息、专门技术知识的合同，即企业输出管理经验、劳务，其范围只局限于企业的日常运营。通过管理合同进入国际市场风险最小，但如果提供经营管理经验和知识的企业能在其他方面更有效地利用这种经营能力，或者单独经营可以取得更多的利润，则缔结这种合同就不是最佳选择。

（五）建筑或交钥匙工程合同

这种合同形式把标准的建筑工程合同向前推进了一步，它要求承建人在将国外项目交给其业主之前，应使其达到能够运行的程度。甚至在建筑工程全部完工后，为了帮助业主进行项目的准备，承建人有责任提供诸如管理和操作培训一类的服务。这种安排有时被称为"交钥匙附加承包"。

三、直接投资进入方式

直接投资进入方式是指企业通过在国外投资设立子公司的方式进入目标市场。直接投资是国际化经营的高级形式，但风险较大，灵活性差，管理难度大。根据企业拥有子公司股权的多少可分为四种：①全资子公司，即拥有子公司全部股份；②控股子公司，即拥有子公司控制性的股权，这种股权可以是绝对控股（拥有51%以上的股份），也可以是相对控股（持股比例不到50%，但可对子公司的经营决策发生实质性的影响）；③对等拥有，即企业与另一企业各拥有子公司50%的股份；④参股子公司，即对子公司持股比例较低，且对其经营活动不能有控制性影响。后三种都可以称为合资经营。

（一）全资子公司（独资经营）

母公司拥有子公司全部股权、经营管理权和全部利润获取权，是直接投资方式中母公司控制程度最大的一种形式。这种独资经营可以摆脱合资经营在利益、目标等方面的冲突，使子公司战略与母公司总体战略融为一体，有利于建立与实施公司文化。缺点主要是投资大、风险大，并存在与当地政府、企业的合作协调等问题。

（二）合资经营

合资经营可以减少国际化扩张的投入，利用合资方国家的各种资源，如生产、管理、市场营销能力及融资渠道、信誉、公共关系网络等。存在的问题是多方合资，在定价、利润分配、生产、销售等许多方面会产生冲突。

合资企业的建立可能是出于经济上或政治上的需要：当地的企业缺少资金、缺少物质资源或管理力量，不能单独经营一个企业；或者外国政府要求建立合资企业作为进入该国市场的交换条件。

如果国际化经营的公司能投资组建控股子公司，则能用与管理全资子公司相近的方式来管理控股子公司，最大限度地利用合资经营的优势，而避免负面影响。但是，如果企业的实力不够强，或外国政府及企业对股权的要求比较强硬，则只能接受参股经营的方式。

四、国际化进程

许多公司都偏好某一种进入国际市场的方式，如一家公司倾向于选择出口，这样风险较小；另一家公司倾向于许可证贸易，因为方法便利。但是，无论哪种进入市场的方式都是有局限的。有些国家不准许进口某种产品，也不允许国外公司独资经营，而只接受共同经营的合资企业。因此，公司必须学会利用和掌握各种进入市场的方式，大多数企业都是同时采用几种不同的方式进入国际市场。

约翰逊及其助手对瑞典公司的国际化进程进行了研究。他们认为国际化是一系列发展的决策在公司内部人员中引起的态度的转变，这将使人们对未来贸易有所了解，并能增强信心。他们认为公司要通过四个阶段才能完成国际化进程：①没有规律的出口活动；②通过独立的代理商出口；③建立一个或若干个分销子公司；④在国外投资建厂。

第一个任务是如何使公司从第一阶段发展到第二阶段。大多数公司通过与独立代理商合作办理第一批出口业务，通常是向心理距离较近的国家出口，进入市场的心理障碍小。如果初战告捷，公司就会雇用更多的代理商向其他国家扩展。经过一段时间，公司会成立出口部门处理其与代理商的关系。然后，公司发现某些出口市场规模很大，这些市场最好由本公司的销售人员直接经营，于是就在这些国家成立分销子公司以代替代理商。这样增加了企业的义务和风险，但也增加了赢利潜力。为了管理这些分销子公司，企业又成立国际营销部门。如果某些市场继续稳定发展，或者东道国坚持在当地生产，公司就会采取下一个步骤，在当地建厂生产。这意味着投入的资金等均有所增加。至此，这个公司作为多国公司的经营顺利发展，将考虑如何用最佳方法组织和管理其全球业务。

五、选择进入国际市场方式应考虑的因素

对于一个企业来说，选择正确的国际市场进入方式是一个复杂而困难的决策，需要考虑各种影响因素，对可选的各种进入方案进行大量的分析比较。根据美国宾夕法尼亚大学沃顿管理学院鲁特教授的观点，选择正确的进入方式应充分考虑以下因素。

（一）影响进入国际市场方式的外部因素

1. 目标国家的市场因素

（1）目标国家市场规模的大小。市场规模较小的可选择出口进入或合同进入的方式。反之，销售潜力很大的市场应选择分支机构/子公司出口，或者直接投资进入方式。

（2）目标国家市场的竞争结构。对于分散型竞争（有许多不占主要地位的竞争者）的市场，一般选择出口进入方式；对卖主垄断型（有少数占主要地位的竞争者）或寡头垄断型（具有单一公司）市场，则通常选择直接投资进入方式。如果断定向目标国家出口或投资的竞争太激烈，企业也可转而采用许可证贸易或其他合同进入方式。

2. 目标国家的生产因素

目标国家的生产要素投入（原料、劳动力、能源等）以及市场基础设施（交通、通信、港口设施等）的质量和成本对进入方式的决策有较大的影响。

3. 目标国家的环境因素

（1）目标国家政府有关外国企业的政策和法规。目标国家可能对进口或投资等有限制政策，限制进口的政策往往会使企业放弃出口进入方式，限制外国投资的政策则会使企业对投资信心不足或者放弃独资转向合资。反之，目标国家政府也可能采取优惠政策（如免税）鼓励投资。

（2）地理位置。当企业距离目标国家很远时，运输成本高，出口产品无力竞争，只得放弃出口进入方式。如果运输成本大幅度减低，出口企业有可能在目标国家建立综合运行系统，逐步向直接投资进入方式转变。

（3）经济状态。对经济快速增长的目标国家，应选择直接投资进入方式；对于经济缓慢增长的国家，则应采取其他进入方式。

（4）外部经济关系。这包括目标国家的支付能力、汇率等。如果支付能力不足，会导致政府限制进口、支付等。汇率控制限制利润和资本的返回，从而限制直接投资

进入方式；汇率下降则对出口进入方式不利，同时鼓励直接投资进入方式。

（5）目标国家社会文化方面的差异。当目标国家的社会文化等方面差异与本国十分明显时，企业大多倾向于选择出口或合同进入方式。社会文化差异还会影响选择目标国家的先后顺序，企业总是先选择文化与自己相近的国家。

（6）政治风险。当企业感到目标国家有较大的政治风险时，他们将减少资本的投入，反之则有利于向目标国家投资。

4. 本国因素

本国因素主要包括：

（1）国内市场规模。一般来说，国内市场大的企业在走向国际化时，更倾向于采用直接投资进入方式。同时，国内市场大的企业倾向于国内市场，走向国际化经营的兴趣降低。而国内市场小的企业热衷于通过出口以实现最佳经济规模。

（2）本国的竞争态势。企业处于卖方垄断行业倾向于仿效国内对手增强竞争力。进一步讲，当企业向海外经营时，其竞争对手会随之而至，因为它不愿看到对手在出口或贸易方面对自己构成的威胁。反之，分散型的竞争格局会促使企业倾向于以出口或贸易方式进入国际市场。

（3）本国的生产成本。如果本国的生产成本高于目标国家，应采取在当地进行生产的进入方式。

（4）本国政府对出口和向海外投资的政策。当一国政府采取税收或其他鼓励出口的政策、保持中立或者限制海外投资时，企业倾向于采取出口或合同进入方式。

（二）进入国际市场方式的内部影响因素

1. 企业产品因素

企业产品因素主要有：

（1）产品的独特性。与竞争产品相比，明显占上风的高优势（高独特性）产品能承受高运输成本、高关税而仍保持国外目标市场的竞争能力，因此，高优势产品可选择出口进入方式。反之，弱优势的产品必须在目标国家的价格基础上竞争，只能选择在当地进行生产的方式。

（2）产品所要求的服务。如果产品要求一系列的售前和售后服务，会对与目标市场有一定距离的企业造成困难。因此，服务密集型制成品倾向于采用分支机构/子公司出口或在当地生产的进入方式。如果企业的产品本身即服务，则必须找到在目标国家进行服务的途径，因为服务一般不可出口。

（3）产品的生产技术密集度。生产技术密集度高的产品可使企业优先采用技术许可证贸易方式进入目标国家。

（4）产品适应性。适应性差的产品只能选择出口进入方式，而企业在国外市场推销适应性好的产品，可选择与国外市场最为接近的进入方式（如许可证贸易、分支机构或当地投资生产）。

2. 企业的资源投入要素

企业的资源投入要素主要包括：

（1）资源丰裕度。企业在管理、资金、技术、工艺和营销等方面的资源越充裕，进入方式上的选择余地就越大，反之资源有限的企业只能采用出口或许可证贸易进入方式。

（2）投入愿望。高投入愿望意味着企业在选择进入目标国家方式时有更为广泛的考虑余地。高投入愿望更倾向于采用直接投资进入方式。

第三节 国际化经营战略

企业判断国家竞争优势，以及所要采取的市场进入方式后，可以选择的国际化经营战略基本有以下四种类型（见图12-2）。在成本压力、当地市场压力这两个条件的约束下，企业可以根据发展的需要选择自己的国际化经营战略。

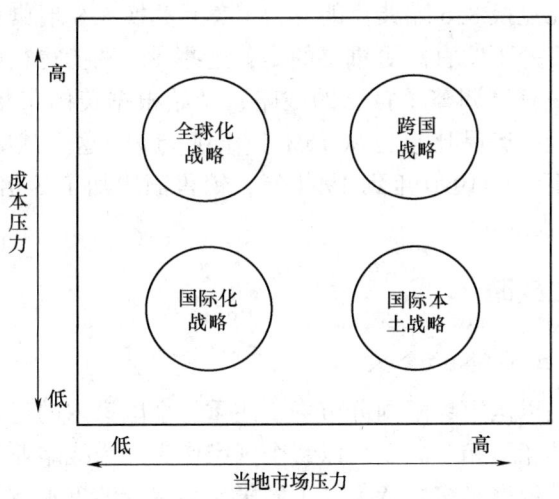

图 12-2 国际化经营战略的选择

一、国际化战略

（一）国际化战略的含义

国际化战略是指企业将其有价值的产品、技能转移到国外市场，从而创造价值的战略。大部分企业使用国际化战略时，会把在母国所开发出的具有差别化的产品转移到海外市场来创造价值。这种情况下，企业大多把产品开发职能留在母国，而在东道国建立制造和营销机构。尽管它们也会开发某些本地定制化产品或营销战略，但是非常有限。在大多数的跨国企业中，总部一般会严格地控制产品、市场战略的决策权，如麦当劳、宝洁、沃尔玛、微软等。例如，美国宝洁（P&G）公司过去在美国以外主要市场上的工厂只生产由美国母公司开发出来的差别化的产品，并且根据总部的信息从事市场营销。微软公司在华盛顿州的雷蒙德总部开发其产品的核心架构并在那里开发大量的计算机代码,它也允许各国的分部发展自己的营销和分销战略,以及对产品进行定制以适应地区的差异,比如语言和文字。

(二) 国际化战略的优势与不足

如果企业的核心竞争力在国外市场上拥有竞争优势,且该市场降低成本和本地客户响应的压力不大,适于采取国际化战略。但是,如果当地市场要求根据当地的情况提供产品、服务,这种战略就不太合适。同时,企业在国外各个生产基地都有厂房、设备,会形成重复建设,加大经营成本,这对企业是不利的。

宜家公司作为一家瑞典公司,是全球最大的家具零售商之一,它在早期的国际化扩张中一直坚持国际化战略,将其在瑞典发展的商业模式转移到其他市场。这种战略在欧洲是成功的,公司通过巨大的店面和大批量的制造(在全世界销售同样的产品)获得了显著的规模经济效益。但是,这一战略在美国遇到了麻烦。首先是汇率逆转造成的,汇率从1美元兑换8.6瑞典克朗变为1美元兑换5.8瑞典克朗后,从瑞典进口的产品对美国人而言并不便宜。更重要的是,这些在欧洲卖得很好的产品并不适合美国人的口味。最终,宜家调整了自己的战略,开始根据美国市场的要求重新设计产品,在美国本地采购的产品比重也从15%上升到45%。这一战略调整使宜家在美国的销售额大幅度提高,从1990年到1994年,销售额增加了3倍,达到4.8亿美元,2000年达到了13.8亿美元。

二、国际本土战略

(一) 国际本土战略的含义

国际本土战略是以国家界限划分市场,注重每个国家内的竞争,一国市场上的竞争同另一国市场上的竞争相互独立,以每个国家作为一个战略业务单元制定战略。

国际本土战略的依据是多国竞争。不同国家消费者的需求特点各不相同,国家之间的竞争是相互独立的,企业在一个国家的声誉、顾客群和竞争地位对它在另一个国家的竞争能力不会产生太大的影响甚至没有影响。企业在某一个国家的竞争优势只限于这个国家,而不会转移到其他的经营地区。多国竞争特色非常明显的行业包括啤酒、人寿保险、服装、食品等。多国战略采取特定的战略方式以适应不同国家的文化、经济、政治和竞争环境,注重本地顾客的需求,一般以扩大本地市场份额为目标,为准确反映市场需求特性,适应顾客的需求和找准自己的定位,公司可在一些国家寻求广泛的市场目标,在另一些国家则聚焦于特定的市场,各国家之间战略的变动越大,公司的整体国际战略就越有可能成为单个国家战略的集合。多国战略适合那些国际本土型竞争占统治地位的行业。

(二) 国际本土战略的优势与不足

国际本土战略可以将公司的战略策略与各国的环境相匹配,其目标是追求对当地的环境作出更好的反应,从而建立相对其他国际竞争厂商和当地公司的竞争优势,取得国家性的领导地位。

国际本土战略在不同的国家市场上采取不同的战略，会产生分权，分部各自为政，增加整个公司的不确定性。另外，此战略很难跨国利用和转移公司的资源，不利于实现规模效应及降低成本，不利于建立统一的竞争优势。

三、全球化战略

（一）全球化战略的含义

全球化战略公司在所有国家的战略策略基本一致，在全球范围内对公司的战略行动进行统一和协调，在不同国家市场销售标准化产品。

全球化战略依据的是全球竞争环境。在全球竞争环境下，跨越国家市场的价格及竞争环境有着很强的联系，形成真正的国际市场：一个全球性的公司在一个国家的竞争地位既影响它在其他国家的竞争地位，也受到它在其他国家竞争地位的影响。竞争会发生在不同的国家，在某些国家市场中的竞争尤为明显，如在市场销量很大的国家拥有竞争力对于公司在行业内建立强大的全球地位具有重要的战略意义。

在全球竞争环境下，公司的整体优势来自全球的经营和运作，公司所拥有的本土竞争优势同来自其他国家的竞争优势有着紧密的联系。一个全球公司的市场优势同它以国家为基础的竞争优势组合成正比。因此，全球化战略是由总公司制定和协调全球战略，目标是取得全球性的领导地位。

（二）全球化战略的类型

全球化战略又可分为几种类型：

1. 全球低成本战略

企业尽力成为全球绝大多数或所有重要战略市场上购买者的低成本供应商，其战略行动必须在全球范围内进行协调，以获得相对所有竞争对手的低成本地位。

2. 全球差异化战略

企业对自身的产品在一些相同属性上进行差异化，以创造一个全球一致的形象和主题，其战略行动必须在全球范围内进行，以获得全球一致的差异化。

3. 全球重点集中战略

企业在每一个有着重要战略意义国家的市场上为同一个相同的重点市场提供服务，其战略行动必须在全球范围内进行协调，以在全球范围内获得一致的低成本或差异化竞争策略。

4. 全球最优成本战略

利用柔性制造方法、公司内外先进的信息网络和全面质量管理系统，综合性企业战略越来越流行。

（三）全球化战略的优势与不足

全球化战略加强了企业在各个国家之间的统一协调性，能够集中力量建立资源优势以获取持久的低成本或差别化的优势。全球化战略注重规模效应，以利用公司层次上发展的或其他国家在其他市场上发展的创新，相应地降低了风险。实施全球化战略可以从两个方面为公司赢得竞争优势：一是能够充分利用全球性公司在国家之间分配活动的能力——研究、零部件、装配、分销中心、市场营销、顾客服务中心以及其他活动，其方式是能够降低成本或者提高产品的差别化程度。二是能够充分利用全球性公司的能力，加深或拓宽公司的战略强势，以一种只在国内经营的公司所办不到的方式协调公司的分散活动。因此，一旦国家之间的差异小到可以容纳于一个全球竞争战略的框架下，就应该优先采用全球化战略。

另一方面，全球化战略对各个国家的市场反应迟钝，由于在本地市场缺乏辨别机遇的能力或者公司产品需要本地化，可能忽视当地市场的发展机遇。全球化战略需要跨国协调战略和业务决策，管理难度很大。因此，有效实施全球化战略需要资源共享，强调跨国合作。

（四）全球化战略优势的来源与障碍

1. 全球化战略的竞争优势来源

全球化战略的竞争优势来源主要包括：

（1）比较优势。比较优势是进行全球竞争的决定性因素。当一个国家在制造某一产品上拥有显著的成本或质量优势时，这个国家将成为产品的产地，向世界其他地区出口。

（2）产品的规模经济。如果存在超越国家的产品规模经济效应，企业就能够通过集聚的生产和全球性竞争来潜在地实现成本优势。例如，现代化钢厂的一个有效经济规模几乎是世界总需求量的40%。

（3）购买的规模经济。在长期生产中，如果由于议价实力或供应商低成本而有机会实现购买规模经济，并超出单一国家性市场中实现竞争所需的规模，全球性企业将具有潜在的成本优势。当购买量与原材料或元件产业规模相比相对适中时，最有可能出现这种优势。

（4）全球化经验。若能带来大幅度成本下降、工艺技术专有经验，在多个国家性市场出售相似的产品类型能带来收益。由于企业能潜在地从各工厂的进步中获得经验分享，即使生产不是集聚化的而是在各国市场，从全球性竞争中也能获取成本优势。

（5）专有产品技术。如果公司具有将已有技术应用于多个国家性市场的能力，会给公司带来全球性经济效应，特别是当有效经济规模远大于单独的国家性市场销售规模时。例如，计算机、航空工具等产业，全球性的企业技术优势非常大，有些先进技术成本高昂必须用全球销售补偿。技术的全球化使企业有机会参与世界性的技术开发，可提高企业的技术竞争力。

2. 实现全球竞争优势的障碍

在企业实施全球化战略过程中存在各种障碍，有些障碍是经济上的，会给企业全球性竞争带来直接成本；还有一些障碍增加了管理的复杂性；还有一些障碍是制度或政府限制，以及企业的洞察力和资源限制。

（1）经济障碍。运输和储存成本会抵消集中生产的经济性。有些产业（如危险化工产品）即使规模大于单一国家性市场的工厂能降低成本，但由于运输成本高昂，必须把工厂建在当地，实质上竞争还是在多个国家进行。各国家市场不同的产品需求阻碍了企业全球战略的实现，由于产品的成本、质量、性能、式样、规格等方面的差异，必须生产不同类型的产品，影响规模经济的实现。如果不同类型的产品需要不同的原材料或部件，还会影响全球资源的利用。另外还有各国市场已建立的分销渠道、复杂的细分市场、缺乏世界性需求等因素。

（2）管理障碍。国家之间分销渠道的性质、营销媒介和取得用户的低成本手段、等差异很大，导致全球性公司不仅不能利用其他市场上所得的营销知识，而且在当地市场上取得与本地竞争者同样的效率也非常困难。有些产业要求高水平的本地营销、服务，与当地竞争者相比，全球性公司处于劣势，虽然可以用分散化的单位来实现这些功能，但管理非常复杂使公司反应更迟缓。当迅速变化的技术要求频繁地进行产品和工艺设计以适应当地市场时，全球性公司的灵活性、适应性就弱于当地公司。

（3）制度障碍。这包括关税和其他税费，配额，政府对本地企业的优先购买，政府坚持研究开发或产品部件生产本地化；对当地企业优惠的政策、法律法规，不利于企业从事全球经营的法规政策等。制度障碍最易于发生在影响某些政府目标的产业。

（4）企业的洞察力和资源限制。实施全球化战略的企业需要敏锐的洞察力，能够观察到全球市场竞争机遇，有能力分析、研究国际性问题。实现全球规模经济，建立全球竞争优势需要大量投资以及管理和技术，有可能超过企业自身的能力范围。

四、跨国战略

（一）跨国战略的含义

跨国战略寻求全球化效率、本土化反应的统一。实现这一目标显然并非易事，一方面需要全球协调、紧密合作，另一方面需要本地化的弹性。因此，实施跨国战略需要弹性协调，通过一体化的网络建立共享的远景并各自尽责。在现实中，由于两方面目标的冲突，实现真正的跨国战略很困难；但如果有效实施了跨国战略，其产出将比单纯使用其他两种战略好得多。

跨国战略的特点是将某些职能集中在能节约成本的地方，把其他一些职能交给子公司以更好适应当地的情况，并促进子公司之间的交流以及技术转移。采用跨国战略的公司，某些职能特别是研发倾向于集中在本国进行，其他一些职能也可集中，但不一定必须在本国。为了节约成本，公司可以把劳动力密集型产品全球规模的生产工厂建立在低劳动力成本的国家，把需要技术型劳动力的工厂建立在技术发达的国家。其他的职能，特别是销售、服务和最后组装，倾向于交给各国的子公司，以最大限度地适应当地的情况。因此，大部分零部件可以在集中的工厂制造以实现规模经济，然后运到各地的工厂组装成最终的产品，并按照当地的情况对产品作出改动。

（二）跨国战略的优势和不足

要实现跨国战略，关键在于创建一个网络，将相关的资源和能力联系起来。母公司与子公司、子公司与子公司的关系是双向的，不仅母公司向子公司提供产品、技术，子公司也可以向母公司提供产品、技术。采取这种战略，企业能够利用经验曲线的效应，形成区位效益，满足当地市场的需求，以达到全球学习的效果，实现成本领先或差异化战略。

跨国战略的显著特点是业务经营的多样化和国家市场的多样性。多元化跨国公司的管理者们不仅要制定、执行大量的战略，还要根据各国市场的需求进行调整变化。此外，他们还面临另外的挑战，即要寻找方法来协调公司跨行业、跨国家的战略行动，从而获得更大的持续的竞争优势。这种优势要比将公司的资源、生产能力用到在各个国家市场和各项经营业务中所建立的竞争地位要大得多。

跨国战略寻求全球化效率和本土化反应的统一，一方面需要全球协调、紧密合作，另一方面需要本土化的弹性，这两个目标实际上是有冲突的，实现起来很困难。

本章小结：

1. 国际化经营是指企业在本土之外还拥有和控制生产、营销或服务的设施，进行跨国生产、销售、服务等国际性活动。企业实施国际化战略是为了扩大市场规模，充分发挥生产能力和尽快收回投资，取得规模效应和学习效应，获得有价值的资源或竞争优势，分散商业风险。

2. 国际经营环境的分析和评估是企业制定国际化经营战略的基础。国际经营环境分析的内容与国内经营环境分析相近，也要进行宏观环境分析和行业环境分析，但是其复杂性和难度远大于对国内经营环境的分析，分析的重点在于发现与国内经营环境的差异。

3. 企业进行国际化经营时，需要用国家竞争优势模型分析自己的竞争优势。该模型认为国家竞争优势取决于四个要素：要素禀赋，需求状况，相关行业和支持行业，公司的战略、结构和竞争。

4. 企业进入国外市场的方式分为贸易出口进入、合同进入和直接投资进入三大类。贸易出口分为间接出口、直接出口和反向贸易等三类。合同进入包括许可证贸易、特许经营、合作生产、管理合同、建筑或交钥匙工程合同。直接投资是国际化经营的高级形式，可根据企业拥有子公司股权的多少分为全资子公司、控股子公司、对等拥有、参股子公司。

5. 企业国际化的发展过程一般要经历四个阶段：没有规律的出口活动；通过独立的代理商出口；建立一个或若干个分销子公司；在国外投资建厂。

6. 每一种进入方式都有自己的优势和劣势，企业可以分析影响进入国际市场方式的外部因素和内部因素来进行选择。其中外部因素包括：目标国家的市场因素、生产因素、环境因素；本国的国内市场规模、竞争态势、生产成本、本国政府对出口和向海外投资的政策。内部因素包括：企业产品因素和资源投入要素。

7. 企业国际化经营战略可以分为四种类型：①国际化战略是指企业将其具有价值的产品、技能转移到国外市场，从而创造价值的举措；②国际本土战略根据不同国家的不同的市场，提供更能满足当地市场需要的产品、服务，但国际本土战略的成本较高，无法获得经验曲线效益和区位效益。③全球化战略是指向全世界市场推广标准化的产品、服务，并在较有利的国家集中地进行生产经营活动，由此形成经验曲线和规模经济效益，获得高额利润；④跨国战略是指在全球的激烈竞争下，形成以经验为基础的成本效益和区位优势，转移企业内的核心竞争能力，同时注意当地市场的需要。各种国际化战略都有其优势与不足，具有特定的适应性。

思考与练习题

1. 简述国际化经营的动因。
2. 国际化经营的环境分析与国内经营的环境分析主要有哪些不同？
3. 运用波特的国家竞争力模式能够解决什么问题？试分析一个具体的例子。
4. 分析企业采取合资方式与独资方式的区别和利弊。
5. 分析许可证贸易和特许经营的优势和劣势。
6. 如何选择进入国际市场的方式？
7. 简述四种国际化经营战略的优势和劣势。

案例分析

案例1：张瑞敏谈海尔的国际化经营战略[①]

记者：2001年《福布斯》杂志曾报道海尔在美国及欧洲的成功，根据该杂志的排名，海尔位列全球第6大家电品牌。作为中国跨国公司的"领头羊"，海尔在全球化的过程中，在人力资源本土化、投资策略、营销策略等方面，都有哪些成功的运作经验和模式？

张瑞敏：我们海尔在海外发展的模式是"三位一体本土化"，即设计、制造、营销都要在当地进行，通过当地融资、融智、融文化，实现创造本土化名牌的目标。企业走国际化道路我认为没有一个固定的模式，要因地制宜根据当地的情况来做，但是都要紧紧扣住用户。只要抓住这一点，即便遇到一些困难，也肯定是会走向成功的道路。如果不是靠这点就难以达到目标。比方说，中国一些企业到海外做得不成功，因为出去的时候就不是自己主动要出去，而是政府要求我出去，连用户在哪儿都不知道，就建工厂，那怎么行？所以"走出去"就是三个字，但真正走出去并不是那么简单的，思想上没走出去，怎么可能真正走出去。

在人力资源本土化方面，我们一直有一个概念：不在于你拥有多少人才，

---

① 2002年4月29日，中华商务网。

而是在于你整合了多少人才。我们现在在美国、欧洲，在世界各地的发展都比较快，我们的雇员上至经理下至普通员工没有一个是中国人，都是当地人。海尔运作庞大的海外网络系统，主要依靠近400名全球聘用的"洋经理"，很少从青岛本部派人。独特的"海尔文化"是维系海尔海外员工的纽带，"迅速反应、马上行动"，这些以往被中国海尔人喜闻乐见的口号，今天已被海外海尔人所接受。如美国工厂建立初期，很少有美国员工主动加班，而现在美国海尔员工都知道"当日事，当日毕"。有时晚上很晚，车间内还可见美国管理人员忙碌的身影。去年美国国庆日，就有一名美国籍车间主任主动加班，为第二天的生产作准备。"这在美国其他企业根本不可能发生"。

许多跨国公司进军中国市场时，一般都是产品先进来，而后才把工厂搬来。海尔进入国际市场也是遵循这一路径。海尔冰箱的第一个登陆点，是有"冰箱鼻祖"之称的德国。当时我们的想法是，高举高打，从最难进入的市场撕开一个口子，逐步培育国际知名度，形成高屋建瓴之势，辐射欠发达市场。征服德国市场后，海尔产品在几年时间内迅速全球开花。

有了市场，海外建厂也就有了基础。国际上把家电分为三大消费区：美国、欧盟和中国。但是，海尔在当时并不具备投资美国、欧盟的经验和实力，于是海尔在1997年选择了在菲律宾建立了海外第一家工厂，菲律宾有两个明显优势：英语系国家且深受美国文化影响。而且当时正值亚洲金融危机，外资纷纷外撤，劳动力等生产要素价格大幅缩水，节省了建厂成本。

投资策略在菲律宾得到初步验证后，海尔迅速在中东、北非地区复制。1999年，海尔冰箱对美国出口差不多近10年历史，在当地已经积累了一定的品牌影响和市场进入经验。同时，出口量也达到一定规模，据计算，加上运费等成本，已经超过在当地建厂的盈亏平衡点。在到美国设厂之前，我们看了大量的日本企业在美国的成功和失败的案例，作了很多的准备，然后才小心翼翼进去。

在营销策略上，海尔发明了"纵队进入"策略。海尔的产品很多，在人家没有认同你之前，我若排成一排横队，很难进去。如果变成一列纵队，用量身定制的强势品种攻垒，相对容易多了。攻垒一旦成功，其他产品即可相继进入。2001年7月，美国营销大师科特勒专程到青岛访问，在和我探讨海尔进入美国主流市场的策略时，他说："你们实际上采用的是营销学上市场测试的概念。第一步是缝隙产品的进入，第二步是市场的细分化，第三步是大批量的成长。"

记者：1998年底至今，海尔全面进入国际化发展阶段。现在觉得海尔国际化效果怎么样？

张瑞敏：海尔国际化经历了三个阶段：播种阶段、扎根阶段、结果阶段。我们认为至少我们进入到一个比较好的良性循环当中，而且，我们形成了自己的梯次有序地往前推进。例如我们在美国是一个模式，在欧洲是一个模式，而且都运行得比较好。但在东南亚我们采取另一种模式，在美国、欧洲都是三位一体，但在东盟，因为他们内部互相减免关税，实行保护政策，我们在东盟不同的国家建立不同的基地，再向其内部进行辐射。

记者：中国企业在跨国过程中，失败的多，成功的少，您认为它们失败的原因在哪里？

张瑞敏：最重要的一个就是自己企业到国外去的定位是什么，就是说我到另一个国家去，我是要创一个名牌呢，还是我想把这个产品销出去，还是我这个产品在国内销不动了，我要以很低的价格到国外去倾销呢？你的定位一定要清楚准确。如果定位也没有，人家要走出去，我也要走出去，随大流，那肯定不行。你要走出去，你凭什么能在国际市场站住脚？你有什么优势？这里说的优势就是比较优势。因为不管你到哪个国家，你肯定不是第一，就算你到了一个最不发达的国家去，你肯定也不会是第一，因为很多国际化大公司都先到那里去了。

比如我们到美国，目标就是进入美国家电行业的前5名，再从前5名进入前3名。那我就需要研究凭什么用户会认同海尔产品。开始的时候可能我排名都排不上，我要把那么多的美国其他家电企业挤下去，我凭什么？在美国市场我们是靠产品的创新，但是那些大公司的创新比你厉害。

但是我们抓住一点：大公司的能力比我们强，但组织结构决定了速度比较慢。我们就是靠速度来抢得先机。如果你进入国外市场以后还是在看人家是怎么干自己就怎么干，那肯定会被淘汰。中国走出去花的代价不小，很多国有企业花上几千万几个亿，但是过上几天就卷着铺盖回来了，这个公司从此就退出了。

有一个经济学博士来海尔考察调研，他说按照经济学一般理论来讲，海尔到美国建厂是不对的。他说的不错，按一般定律来讲，去美国投资是没有道理的，因为美国人到中国来开工厂，中国有廉价的劳动力，资本一定要找最有利的地方。在中国劳动力成本最低，当然对他更有利了，你却跑到劳动力成本太高的地方，有什么好处呢？

但我们是一种逆向思维：从另一个角度想一想，外国公司之所以到中国来是因为在他的资源组合当中，他最缺少的是廉价劳动力。对中国企业来讲，虽有廉价劳动力优势，但当很多的外国公司来中国设厂，廉价劳动力就不再是中国企业独特的优势了，他雇的工人工钱和你一样甚至比你还便宜，但是你所缺少的技术人才却仍然没有，你到那时就一无所有了。

所以，我们到美国去，虽然付出比较高的成本，但是我获得了需要的技术和人才。其实在美国设厂这两年，我们的确是受益匪浅。比方说产品的设计，我们可以最先设计出适合美国消费者的产品，可以提前达到美国制定的新能源标准；我可以在那里加入美国的家电协会，可以获得最新的行业信息，可以跟他们交流。这对我来讲是最重要的。

至于成本，只要我生产的产品和美国产品成本是一样的，在市场上销售价也一样，他赚钱我也不会亏钱，就这么简单。但是为什么有人说不该去美国建厂，是因为思维还停留在自己只能靠廉价劳动力生产廉价产品的思路，这样思考问题那当然不要出去了，去了只能是赔得血本无归。

记者：海尔如何防范跨国过程中的风险？

张瑞敏：海尔把目标市场切分为10大经济区，每个大区中心是设计、采购、制造、营销和服务"五位一体"，对本地业务有绝对的经营自主权。每个区域内的地区中心、设计中心、贸易中心、制造中心分别以不同方式设立。投资方式灵活多样。比如，设计中心一般与跨国公司建立战略联盟，设计人员技术入股；创建贸易中心时，能合作就不合资，能合资就不独资，大多采取合作方式。

同时，海尔还通过投资额度上限控制，在各大区与总部之间设置了"防火墙"。单项投资额一般不超过5000万美元。除了避开各个经济区的贸易和非贸易壁垒，这种结构安排的最大好处在于，可以规避不同经济区域的经济危机，增强国际化海尔抗击风险的整体能力。

记者：海尔与国外跨国公司相比，存在哪些差距？

张瑞敏：与国外跨国公司相比，我们在规模、技术等各方面差距都很大，唯一的优势就是变化的速度。但海尔有信心进入世界家电前三名，再过一两年进入全球500强。

案例讨论：

1. 海尔国际化的进程是怎样的？
2. 海尔采取的是什么国际化战略？该战略的优点与缺点是什么？
3. 海尔国际化之路对我国制造业有何启示？
4. 自己收集资料，查看海尔近年来国际化经营的业绩。

案例 2：福耀玻璃在美国建厂①

2008年圣诞节前夕，经济衰退让美国俄亥俄州代顿市的一家通用汽车工厂停产，随着工厂的关门，接踵而来的是1万多人的集体失业，整个城市陷入一片萧条。2014年，中国"玻璃大王"曹德旺和他的福耀玻璃漂洋过海，接手这座废弃的厂房，解决了当地2 000多人的就业问题。

(一) 福耀玻璃的成本账

福耀玻璃投资10亿美元在美国建厂，当时媒体有不少质疑的声音。对于在美国建厂的原因，福耀的掌门人曹德旺在接受记者采访时主要给出两方面的理由。一是在美国建厂的成本比中国低。二是客户的要求。福耀是通用汽车最大的玻璃供应商，通用公司要求福耀，2016年12月之前必须在美国建一个工厂，2017年1月必须在美国供货。其后的建厂和投产的过程证实了曹德旺的成本账。

一是来自当地的补贴。以福耀代顿工厂为例，俄亥俄州政府向福耀承诺，雇用美国当地员工1 500人以上则5年内至少补偿1 300万~1 500万美元给福耀，雇用人数越多，补偿金额越高。2015年当地政府免去了福耀新建办公楼等设施的产权税，加上雇用美国员工的补偿金额，这两项优惠政策相加的政府补助已经超过了3 000万美元。曹德旺曾表示："（算下来）购买厂房基本没花钱。"

二是能源成本。随着2005年美国正式开始重新开采地下页岩天然气资源，美国的天然气成本下降50%，中国的天然气成本相比美国不止高3倍。天然气成本仅占美国平均制造成本的2%，而电力成本仅占1%。这些成本在中国要高得多。

三是自动化的提升。福耀是工信部智能制造首批试点示范单位，根据《中国汽车报》的报道，美国工厂的生产线在投入之初就有400个工业机器人，比福耀在中国的任何一家工厂的自动化程度都更高。福耀还借助IBM私有云平台，把中国工厂的管理、工艺流程统一部署到云端，实现了海外生产线的快速部署。

四是税收成本。根据福耀2018年年报，福耀玻璃应缴税包括增值税、消费税、城市维护建设税、企业所得税、教育费附加、地方教育费附加等主要税种。中国大陆的30余个企业纳税主体中，有4个按25%缴纳所得税，其余因享受高新企业优惠政策而按10%或15%缴纳。而在美国的6个企业纳税主体中，除了福耀北美玻璃工业有限公司按24%缴纳所得税，其他因报

---

① 本书作者根据纪录片《美国工厂》并搜集其他资料编写。

告期内亏损或存在可抵扣亏损而无须缴纳。此外，由于中美税制的差异，在美国企业只需要缴纳所得税，在中国企业则需要缴纳多个税种。

五是运输成本。汽车玻璃的运输成本高昂，而在代顿周围3小时车程里，分布着通用、福特和本田等知名汽车制造商的整车组装厂。作为世界上最大的汽车单体玻璃供应商，福耀寻求工厂与下游客户之间在地理距离上的无限接近，能有效地提升效率，降低仓储和物流成本。

所以，曹德旺在接受采访时曾说，中国的综合税负比美国高35%，美国的能源、电价是中国的一半，天然气只有中国的1/5，蓝领工资是中国的8倍，白领工资是中国的2倍多，中国实体经济的成本，除了人工便宜，什么都比美国贵。

（二）"脱缰"的劳资关系与人力成本

但是，福耀代顿工厂建成后的经营却不尽如人意。首先是产能利用率。代顿工厂2018年释放的产能约为310万套，利用率才56%，按国内标准来看，产能利用率要到80%~85%才算正常，可见美国工厂的产量并没有达到预期。其次是销量。目前福耀在国内市场的占有率约65%，全球市场占有率约25%，美国市场占有率仅为19%，而福耀期望的2019年美国市场占有率为30%。这充分说明福耀美国工厂在爬坡途中遇到了很大阻力。同时，数据显示，工厂首期在2016年10月宣布竣工，当年销售了90万套产品，亏损4 161万美元（约合2.9亿元人民币）。根据福耀的年报，2017年上半年，福耀玻璃美国有限公司实现营业收入1.15亿美元，不过同期净利润还是-1 044万美元（相比2016年有所收窄）。2017年底，福耀美国实现了盈利，但仅赚了约70万美元。这样的盈利速度和能力，在它超过7亿美元的庞大投资体量面前，显得有点"马失前蹄"。

追究经营不太令人满意的原因，主要是"脱缰"的劳资关系和人力成本。这一点在美国人拍的纪录片《美国工厂》有充分的体现，影片真实地反映了投产后的美国工人的工作状况和劳资冲突。这是一部由美国前总统奥巴马夫妇投资拍摄的纪录片，福耀玻璃给予导演任意拍摄权，拍摄历经2年，放映后在美国多次获奖，在中国国内也好评不断。

美国社区民众对中国投资持积极乐观的态度，甚至非常感谢中国投资商。美国工人等了几年的工作机会，现在到手了，但是，在生产过程中，因中美双方在工业模式、企业管理、文化习惯等方面的差异，再就业的美国工人当中，有很多人逐渐开始由感恩到抱怨。他们抱怨薪水没有以前高，"我在通用汽车一个钟头赚29美元多，我在福耀一个钟头赚12美元84分"。他们抱怨工作性质、工作环境跟自己当初想象的完全不同，一再重复做同样的事，让这些美国工人渐渐丧失了工作意志。他们抱怨工作强度大，一面要冲刺量，另一面要保障玻璃的质量，他们感受到了前所未有的压力。他们习惯于慢速的流水线和较低的工作强度，他们注重安全远超重视生产，他们一到用餐时间会理所当然地抛下还有几分钟就结束工作的熔炉，而不管熔炉里正在生产的产品是否会因此报废。美国工人对工作环境又有着自己的要求，太热不舒服，太挤也不行。他们不同意加班，坚决不做违反操作规程的事。

公司安排美国那边的管理人员到中国工厂参观学习。他们完全震惊了，中国工人不会把自己的个性和情绪带到工作中，更多的是以结果为导向，以集体为中心，而美国工人个性鲜明，又懒又散漫，完全不出活儿。连美国人自己都评价："美国员工就是太烂了。"美国的管理人员在参观了中国的工厂后，被中国的军事化管理惊得目瞪口呆，同样的例会，在中国是整齐划一，在美国却像一盘散沙。其实在雇用美国人的同时，福耀也从国内带去了一些技术熟练的中国工人。这些工人背井离乡，远离家人，没有任何额外的薪水。中国工人除了分内的工作，还要接受培训，想尽办法帮助美国工人更快速高效地工作。在美国同事看来，这也许有点不可思议。即使是在国内的中国工人，他们每天也在高强度的工作中求生存，家里上有老下有小，但依然要加班工作。在国内的工厂中，这些美国管理人员也看到一些不符合安全要求的操作，对于这些他们也不理解。

本来把工厂开到美国是为了整体上节约成本，但在美国工人效率低、产出低的现实面前，曹德旺也很头疼。看着财报，净亏 4 000 多万美元！曹德旺坐不住了，他决定换掉美国高管，由中国人接手管理美国工厂。另一面，美国工人已经等不了了，他们不愿意被中国人领导，开始罢工、游行，谋划着组建工会。对于组建工会，中国的管理者们坚决反对，曹德旺坚称，工会来，我就走。福耀为了占得主动权，软硬兼施，一方面给工人涨薪，一方面重金聘请劳资关系研究所（一家反工会咨询公司），在工厂对工人进行利弊分析。好在还有一些美国工人有清醒的认识："我现在有一份好工作，付我好薪水、让我每天上班，我不需要别人进来插手。""工会只会留住坏员工，而像我们这种好员工，只能跟着走，这对我有什么用？"工厂进行了全员投票表决，结果多数员工不同意建立工会。企业解雇了部分鼓动成立工会的员工，工厂恢复了正常的秩序。从2017年下半年起，福耀代顿开始盈利。同时，福耀玻璃计划将工厂的产能利用率提升到每年550万套。

无论福耀在成本决策中是否充分预估了人力成本的占比和不确定性，福耀代顿的营收和利润究竟受到了劳资关系多大程度的影响，接下来，曹德旺以及赴美投资的后来者们，也许应该更加谨慎地进行决策，并对"美国工厂"的人力资本管理多费点心了。

案例讨论：

1. 福耀玻璃在美国建厂是出于什么动因？
2. 福耀玻璃在美国的成功其他企业可以复制吗？
3. 福耀玻璃在美国建厂出现问题的主要原因是什么？这对其他企业有什么启示？
4. 你认为福耀玻璃在美国建厂的决策有什么失误吗？

参考文献

[1] 迈克尔·波特. 竞争战略 [M]. 陈小悦, 译. 北京: 华夏出版社, 1997.

[2] 迈克尔·波特. 竞争优势 [M]. 陈小悦, 译. 北京: 华夏出版社, 1997.

[3] 格里·约翰逊, 凯万·斯科尔斯. 战略管理 [M]. 6版. 王军, 等译. 北京: 人民邮电出版社, 2004.

[4] 弗雷德·R. 戴维. 战略管理 [M]. 10版. 李克宁, 译. 北京: 经济科学出版社, 2006.

[5] 小阿瑟·A. 汤普森, 等. 战略管理: 获取竞争优势 [M]. 蓝海林, 等译. 北京: 机械工业出版社, 2006.

[6] 迈克尔·A. 希特, 等. 战略管理: 竞争与全球化(概念) [M]. 吕巍, 等译. 北京: 机械工业出版社, 2002.

[7] 唐纳德·索尔, 等. 如何提升公司核心竞争力 [M]. 包刚升, 编译. 北京: 企业管理出版社, 2000.

[8] 罗伯特·D. 巴泽尔, 布拉德利·T. 盖尔. 战略与绩效: PIMS原则 [M]. 吴冠之, 等译. 北京: 华夏出版社, 2000.

[9] 彼德·F. 德鲁克. 管理 [M]. 孙耀君, 译. 北京: 中国社会科学出版社, 1987.

[10] L. J. 布儒瓦第三, 等. 战略管理 [M]. 覃家君, 等译. 北京: 中信出版社, 2004.

[11] 迈克尔·波特, 亨利·明茨伯格, 等. 战略: 45位战略家谈如何建立核心竞争力 [M]. 北京: 中国发展出版社, 2002.

[12] 约翰·A. 皮尔斯二世, 等. 战略管理: 制定、实施和控制 [M]. 北京: 中国人民大学出版社, 2005.

[13] 汤姆森, 斯迪克兰德. 战略管理: 概念和案例 [M]. 10版. 段志华, 等译. 北京: 北京大学出版社, 2000.

[14] 杨锡怀, 冷克平, 王江. 企业战略管理: 理论与案例 [M]. 2版. 北京: 高等教育出版社, 2004.

[15] 徐二明. 企业战略管理: 修订版 [M]. 北京: 中国经济出版社, 2004.

[16] 顾天辉, 杨立峰, 张文昌. 企业战略管理 [M]. 北京: 科学出版社, 2004.

[17] 王玉. 企业战略管理: 理论与方法 [M]. 上海: 上海财经大学出版社, 2000.

[18] 董大海. 战略管理 [M]. 大连：大连理工大学出版社，2000.

[19] 杰伊·巴尼，等. 战略管理 [M]. 北京：机械工业出版社，2008.

[20] 陈继祥. 战略管理 [M]. 2版. 上海：上海人民出版社，2008.

[21] 张新国. 企业战略管理 [M]. 北京：高等教育出版社，2006.

[22] 罗珉，李永强，饶健. 公司战略管理：理论与实务 [M]. 成都：西南财经大学出版社，2003.

[23] 徐向艺. 企业战略管理 [M]. 济南：黄河出版社，2002.

[24] 斯特恩，等. 公司战略透视 [M]. 波士顿顾问公司，译. 上海：上海远东出版社，1999.

[25] J. 戴维·亨格，等. 战略管理精要 [M]. 4版. 刘浩华，译. 北京：电子工业出版社，2008.

[26] 杰恩·巴尼. 获得与保持竞争优势 [M]. 2版. 王俊杰，等译. 北京：清华大学出版社，2003.

[27] C. W. L. 希尔，G. R. 琼斯. 战略管理 [M]. 孙忠，译. 北京：中国市场出版社，2005.

[28] 威廉·博依斯，李自杰. 新管理经济学 [M]. 刘伟，译. 北京：中国市场出版社，2008.